刘大钧先生简介

刘大钧（1943-），山东邹平人，中央文史研究馆馆员，国际著名易学家，山东大学终身教授、博士生导师，山东大学中国哲学学科第一学术带头人，教育部人文社会科学重点研究基地——山东大学易学与中国古代哲学研究中心主任，中国周易学会会长，《周易研究》学刊创办人、主编。长期致力于中国传统经学——易学的研究，以弘扬大易文化为己任，于20世纪80年代率先倡导并开展了传统象数易学研究，是山东大学易学学科的创建者和领导者、中国易学研究的领军人物，为传统易学的恢复和发展做出了重要贡献。在治《易》路数上，主张在新的历史文化视野下超越传统的象数义理两派之争，坚持象数义理兼顾，探寻易学的整体学术特色和内涵。先后在《中国社会科学》《哲学研究》《文史哲》《周易研究》等刊物上发表论文40多篇，出版《周易概论》《纳甲筮法》《周易古经白话解》《周易传文白话解》《今、帛、竹书〈周易〉综考》等学术著作多部。二十多年来，筹备召开了十余届国际易学与海峡两岸易学及儒学学术研讨会，有力地推动了国际易学与两岸易学及儒学的交流与发展，并以"大易"系列的形式，主编了历届易学儒学研讨会论文集十余部以及跨越百年的大型文献《百年易学菁华集成》。学界泰斗、香港中文大学教授饶宗颐先生在给汤一介先生的信中称赞刘大钧先生："其沉潜易学之深辟，诚当代巨儒。"

周易概论

增订本

刘大钧 著

图书在版编目(CIP)数据

周易概论 / 刘大钧著. —增订本. —成都：巴蜀书社，2020.10
ISBN 978-7-5531-1367-8

Ⅰ.①周… Ⅱ.①刘… Ⅲ.①《周易》—研究 Ⅳ.①B221.5

中国版本图书馆 CIP 数据核字(2020)第 185974 号

周易概论（增订本）　　　　　　　　　刘大钧　著

策划编辑	施　维
责任编辑	肖　静
封面设计	南京私书坊文化传播有限公司
出　版	巴蜀书社
	成都市槐树街 2 号　邮编　610031
	总编室电话：(028)86259397
网　址	www.bsbook.com
发　行	巴蜀书社
	发行科电话：(028)86259422　86259423
经　销	新华书店
照　排	成都推十文化传播有限公司
印　刷	成都东江印务有限公司
版　次	2021 年 1 月第 1 版
印　次	2021 年 1 月第 1 次印刷
成品尺寸	170mm×240mm
印　张	23
字　数	480 千
书　号	ISBN 978-7-5531-1367-8
定　价	96.00 元（精装）

本书如有印装质量问题,请与工厂调换

出版说明

《周易概论》是新中国成立以后第一部正面肯定并精要讲解传统象数易学及其研究方法的权威著作,由中央文史馆馆员、国际著名易学家、山东大学终身教授、被饶宗颐先生誉为"当代巨儒"的刘大钧先生于1983年撰著。

《周易概论》于1986年初在齐鲁书社正式出版。1996年开始,刘大钧先生对书稿进行了精心校勘,"对原书文字作了个别的补充与订正,并将六十四卦卦爻辞及其译文附上,同时,对某些疑难卦爻辞依《经典释文》与《四书五经音韵》作了注音,以方便读者。于是,本书遂有巴蜀版行世焉"[①]。《周易概论》之巴蜀版于1999年12月第一次付梓,并于2003年、2005年连续再版。2007年,根据巴蜀书社编辑部建议,刘大钧先生将其有关马王堆帛书《易》及上海博物馆藏战国竹简《易》等出土易学研究的新成果补入《周易概论》,是为《周易概论》增补修订本[②]。《周易概论》增补修订本增加了前人未见的新材料,提出了许多新观点、新见解,为广大易学爱好者和研究者提供了更为宽广的学易视域。

《周易概论》从《周易》的起源开始,旁征博引,精确考证,平易清晰地逐一解析了"易象""卦变""筮法""卦气""爻辰""纳甲""互体"

---

① 刘大钧:《周易概论》前言,巴蜀书社1999年版,第1页。
② 详见刘大钧:《周易概论》(增补修订本)前言,巴蜀书社2008年版,第1页。

"图书""八卦方位"等易学专业知识和本质问题,对历代易学的发展情况和疑难卦爻辞进行了非常严谨的考释和讲解,对易学研究中新的学术亮点——简帛易提出了独辟蹊径的研究方法和观点,为读者和研究者研习《周易》扫除了学术障碍,指明了正确的方向。

从1986年至今,《周易概论》出版35年以来,创造了学术著作畅销不衰的文化奇观,被海内外学术界公认为易学教学的经典著作和教材,是《周易》爱好者和研究者的良师益友。

2016年,为了纪念《周易概论》出版30周年,也为了满足读者和各地易学教学教材之需,巴蜀书社于当年3月决定出版《周易概论》精装纪念版。本次出版,对原书文字、图谱再一次进行了修订、调换和重绘,对原书版式进行了优化。《周易概论》精装纪念版出版以后,反响强烈,从2016年到2019年,凡五次印刷,读者对本书的喜爱证明了它作为经典的价值。《周易概论》出版以来,被一代又一代读者奉为学习《周易》的必读书,在海内外易学界产生了深远的影响(张文智教授翻译的《周易概论》英文本2017年在美国出版),是一本经受了时间考验的权威、经典而又严谨、准确、系统解析《周易》的不刊之作,是读者事半功倍学习易学的重要读本。

因此,当最后一次印刷的《周易概论》精装纪念版即将售罄之时,我们决定对本书的封面重新设计,对版式适当调整,再次改版的《周易概论》或许将作为它的最终定本于近期与读者见面。谨此说明。

巴蜀书社编辑部

2020年11月

前　言

《周易概论》作为新中国成立后第一部正面肯定并简要介绍传统易学研究方法的著作，原为山东大学在全国最早开设的《周易》选修课而写，初稿完成于1982年，修改补充后正式定稿于1983年，由李苦禅大师题写书名、张岱年先生为之制序，经辛冠洁先生推荐于1986年5月在齐鲁书社初版发行，1988年元月再版。当年6月第三次印刷，印数为50500本。尔后在《光明日报》组织的全国优秀图书"金钥匙"奖评选活动中，本书获全国图书"金钥匙"奖，当时该书责任编辑白萍生先生与编辑室主任张继臻先生亲自将获奖证书送至鄙人家中，喜称："一部学术著作，能获读者一万七千票，以如此高票当选'金钥匙'奖，实属罕见。"当时我亦深感荣幸。

十年之后，巴蜀书社施维先生专程来济，与我联系出版本书之巴蜀版。巴蜀版《周易概论》于1999年12月第一版付梓。2003年，又予再版。售罄，于是去年施维先生建议我出《周易概论》增补本，继《周易概论》中有关帛书《易经》研究之《帛易初探》后，补入近年有关帛《易》及上海博物馆战国竹简《易》等出土《易》学研究的新见解。他认为这一补充非常重要，可以为读者提供易学研究的新材料、新视角、新观点、新启发。因为施维先生既是颇具眼光的文献出版策划编辑，又是专门研究《周易》"图""书"之学的学者，作为学术研究上多年志同道合的朋友，我们在易学学术著作出版方面有着长年的合作，其中最重要的当属具有里程碑意义、文献保护及学术传承价值都极高的《百年易学菁华集成》（初编）①。因此，我非常重视他的这一建议。我也认为今后可能还会有新的《易》学资料出土，因而此后很长时间内，在《易》学研究中，出土《易》学资料的研究，将是海内外《易》学研究领域中新的学术亮点和新的学术制高点。故而在制定我们易学与中国古代哲学研究中心有关今后十年研究规划时，我们对出土《易》学资料，特别是马王堆帛书今文《易》资料及上海博物馆竹书古文《易》资料的研究，给予了高度重视与极大关注。因此，我依照施维先生这一宝贵建议，将暑假刚刚完成的《读帛书〈缪和〉篇》一文和近年在《中国社会科学》《文史哲》《周易研究》等刊物上发表的部分帛《易》及"卦气"研究文章收入本书。在先儒无法占有的有关《易》学新材料的基础上，对一些古人始终未得确解的经义本旨，试着提出自己的研究心得与研究见解，作为一名今人，有此机遇，又何其幸也！

当然，亦正如我在本书《今、古文易学流变述略》中所说："虽然这些竹帛《易》的出土，为我们研究探求汉初今文《易》与战国古文《易》提供了丰富的《周易》经传资料，但是我们若仅以帛书经传的这部分内容，与已残缺不全的楚竹书部分卦爻辞内容，作为研究两汉今文《易》与先秦古文《易》的依据，其内容显然还是远远不够的。遗憾的是，在至今出土的所有先秦至汉人的《周易》经传资料中，皆是只有经传之文而从无一本释经注传之作，此类著作的缺乏，对我们系统而完整地研究曾支配两汉《易》研究的今文《易》义，造成了极大困难。"正是有鉴于此，我们对经传之文的解释，目前基本上还依传统典籍的训释，故本书《疑难卦爻辞辨析》及附录之《〈周易〉六十四卦原文全译》，基本还依传统经传之解，在读竹书及帛《易》中个人发现及思索的一些问题，则增补入本书之竹帛书

---

① 编者按：《百年易学菁华集成》是对一个时代（1901—2009）易学学术研究成果的系统总结，涉及的研究内容涵盖了易学研究的各个方面，约 2000 余万字，30 册。《集成》以研究内容分类，以研究对象系文，以发表时间排序，保存了大量海内外学术刊物各个时期有关易学研究的重要文献，堪称迄今为止唯一一部关于现当代易学研究的专题文献研究丛刊。《集成》由刘大钧先生任总主编，施维任总策划，由教育部人文社科重点研究基地山东大学易学与中国古代哲学研究中心负责具体编选工作，目前编选工作已初步完成，不久将与读者见面。

研究的文字中，仅供读者参考这些新发现的资料，做出自己全新的辨析与研究。

行文至此，我怀着深情想到了谢灵运的诗句，并将其中两句集为联语：

    异世可同调，
    得性非外求。

斯联或可稍示我此时此刻的感念。遵巴蜀书社诸同仁之命，今聊以此联语作为我给本书增补本的题辞，并再次感谢巴蜀书社诸同仁对本书连续不断的关注与关怀。

《周易概论》增补本于今年1月出版后再次售罄，再版前对全书作了全面修订，调整了一些提法和用语，修改了少量遗漏的错讹，特此说明。

              刘大钧
             2008年9月10日
              于运乾书斋

序

《周易》是一部具有神秘性的古书，自汉魏以至近代，解《易》之书约有几百种，然而《周易》书中仍有一些难解之谜。刘大钧同志钻研《周易》多年，以其心得写成《周易概论》，对于有关《周易》的许多问题提出了自己独到的见解。

刘大钧同志认为研读《周易》，既须重视训诂，亦应兼重象数，以为"今天讲解经文，应以训诂为主，又要兼顾一些从经文自身中仍可看出的取象"，并且举出确凿的证据，断定"《周易》的作者肯定使用了《易》象中的反对之象"。这些见解都可谓精审。

书中考察了古代许多占筮故事，指出："所占卦爻辞的吉凶对于占卦者没有多大意义，解卦之人愿说吉，就可找到吉的理由，愿说凶，就可以找出凶的原因。"由此论证占筮的迷信性质，尤属切当。

关于《周易大传》的著作年代，刘大钧同志基本同意我在拙作《论〈易大传〉的著作年代与哲学思想》中的论断，并作了重要的补充，以充分的论据证明《文言》早于《系辞》，《彖》又早于《文言》，《大象》更早于《彖》，这些考证亦确属有理有据。惟以为《说卦》早于《系辞》，甚至早于《彖》，恐还有可商之处。

按《说卦》首段云："和顺于道德而理于义，穷理尽性以至于命。"又云："将以顺性命之理。"这里使用了"道德""性命"等复合词，这类复合词不见于《孟子》及《庄子内篇》，而屡见于《庄子外篇》和《荀子》，应是战国后期的用语。所以，至少《说卦》的第一、二段应晚于《庄子内篇》，而与《庄子外篇》属于同一时代，而不可能早于《系辞》的大部分章节。这些问题可以再作进一步的探索。

　　刘大钧同志虚心征求我的意见，我看了这部《周易》研究的新成果很高兴，于是略赘数语如上。

张岱年序于北京大学

1983 年 8 月

目　录

《周易》泛说 …………………………………………（1）
关于《周易大传》 ……………………………………（7）
关于《易》象 …………………………………………（24）
关于卦变 ………………………………………………（43）
关于占筮 ………………………………………………（58）
《左传》《国语》筮例 …………………………………（68）
变占探讨 ………………………………………………（85）

历代易学研究概论（上） ……………………………（89）
历代易学研究概论（下） ……………………………（116）
疑难卦爻辞辨析（上经） ……………………………（144）
疑难卦爻辞辨析（下经） ……………………………（175）

帛《易》初探 …………………………………………（199）
帛《易》源流辨析 ……………………………………（215）
"卦气"溯源 ……………………………………………（224）
今帛本卦序、先天方图及"卦气"说的再探索 ……（238）
今、古文易学流变述略——兼论《子夏易传》真伪 …（254）
读帛书《缪和》篇 ……………………………………（264）

附录一

《周易》六十四卦原文全译 ·· (289)
　　目录 ··· (291)
　　《周易》上经 ··· (293)
　　《周易》下经 ··· (318)

附录二

主要参考书目 ·· (349)
齐鲁版后记 ··· (351)
齐鲁版再版后记 ·· (352)
巴蜀版前言 ··· (353)
《易学要籍丛书》总序 ·· (355)

《周易》泛说

一

"周易"一词,最早记载于《左传》。如《左传·庄公二十二年》:

> 周史有以《周易》见陈侯者。

《左传·襄公九年》:

> 姜曰:"亡,是于《周易》曰:'随,元亨利贞……'"

《左传·昭公七年》:

> 孔成子以《周易》筮之。

可证明在春秋时代,或者更早,已有《周易》的书名了。那么,这本书为什么要称作《周易》呢?古人对此是做过许多讨论的。早在汉唐时代,仅《周易》的"周"字就有两解。据《周礼·大卜》:

> 大卜……掌三易之法,一曰《连山》,二曰《归藏》,三曰《周易》。其经卦皆八,其别皆六十有四。

东汉人郑玄在其《易赞》中说:

> 夏曰《连山》,殷曰《归藏》,周曰《周易》。《连山》者,象山之出云,连连不绝;《归藏》者,万物莫不归藏于其中;《周易》者,言易道周普无所不备。

郑玄解《周易》的"周"字为"易道周普无所不备"。这与《系辞》之"变动不居,周流六虚"及《韩非子·解老》所说"圣人观其玄虚,用其周行"是相一致的，因而在唐人陆德明的《经典释文》中得到进一步确认：

> 周，代名也，周至也，遍也，备也，今名书，义取周普。

但是，另一位唐人孔颖达不同意这种说法。他在《周易正义》序文里说：

> 郑玄虽有此释，更无所据之文……按《世谱》等群书，神农一曰连山氏，亦曰列山氏。黄帝一曰归藏氏。既连山、归藏并是代号，则《周易》称"周"，取岐阳地名，《毛诗》云"周原朊朊"是也。

孔颖达解《周易》的"周"字为"代"号，是指的周朝。这种说法影响很大，至今还有人以为《周易》就是周朝写的《易经》——这为另一解。再说《周易》的"易"字：

> 《易纬·乾坤凿度》："易名有四义，本日月相衔。"
>
> 郑玄："易者，日月也。"
>
> 《说文》："秘书说曰：'日月为易，象阴阳也。'"
>
> 《参同契·乾坤设位章》："日月为易，刚柔相当。"
>
> 《经典释文》："《易》，经名也。虞翻注《参同契》云：'字从日下月。'"

汉人"日月为易"的说法究竟对不对呢？让我们看一下写于战国时代的《系辞》是怎么说的。《系辞》说：

> 《易》者，象也。象者，像也。

又说：

> 在天成象，在地成形。悬象著明，莫大乎日月。仰则观象于天。

很清楚，《系辞》认为"易"成于"象"。又是"在天成象"，天象莫大于日月。故"日月为易"的说法，正与《系辞》符合。可以说，汉人对"易"字的解释，是有根据的，此说可取。

按《周礼·大卜》贾疏，《连山》以《艮》卦为六十四卦之首，艮为山，故称《连山》。郑玄说："《连山》象山之出云，连连不绝。"即指此。《归藏》以《坤》卦为六十四卦之首，坤为地，万物以地致养，又回到地中去，因此，郑玄说："《归藏》言万物莫不归于其中。"《周易》以《乾》卦为六十四卦之首，乾为天，"易"字又为日月。所谓"周易"者，即日月之道普照周天。故郑玄说："'周易'者，言易道周普，无所不备。"

《周礼·大卜》贾疏也认为："《连山》《归藏》皆不言地号，以义名《易》，则'周'非地号，以《周易》以纯《乾》为首，乾为天，天能周匝于四时，故名《易》为'周'也。"就这样，贾公彦反驳了孔颖达认为《周易》的"周"字，是"取岐阳地名"，指"周原朊朊"的说法。

据上所考，我们认为，《经典释文》从汉人之说，谓"周"字"遍也，备也，今名书，义取周普"，这是正确的。

二

《庄子》云："《易》以道阴阳。"这话是对的。

《周易》经文中虽无一字谈及阴阳，但它用"—"表示阳爻，用"--"表示阴爻，由三个阳爻或三个阴爻，及一个阳爻与两个阴爻，两个阳爻与一个阴爻的不同排列，构成了八经卦（又称八卦）。这所谓八经卦就是：乾☰、坎☵、艮☶、震☳、巽☴、离☲、坤☷、兑☱。

再由此八经卦的互相重合，组成六十四别卦，而在每卦的卦名经文之前，标出该卦的卦画，以此显示该卦的阴阳变化。

由八卦相重而得六十四卦，此即《系辞》中所谓"八卦相荡"。一部《周易》的经文，最初仅由这六十四卦的卦辞和三百八十四爻的爻辞组成（另外加《乾》《坤》卦"用九"与"用六"）。

那么，重卦究竟起于何时？古人在这个问题上也是众说不一：王弼说伏羲开始重卦，郑玄说神农，还有说大禹的。司马迁、班固、扬雄、王充则认为文王才开始重卦。

按《尚书·周书·洪范》："择建立卜筮人，乃命卜筮。"则周朝或周之前即已重卦是可信的。《周礼·大卜》即称"三易"之经卦皆八，其别卦六十有四。如前所述，"三易"中的《连山》《归藏》又相传是夏、殷时的筮书，此说虽无确证，但由此可见，重卦可能已有久远的历史。而据

《系辞》:"作结绳而为罔罟,以佃以渔,盖取诸离。"此处肯定是指《离》卦☲。如不重卦,只以经卦离☰何以能象"罔罟"?所以,依据《系辞》之说,重卦当是伏羲时的事情。又,《淮南子·人间训》:"伏羲为之六十四变。"也认为伏羲重卦。伏羲是传说中的人物,伏羲重卦当然也是传说,但由这点可以看出,由八卦相重为六十四卦,其由来已久,我们认为起码发生在西周之前。

自阴阳爻画组成八卦,至八卦重为六十四卦,最后到《周易》全书的完成,这中间恐怕有一个较长的历程。特别是卦辞和爻辞的产生,必定经过了多人的采辑、订正和增补,最后到殷末周初才成为今天的样子。

因此,《周易》这部书的作者,从卦画的绘制到卦、爻之辞的写成,不大可能仅仅是一个人所作,应该是几代人的集体创作。

三

在先秦,《周易》称上下"二篇"。《系辞》:"二篇之策,万有一千五百二十。"《晋书·束皙传》:"其《易经》二篇,与《周易》上下经同。"可证。

至汉,还有称"篇"者。《汉书·艺文志》:"文王重《易》六爻作上下篇。"《易纬·乾凿度》:"故上篇三十,所以象阳也,阴道不纯而偶,故下篇三十四,所以法阴也。"

孔颖达《周易正义》卷首:"但《子夏传》云,虽分为上下二篇,未有经字。"他认为:"按前汉孟喜《易》本云,分上下二经。是孟喜之前已题经字。"

考《汉书·儒林传》:"费直……徒以《彖》《象》《系辞》十篇文言解说上下经。"《后汉书·荀爽传》:"文王作《易》,上经首《乾》《坤》,下经首《咸》《恒》。"韩康伯注《序卦》曰:"先儒以《乾》至《离》为上经,天道也。《咸》至《未济》为下经,人事也。"

据上所考,可证孟喜以来,人们已称"上下经"。故唐人孔颖达谓"孟喜之前已题经字"是可信的,大致可考定在田何、孟喜之间,其具体时间似应在汉武帝独尊儒术、立五经博士时。

《周易》上篇由《乾》《坤》《屯》《蒙》《需》《讼》《师》《比》《小畜》《履》《泰》《否》《同人》《大有》《谦》《豫》《随》《蛊》《临》《观》《噬嗑》《贲》《剥》《复》《无妄》《大畜》《颐》《大过》《坎》《离》共三十卦组成。

《周易》下篇由《咸》《恒》《遁》《大壮》《晋》《明夷》《家人》《睽》《蹇》《解》《损》《益》《夬》《姤》《萃》《升》《困》《井》《革》《鼎》《震》《艮》《渐》《归妹》《丰》《旅》《巽》《兑》《涣》《节》《中孚》《小过》《既济》《未济》共三十四卦组成。

两篇合起来，总计六十四卦。

在这两篇中，凡阳爻称"九"而阴爻称"六"。一卦的阳爻自下而上为初九、九二、九三、九四、九五及上九；一卦的阴爻自下而上为初六、六二、六三、六四、六五及上六。另外，《乾》《坤》两卦还有"用九"与"用六"，以示阳爻与阴爻的变化。

其实，最初《周易》卦爻中并无"九""六"之称。即便到了春秋时代，由《左传》《国语》的记录看，人们用《周易》占事或论事，在分析卦爻时，仍无"九""六"的称呼。至后人作"十翼"，这才出现了"九""六"之称。如《象·坤》："六二之动，'直'以'方'也。""用六'永贞'，以大终也。"《文言》亦称"乾元用九，天下治也"云云。可见"九""六"称谓的出现，应与《象》《文言》同期，或者还早。

当初，《周易》一书的内容，只是这上下两篇，共六十四卦的卦辞和爻辞而已（另外《乾》《坤》二卦加"用九""用六"之辞）。

自西汉始，人们将《周易》名之谓《易经》，同时，也将为其作注的"十翼"列为经文了。《汉书·艺文志》："《易经》十二篇，施、孟、梁丘三家。"颜师古注："上下经及十翼，故十二篇。"此即其证。

由《汉书·艺文志》看，那时经分上下两篇，传为十篇，共十二篇，尚经与传分开，各成篇幅，不相附属在一起。至东汉人郑玄，将"经""传"合于一书。《三国志·高贵乡公传》：

帝又问曰："孔子作《彖》《象》，郑玄作注，虽圣贤不同，其所释经义一也。今《彖》《象》不与经文相连，而注连之，何也？"俊对曰:"郑玄合《彖》《象》于经者,欲使学者寻省易了也。"帝曰:"若郑玄合之,于学诚便,则孔子曷为不合以了学者乎?"……

《三国志》中记载的这段问答,是郑玄合《彖》《象》于经的明证。郑玄虽然"欲使学者寻省易了"而将《彖》《象》与经文合在了一起,但当时"《彖》《象》不与经文相连",也就是说,经文与《彖》《象》虽然合成一书,但各自成篇,并不像现在这样,把《彖》《象》再按六十四卦拆开,放在每卦的卦辞爻辞之后。

直至魏晋时期,王弼才把《彖》《象》按六十四卦拆开,分别配于每卦的卦辞与爻辞后面,又将《文言》拆开,附于《乾》《坤》两卦之后,这就是我们今天所见的样子。

到宋朝,邵雍恢复古《易》原貌①,朱熹亦弃王弼本不用,用吕祖谦本,依《汉书·艺文志》"《易经》十二篇"之数,从颜师古"上下经及十翼"之旨,写成《周易本义》(以下简称《本义》),其书以上下经为两卷,"十翼"自为十卷,共十二卷。

朱熹一方面在注《易》的形式上复古,另一方面又在其内容上创了新。他将宋人所见"河图""洛书"等所谓"图""书"列于《本义》卷首,使之地位显著。明、清之儒跟着照抄,以至后人皆以"河图""洛书"等为《周易》一书的重要组成部分了。

以后,宋人董楷撰《周易传义附录》,因程颐《易传》用王弼本,朱熹《本义》用吕祖谦本,遂割裂《本义》散附于《易传》之后。至明永乐年间,明成祖修《五经大全》,因《周易大全》采用程、朱二本,故仍沿其误,并广为流传。所以,我们今天所见《本义》的格式,乃后人袭程传次序作为《本义》次序而编成。

明、清之儒虽多宗此本,但像明儒何楷撰《古周易订诂》,却仍将经与传分开,以复古本之意。至清,康熙命李光地撰《周易折中》,又将经与传分开,进一步纠正了《周易大全》在编次上造成的混乱。

所以,今天《周易》一书实分两部分:一部分是《周易》经文上下篇,一部分是"十翼",即《周易》传文十篇。

---

① 见《古周易》,通志堂经解本,《邵氏闻见后录》亦曾提及。

关于《周易大传》

一

所谓《周易大传》,古人通称"十翼"。"十翼"之名,最早见于《易纬·乾坤凿度》:

> 孔子……五十究《易》,作十翼明也。

它包括《彖·上》《彖·下》《象·上》《象·下》《系辞·上》《系辞·下》《文言》《说卦》《序卦》《杂卦》共十篇。是古人解释发挥《周易》卦名、卦辞和爻辞的权威著作。在先秦,人们已将这种解释、发挥《周易》卦爻之辞的文字,称作《易传》。《战国策·齐宣王见颜斶》载颜斶说:

> 是故《易传》不云乎:"居上位未得其实,以喜其为名者,必以骄奢为行。据慢骄奢,则凶从之。是故无其实而喜其名者削,无德而望其福者约,无功而受其禄者辱,祸必渥。"故曰:"矜功不立,虚愿不至。"

这段文字不见于"十翼",可知当时有不同的解《易》传本流行。

"易大传"一词,最早见于西汉。《史记·太史公自序》及《汉书·司马迁传》所引《易大传》之文,皆为"天下一致而百虑,同归而殊涂"。此为《系辞》之语,然而《汉书·郊祀志》说:

> 《易大传》曰:"诬神者殃及三世。"

此语却不见于"十翼"之文。由此看来,《易大传》的内容,在西汉时代,并不仅仅指"十翼",大概泛指当时所有的解《易》传本。古籍中称

"《易》曰"而不见诸"十翼"者甚多，如：

《淮南子·缪称训》："故《易》曰：'《剥》之不可以遂尽也，故受之以《复》。'"

《汉书·司马迁传》："故《易》曰：'差以毫氂，谬以千里。'"

《汉书·东方朔传》曰："故《易》曰'正其本，万事理，失之毫氂，差以千里。'"（另外《礼记·经解》及《说苑·建本篇》亦引此句，文字稍有不同）

《说文》（释"相"字）："省视也，从目木，《易》曰：'地可观者，莫可观乎木。'"

《说苑·敬慎篇》："《易》曰：'有一道，大足以守天下，中足以守国家，小足以守其身，《谦》之谓也。'""《易》曰：'不损而益之，故损，自损而终，故益。'"

《盐铁论·遵道篇》："文学引《易》曰：'小人处盛位，虽高必崩，不盈其道，不恒其德，而能以善终身，未之有也。是以初登于天，后入于地。'"

凡此种种，皆不见于"十翼"之文，足证当时确有不同的解《易》传本在社会上流行，被当时的文人学士引用。对包括"十翼"在内的所有解《易》传本，当时西汉人可能或称之谓《易大传》，或直接称作"《易传》""《易》曰"，而不像今人认识的那样，《易大传》仅指"十翼"。但因今人已相沿成习，故本文仍将"十翼"之文称作《易大传》。

二

关于《易大传》的著作年代，近人认识不一。郭沫若在《周易之制作时代》一文中说：

我相信《说卦》以下三篇应是秦以前的作品。但是，《彖》《象》《系辞》《文言》则不能出于秦前，大抵《彖》《系辞》《文言》的三种是荀子的门徒在秦的统治期间所写出来的东西，《象》在《彖》之后。

李镜池《周易探源》认为：

> 《彖传》与《象传》，其年代当在秦汉间；《系辞》与《文言》，年代当在史迁之后，昭宣之间；《说卦》《序卦》与《杂卦》，在昭宣后。

他还认为《彖传》与《象传》的《大象》写于秦朝，《彖》《象》二传是秦汉间作品，《系辞》《文言》是经师传《易》的语录遗说的辑录，即从田何到田王孙的口传《易》说，《说卦》以下三篇，约在宣、元之间。

但多数学者认为，《易大传》成书于战国时代。最近，张岱年先生在《论〈易大传〉的著作年代与哲学思想》一文中指出郭沫若、李镜池的说法"疑古过勇"，张先生在作了考据之后，指出：

> 《易大传》的年代应在老子之后，庄子以前。《系辞》的基本部分是战国中期的作品，著作年代在老子以后，惠子、庄子以前。《彖传》应在荀子以前。关于《文言》和《象传》，没有直接材料。《文言》与《系辞》相类，《象传》与《彖传》相类，应当是战国中后期的作品。从《象传》的内容看，可能较《彖传》晚些。总之，《易大传》的基本部分是战国中期至战国晚期的著作。

关于《易大传》的著作年代问题，我的看法是：首先，我同意张岱年先生关于《系辞》的著作年代应在老子之后，惠子、庄子以前的看法。因为：先秦第一个提出"道""器"关系的是老子。帛书《老子·德篇》："道生之，德畜之，物刑之，而器成之。"（河上公本第五十一章"器"为"势"，帛书本似更胜）而《系辞》则说："形而上者谓之道，形而下者谓之器。"——这应是对老子"道""器"关系的引申与发挥。可见《系辞》成篇于老子之后。

至于它要早于惠子、庄子，张岱年先生用《庄子·天下篇》所载惠施"历物"之意十事，第三条是"天与地卑，山与泽平"。张文指出"天与地卑"是《系辞》"天尊地卑"的反命题，"而一般情况是先有正命题，然后才会有反命题"。据此，张文肯定了《系辞》的基本部分在惠子以前就已经有了。

我同意张先生的这个看法。补充证据是：《庄子·天运篇》："夫尊卑先后，天地之行也，故圣人取象也。"接着说："天尊地卑，神明之位也。"

"夫天地至神而有尊卑先后之序,而况于人道乎?"这番议论,肯定也是受《系辞》的影响而发。而"圣人取象也"一句,更是点破天机!至于惠施的"天与地卑,山与泽平",它不只是《系辞》"天尊地卑"的反命题,也是《说卦》篇"天地定位,山泽通气"的反命题。据此,《说卦》也要早于惠子、庄子。按《庄子·天道篇》:"静而与阴同德,动而与阳同波……故其动也天,其静也地。""日月照而四时行,若昼夜之有经,云行而雨施矣。"《庄子·在宥篇》:"我为女遂于大明之上矣,至彼阳之原也。"这些话,恐怕只有读了《说卦》《文言》的人,才能说得出来。而《庄子·渔夫篇》中有这样一段:"同类相从,同声相应,固天之理也。"这肯定是受启于《文言·乾》之"同声相应,同气相求"而发,尤其是"固天之理也"一句,最能说明这点。《庄子·秋水篇》:"年不可举,时不可止,消息盈虚,终则有始。"再看一下《彖·丰》:"日中则昃,月盈则食。天地盈虚,与时消息。"《彖·剥》:"君子尚消息盈虚,天行也。"《彖·损》:"损益盈虚,与时偕行。"前者受启于后者,也是不言而喻的。

由此看来,《彖》《说卦》《文言》《系辞》要早于庄子,基本是可信的。然而《系辞》的写成,不会离惠子、庄子太久。因为《系辞》之中有一段说:"夫《易》彰往而察来,而微显阐幽,开而当名辨物,正言断辞则备矣!""当名辨物,正言断辞"一句,显然打上了名家的烙印。因此,我认为,《系辞》的写成,当稍早于惠子、庄子,或者与之同时。

到了荀子,他已是熟读《彖》的了。试读《彖·咸》:

> 咸,感也,柔上而刚下,二气感应以相与,止而说,男下女,是以"亨利贞,取女吉"也。

再看《荀子·大略篇》:

> 《易》之《咸》,见夫妇,夫妇之道,不可不正也。君臣父子之本也。咸,感也。以高下下,以男下女,柔上而刚下。

荀子在这样一段三十八个字的短文中,就有三处一字不动地引用了《彖·咸》之"咸,感也""柔上而刚下""男下女"。同时,他深受《系辞》影响,从而发挥着《系辞》中的一些思想。如:

《系辞》:"是故君子安而不忘危,存而不忘亡,治而不忘乱,是以身安而国家可保也!"

《荀子·仲尼篇》:"故知者之举事也,满则虑谦,平则虑险,安则虑危。"

《系辞》:"黄帝尧舜垂衣裳而天下治,盖取诸乾坤。"

《荀子·王霸篇》:"垂衣裳不下簟席之上,而海内之人莫不愿得以为帝王。"

《系辞》:"天下同归而殊涂,一致而百虑。"

《荀子·富国篇》:"同求而异道,同欲而异知。"

《系辞》:"德薄而位尊,知小而谋大,力少而任重,鲜不及矣!"

《易》曰:"'鼎折足,覆公𫗧,其形渥,凶。'言不胜其任也。"

《荀子·儒效篇》:"故能小而事大,辟之是犹力之少而任之重也,舍粹折无适也。"

此"粹折"显系受启于"鼎折足"之语。从行文中看,荀子发挥《系辞》中的思想是非常明显的。

在确定了《系辞》的写作年代之后,问题就集中到《易大传》的其他主要几篇,也就是《说卦》《文言》《彖》《象》的成篇先后上了。如果能确定其余几篇的先后,那么,我们以《系辞》为界,《易大传》的年代问题就基本可定了。

在《易大传》主要篇章写成的先后问题上,我认为《文言》肯定早于《系辞》。《系辞》:"亢龙有悔。子曰:'贵而无位,高而无民,贤人在下位而无辅,是以动而有悔也。'"这一段完全引自《文言·乾》,据此,《系辞》肯定晚于《文言》是无疑的。

《荀子》一书中也有很多地方抄自《文言》。如《荀子·劝学篇》:

施薪若一,火就燥也,平地若一,水就湿也,草木畴生,禽兽群焉,物各从其类也。

《荀子·大略篇》:

均薪施火,火就燥,平地注水,水流湿,夫类之相从也如此之著也。

这两段文字显然抄自《文言·乾》：

> 同声相应，同气相求，水流湿，火就燥，云从龙，风从虎，圣人作而万物睹，本乎天者亲上，本乎地者亲下，则各从其类也。

再如《荀子·不苟篇》："庸言必信之，庸行必慎之。"亦是抄自《文言·乾》："庸言之信，庸行之谨。"可见《文言》与《系辞》《象》一样，在当时对荀子曾产生过很大影响，从而证明《易大传》的主要篇章，在荀子的时代已是非常流行了。

关于《文言》，我有一种猜想：当初它并不是只有《乾》《坤》两篇，而是六十四篇，也就是每卦一篇，是当时经师授《易》的讲义，后人在进行整理时，可能碍于六十四卦篇幅太长，故只取了六十四卦之首的《乾》《坤》两卦作代表，其余一概不用了。我这种猜想的证据：在《系辞》上下两篇中，以"子曰"的形式共计讲了十六卦中的十八个爻辞。从对这十八个爻辞的解释看，它的思路和行文与《文言》极为一致。其中"亢龙有悔"一段，与《文言·乾》的解说一字不差。可见《系辞》的作者当时还见到过《文言》有关六十四卦的全部解说，他只是摘录了其中十六卦共十八个爻辞的解说。后来因为只有《乾》《坤》两卦保存下来，故《系辞》中解说《乾》卦上九爻"亢龙有悔"的一段，与《文言·乾》一字不差。

至于《象》的写成，要早于《文言》。只需将《象·乾》与《文言·乾》对比一下，事情就清楚了：

> 《象·乾》："大哉乾'元'，万物资始，乃统天。云行雨施，品物流形，大明终始，六位时成，时乘六龙以御天……"
>
> 《文言·乾》："大哉乾乎，刚健中正，纯粹精也，六爻发挥，旁通情也，时乘六龙，以御天也，云行雨施，天下平也……"

很清楚，《象》的文字简练自然，是《文言》作者望《象》生义，将其前后行文顺序稍一变动，就抄到自己文章中去了。所以，《象》要早于《文言》，是很明显的。

《象》分为解释卦辞的《大象》与解释爻辞的《小象》两部分。关于《象》，我同意李镜池同志《周易探源》中的观点：《大象》与《小象》非同时写成，《大象》早，《小象》晚。

我断定《大象》要早于《彖》，为什么？先看《鼎》卦《大象》："木上有火，鼎，君子以正位凝命。"而《彖·鼎》："鼎象也，以木巽火，亨饪也，圣人亨以享上帝……"因《鼎》卦的《大象》说"木上有火"，而其《彖》则曰"鼎象也，以木巽火"，《彖》见《大象》而发论，明矣！

再看《剥》卦的《大象》："山附于地，剥，上以厚下安宅。"其《彖》曰："剥，剥也，柔变刚也。'不利有攸往'，小人长也。顺而止之，观象也。君子尚消息盈虚，天行也。"

文中"观象也"，所观者何象？自然是《大象》中的"山附于地"。所谓"山附于地"者，坤为地为顺，而艮为山为止，故《彖》称："顺而止之，观象也。"

特别是《坤》卦，其《大象》曰："地势坤，君子以厚德载物。"其《彖》则望文生义，拆开"厚德载物"四字而发挥出"坤厚载物，德和无疆"的妙论，很清楚地露出了其抄《大象》的马脚。

还有《巽》卦《大象》："随风巽，君子以申命行事。"其《彖》曰："重巽以申命，刚巽乎中正而志行。"此则《彖》望《大象》而生论，亦甚明了！

其他如《晋》之《大象》："明出地上，晋，君子以自昭明德。"其《彖》则"晋，进也，明出地上，顺而丽乎大明……"《明夷》之《大象》："明入地中，明夷，君子以莅众用晦而明。"其《彖》曰："明入地中，明夷，内文明而外柔顺……"则是《彖》直抄《大象》了。

所以《大象》先于《彖》，在文字上表现得也很清楚。

最后是《说卦》。我的看法：在《易大传》所包括的主要几篇中，《说卦》肯定早于《系辞》，其主要内容（关于八经卦的取象）应整理成篇于《彖》和《大象》之前。

《说卦》早于《系辞》的证据是明显的：

《说卦》："昔者圣人之作《易》也，将以顺性命之理，是以立天之道曰阴与阳，立地之道曰柔与刚，立人之道曰仁与义。兼三才而两之，故《易》六画而成卦。分阴分阳，迭用柔刚，故《易》六位而成章。"

《系辞》:"《易》之为书也,广大悉备,有天道焉,有人道焉,有地道焉。兼三才而两之,故六。六者非它也,三才之道也。"

对比这两段文字,事情就清楚了,《系辞》的这段文字是作者读了《说卦》之后写出的,而不会是相反。

《说卦》是专述《周易》中"乾""坎""艮""震""巽""离""坤""兑"八个经卦的,而《大象》及《彖》《文言》是讲述六十四别卦的,《系辞》又是对《周易》这部书的理论分析与探讨。一般情况是,先有讲述,然后才会形成理论上的分析与探讨。据此,《说卦》也应较早。

细读《彖》,我们会看到,对每卦卦体的论述,是《彖》上下两篇解卦的重要特点。如《彖·蒙》:

蒙,山下有险,险而止,蒙。"蒙亨",以亨行时中也,"匪我求童蒙,童蒙求我",志应也。"初筮告",以刚中也,"再三渎,渎则不告",渎蒙也。蒙以养正,圣功也。

因为《蒙》卦卦体内坎外艮,据《说卦》,坎为水为险,艮为山为止,故《彖》释《蒙》卦卦体曰"山下有险,险而止",然后再引卦辞,逐句讲解。再如《彖·需》:

需,须也,险在前也,刚健而不陷,其义不困穷矣!"需,有孚,光亨,贞吉。"位乎天位,以正中也。"利涉大川",往有功也。

因《需》卦卦体内乾外坎,据《说卦》篇,乾为刚健而坎为险陷,故《彖》释《需》卦卦体曰"险在前也,刚健而不陷",然后再引本卦卦辞,一一予以解释。

这样,问题就来了,如果《说卦》晚于《彖》的话,那么,当时传《易》的经师们,又据何讲解《彖》中有关卦体的这些论述呢?此其一。其二,《乾》《坤》《震》《坎》《艮》《巽》《离》《兑》此八卦之《彖》,其对卦体的特点或者一字不提(如《彖》中《震》卦)或片言只语轻轻带过(其他七卦皆如此)。这种不正常现象的出现,究竟是为什么呢?只有一种解释:《说卦》是专门讲八经卦的,重为《乾》《坎》《艮》《震》《巽》《离》《坤》《兑》卦体的这八卦,其经卦特点已在《说卦》中作了最详尽的说明,故《彖》即不必细说了。据此情理看,《说卦》也应早于《彖》。

出于同样道理，《说卦》也不应晚于《大象》，不然的话，《大象》释《剥》卦曰"山附于地"，释《遯》卦曰"天下有山"等等，此语又据何而出呢？

由此观之，《说卦》中有关八卦之象的部分，是怎么也不能晚于《象》及《大象》的。另外，由《晋书·束晳传》看，晋人从魏襄王墓发现的几十车书中，就有一篇《卦下易经》"似《说卦》而异"，说明早在战国中期，或这以前，就有这种解释经卦卦象的专著了，从而证实了我们如上推断。然而我们绝不能据此而认为在魏襄王时尚无《说卦》，魏襄王墓中不仅无《说卦》，亦无《彖》《象》《文言》《系辞》等，因当时书籍流传很难，襄王墓中所发现者，只是襄王平时收藏，或者专给襄王殉葬之书，因而它的范围是极为有限的。

但是，由《说卦》《彖》及《大象》的行文用语看，它们与《系辞》的写成不会相距太远，如《说卦》篇之"将以顺性命之理""和顺于道德而理于义""立人之道曰仁与义"等。再如《彖·节》："节以制度，不伤财，不害民。"《彖·大畜》："大畜，刚健笃实，辉光日新。"《彖·咸》："二气感应以相与。"《大象·既济》："君子以思患而豫防之。"《大象·节》："君子以制数度，议德行。"像"性命""道德""仁与义""制度""德行""豫防""感应""笃实"等词句，都带有战国时代的印记。故《说卦》《大象》及《彖》的成篇，虽稍早于《系辞》，但一般不会早于战国初期。

总之，《易大传》的基本部分是战国初期至战国中期写成——这，就是笔者的认识。

三

今本《周易》六十四卦的排列方式，唐人孔颖达曾用"二二相耦，非覆即变"的话进行过总结①。"二二相耦"的意思是，今本六十四卦的排

---

① 见孔颖达：《周易正义·序卦》疏语。

列，都是以两卦为一组进行排列的。"非覆即变"——每组卦不是以"覆"的方式，就是以"变"的方式排列而成。所谓"覆"，系指以两卦卦画互相颠倒的方式排列，如《屯》卦☷与《蒙》卦☷，《需》卦☷与《讼》卦☷等；所谓"变"，系指两卦卦画以"变"的方式，亦即以完全相反的方式排列，如《乾》卦☰与《坤》卦☷，《颐》卦☷与《大过》卦☷等。

乍一看，孔疏总结的似乎很对，但仔细一想，不对了，若说"非覆即变"的话，《乾》卦☰与《坤》卦☷是"变"，当然无疑义，《屯》卦☷与《蒙》卦☷是"覆"，这也没有问题，但《泰》卦☷与《否》卦☷呢？"覆"乎？"变"乎？

因此，有关六十四卦排列顺序的特点，孔颖达此说是不够精确与严密的。每组卦除了这"覆"与"变"之外，有的卦则"覆""变"兼而有之。除《泰》《否》之外，《既济》☷与《未济》☷亦为其例。

我们在讲了上述似乎离题的话之后，是为了指出，《序卦》作者正是不顾今本《周易》六十四卦的如上排列特点，试图从卦名的含义上，把今本《周易》六十四卦的排列次序，说成是互相连贯、上下顺应的一条链子，在这条链子上，每卦都是其中的一环，首尾衔接，环环紧扣——当然，这只能使自己的立论跌进牵强附会、生拉硬扯的泥沼中去，以致害得有些近人也想在这个问题上"阐精发微"，如章太炎先生之《易论》，就是其中之一。太炎先生显然是受了《序卦》影响，他想把六十四卦排列次序纳入社会进化的轨道，开始《乾》《坤》几卦尚可，但到后来无法附会了，只好"过此以往，未之或知"——知难而退了。

其实，马王堆帛书《易经》的出土，证明即使到了西汉，尚有不同编次的《周易》传本在社会上流行，正如高亨先生说的那样："古代《易经》之六十四卦顺序当有几种不同之编次。"① 当时传授《周易》的经学大师们正是为宣扬与提高今本《周易》的位置，以区别于社会上别种编次的《周易》传本，因而写《序卦》，其目的是为今本《周易》的编次张目，以制造理论根据，扩大其声望。由此看来，《序卦》的写成，较之《说卦》《象》《彖》《系辞》《文言》等可能晚些。

---

① 《周易大传今注》第一篇。

至于《杂卦》，它以言简意赅的文字揭示了每卦的特点或要旨，有的文字，如"比乐师忧"等，独具创见，因手头证据不多，其著作年代尚不敢考订，但估计它是自成体系的一派，因而不会太晚。

《易大传》中各篇写成的先后问题，由于时间距今较久，加以汉人皆以"十翼"为孔子所出，至宋才有人生疑，而从先秦的典籍中又很难找出结实的佐证，以确定各篇的先后，因此，在这个问题上，近人尚有歧见。笔者在读"十翼"各篇时，从其行文用语中发现了一些问题，今试提出其成篇先后，与大家共同探讨，不妥之处，希予指正。

四

最后谈谈《易大传》学术思想的归属问题。

清儒崔述曾指出《象》引用曾子之言："《论语》云：'曾子曰：君子思不出其位。'今《象传》亦载此文。"① 这件事应引起我们重视。

若看一下《彖》《象》《文言》，特别是《大象》，有些地方显然是发挥曾子之言。如《象·震》之"君子以恐惧修省"；《象·复》之"'不远'之'复'，以修身也"；"'敦复无悔'，中以自考也"；《象·益》之"君子见善则迁，有过则改"；《象·蹇》之"君子以反身修德"；《象·坎》之"君子以常德行，习教事"；《象·颐》之"君子以慎言语，节饮食"；《象·未济》之"君子以慎辨物居方"等等。这些话，与曾子在《论语》中表现出的自我省察的内省论是多么地一致！

此外，曾子说："有若无，实若虚。"（《论语·泰伯》）《象·咸》亦说："君子以虚受人。"

曾子说话言必称师，总是"吾闻诸夫子"（《论语·子张》），故《象·大畜》赞美"君子以多识前言往行，以畜其德"等。这自然启发我们思索《易大传》与思孟学派的关系。

侯外庐先生曾从方法论上分析《易大传》与思孟学的精神分不开，他

---

① 《崔东壁遗书·洙泗考信录》卷之三。

说：“因为'显微阐幽'(《下传》)'探赜索隐，钩深致远'(《上传》)的方法与荀子精神不合，反而与其所评的思孟的方法相近。"①

我们认为这分析是正确的。《易大传》里虽无"五行"的文句，但像《系辞》中"包牺氏没，神农氏作，斲木为耜，揉木为耒，耒耨之利，以教天下，盖取诸《益》。日中为市，致天下之民，聚天下之货，交易而退，各得其所，盖取诸《噬嗑》""神农氏没，黄帝、尧、舜氏作，通其变，使民不倦；神而化之，使民宜之。《易》，穷则变，变则通，通则久。是以自天祐之，吉无不利""黄帝、尧、舜垂衣裳而天下治，盖取诸《乾》《坤》"等，《系辞》里这种被荀子责之为"案往旧造说"的话颇多②。

另外，像"无有远近幽深，遂知来物""《易》无思也，无为也，寂然不动，感而遂通天下之故，非天下之至神，其孰能与于此。夫《易》，圣人所以极深而研几也。唯深也，故能通天下之志，唯几也，故能成天下之务，唯神也，故不疾而速，不行而至"等等，这些话，也真可谓"甚僻违而无类，幽隐而无说"了③。

然而我们认为《易大传》之《文言》《彖》《象》应属思孟学派所整理、润色，《系辞》中亦有思孟学的内容，主要还是依据如下事实：

人们都知道，《易大传》里面谈"中"的地方很多，像《文言·乾》"龙德而正中者也""重刚而不中""刚健中正"，《文言·坤》"君子黄中通理""美在其中"等等。

至于《彖》《象》讲"中"就更多了，仅对"中"的称谓就有："中正""正中""得中""时中""刚中""中行""使中""在中""中""中直""大中""积中""中心""中道""行中""刚而过中""中无尤""未出中""中未大""久中""中不自乱""中节""中心为志""中未变""中有庆""中心为实""位中""不中""中心为正"等，共有二十九种提法。

这些关于"中"的提法，分布在《彖》之《蒙》《需》《讼》《师》《比》《小畜》《履》《同人》《大有》《临》《观》《噬嗑》《无妄》《大过》《坎》

---

① 侯外庐：《中国思想通史》卷一。
② 《荀子·非十二子》。
③ 同上。

《离》《睽》《蹇》《解》《益》《姤》《萃》《升》《困》《井》《鼎》《渐》《旅》《巽》《兑》《涣》《节》《中孚》《小过》《既济》《未济》等三十六卦之中；分布于《象》之《需》九二爻与九五爻、《讼》九五爻、《师》六五爻、《比》九五爻、《小畜》九二爻、《履》九二爻、《泰》六五爻、《同人》九五爻、《大有》九二爻、《谦》六二爻、《豫》六二爻、《随》九五爻、《蛊》九二爻、《临》六五爻、《复》六五爻、《大畜》九二爻、《坎》九二爻与九五爻、《离》六二爻、《恒》九二爻、《大壮》九二爻、《晋》六二爻与《蹇》九五爻、《解》九二爻、《损》九二爻、《夬》九二爻与九五爻、《姤》九五爻、《萃》六二爻、《困》九二爻与九五爻、《井》九五爻、《鼎》六五爻、《震》六五爻、《艮》六五爻、《归妹》六五爻、《巽》九二爻与九五爻、《节》九五爻、《中孚》九二爻、《既济》六二爻、《未济》九二爻等三十八卦、四十三爻之中。

若进一步研究这些称"中"的卦爻，我们发现它们都是吉卦、吉爻。如《乾》卦九二爻："见龙在田，利见大人。"这是一个吉爻，故《文言》称此爻为"龙德而正中者也"。《坤》卦六五爻之"黄裳元吉"也是吉爻，《文言》称此爻"君子黄中通理，美在其中"，《象》说它是"文在中也"。再如《讼》卦卦辞："有孚窒惕，中吉，终凶。利见大人，不利涉大川。"这段卦辞由两部分组成："有孚窒惕，中吉""利见大人"，是吉占；其余"终凶""不利涉大川"，是凶占或不利。故《讼》之《彖》曰："讼，上刚下险，险而健，讼。讼，'有孚窒惕，中吉'。刚来而得中也。'终凶'讼不可成也。'利见大人'，尚中正也。'不利涉大川'，入于渊也。"

很清楚，其吉占"有孚，窒惕，中吉"，被《彖》作者称之谓"刚来而得中"，其"利见大人"被称之谓"尚中正也"。故在《彖》《象》《文言》作者的眼里，凡吉占都是因为能"正中""得中""中正""黄中通理"等。

《易大传》里这种赞誉"中"的思想，并不是《彖》《象》《文言》作者的发明，实为继承《周易》古经而来。如：

《讼》卦辞："有孚，窒惕。中吉，终凶。利见大人，不利涉大川。"

《师》九二："在师中，吉，无咎。王三锡命。"
《泰》九二："包荒，用冯河，不遐遗朋，亡得，尚于中行。"
《复》六四："中行独复。"
《益》六三："益之用凶事，无咎。有孚中行，告公用圭。"
《益》六四："中行，告公从，利用为依迁国。"
《夬》九五："苋陆夬夬，中行，无咎。"
《丰》卦辞："亨，王假之，勿忧，宜日中。"
《丰》六二："丰其蔀，日中见斗，往得疑疾。有孚，发若吉。"
《丰》九四："丰其蔀，日中见斗，遇其夷主，吉。"

周人的这种思想，在《逸周书·武顺》中亦有表述："天道尚左，日月西移，地道尚右，水道东流，人道尚中，耳目役心。"而《左传·成公十三年》："刘子曰：'吾闻之，民受天地之中以生。'"刘子既称"闻之"，可证前人早有此说。《左传·昭公五年》也记载了"日上其中"的说法。

周人的尚中思想，在《论语》中又得到孔子的进一步肯定与赞扬，而后，子思、孟轲都称誉"中道"，尤其在《中庸》里，"中"大大地被加以渲染了：

中也者，天下之大本也。
中也者，天下之达道也。
致中和，天地位焉，万物育焉。

作为这条思想长链上的一环，《易大传》的"尚中"思想应归属思孟学派，便是很自然的了。

然而最初的"中"与"正"，恐为古人进行天文观察的专用术语，如《周易》古经《丰》卦卦辞里有"宜日中"，其六二爻和九三爻中有"日中见斗""日中见沬"等，《史记·历书》曾引《左传》："先王之正时也，履端于始，举正于中，归邪于终。"《史记·集解》引韦昭曰："气在望中，则时日昏明皆正也。""中气在晦则后月闰，在望是其正中也。"皆可为其证。故《彖·象》里面的"中"，也有着不同含义：一方面，它吸收了前人著述中有关以天文观察解释《周易》古经的资料，如《彖·剥》："君子尚消息盈虚，天行也。"《彖·损》："损刚益柔有时，损益盈虚，与时偕行。"《彖·复》:"'反复其道,七日来复',天行也。"《彖·贲》:"刚柔交错,天文也。"故《彖·需》说:"位乎天位,以正中也。"《彖·姤》:"刚遇中正,天下大行也。"此"正中"与"中正"仍未失去最初作为天文术语的含义。同时,"中"在《彖》《象》里面,特别是在《象》中,还指某一爻在卦中的位置①,但主要的篇幅,却是把人的德性修养,与"中"结合在一起的。如:

《彖·蒙》:"蒙'亨',以亨行时中也。"
《彖·讼》:"利见大人,尚中正也。"
《彖·同人》:"文明以健,中正而应,'君子'正也。"
《文言·乾》:"刚健中正,纯粹精也。"
《象·蛊》:"'干母之蛊',得中道也。"

而这些"时中""中正""中道"在《中庸》中亦可见到:

君子之中庸也,君子而时中。
齐庄中正,足以有敬也。
诚者,不勉而中,不思而得,从容中道,圣人也。

由共同赞誉"中",进而对"中"的称谓亦一致,更说明它们应出于同一学派。

若进一步考察思孟学派所称誉的"中道",可发现其具体体现在"诚"上。

郭老在《十批判书·儒家八派的批判》中指出:思孟学派"与仁义礼智为配是'天道','天道'是什么呢?就是'诚','诚者天之道也,思诚者人之道也,至诚而不动者未之有也,不诚未有能动者也'。其在《中庸》,则是说'诚者天之道也,诚之者人之道也,诚者不勉而中,不思而得,从容中道,圣人也'"。并说"诚是中道"。

由此可见,思孟学派所推崇的"诚"不仅体现"天道",在人道中又与"中道"联系在一起。

带着这样的认识,让我们再拿这个"诚"的标准与《文言》中的

---

① 详见《关于〈易〉象》一文。

"诚"对照一下。《文言·乾》："龙德而正中者也。庸言之信,庸行之谨,闲邪存其诚。善世而不伐,德博而化。《易》曰'见龙在田,利见大人',君德也。"又说:"君子进德修业,忠信所以进德也,修辞立其诚,所以居业也。"

因为《文言》释"诚"的这些话,旨在解释取象于天的《乾》卦,显然已将"诚"与天道联系在一起了,又讲到"德而正中"及"庸言之信,庸行之谨",其与《中庸》之"庸德之行,庸言之谨"如出一人之手!自然也是以守"中道"来存其"诚"的,可见对"诚"的认识,《文言》与思孟学派亦是完全一致的。

此外,《中庸》曾提出:"凡为天下国家有九经,曰修身也,尊贤也,亲亲也,敬大臣也,体群臣也,子庶民也,来百工也,柔远人也,怀诸侯也。"读《易大传》,我们发现《中庸》的这些治国思想,在《象》《彖》中,几乎全部可以找到。

还有,《中庸》时时表现遁世思想:"君子依乎中庸,遁世不见知而不悔,唯圣者能之。"《文言·乾》亦说:"不易乎世,不成乎名,遁世无闷,不见是而无闷,乐则行之,忧则违之,确乎其不可拔,潜龙也。"《象·大过》:"君子以独立不惧,遁世无闷。"

因思孟之学乃渊源于曾子,自然,《中庸》作者也是很清高的:"在上位,不凌下,在下位,不援上,正己而不求于人。"而《系辞》也说:"君子上交不谄,下交不渎。"《中庸》说:"博学之,审问之,慎思之,明辨之,笃行之。"《文言》则称:"君子学以聚之,问以辩之,宽以居之,仁以行之。"《中庸》说:"其次致曲,曲能有诚,诚则形,形则著,著则明,明则动,动则变,变则化,唯天下至诚为能化。"《系辞》也称:"曲成万物而不遗。""其旨远,其辞文,其言曲而中。"

意味深长的是,《文言·乾》:"夫'大人'者,与天地合其德,与日月合其明,与四时合其序,与鬼神合其吉凶。"《系辞》:"广大配天地,变通配四时,阴阳之义配日月,易简之善配至德。""是故法象莫大乎天地,变通莫大乎四时,县象著明莫大乎日月。"而《中庸》也称:"仲尼祖述尧舜,宪章文武,上律天时,下袭水土,辟如天地之无不持载,无不覆帱。辟如四时之错行,如日月之代明。"

《文言》《系辞》《中庸》都以"天""地""四时""日""月"依次对举，何其一致！重要的是，这里面是否透露出思孟学派"案往旧造说，谓之'五行'"的内容呢？

因为郭老在《十批判书》中曾引《礼记·月令》："天秉阳，垂日星，地秉阴，窍于山川，播五行于四时，和而后月生也。"认为《月令》是属于思孟学派的撰述（《儒家八派的批判》），而这段文字亦是以"天""地""四时"及"月"依次对举的。不可忽视的是"播五行于四时"一句，既然《文言》《系辞》《中庸》都以与《月令》同样的次序提到了"四时"，是否这里面也含有"播五行于四时"的内容？只不过在当时这样的书俱在，并无说明的必要罢了。

总之，由以上所考看，《易大传》之《彖》《象》《文言》等为思孟学派所整理、润色，《系辞》中亦有思孟学的内容，当是比较清楚的事实。

关于《易》象

自春秋战国时代起，经汉、唐、宋诸儒，至清儒及中华民国人物止，他们在讲解《周易》经文时，都要依据卦象。即便是被人称作"扫象不谈"的王弼，在其《周易略例·明象篇》中，依然承认："寻象以观意。""意以象尽，象以言著。"表面看起来，王弼不取象数之学，但他在注释《周易》经文时，重阴阳，辨爻位，心中很有分寸。可知他是精通汉人象数的。如注《同人》卦九五爻："同人，先号咷，而后笑，大师克，相遇。"王弼说："居中处尊，战必克胜，故后笑也。"而且，他仍然取象。如注《象·大有》："火在天上，大有，君子以遏恶扬善，顺天休命。"王弼说："大有，包容之象也，故'遏恶扬善'。"

那么，可不可以抛开卦象，像有的今人那样，纯以训诂解《易》呢？

带着这个问题，让我们看一下《周易》的卦辞和爻辞，到底是据象而出，还是与象无关。

通读《周易》六十四卦三百八十四爻，我们发现：凡拟之以物时，初爻之辞皆取象于下。如：

《乾》卦初九爻："潜龙勿用。"《坤》卦初六爻："履霜坚冰至。"《履》卦初九爻："素履往，无咎。"《泰》卦初九爻："拔茅茹以其汇，贞吉，亨。"《噬嗑》卦初九爻："履校灭趾，无咎。"《贲》卦初九爻："贲其趾，舍车而徒。"《剥》卦初六爻："剥床以足，蔑贞，凶。"《大过》卦初六爻："藉用白茅，无咎。"《坎》卦初六爻："习坎，入于坎窞，凶。"《离》卦初九爻："履错然，敬之，无咎。"《咸》卦初六爻："咸其拇。"《遁》卦初六爻："遁尾厉，勿用有攸往。"《大壮》卦初九爻："壮于趾，征凶，有孚。"《夬》卦初九爻："壮于前趾，往不胜，为咎。"《困》卦初六爻："臀困于株木,入于幽谷,三岁不觌。"《井》卦初六爻："井泥不食,旧井无禽。"《鼎》卦初六爻："鼎颠趾,利出否,得妾以其子,无咎。"《艮》卦初六爻："艮其趾,无咎。利永贞。"《既济》卦初九爻："曳其轮,濡其尾,无咎。"《未济》卦初六爻："濡其尾,吝。"

"潜""履""茅""趾""足""藉""坎窞""拇""尾""臀""井泥""轮"等,皆取象于物之下者。

反之,凡拟之以物时,上爻之辞皆取象于上。如:

《乾》卦上九爻："亢龙有悔。"《比》卦上六爻："比之无首,凶。"《大有》卦上九爻："自天佑之,吉无不利。"《噬嗑》卦上九爻："何校灭耳,凶。"《大畜》卦上九爻："何天之衢,亨。"《大过》卦上六爻："过涉灭顶,凶,无咎。"《咸》卦上六爻："咸其辅、颊、舌。"《晋》卦上九爻："晋其角,维用伐邑,厉吉,无咎,贞吝。"《解》卦上六爻："公用射隼于高墉之上,获之无不利。"《姤》卦上九爻："姤其角,吝,无咎。"《鼎》卦上九爻："鼎玉铉,大吉,无不利。"《旅》卦上九爻："鸟焚其巢,旅人先笑后号咷,丧牛于易,凶。"《中孚》卦上九爻："翰音登于天,贞凶。"《既济》卦上六爻："濡其首,厉。"《未济》卦上六爻："有孚于饮酒,无咎。濡其首,有孚失是。"

"亢""首""天""耳""顶""辅""角""高墉""铉""巢"等,皆取象于物之上者。

我们认为,这种情况在经文中出现,恐怕绝非偶然的巧合。

再看取一物为象的卦,随着爻位的变化,取象的部位是如何变化的。先看"近取诸身"的《咸》卦。

《咸》卦初六爻："咸其拇。"六二爻："咸其腓,凶,居吉。"九三爻："咸其股,执其随,往吝。"九四爻："贞吉,悔亡。憧憧往来,朋从尔思。"九五爻："咸其脢,无悔。"上六爻："咸其辅、颊、舌。"

很清楚,在《咸》卦中,随着爻位的变化(由初六爻到上六爻)身体部位的取象,也由脚的大拇指上升到腿肚子、大腿、脊背之肉,最后到面部。再看"远取诸物"的《乾》卦。《乾》卦初九爻："潜龙勿用。"九二爻:"见龙在田,利见大人。"九三爻:"君子终日乾乾,夕惕若厉,无咎。"九四爻:"或跃在渊,无咎。"九五爻:"飞龙在天,利见大人。"上九爻:"亢龙有悔。"随着爻位的由下而上,龙的位置也由"潜""见"而"跃""飞",最后以至于"亢"。

其他如《剥》《艮》等卦亦同,都是随着爻位的自下而上,其爻辞取象也由下而上地变化着。据此,《系辞》谓:"易者,象也。""彖者,言乎象者也。""立象以尽意,设卦以尽情伪。""八卦成列,象在其中矣!"并特别指出:"圣人设卦观象系辞焉。"

我们认为《系辞》的说法还是有根据的。同时,《系辞》作者在行文中两次提到:"圣人有以见天下之赜,而拟诸其形容,象其物宜,是故谓之象。"因此,恐怕《周易》作者当初撰卦爻之辞时,正是于观象之后,或"拟诸其形容"而出辞,或"象其物宜"而吐语,故使我们在读《周易》经文时,常常发现忽说吉,又说凶。一些卦爻之辞,东一榔头,西一棒槌,让人摸不着头脑。究其原因,正在于此。唯作《周易》者当初是如何"拟诸其形容"的,又是怎么"象其物宜"的,因其法已经亡佚,我们今天是很难知道了。虽然后人在《周易》的取象上有过很多探讨和研究,但往往都不免陷于穿凿与附会。因此,我们今天在讲解《周易》经文时,对古人"观象系辞"的说法既不可全弃,然而又不可全取。因为若全取《说卦》及汉人的《易》象以解卦爻之辞,凭古《易》的一点断文碎义,苦苦探索那些久已亡佚的取象之法,势必走上支离卦象以就经文,生拉硬扯以顺己意的旧路数,再一次陷入古人的困境,这是没有什么前途的;反之,认为《周易》的卦爻之辞与象毫无关联,"观象系辞"之说并无根据,在训释《周易》经文时,干脆全盘否定古人以象解经的传统路子,纯以训诂解经,因古时字少,遂借通假之便随意训释,使训诂学成为一支点木成金的魔术棒。我们以为,这也不是实事求是的态度。

我们的态度是,承认《周易》卦爻之辞乃当初作《易》者"观象系辞"而来,只是这些取象之法后来已经亡佚,故今天讲解《周易》经文时,应当仍以训诂为主,又要参考一些通过经文自身可以看出的取象。同时,为了解前人对《易》象的一些探讨,我们对春秋、战国并两汉有关《易》象的研究,也应知道其梗概。为此,下面简要介绍一下前人有关

《周易》之象的探讨。

据黄宗羲《易学象数论》所谈，《周易》的取象计有"八卦之象""六画之象""象形之象""爻位之象""反对之象""方位之象""互体之象"共七种。

何谓"八卦之象"？所谓"八卦之象"在《说卦》中已讲得很明白，是战国时代人们对《易》象的整理与介绍：

乾，健也。坤，顺也。震，动也。巽，入也。坎，陷也。离，丽也。艮，止也。兑，说也。

乾为马。坤为牛。震为龙。巽为鸡。坎为豕。离为雉。艮为狗。兑为羊。

乾为首。坤为腹。震为足。巽为股。坎为耳。离为目。艮为手。兑为口。

乾，天也，故称乎父。坤，地也，故称乎母。

震一索而得男，故谓之长男。巽一索而得女，故谓之长女。坎再索而得男，故谓之中男。离再索而得女，故谓之中女。艮三索而得男，故谓之少男。兑三索而得女，故谓之少女。

乾为天，为圜，为君，为父，为玉，为金，为寒，为冰，为大赤，为良马，为老马，为瘠马，为驳马，为木果。

坤为地，为母，为布，为釜，为吝啬，为均，为子母牛，为大舆，为文，为众，为柄，其于地也为黑。

震为雷，为龙，为玄黄，为旉，为大涂，为长子，为决躁，为苍筤竹，为萑苇，其于马也，为善鸣，为馵足，为作足，为的颡，其于稼也，为反生。其究为健，为蕃鲜。

巽为木，为风，为长女，为绳直，为工，为白，为长，为高，为进退，为不果，为臭，其于人也，为寡发，为广颡，为多白眼，为近利市三倍，其究为躁卦。

坎为水，为沟渎，为隐伏，为矫輮，为弓轮，其于人也，为加忧，为心病，为耳痛，为血卦，为赤，其于马也，为美脊，为亟心，为下首，为薄蹄，为曳，其于舆也，为多眚，为通，为月，为盗，其于木也，为坚多心。

离为火，为日，为电，为中女，为甲胄，为戈兵，其于人也，为大腹，为乾卦，为鳖，为蟹，为蠃，为蚌，为龟，其于木也，为科上槁。

艮为山，为径路，为小石，为门阙，为果蓏，为阍寺，为指，为狗，为鼠，为黔喙之属，其于木也，为坚多节。

兑为泽，为少女，为巫，为口舌，为毁折，为附决，其于地也，为刚卤，为妾，为羊。

以上八卦所象八类事物，即"八卦之象"。

《说卦》虽是战国时代作品，但它的成篇必有所本。因为早在春秋时代，人们即已很熟练地运用这些卦象对《周易》进行分析了。如《左传·庄公二十二年》：

陈侯使筮之，曰："坤，土也，巽，风也，乾，天也……"

《左传·昭公五年》：

庄叔以《周易》筮之……曰："离，火也，艮，山也……"

《国语·晋语》：

司空季子曰："震，车也。坎，水也。坤，土也……"

由《左传》《国语》的这些记载看，其八卦之象与《说卦》基本相同，因此，早在春秋时代（或者更早）八卦之象就被用来解说《周易》了。《说卦》只是后人对这些取象进行了重新整理而已。至汉，又有人于《说卦》之外补充了很多"逸象"，这些"逸象"是对《说卦》的进一步发挥，在此就不一一细述了。

两卦相重而生"六画之象"，这就是《系辞》中所谓"八卦相荡"而生成的六十四卦。六画之象包含内外两个经卦，亦称上下两卦。据《左传》《国语》记载，春秋时代的人称内卦曰"贞"，称外卦曰"悔"。六个爻画的排列自下而上，最下一爻称作"初爻"，顺而上：二爻、三爻、四爻、五爻，最上第六爻称作"上爻"。这六个爻画根据《系辞》与《说卦》，被分成"天""地""人"，称之谓"三才"。《系辞》：

　　　　《易》之为书也，广大悉备。有天道焉，有人道焉，有地道焉。兼三才而两之，故六，六者非它也，三才之道也。

《说卦》：

　　　　昔者圣人之作《易》也，将以顺性命之理，是以立天之道曰阴与阳，立地之道曰柔与刚，立人之道曰仁与义，兼三才而两之，故《易》六画而成卦，分阴与阳，迭用柔刚，故《易》六位而成章。

　　汉人就是根据这些，将六个爻画分成三部分：上两爻为天，中两爻为人，下两爻为地。并有"阳位""阴位"之分：初爻，三爻，五爻称作"阳位"；二爻、四爻、上爻称作"阴位"。若阳爻居阳位，阴爻居阴位，谓"得正"或"得位"，主吉祥。反之，若阳爻居阴位，阴爻居阳位，则谓"不正"或"失位"，不吉。这些恐怕都是汉人的附会，并不足信。考《周易》经文，六十四卦中只有《既济》䷾一卦阴爻与阳爻全部得位，吉莫大焉！然其卦辞却曰"初吉终乱"！可知在《周易》作者的心目中，万事万物都处于不断发展、变化和联系之中，亦即《系辞》所谓："《易》穷则变，变则通。""变动不居，周流六虚。"世上绝没有什么静止不变的"得位"。

　　这六画之象（亦即六十四卦卦体）除有"得位""失位"及分成"天""地""人"三才之外，汉人在其注释《周易》经文的著作中，认为每个卦体的阴阳爻画之间，还有着"承""乘""比""应""据""中"的关系。自汉人始，迄清人止，历代的易学家在注释经文，阐述《易》象时，他们都离不开运用这些关系来分析每卦的卦象。

　　所谓"承"，一般指一卦的卦体中，若阳爻在上，阴爻在下，则此阴爻对于上面的阳爻称之谓"承"。

　　举《坎》卦䷜为例。在这一卦体中（即六画之象）六四爻为阴爻，九五爻为阳爻，九五爻位置在六四爻之上，即为六四爻"承"九五爻。古人称之谓"四承五"。同样，在这一卦体中，初六爻为阴爻，九二爻为阳爻，九二爻位置在初六爻之上，即为初六爻"承"九二爻，古人称之谓"初承二"。再如《井》卦䷯，在这一卦体中，初六爻为阴爻，九二爻为阳爻，九二爻位置在初六爻之上，故称初六爻"承"九二爻，古人称之谓"初承二",同样,九五爻在六四爻之上,古人谓"四承五"。

现在,我们以汉人虞翻为例,看看他是如何运用这种关系注《易》的。如《随》卦☷六二爻:"系小子,失丈夫。"虞翻注曰:"承四隔三,故失丈夫。"(《周易集解·随卦》)意思是说,在《随》卦☷中,六二爻是阴爻,位置在下,九四爻是阳爻,象征"丈夫",位置在上,六二爻"承"九四爻,又被六三爻在中间阻隔,因而"失丈夫"。再如《周易集解》引荀爽注《蛊》卦☷六五爻:"干父之蛊,用誉。"曰:"承阳有实,用斯干事,荣誉之道也。"意思是说,在《蛊》卦☷中,六五爻为阴爻,位置在上九阳爻之下,六五爻"承"上九阳爻而"有实",以此"干事",为荣誉之道。

古人在运用"承"的关系分析卦象时,若卦体中一个阴爻在下,数个阳爻在上,则下面的这一阴爻,对于上面的几个阳爻都可以称作"承"。譬如《姤》卦☷初六爻,它既可以"承"九二爻,也可以"承"九三爻、九四爻、九五爻及上九爻。同样,在一个卦体中,若几个阴爻在下,一个阳爻在上,则下面的这几个阴爻对于上面的阳爻也都可以称"承"。如《谦》卦☷初六爻辞中"谦谦君子"一句,《周易集解》引荀爽注曰:"初在最下为谦,二阴承阳亦为谦,故曰'谦谦'也。二阴一阳,相与成体,故曰'君子'也。"意思是说,在《谦》卦卦体中,初六爻为阴爻,位置在最下,本有谦让的意思。初六爻与六二爻都"承"九三阳爻,也有谦旨,故称之谓"谦谦",在《谦》卦中,由初六爻、六二爻与九三爻这样两个阴爻一个阳爻构成了内卦艮,艮为少男,故称"君子",据此,荀爽以为,这就是《谦》卦初六爻为什么称"谦谦君子"的原因。

有时,两相同之爻亦可称"承"。如王弼在《周易注》中解《履》卦九四爻"履虎尾,愬愬终吉"说:"逼近至尊,以阳承阳,处多惧之地。"即其证。

汉及其后研究《周易》的人,就是这样运用六画之象中两爻间的相"承"关系,解释着一些卦爻之辞的由来。当然,这种解释并不见得符合《周易》原旨。且多有牵强之处。

所谓"乘",一般指六画之象中,若阴爻在上,阳爻在下,则此阴爻对下面的阳爻称之谓"乘"。举《比》卦☷为例。在这一卦体中,上六爻为阴爻，九五爻为阳爻，上六爻在九五爻之上，即为上六爻"乘"九五爻，古人称"上乘五"。再如《泰》卦☷☰，在这一卦体中，六四爻为阴爻，九三爻为阳爻。六四爻位置在九三爻之上，即为六四爻"乘"九三爻，古人称"四乘三"。其余卦皆同此例。下面仍以虞翻为例，看看他是如何运用这种相"乘"关系注《易》的。譬如《屯》卦☵☳中，六二爻为阴爻，初九爻为阳爻，六二爻在初九爻之上，故曰："二乘初。"他注此卦上六爻"乘马班如"一句，亦曰："乘五也。"意思是说，《屯》卦上六爻为阴爻，九五爻为阳爻，上六爻在九五爻之上，故注谓"乘五也"，指上六阴爻"乘"九五阳爻（《周易集解·屯卦》）。

若一个卦体中，几个阴爻都在一个阳爻之上，则这几个阴爻对这一阳爻都可以称"乘"。如《谦》卦☷☶六五爻辞中"不富以其邻"一句，《周易集解》引荀爽曰："'邻'谓四与上也，自四以上乘阳。"意思说，对于六五爻来说，"邻"是指六四爻与上六爻，因为这两爻都与六五爻相邻，故说"邻谓四与上也"。同时，在《谦》卦卦体中，自六四爻起，它与六五爻及上六爻都"乘"九三阳爻，故谓"自四以上乘阳"。

有时，两相同之爻亦可称"乘"。如《周易集解》引虞翻注《屯》卦六四爻"乘马班如"一句，曰"乘三也"，而《屯》六三爻亦为阴爻，即其证。

所谓"比"，指在一卦的卦体中，其相邻两爻若是有一种相亲密的关系，称之为"比"，如其初爻与二爻；二爻与三爻；三爻与四爻；四爻与五爻；五爻与上爻等都可以称"比"。若相邻两爻，一爻为阴，一爻为阳，较善于得"比"。在《周易集解》中，虞翻多以此注《易》。如《比》卦☵☷六四爻："外比之贞吉。"虞翻注曰："在外体故称外，得位比贤，故贞吉也。"意思说，在《比》卦☵☷中，六四爻位置在外卦，所以说"在外体"，六四爻是阴爻，位置在第四爻，第四爻是"阴位"，今阴爻而居阴位，故称"得位"，又因六四爻与九五爻有相"比"的关系，故称"得位比贤"。再如《坎》卦☵☵，其六二爻之《象》："求小得，未出中也。"《周易集解》引荀爽注曰："处中而比初。"意思说，九二爻处于内卦之"中"（"中"解见后），故曰"处中"，它与初六爻相邻，有着"比"的关系，故谓"比初"。王弼注《易》，善于用"比"。如他在《周易注》中注《解》卦☳☵九四爻"解而拇"一句，曰："失位不正，而比于三，故三得附之为其拇也。"意思说，九四爻本是阳爻，而四爻之位却是"阴位"，阳爻居阴位，故曰"失位不正"。九四爻与六三爻相邻，有着"比"的关系，故曰"比于三"，九四爻与六三爻相"比"，有着亲切的关系，故六三爻附属九四爻而"为其拇也"。类似这样的例子在王弼《易》注中可以找出很多，在此即不一一列举了。

《易纬·乾凿度》："三画以下为地，四画以上为天。""动于地之下则应于天之下，动于地之中则应于天之中，动于地之上则应于天之上。"这就是说，在六画之象中，其初爻与四爻、二爻与五爻、三爻与上爻之间，汉人认为有着一种呼应的关系。这种呼应关系被汉代易学家称之谓"应"。举《否》卦☷为例。在这一卦体中，初六爻"应"九四爻，六二爻"应"九五爻，六三爻"应"上九爻。其他卦亦同此例。

现在，让我们看看汉人在《周易集解》中是如何运用卦体中这种"应"的关系来解《易》的。如《临》卦☷初九爻："咸临，贞吉。"虞翻注谓："得正应四，故贞吉也。"意思说，初九爻为阳爻，又在阳位，阳爻居阳位，故谓"得正"。在这一卦中，初九爻应六四爻，故谓"应四"。六四爻为阴爻，又居阴位，也"得正"，由初九爻与六四爻这样两个"得正"的卦爻互"应"，虞翻认为这就是此爻"贞吉"的原因。另如《大有》卦☷九二爻辞中"有攸往无咎"一句，虞翻注曰："二失位，变得正应五，故'有攸往无咎矣'。"意思是说，九二爻是阳爻，然而如前所述，在六画之象中，第二爻却是阴位。按照当时汉人的说法，阳爻在阴位是"失位"的，故说"二失位"。若此阳爻变而为阴爻，以阴爻居阴位是"得正"了，再与六五爻相"应"，就可以"有攸往无咎"了。所以说"变得正应五，故'有攸往无咎'矣"。再如《睽》卦☷卦辞中有"小事吉"一语，《周易集解》引郑玄注曰："二五相应，君阴臣阳。"意思是说，在这一卦体中，九二爻与六五爻有着相"应"的关系。六五爻为"君"①，然而却是阴爻，九二爻是阳爻，但却是臣爻，同时，又是阳爻居阴位，阴爻居阳位，互相"失位"，所以此卦只能"小事吉"了。

---

① 汉人以第五爻为天子，详后。

汉人就是这样运用"应"的关系，解释着《周易》的卦爻之辞。

所谓"据"，在一卦的卦体中，一般指阳爻立于阴爻之上，则此阳爻对于下面的阴爻称之谓"据"。

举《未济》卦䷿为例。在这一卦体中，九二爻在初六爻之上，就是九二爻"据"初六爻，古人解《易》之书称谓"二据初"。以《蒙》卦䷃为例，《周易集解》引虞翻注该卦九二爻曰："应五据初。"意思是说，在这一卦体中，九二爻应六五爻，故曰"应五"。同时，九二爻为阳爻，初六爻为阴爻，九二阳爻既在初六阴爻之上，就是九二爻"据"初六爻了，故谓"据初"。再如《噬嗑》卦䷔上九爻"何校灭耳，凶"，《周易集解》引荀爽注曰："据五应三。"意思是说，在这一卦体中，上九爻为阳爻，六五爻是阴爻，上九爻在六五爻之上，故称"据五"，上九爻又与六三爻有着"应"的关系，故谓"应三"。

用"据"的关系分析一个卦体的卦象时，往往也有这种情况：在一个卦体中，若只有一个阳爻，其余都是阴爻，而此阳爻的位置在卦体中又比较偏上，则此阳爻对其余阴爻皆可以称"据"。如《豫》卦䷏九四爻"由豫，大有得"一句，《周易集解》引虞翻注曰："据有五阴，坤以众顺。"意思是说，在这一六画之象中，九四爻为阳爻，它一爻可以"据"其他五阴，《豫》卦内卦为坤，坤为众，故谓"据有五阴，坤以众顺"。

所谓"中"，又被汉以来的易学家们称为"居中""得中""处中"等，一般系指一卦卦体中的第二爻与第五爻（但也有例外），因为第五爻为外卦之"中"，第二爻为内卦之"中"。以《需》卦䷄为例，在这一卦体中，九二爻居内卦乾的正中，九五爻居外卦坎的正中，所以凡在第二爻与第五爻，古人注《易》时，皆谓之"得中""处中"等。如《临》卦䷒九二爻"咸临吉，无不利"，《周易集解》引虞翻注曰："得中多誉。"意思是说，九二爻位置在内卦之"中"，故曰"得中多誉"。再如注《观》卦䷓九五爻"观我生君子无咎"，虞翻曰："得道处中，故君子无咎矣！"意思是说，九五爻在君位，为得道之位，它又处外卦之"中"，故谓"得道处中"，虞翻认为这样便可以"无咎"了。

以上我们简略叙述了"六画之象"中的"承""乘""比""应""据""中"。如果我们看汉唐以来各家《易》注，必然会遇到他们运用这些术语分析卦象，阐释经文。故应对这些术语有个粗浅的了解，以便于掌握自汉唐至明清传统研究《周易》的方法。

何谓"方位之象"？方位之象指八经卦所象征的八个方位。即：乾为西北；坎为正北；艮为东北；震为正东；巽为东南；离为正南；坤为西南；兑为正西。

这"方位之象"在《说卦》中有论述：

> 万物出乎震，震东方也。齐乎巽，巽东南也……离也者，明也，万物皆相见，南方之卦也……乾，西北之卦也……艮，东北之卦也。

至宋，这"方位之象"又有"先天方位"与"后天方位"之分。《说卦》中论述的八卦方位被称作"后天方位"。按宋人的说法，这"先天方位"是：乾南坤北，离东坎西，震东北，巽西南，艮西北，兑东南。关于"先天方位"的来源，我们在后面将有论述，此处即不再重复了。

何谓"象形之象"？举《鼎》卦☲为例，《鼎》卦☲之所以称"鼎"，恐怕就是因为组成该卦的六个爻画俱有"鼎"的形象。我们看：初六爻像"鼎"之足，九二爻、九三爻及九四爻像"鼎"之腹，六五爻像"鼎"耳，上九爻像"鼎"之铉。

其他如《颐》卦☲，《噬嗑》卦☲及《节》卦☲之名，可能皆取"象形之象"。

所谓"爻位之象"，据《易纬·乾凿度》，在每卦的六个爻画中，古人以初爻为"元士"，以第二爻为"大夫"，第三爻为"公"，四爻为"诸侯"，五爻为"天子"，上爻为"宗庙"。在这六个爻位中，以第五爻最重要。郑玄、虞翻等注《易》，皆主此说。然而这套"爻位之象"，多用于占筮迷信，对训释《周易》经文，没有什么具体意义。

在《周易》的各种取象中，"互体之象"是古人解《易》经常运用的一种取象，特别在汉人解《易》著作中，占有比较重要的位置，因此，我们在这里要重点谈谈。

所谓"互体之象"，指在一卦的六个爻画中，除内卦与外卦这样两个经卦外，另有二爻、三爻与四爻这样三个爻画组成一个新的经卦，再由三爻、四爻与五爻又组成一个新的经卦。这种由内外两卦交互组成的新卦象，古人称之谓"互体"，又叫"互象"或"互体之象"。

举《坎》卦☲为例，在这一卦体中，除内外两经卦皆为坎象外，由二爻、三爻和四爻又组成经卦"震"象，再由三爻、四爻与五爻组成经卦"艮"象。这样，《坎》卦☵之中因"互体"又出了"震""艮"两个经卦之象。再如《蒙》卦䷃，卦体除内卦为"坎"，外卦为"艮"外，其二爻、三爻与四爻又组成了"震"象，三爻、四爻与五爻组成"坤"象，就这样，《蒙》卦䷃之中因"互体"又出了"震""坤"二象。

下面是《坎》《蒙》二卦的"互象"示意图：

《坎》卦"互象"示意：

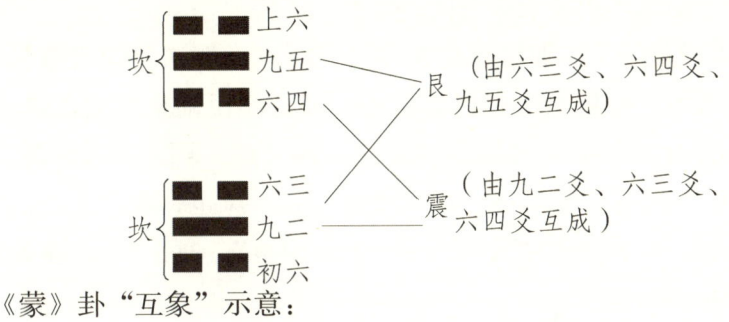

《蒙》卦"互象"示意：

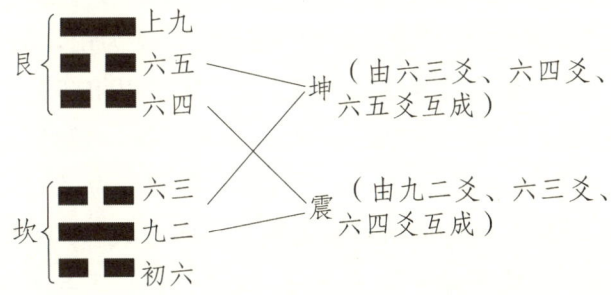

由于使用"互体之象"，这样就可以在一卦的六个爻画中生出四象：内、外两卦的卦象及由二爻、三爻、四爻互成的卦象，和由三爻、四爻与五爻互成的卦象。

如前所述，古人认为《周易》的卦爻之辞无一字虚设，皆是观象而系。有的辞虽不出于内外两卦之象，但可以在互象中找到。如《屯》卦䷂，其六二爻辞中有这样一句："女子贞，不字，十年乃字。"表明一个女子不愿出嫁，要过十年才出嫁。依内外卦象看：《屯》卦䷂外卦为"坎"，内卦为"震"。据《说卦》：震为长男，坎为中男，皆是男象。但在此卦中，由六二爻、六三爻与六四爻互体成坤，坤为女，故六二爻称"女子"。

再如《豫》卦☷☳，其六二爻辞曰："介于石，不终日，贞吉。"据内外卦象看：《豫》卦☷☳内卦为坤，外卦为"震"，依《说卦》"震""坤"皆无石象。然其六二爻、六三爻与九四爻互体成"艮"，艮为小石，故曰："介于石。"《噬嗑》卦☲☳上爻称"何校灭耳，凶"，这也是因为在该卦中，六三爻、九四爻与六五爻互体成"坎"象，依《说卦》坎为耳，故有"灭耳"之辞。

汉及汉以后的易学家，就是这样运用"互体之象"探求着《周易》中一些卦爻之辞的由来，但亦有牵强附会之处，不可尽信。

"互象"之说虽始见于西汉京房易学，但东汉及晋诸易学大家皆在传授，恐怕必有所本，可能为汉初田何所传。因为此说确系周人占筮古法。按《左传·庄公二十二年》："陈侯使筮之，遇《观》☴☷之《否》☰☷，曰：'是谓观国之光，利用宾于王……坤，土也；巽，风也；乾，天也。风为天于土上，山也。'"杜预注"风为天于土上，山也"，曰："自二至四有艮象，艮为山是也。"

杜预此注至确。"自二至四有艮象"，就是说，在《否》卦☰☷中，由六二爻、六三爻与九四爻互卦得艮，据《说卦》，艮为山，故称"风为天于土上，山也"，此卦若非互卦成艮，则"山"象何以得解①？

同时，我们看《系辞》中说："若夫杂物撰德，辨是与非，则非其中爻不备。""二与四同功而异位……三与五同功而异位。"及《说卦》："分阴分阳，迭用柔刚。"这些话很可能说的"互体之象"，不然何以"非其中爻不备"？何以"同功而异位"，提出了"二与四""三与五"？特别是这个"迭用柔刚"的"迭"字，更是发人深思。当然，我们以此作为《说卦》《系辞》确言"互体"的证据，恐怕尚嫌不足。然而早在春秋时代，人们已用"互体"解卦，这点却是可以肯定下来的。

在东汉，讲《易》之人还有"连互"之说。即取卦体内外两卦及其互成的两卦，相互连接，这样在一卦之中又可以相连"互"出好几卦来，其法有"五画连互""四画连互"两种。

所谓"五画连互"，系指在一卦中，把初爻至五爻看成一个新的卦体，

---

① 详解见后《〈左传〉〈国语〉筮例》。

把二爻至六爻又看成一个新的卦体。

举《大畜》卦䷙为例，在这一卦体中，其初爻至五爻为☲。在这五个爻画中，初爻至三爻成经卦乾☰，三爻至五爻成经卦震☳。这样，由于重复使用第三爻，并由第三爻互体相连而得出了《大壮》卦䷡。同样方法，这一卦体的二爻至六爻为☲，在这五个爻画中，二爻至四爻为经卦兑☱，四爻至六爻为经卦艮☶，这样，由于重复使用第四爻，并由第四爻互体相连得《损》卦䷨。

以上为"五画连互"之法。"五画连互"的特点是：在一个六画之象中，用依次排列的五个爻画组成两个新的卦体。新卦体的组成是以重复使用五个爻画里居中的那一爻画（即三爻或四爻）为基点的。

"四画连互"系指在一个六画之象中，用初爻至四爻，二爻至五爻和三爻至上爻各连互成一个新的卦体。

我们仍以《大畜》卦䷙为例。试看在这一卦体中，其初爻至四爻为☰，在这四个爻画中，初爻至三爻为经卦乾☰，二爻至四爻为经卦兑☱。这样，由于重复二三两爻互体相连，得出了上兑下乾的《夬》卦䷪。再看《大畜》卦二爻至五爻为☲，在这四个爻画中，二爻至四爻为经卦兑☱，三爻至五爻为经卦震☳，这样，由于重复使用三、四两爻互体相连，得出了上震下兑的《归妹》卦䷵。

最后看《大畜》卦三爻至上爻为☶，在这四个爻画中，其三爻至五爻为经卦震☳，四爻至上爻为经卦艮☶，如果重复使用四、五两爻互体相连，这样就可以得出上艮下震的《颐》卦䷚。

四画连互的特点是：在一个六画之象中，用依次排列的四个爻画连互成三个新的卦体。每一新卦体的组成是以重复使用四个爻画里居中的两个爻画，即初爻至四爻连互而成的新卦体，用二爻三爻；二爻至五爻连互而成的新卦体，用三爻四爻；三爻至上爻连互而成的新卦体，用四爻五爻。

五画连互只能出两卦：即初爻至五爻及二爻至上爻连互而成的两个新卦体。

四画连互只能出三卦：即初爻至四爻，二爻至五爻及三爻至上爻连互而成的三个新的卦体。

使用"互体"与"连互"，一个卦体可以"互体"得出两个新的经卦，并因"五画连互"得出两个新的卦体，又以"四画连互"得出三个新的卦体，这样，由于"互体"与"连互"，一个卦体可以生出两个新的经卦及五个新的别卦。

现随便举几个例子，参照下图，以辅初学（"互爻"项下"二、三、四"系指一卦的二爻三爻与四爻，"三、四、五"亦同。"二至五连"，指二爻至五爻四画连互所得之卦。"一至五连"，指一爻至五爻五画连互所得之卦。其余皆同此例）。

互爻＼本卦／互得卦	乾䷀乾上乾下	屯䷂坎上震下	蒙䷃艮上坎下	需䷄坎上乾下	讼䷅乾上坎下
二、三、四	乾	坤	震	兑	离
三、四、五	乾	艮	坤	离	巽
二至五连	乾	剥	复	睽	家人
一至四连	乾	复	解	夬	未济
三至六连	乾	蹇	剥	既济	姤
一至五连	乾	颐	师	大有	涣
二至六连	乾	比	颐	节	同人

东汉人郑玄、虞翻等名家多用"互体"及"连互"之法解释经文。

如郑玄在《礼记正义·缁衣》中注《恒》卦䷟九三爻："不恒其德，或承之羞，贞吝。"曰："互体为乾，乾有刚健之德。体在巽，巽为进退，是不恒其德也。又互体为兑，兑为毁折，是将有羞辱也。"意思是说，在《恒》卦䷟中，九二爻、九三爻与九四爻互体为经卦乾。据《说卦》乾有刚健之德。其九二爻与九三爻在恒卦䷟中属内卦巽，故曰"体在巽"。据《说卦》巽为"进退"。既然进退不定，这是不能恒守其德的。同时，由九三爻、九四爻与六五爻互体得经卦兑，据《说卦》介绍，兑为"毁折"，既有"毁折"，是一定要受到羞辱的。郑玄认为，正是据此"互体之象"，恒卦䷟九三爻才系以"不恒其德，或承之羞"的爻辞。

再如《颐》卦䷚，其卦辞中有"观颐自求口实"一句，《周易集解》引郑玄注曰："自二至五有二坤。"意思是说，在《颐》卦䷚中，由六二爻、六三爻与六四爻可以互得一个经卦坤，由六三爻、六四爻与六五爻可以互得又一个经卦坤，这样，在《颐》卦䷚中，自六二爻至六五爻可以互出两个经卦坤，故谓："自二至五有二坤。"

这样的例子在郑玄《易》注中可以找出许多，在此就不一一列举了。

《明夷》卦䷣初九爻"主人有言"一句，《周易集解》引《九家易》曰："四、五体震为雷声，故曰'有攸往，主人有言'也。"意思是说，在《明夷》卦䷣中由九三爻与六四爻、六五爻互体得经卦震，因为六四爻与六五爻都在互得的震体之上，能体现"震"的精神而有雷声（据《说卦》"震为雷"），故称"四、五体震为雷声"。

《周易集解》又引《九家易》注《明夷》卦䷣六二爻："用拯马壮吉。"曰："九三体坎，坎为马也。"意思是说，在这一卦中，六二爻、九三爻与六四爻互体得经卦坎☵，九三爻又居坎卦之"中"，故谓"九三体坎"。

在《周易集解》中，虞翻使用互体的例子也很多。如《贲》卦䷕初九爻："贲其趾，舍车而徒。"虞翻曰："应在震，震为足，故贲其趾。"意思是说，在这一卦体中，初九爻的应爻是六四爻，而九三爻与六四爻、六五爻互体成震☳，六四爻作为初九爻的应爻，位置居互体得出的经卦震☳之"中"，故谓"应在震"。而在《说卦》中震为足，虞翻认为这就是爻辞称"贲其趾"的原因所在。再如《咸》卦䷞九三爻辞中有"咸其股"一句，虞翻注曰："巽为股，谓二也。"意思是说，在《说卦》中巽为股，而《咸》卦䷞外卦为兑☱，内卦为艮☶，内外两卦中并无巽☴象，只有六二爻与九三爻、九四爻互体而得巽☴，六二爻又与九三爻有着相"比"的关系，巽☴象自六二爻开始，故称："谓二也。"

以上为东汉人用"互体"解经的例子，其用"连互"之法解释《周易》经文的例子也很多。

如《大畜》卦䷙，其卦辞有"不家食吉"一句，郑玄注曰："自九三至上九有《颐》象,居外是不家食吉而养贤。"① 此"自九三至上九有《颐》象",即指《大畜》卦自九三爻至上九爻,其四画连互而得出的《颐》卦䷚之象。据《彖》:"'颐贞吉',养正则吉也。'观颐',观其所养也。"《序卦》:"颐者,养也。"《杂卦》:"颐,养正也。"因《颐》卦䷚古人认为有"养"象,故郑玄用《大畜》卦䷙九三爻至上九爻四画连互得出《颐》卦䷚之象,来解释《大畜》卦䷙卦辞"不家食吉"。

再如《蒙》卦䷃之《彖》"蒙以养正,圣功也"一句,《周易集解》引虞翻注曰:"体《颐》故养。"意思是说,《蒙》卦䷃九二爻至上九爻,其五画连互得《颐》卦䷚之象,如前所述,《颐》卦有"养"义,虞翻就这样运用五画连互得出的《颐》卦之象,解释着《彖》中"蒙以养正"的"养"字。

其他如《泰》卦䷊,其九二爻至六五爻共四画连互得《归妹》卦䷵,故《泰》卦六五爻辞中有"帝乙归妹"之语。《兑》卦䷹自初爻至九五爻共五画连互得《中孚》卦䷼,故《兑》卦九五爻辞中有"孚于剥"之语。《大壮》卦䷡自初爻至六五爻共五画连互得《夬》卦䷪。故《夬》卦初爻曰"壮于前趾",《大壮》卦初爻亦曰"壮于趾"。

东汉人讲《易》,除用"互体之法"解卦外,如上所述,又用"连互"之法解释着一些卦爻辞的来源。这种"连互"之法既然被东汉的一些易学大家所运用,其法恐怕也有所本。只有魏人王弼不信互体之说,他注《易》排斥互体不用。

最后谈谈"反对之象"。

所谓"反对之象",系将一个六画之象颠倒过来,这样就成了另一新的卦体。举《否》卦䷋为例,将《否》卦的六个爻画颠倒过来,这样便成了《泰》卦䷊。这种六个爻画的颠倒,古人又称之谓"倒象""反易"。

统观《周易》六十四卦,除《乾》卦䷀,《坤》卦䷁,《坎》卦䷜,《离》卦䷝,《大过》卦䷛,《颐》卦䷚,《小过》卦䷽,《中孚》卦䷼共八卦的六画之象颠倒之后不变,其余五十六卦实际是由二十八卦颠倒而来。正是这种六画之象的颠倒关系,向人们揭示了《周易》六十四卦排列顺序

---

① 《礼记正义·表记》。

的根本道理。

我们看，按照六十四卦排列顺序，第一卦是《乾》䷀，第二卦是《坤》䷁。上面已经讲过了，《乾》䷀《坤》䷁两卦的六画之象颠倒之后仍为《乾》《坤》，是不变的。第三卦是《屯》䷂，第四卦是《蒙》䷃。很清楚，《屯》䷂的六画之象颠倒之后正是《蒙》䷃。也就是说，《屯》卦䷂《蒙》卦䷃互为对方的"反对之象"。第五卦是《需》䷄，第六卦是《讼》䷅；《需》䷄的六画之象颠倒之后正是《讼》䷅。《需》䷄《讼》䷅两卦互为"反对之象"。其余第七卦《师》䷆与第八卦《比》䷇；第九卦《小畜》䷈与第十卦《履》䷉等等，皆两卦互为对方的"反对之象"。《周易》作者就是这样运用"反对之象"，以八个不可颠倒的六画之象和二十八个可以颠倒的六画之象，排列出了这六十四卦。

就这种六画之象的一正一倒排列方式，笔者曾初步进行过探讨，发现：在这种互为反对之象的两卦中，其前一卦初爻爻辞的吉凶，绝大部分和后一卦上爻爻辞的吉凶相同。例如：《屯》卦䷂初九爻："盘桓，利居贞，利建侯。"《蒙》卦䷃上九爻："击蒙，不利为寇，利御寇。"再如《泰》卦䷊的反对之象为《否》卦䷋，《泰》卦䷊初九爻："拔茅茹以其汇，贞吉。"而《否》卦䷋上九爻："倾否，先否后喜。"同样，《小畜》卦䷈初九爻："复自道，何其咎，吉。"而《履》卦䷉上九爻则："视履考祥，其旋元吉。"在此就不一一列举了。

最有意思的是，有些卦的爻辞干脆就在其反对之象的另一卦里又写上了。如《损》卦䷨六五爻："或益之十朋之龟，弗克违，元吉。"《损》卦䷨的反对之象是《益》卦䷩。《损》卦六五爻画经颠倒之后，即为《益》卦六二爻画，而《益》卦六二爻辞为："或益之十朋之龟，弗克违，永贞吉。"再如《既济》卦䷾九三爻："高宗伐鬼方，三年克之，小人勿用。"《既济》卦䷾的反对之象是《未济》卦䷿，《既济》卦之九三爻画经颠倒，变《未济》卦之九四爻画，《未济》卦九四爻辞为："贞吉，悔亡。震用伐鬼方，三年有赏于大国。"并且，《既济》卦初九爻曰"濡其尾"，《未济》卦上九爻即"濡其首"。《既济》卦上九爻曰："濡其首，厉。"《未济》卦初九爻即："濡其尾，吝。"

"吉""凶"呼应，"首""尾"相呈，细研因反对之象而成的五十六卦，很多卦都有这种对应关系。

古人曾运用"反对之象"，探求过一些卦爻之辞的由来。如《临》卦䷒，其卦辞曰："元亨利贞，至于八月有凶。"有人认为，这是因为十二辟卦中，《观》卦为八月之卦，而《临》卦䷒为《观》卦䷓的"反对之象"，故称"八月有凶"。

不管此解是否有据，总之，有一点是可以确定下来的：《周易》古经的作者，肯定使用了"反对之象"，因为六十四卦的排列顺序，正是以"反对之象"做基础的。

通过以上七种《易》象的粗浅探讨，我们清楚地看到："象"是前人研究《周易》时极其重要的一部分。自春秋战国起，经汉唐至明清止，以《易》象解释经文，一直是两千多年来《易》学长河中的一支主流，正因如此，它也是今人应该重新探讨和评价的地方。今天，在探讨研究《周易》古经经文时，不应把两千多年来前人有关《易》象的研究统统否定。

今天，我们只是初步探讨了《周易》六十四卦卦爻之辞与象的联系，并粗浅地介绍了前人研讨《周易》古经的几种取象，意在抛砖引玉，希望能引起更多人的关心和注意，以期共同参与这一探讨。

关于卦变

《说卦》称：

> 观变于阴阳而立卦。

历来治《易》者认为，在《周易》六十四卦中，卦与卦间往往有着某种变化联系。此一卦，是由彼一卦变化而来。这种卦与卦之间的变化联系，被称之谓"卦变"。

早在春秋时代，由《左传·庄公二十二年》所记筮例看，已经使用互卦之法①，而基本成篇于战国初期至中期的《彖》《说卦》《系辞》等，对卦变更有大量的描述。像《系辞》称："圣人设卦观象系辞焉，而明吉凶，刚柔相推而生变化。""变化者，进退之象也。""以动者尚其变。""一阖一辟谓之变，往来不穷谓之通。""化而裁之谓之变，推而行之谓之通。""刚柔相推，变在其中矣。""《易》之为书也不可远，为道也屡迁，变动不居，周流六虚，上下无常，刚柔相易，不可为典要，唯变所适。"

《彖》则进一步具体到每一卦中，讲述战国人的卦变说，如：

> 《彖·屯》："刚柔始交而难生。"《彖·损》："损下益上，其道上行。"《彖·益》："损上益下，民说无疆，自上下下，其道大光。"《彖·谦》："谦亨，天道下济而光明，地道卑而上行。"《彖·蛊》："刚上而柔下。"《彖·剥》："柔变刚也。"《彖·复》："刚反，动而以顺行。"《彖·无妄》："刚自外来而为主于内，动而健，刚中而应。"《彖·咸》："柔上而刚下，二气感应以相与。"②《彖·恒》："刚上而柔

---

① 详见《〈左传〉〈国语〉筮例》。
② 这"二气"显然指阴阳二气，此为《彖》作者已用阴阳二气的交感变化解释卦变的明证。

下。"《彖·革》："火动而上，泽动而下。"《彖·升》："柔以时升，巽而顺，刚中而应。"《彖·涣》："刚来而不穷，柔得乎位而上同。"《彖·贲》："柔来而文刚。""刚上而文柔。"

像"自上下下""柔变刚也""顺以动豫，豫顺以动""刚反，动而以顺行""刚自外来而为主于内""柔来而文刚""刚上而文柔"等，这些话则表述了战国人所认为的每一卦的具体变化方式。

但战国时代的这些论述，都过于简略。古人系统阐释《周易》卦变的资料，今存者始于东汉人荀爽、虞翻。故后人谈卦变者，多源于荀、虞。

荀氏之书，因已残缺不全，故难窥其全貌，但于现存之文中，亦可见其一斑。

有人认为，荀氏卦变之说，是以《乾》《坤》两卦生六子，由"震""坎""艮""巽""离""兑"六子再生其余五十六卦，（实际上应是《震》《坎》《艮》《巽》《离》《兑》六卦体生其余五十六卦），共得六十四卦。如《彖·屯》："屯，刚柔始交而难生。"《周易集解》引荀氏注《屯》卦☵☳曰："此本《坎》卦☵☵也。案初六升二，九二降初，是刚柔始交也。"意思是说，《屯》卦☵☳是因了《坎》卦☵☵的初六爻上升到九二爻的位置，其九二爻下降到初六爻的位置而得来。

这样，由于《坎》卦☵☵初六阴爻之"柔"与九二阳爻之"刚"的互相交换，因而得出了《屯》卦☵☳。荀氏认为这就是《屯》卦之《彖》说"刚柔始交"的原因。

《周易集解》引荀氏注《蒙》卦☶☵亦云："此本《艮》卦☶☶也。案二进居三，三降居二，刚柔得中故能通。"意思是说，《蒙》卦☶☵是由《艮》卦☶☶变化而来，是由《艮》卦☶☶的六二爻进居九三爻，其九三爻降居六二爻而得。正是因为《艮》卦☶☶九三爻与六二爻的位置互换，因而生成《蒙》卦☶☵。荀氏认为经过这样的互换之后，内卦以阳爻之刚为"中"，外卦以阴爻之柔为"中"，这样就"刚柔得中故能通"了。《蒙》卦☶☵之《彖》说"以刚中也"，也是这个意思。

荀爽就是这样解释着《屯》《蒙》两卦《彖》中"刚柔始交""以刚中也"的意思。由荀氏《屯》《蒙》两卦的注文看，《屯》卦☵☳本于《坎》卦，《蒙》卦☷☶本于《艮》卦☶☰。好像确实由六子生其余五十六卦了。然而其注《解》卦☵☳又云："《乾》动之《坤》而得众。"注《解》☵☳卦之《象》云："《乾》《坤》交通，动而成《解》。"① 若依此注，则《解》卦☵☳不是本于六子，而是本于《乾》《坤》两卦了。

然而再按之《旅》卦☲☶，其注文曰："谓阴升居五与阳通者也。"这就是说，《旅》卦☲☶是由于阴爻上升居第五爻而得。那么，我们看一下，在此卦中，初六爻与六二爻已经都是阴爻，只有九三爻与九四爻是阳爻，而这两爻又以九三阳爻位置居下，因此所谓"阴升居五"，只能是九三爻与六五爻互换，才能出现"阴升居五"。而《旅》卦☲☶的九三爻与六五爻互换为《否》卦☰☷，因此，荀爽此注的意思，是指《旅》卦☲☶本于《否》卦☰☷。

现在，我们仍以《周易集解》为据。且看荀氏《讼》卦☰☵注文："阳来居二而孚于初，故曰'讼有孚'也。"其意是说，《讼》卦☰☵是由于阳爻来居第二爻而与初六爻相"孚"。我们看一下，在这一卦中，只有初六爻与六三爻是阴爻，其余全是阳爻。荀氏既称"阳来居二而孚于初"，那么，根据卦变中"往"与"来"的含义，这个"来"字自然是指六三爻与九二爻互易而"孚于初"了。《讼》卦☰☵六三爻与九二爻互易得《遁》卦☰☶。这就是说，荀氏此注是指《讼》卦☰☵本于《遁》卦☰☶。

荀爽注《晋》卦☲☷又说："阴进居五，处用事之位。"其意是说，《晋》卦☲☷是由于阴爻进而居于第五爻，使自己处在"用事"的地位。那么，在这一卦中，其初六爻、六二爻及六三爻皆为阴爻，若"进"必指与九四爻互易，由九四爻"进"为六五爻，而《晋》卦☲☷九四爻与六五爻互易，得《观》卦☴☷，若按此注，则《晋》卦☲☷本之于《观》卦☴☷。

再看他注《损》卦☶☱，其文曰："乾之三居上，孚二阴也。""乾之三居上"，指内卦乾的九三爻与外卦上六爻互相交换，使原来的上六爻变成了六三爻。那么，是什么卦的九三爻与上六爻相易才能得出《损》卦☶☱？自然是《泰》卦☷☰无疑。这就是说，荀氏认为《损》卦☶☱本之于《泰》卦☷☰。

---

① 《周易集解·解卦》。

征之荀氏以上所注，则《旅》卦本之于《否》卦；《讼》卦本之于《遯》卦；《晋》卦本之于《观》卦；《损》卦本之于《泰》卦。是《旅》《讼》《晋》《损》诸卦之变又本之于十二辟卦了（十二辟卦见下）。

按之上面数例，足证荀氏卦变之说并无统一的法式，谓荀氏以六子生五十六卦的说法，并不足信。

另一位东汉人虞翻所讲卦变，虽与荀氏有相同之处，但比荀爽更为完备可观。后人认为其主旨是以《乾》《坤》两卦生十辟卦。此十辟卦为《复》卦、《临》卦、《泰》卦、《大壮》卦、《夬》卦、《姤》卦、《遯》卦、《否》卦、《观》卦、《剥》卦，再加《乾》卦与《坤》卦，共为十二辟卦。并由上面的十辟卦变化得其余五十二卦，共为六十四卦。

然按之《周易集解》，虞翻谈卦变，并不是仅由十辟卦生成其余五十二卦。

如虞翻注一阳之卦《比》卦说："《师》二上之五得位，众阴顺从，比而辅之。"

虞氏认为《比》卦是由于《师》卦"二上之五"而得，即由《师》卦的九二爻上来与六五爻互易而成。这样，《比》卦由《师》卦变来，而不是由十辟卦中的《复》卦变来的。

虞翻注《颐》卦又说："《晋》四之初，与《大过》旁通。"作为二阳之卦的《颐》卦，虞氏认为此卦是由《晋》卦九四爻与初六爻互易而得出，并与《大过》卦"旁通"（"旁通"法见后），而不是来自十辟卦的《临》卦。

虞氏注二阴之卦《中孚》卦说："《讼》四之初也。"就是说，他认为《中孚》卦是由《讼》卦的九四爻与初六爻互易而得。为了证明这种说法的正确，虞翻又说："二在《讼》时体离为鹤，在坎阴中，有'鸣鹤在阴'之义也。"意思是说，九二爻在《讼》卦中与六三爻及九四爻互体得离象，据《说卦》：离为飞鸟，故称"鹤"。九二爻又居《讼》卦内卦坎的正中，坎为阴，故《中孚》卦九二爻中有"鸣鹤在阴"之语。由虞翻所做的这些解释看，他确信《中孚》卦出自《讼》卦，而不是出自十辟卦的《遯》卦䷠。

与此相同，虞翻注《小过》卦䷽曰："《晋》上之三。"他认为《小过》卦䷽是由《晋》卦䷢的上九爻与六三爻互易而得。为了证明这种说法的正确，虞翻又说："又有飞鸟之象，故知从《晋》来。"意思是说，在《小过》卦卦辞中有一句"飞鸟遗之音"，就是因为在《晋》卦中，其外卦为离，离为飞鸟，因而证明《小过》卦䷽是由《晋》卦䷢变来，而不是出自十辟卦的《临》卦䷒。

其他这样的例子，在《周易集解》中还不少，在此就不一一列举了。

虞翻谈卦变，有很多地方亦遵从荀爽之说，如他注《屯》卦䷂曰："《坎》二之初。"注《蒙》卦䷃曰："《艮》三之二。"《周易集解》引虞氏的这些解释，都与荀氏同。

在总结前人卦变研究的基础上，宋人进一步探讨卦变。如朱熹将李之才的《卦变图》载于《周易本义》，其图如下：

凡一阴一阳之卦各六，皆自《复》《姤》而来：

䷗	䷆	䷎	䷏	䷇	䷖
复	师	谦	豫	比	剥

䷫	䷌	䷉	䷈	䷍	䷪
姤	同人	履	小畜	大有	夬

凡二阴二阳之卦各十有五，皆自《临》《遯》而来：

䷒	䷣	䷲	䷂	䷚
临	明夷	震	屯	颐

䷭	䷧	䷜	䷃
升	解	坎	蒙

䷽	䷦	䷳
小过	蹇	艮

䷬	䷢
萃	晋

䷓
观

遁　讼　巽　鼎　大过

无妄　家人　离　革

中孚　睽　兑

大畜　需

大壮

凡三阴三阳之卦，各二十，皆自《泰》《否》而来：

泰　归妹　节　损

丰　既济　贲

随　噬嗑

益

恒　井　蛊

困　未济

涣

咸　旅

渐

否

咸
旅
渐
否

困
未济
涣

井
蛊

恒

随
噬嗑
益

既济
贲

丰

节
损

归妹

泰

凡四阴四阳之卦，各十有五，皆自《大壮》《观》而来：

大壮 需 大畜

兑 睽

中孚

革 离

家人

☷☰ 无妄
☴☰ 鼎
☱☰ 大过
☴☰ 巽
☰☵ 讼
☰☶ 遁
☴☷ 观　☷☲ 晋　☱☷ 萃
☶☷ 艮　☵☶ 蹇
☳☶ 小过
☶☵ 蒙　☵☵ 坎
☳☵ 解
☷☴ 升
☶☳ 颐　☵☳ 屯
☷☳ 震　☷☲ 明夷
☷☱ 临

凡五阴五阳之卦各六,皆自《夬》《剥》而来:

☱☰ 夬　☰☲ 大有

☰ 小畜
☰ 履
☰ 同人
☰ 姤
☷ 剥　☷ 比
☷ 豫
☷ 谦
☷ 师
☷ 复

统观此图，我们发现：凡一阴一阳之卦，其卦名与五阴五阳之卦相同而图异。图中说："凡五阴五阳之卦各六，皆自《夬》《剥》而来。"又说："凡一阴一阳之卦各六，皆自《复》《姤》而来。"此两图之卦完全相同，而排列次序刚好相反。

同样，图中凡二阳二阴之卦，其卦与四阴四阳之卦完全相同，而排列次序刚好相反。

凡三阴三阳之卦，在图中各有二十卦，前二十卦始于《泰》卦，终于《否》卦。后二十卦始于《否》卦，终于《泰》卦。前二十卦与后二十卦完全相同，排列顺序刚好相反。

《卦变图》显示：凡一阴之卦（亦即五阳之卦）皆由《遁》《夬》卦变而出，共得六卦（见图），凡一阳之卦（亦即五阴之卦）皆由《复》《剥》卦变而出，亦得六卦。

这样，由《复》《遁》《剥》《夬》四辟卦卦变合得十二卦（见图）。

凡二阴之卦（亦即四阳之卦）皆由《遁》《大壮》变化而出，合得十五卦。凡二阳之卦（亦即四阴之卦）皆由《临》《观》变化而出，亦合得十五卦。

由《遁》《大壮》《临》《观》四辟卦卦变合得三十卦（见图）。

凡三阳之卦（亦即三阴之卦）皆由《泰》《否》变化而出，合得二十卦（见图）。

就是这样，由十辟卦卦变合得六十二卦，加《乾》《坤》两卦，总为六十四卦。

然按之《周易本义》，朱熹本人也没有全依《卦变图》来解释各卦的变化。

《周易本义》上经三十卦中，朱熹释卦变者共有九卦，其中只有《讼》卦䷅与《卦变图》相同，其余卦皆与《卦变图》不符。

如《本义》解《随》卦䷐曰："以卦变言之，本《困》卦䷮九来居初，又自《噬嗑》卦䷔九来居五，而自《未济》䷿来者，兼此二变，皆刚来随柔之义。"意思说，《随》卦䷐是由《困》卦䷮的初六爻与九二爻互易变化而出。同时，也是《噬嗑》卦䷔的上九爻与六五爻互换变化而生成。还可以说，它是由《未济》卦䷿变来。这是因为《未济》卦同时兼有上面《困》卦䷮与《噬嗑》卦䷔的变化：《未济》卦䷿的上九爻若与六五爻互易而变化，其初六爻再与九二爻互易而变化，亦可以得出《随》卦䷐。此解显然与《卦变图》不同，因为若依《卦变图》，《随》卦䷐应由《否》卦䷋与《泰》卦䷊变化而来。

再看下经三十四卦中，朱熹释卦变者共计十卦，其中除《晋》卦䷢与《卦变图》同，其余所解卦变，亦皆与《卦变图》不符。

通过如上探讨，我们初步认识到：汉、宋人的"卦变"说，确实不够严密，而且多有自相矛盾之处。因而未能正确地反映出卦与卦之间的某些变化与联系。

尽管如此，我们还不能据此而否定《周易》的卦变说，以为卦与卦之间不存在变化联系。

首先，《说卦》《系辞》及《象》等，已多处讲到卦的变化。当然，

《周易》古经的本来面貌，可能与《象》《说卦》《系辞》等作出的解说有所不同，然而亦非全无联系。因此，《易大传》有关卦变的讲授，恐非无根之木，估计必有所本。只是春秋战国人所讲卦变，可能没有像《卦变图》这样严密的图式。《系辞》作者曾说："变动不居，周流六虚，上下无常，刚柔相易，不可为典要，唯变所适。"

其次，若征之《周易》六十四卦的卦辞与爻辞，人们会看到：此一卦的卦爻辞中，往往含有彼一卦卦名。

如《小畜》卦初九爻："复自道，何其咎，吉。"其九二爻："牵复吉。"在《小畜》卦的这两个爻辞中，就使用了《复》卦卦名，我们已以黑点标出。

这种情况，并不是个别的例子。再如《履》卦九五爻："夬履，贞厉。"这段爻辞中又用了《夬》卦卦名。

还有《离》卦初九爻："履错然，敬之无咎。"《离》卦的这段爻辞中使用了《履》卦卦名。其他如《兑》卦九五爻："孚于剥，有厉。"《兑》卦的这段爻辞中，使用了《剥》卦卦名。

《临》卦初九爻："咸临，贞吉。"其九二爻："咸临吉，无不利。"

《蒙》卦六四爻："困蒙吝。"

《损》卦六五爻："或益之十朋之龟，弗克违，元吉。"其上九爻："弗损益之，无咎。贞吉，利有攸往，得臣无家。"

《艮》卦六二爻："艮其腓，不拯其随，其心不快。"

《需》卦初九爻："需于郊，利用恒，无咎。"

《既济》卦九四爻："贞吉，悔亡。震用伐鬼方，三年有赏于大国。"

以上用黑点标出者，分别为《咸》《困》《益》《随》《恒》《震》诸卦卦名。

上面这种情况的出现，是属于偶然巧合呢，还是这些夹杂着另外卦名的爻辞，向我们透露出《周易》作者心目中六十四卦的变化联系？

我们以为，似乎不能完全排除后一种可能性。

此外，《泰》卦卦辞中有"小往大来"之语，可是当《泰》卦的内卦三阳爻变为外卦，其外卦三阴爻变为内卦而成为《否》卦后，《否》卦卦辞即改成"大往小来"了。显然其卦辞"大""小"的变化，与其内外卦阴阳爻的变化联系着。

据此看来，前人"卦变"之说，似乎不宜轻易否定。

至于当初《周易》作者设卦时，究竟是怎样"观变于阴阳"的，处理卦与卦之间的变化时，又是如何"刚柔相易"的，因年代久远，其法亡佚，确有待于我们在前人卦变探索的基础上，重新进行仔细地研究与考察。

因为自汉唐起至清儒止，"卦变"始终在某些《易》注中占据比较重要的位置，并时时以一些特定的卦变方法，解释着某些卦爻辞的由来。为此，现将汉人《易》注中经常使用的几种卦变方法，试介绍于下：

旁通

"旁通"一词，大概本于《文言·乾》："六爻发挥，旁通情也。"

以"旁通"解卦，虞翻使用最详。如他的注《易》之文中，经常说《比》卦☷与《大有》卦☰"旁通"，《小畜》卦☰与《豫》卦☷"旁通"，《履》卦☰与《谦》卦☷"旁通"，《同人》卦☰与《师》卦☷"旁通"等。这样的例子，可以从《周易集解》所引虞翻注《易》之言中寻出不少。

所谓"旁通"，由上面的例子已可以看清：系指两个阴阳爻画完全相反的卦。如《乾》卦☰与《坤》卦☷"旁通"，是因为《乾》卦☰的六个爻画全部是阳爻，而《坤》卦☷的六个爻画刚好相反，全部是阴爻，故《乾》《坤》两卦"旁通"，上面所列之例亦同。

前人以"旁通"解释《周易》经文，用此种卦变之法，寻求着一些卦爻辞之间的关系。如《同人》卦☰九五爻称"大师克相遇"。他们以为这个"师"字的出现，是因为《师》卦☷与《同人》卦☰"旁通"的缘故。

再如《丰》卦☳九四爻中有"遇其夷主"一句，而《涣》卦☴六四爻也说"匪夷所思"，这两卦第四爻皆有"夷"字，也是因为《丰》卦☳与《涣》卦☴"旁通"而得。另如《屯》卦☵九五爻"屯其膏，小贞吉，大贞凶"。而《鼎》卦☲九三爻中也有"雉膏不食"的句子，两卦皆称"膏"，据说也是因为《屯》卦☵与《鼎》卦☲"旁通"而得。

这样的例子，从前人《易》注中可以找出不少。汉唐以来的易学家，就是这样以"旁通"之法，解释着此卦的卦爻之辞与彼卦之间的关系。

当然，这种解释或有牵强附会之处，不见得完全符合《周易》古经本旨。

上下象易

《系辞》："上古结绳而治，后世圣人易之以书契，百官以治，万民以察，盖取诸《夬》。"《周易集解》引虞翻注此段文字说："《履》，上下象易也。"意思是说，《夬》卦☰是由于《履》卦☰的上下两经卦互相交换位置而得——虞翻的这段注文，恐怕是"上下象易"之本。

所谓"上下象易"，系将一个卦体的上下两经卦互相交易而变成另一卦体。如上面所举《夬》卦☰，其内卦（即下卦）为经卦乾☰，其外卦（即上卦）为经卦兑☱。《夬》卦☰是由《履》卦☰的内卦兑☱与外卦乾☰互相交换而得，这种在一个卦体中，用上卦与下卦互相交易而变成另一卦体的方法，古人称作"上下象易"。

如《恒》卦☰，其上下象易得《益》卦☰；《咸》卦☰，其上下象易得《损》卦☰；《屯》卦☰，其上下象易得《解》卦☰等等。

古人运用"上下象易"的办法，探求着此一卦与彼一卦之间的卦变关系。

往来

《系辞》称："往来不穷谓之通。"大概这就是谈卦变时，所谓"往来"法之所本。

"往来"，指一个卦体因两爻互易而变成另一卦。

举《屯》卦☰为例。其初九爻与六二爻两爻互易而成《坎》卦☰，同样，《屯》卦☰之六二爻与六三爻、六三爻与六四爻互易，其卦不变，仍为《屯》卦☰。其六四爻与九五爻互易而得《震》卦☰；其九五爻与上六爻互易得《颐》卦☰；上六爻与初九爻互易得《观》卦☰。再如《蒙》卦☰，其初六爻与九二爻互易成《颐》卦☰；九二爻与六三爻互易成《艮》卦☰；六三爻与六四爻及六四爻与六五爻互易仍为《蒙》卦☰不变，六五爻与上九爻互易成《坎》卦☵；上九爻与初六爻互易得《临》卦☷。

其余各卦皆同此例。

这种两爻相易而卦变的方式，汉人又称作"之"。所谓"之"，即上面所讲的两爻相易。如《遁》卦䷠"三之二"为《讼》卦䷅。就是因为《遁》卦䷠的六二爻与九三爻互易位置而生成《讼》卦䷅。再如《大壮》卦䷣"四之五"为《需》卦䷄，《遁》卦䷠"上之初"为《革》卦䷰等等。

虞翻善以"往来"法讲卦变。在《周易集解》中，如他注《屯》卦䷂云："《坎》䷜二之初。"意思是说，《屯》卦䷂是由于《坎》卦䷜初六爻与九二爻互易而得。注《鼎》卦䷱说："《大壮》䷣上之初。"意思是说，《鼎》卦䷱是由《大壮》卦䷣的初九爻与上六爻互换位置而得。

像这样的例子，在汉人《易》注中较多。他们时时以"往来"法探讨着此一卦与彼一卦之间的变化与联系。如前所述，仔细研究他们的注《易》遗文，这种变化与联系往往无定法可循。

消息

一个卦体中，凡阳爻去而阴爻来称"消"，凡阴爻去而阳爻来为"息"。故"消""息"，实为卦中阴阳消长变化之名。《易纬·乾坤凿度》说："圣人因阴阳起消息立乾坤，以统天地。"

"消""息"之法，据说为西汉孟喜所传，虞翻注《易》则时常用它解释卦变。

如虞翻注《复》卦䷗说："阳息《坤》与《姤》旁通。"意思是说，《复》卦䷗显示，在《坤》卦䷁中阳爻来而初六阴爻已去。又因《复》卦䷗的阴阳爻与《姤》卦䷫相反，所以，又是《姤》卦的"旁通"卦。出于同样道理，他注《姤》卦䷫说："消卦也，与《复》旁通。"

再如注《临》卦䷒，他说："阳息至二，与《遁》旁通。"意思是说，在这一卦中，初爻与第二爻都已变为阳爻，《临》卦䷒的"旁通"卦是《遁》卦䷠，等等。

凡"消""息"之卦共十二卦，也就是前面讲的"十二辟卦"。

前人以此十二"消""息"卦，分主一年十二月，即：

《复》卦☷☳　一阳息阴，建子，十一月。
《临》卦☷☱　二阳息阴，建丑，十二月。
《泰》卦☷☰　三阳息阴，建寅，正月。
《大壮》卦☳☰　四阳息阴，建卯，二月。
《夬》卦☱☰　五阳息阴，建辰，三月。
《乾》卦☰☰　六阳息阴，建巳，四月。
《姤》卦☰☴　一阴消阳，建午，五月。
《遁》卦☰☶　二阴消阳，建未，六月。
《否》卦☰☷　三阴消阳，建申，七月。
《观》卦☴☷　四阴消阳，建酉，八月。
《剥》卦☶☷　五阴消阳，建戌，九月。
《坤》卦☷☷　六阴消阳，建亥，十月。

并以《泰》《大壮》《夬》配春，《乾》《姤》《遁》配夏，《否》《观》《剥》配秋，《坤》《复》《临》配冬，谓十二消息相变通而周于四时。

有人还将"互体"与"倒象"列为卦变，其说已在前面作了介绍。

当然，以上几条汉人卦变方法，很不全面系统，仅供参考。

应注意的是，《象》中之辞，虽极简略，但却指示出重要的一条，即前面所引《象·咸》之语："柔上而刚下，二气感应以相与。"另如《象·乾》："'潜龙勿用'，阳在下也。"《文言·乾》："'潜龙勿用'，阳气潜藏。"《文言·坤》："阴疑于阳必'战'，为其嫌于无阳也，故称'龙'焉。"这些话充分说明战国人解《易》，是把卦体的变化，看作阴阳二气的交感变化，故《易纬·乾凿度》云："变易也者，其气也。"

结合庄子的"《易》以道阴阳"，以及汲冢古《易》中的"别有《阴阳说》"（杜预《左传集解后序》），我们认为，《周易》卦爻辞中虽无"阴""阳"二字，但战国人"二气感应"的卦变思想，恐怕确有所本。各卦之间是否有以此为基础的变化、联系，这个问题，应重新探索、商榷。

关于占筮

传统观点认为：《易》有三个要素——象、数、理。

所谓"数"，主要指筮数。因为归根到底，《周易》是一部筮书。若全面研究《周易》，只讲解经文而不谈及筮数，那是不行的。宋人朱熹特别认识到这点，所以在其《易学启蒙》中专门讲了占筮，并提出自己在这方面的新见解。

占筮，是怎样形成的呢？

为了回答这个问题，我们需要从头说起。

有关占筮的具体记载，最早见于《尚书·洪范篇》：

> 择建立卜筮人，乃命卜筮。汝有大疑……谋及卜筮。汝则从龟从筮。

可见在商周，已有了专职于此的"卜筮人"。然而这"卜"与"筮"并不是一回事。所谓"卜"，又叫"龟卜"，系指以灼烧龟甲的方式，根据龟甲灼后的裂纹而得兆，据兆以断问事的吉凶，故《说文》曰："卜，灼剥龟也，象灸龟之形，一曰象龟兆之从横也。"龟卜之法自唐以后即不见于记载，其法久已亡佚失传。今天我们在这里介绍的是"筮"，又叫"占筮"。占筮法是以蓍草进行演算而得卦，通过分析所得卦的卦象和卦爻之辞而推断问事的吉凶，故《说文》曰："筮，《易》卦用蓍也。"占筮法赖《系辞》而得以保存下来。《系辞》乃是记录占筮法最早，也是最权威的文献。现在，让我们看一下《系辞》中记录占筮之法的文字：

> 大衍之数五十，其用四十有九。分而为二，以象两，挂一，以象三。揲之以四，以象四时。归奇于扐，以象闰，五岁再闰，故再扐而后挂。

天一，地二；天三，地四；天五，地六；天七，地八；天九，地十。天数五，地数五，五位相得而各有合。天数二十有五，地数三十。凡天地之数五十有五，此所以成变化而行鬼神也。

　　《乾》之策二百一十有六，《坤》之策百四十有四。凡三百有六十，当期之日。二篇之策，万有一千五百二十，当万物之数也。是故四营而成易，十有八变而成卦，八卦而小成。

以上所引，是我们今天所能见到的有关筮法最古、最完整的记录，现试解于下：

大衍之数五十，其用四十有九。

用以进行占筮演算的蓍草数共是五十根，实际运算用四十九根。"衍"与"演"字古通用。古人用蓍草算卦，称为"衍算"，亦即"演算"。就像今天我们仍称小学生做数学题的本子叫"演草"一样。

古人为什么要用五十根蓍草进行演算呢？自汉至今，众说不一。《汉书·律历志》：

　　是故元始有象一也，春秋二也，三统三也，四时四也，合而为十，成五体。以五乘十，大衍之数也，而道据其一，其余四十九，所当用也。

按《汉书·律历志》的说法，五十之数是由元始之象一，与春秋二，三统之三，四时之四相加而得十，再与此五体（象一、春秋二、三统三、四时四，及相合而成的十，共五体）相乘而得，即：

　　　　50＝（1＋2＋3＋4）×5

《周易正义》释此曰："京房云'五十者，谓十日，十二辰，二十八宿也，凡五十。其一不用者，天之生气，将欲以虚来实，故用四十九焉'。"此说与《易纬·乾凿度》同，依京氏说，五十是由十日加十二辰，再加二十八宿而得，即：

　　　　50＝10（日）＋12（辰）＋28（宿）

《周易正义》又引马融之说："马季长云《易》有太极谓北辰也，太极生两仪，两仪生日月，日月生四时，四时生五行，五行生十二月，十二月生二十四气，北辰居位不动，其余四十九转运而用也。"

依马融说，五十是由太极、两仪、日月、四时、五行、十二月、二十四气相加而得。即 50＝1（太极）＋2（两仪）＋2（日月）＋4（四时）＋5（五行）＋12（月）＋24（二十四节气）。

《周易正义》并引荀爽之说："荀爽曰：'卦各有六爻，六八四十八，加《乾》《坤》二用，凡五十。《乾》初九"潜龙勿用"，故用四十九也。'"按荀爽之说，50＝6（六爻）×8（八卦）＋2（《乾》卦"用九"与《坤》卦"用六"）。

还引姚信说："姚信曰：'天地之数五十有五者，其六以象六画之数，故减之而用四十九。'"

《周易集解》引崔憬曰："艮为少阳，其数三；坎为中阳，其数五；震为长阳，其数七；乾为老阳，其数九；兑为少阴，其数二；离为中阴，其数十；巽为长阴，其数八；坤为老阴，其数六，八卦之数总有五十。"

《周易本义》释《系辞》这段文字时，朱熹说："大衍之数五十，盖以河图中宫，天五乘地十而得之，至用以筮，则止用四十九，盖皆出于理势之自然，而非人之知力所能损益也。"

以上诸说，对"大衍之数五十"的来源，作了种种不同的解释。在这些解说中，我们认为朱熹的解说较为得体。因为汉人将"五"当作生数之极，以"十"作为成数之极。汉人此说，必有所本。这"大衍之数五十"当初很可能是据生数"五"与成数"十"相乘而出。

至于为什么在实际演算时，取出一根蓍草不用，只用四十九根呢？由上面的引文看，这是古人始终没有说清楚的问题。

朱熹看到前人的解释都太牵强，便干脆说："出于理势之自然，而非人之知力所能损益也。"——这就更难捉摸了！这个问题，可阙疑待考。

分而为二，以象两，挂一，以象三。揲之以四，以象四时。归奇于扐，以象闰，五岁再闰，故再扐而后挂。

依据《周易正义》孔疏及朱熹《明筮》篇并邵雍、陆象山等其他宋人的解释，试解以上这段文字：

把用于演算的四十九根蓍草，在手中任意分成两份，以左手一份象天，右手一份象地，此谓之"以象两"。而后从右手蓍草中任取一根，置于左手小指间，用以象征"人"，连同左右两手象天地的蓍草，所谓"天、地、人"三才之道都有了，这就是"挂一，以象三"的意思。完成了这套程序之后，以四根蓍草为一组，先用右手一组组分数左手的蓍草，然后以同样方式，再以左手分数右手的蓍草。这样一组组分数完两只手中的蓍草，即所谓"揲之以四，以象四时"。揲，在此为数的意思，以四根蓍草为一组分数左右两手蓍草，以象征四时。

分数完左右两手的蓍草后，每只手中的蓍草必有余数，或余一根，或余二、三根，或余四根。"奇"，就是以四根蓍草一组分数完后的余数。"扐"，宋人解作"勒"，就是将左手蓍草的余数，置于左手无名指与中指间，将右手蓍草的余数，置于左手中指与食指间。以这余数象征积余日而成闰月，此即所谓"归奇于扐，以象闰"。

前后两次闰月相去大约三十二个月，在五岁之中，故称"五岁再闰"。

以四根蓍草为一组，一组组分数完后，这时两手蓍草的剩余数亦有一定规律：左手若余一根，则右手必余三根；左手若余两根，右手必余两根；左手若余三根，右手必余一根；左手若余四根，右手必余四根。这时，置于左手指缝间的剩余蓍草数（连同置于小指缝中象征"人"的那根）不是五根，就是九根。也就是说，这样分完后，去掉余数，左右手中的蓍草数还余四十四根，或四十根。

到这里，算是完成了以蓍草演算的第一道手续，古人称之谓"一变"。尔后将两手的蓍草合在一起（四十根或四十四根）再分成两份，与第一次分时一样，将右手的蓍草取一根置于左手小指缝间，再用右手四四一组分左手的蓍草，随后用左手以同样方式去分右手的蓍草，其他手序亦同第一变。待第二变完成之后，两只手中的蓍草若左手余一根，则右手必定余两根；左手余两根，右手必定余一根；左手若余三根，右手必余四根；左手若余四根，右手必余三根。第二变后置于左手指缝的蓍草余数之和（连同二变开始时取出的那一根蓍草）不是四根就是八根。这时左右两手的蓍草总数在去掉此余数四或八之后，还将有四十根，或三十六根，或三十二根。演算的第二道手续至此结束，此谓之"二变"。然后将两手的蓍草（四十根，或三十六根，或三十二根）再一次合在一起，尔后分成两份，仍取右手一根放在左手小指缝间，用右手四四一组先数左手的蓍草，再用左手四四一组去数右手的蓍草，两只手中的蓍草以四根为一组，一组组分数完后，其余数的处置亦完全同于一、二变。这时，左手若余一根蓍草，右手必余两根；左手若余两根，右手必余一根；左手若余三根，右手必余四根；左手若余四根，右手必余三根；其余数之和（连同开始从右手取出夹在左手小指的那根）不是四根便是八根。第三变至此结束。三变之后，两手的蓍草总数在去掉此余数四或八之后，将会出现下面四种情况中的一种：（一）还余三十六根；（二）或三十二根；（三）或二十八根；（四）或二十四根。

再以四除之（取四象之意）一爻遂定：

36÷4＝9　（此老阳之数，以"—"表示）
32÷4＝8　（此少阴之数，以"- -"表示）
28÷4＝7　（此少阳之数，以"—"表示）
24÷4＝6　（此老阴之数，以"- -"表示）

老阳少阳之数在本卦中皆以卦画"—"表示，老阴少阴之数皆以卦画"- -"表示。在变卦中，老阳卦画由阳"—"变阴"- -"，老阴卦画由阴"- -"变阳"—"，其余少阴少阳不变。这就是"老变少不变"，此为占筮的一条重要原则。《周易》以变为占，故以老阳数"九"作为卦中阳爻的标志，以老阴数"六"作为卦中阴爻的标志。

天一，地二；天三，地四；天五，地六；天七，地八；天九，地十。

此讲天地之数。由此可以看出，古人以阳数为奇数，阴数为偶数，阳数为天数，阴数为地数。故称一、三、五、七、九为天，称二、四、六、八、十为地。

"天一"至"地十"这一段文字并不在此，原在《系辞》"子曰'易有圣人之道四焉，此之谓也'"之下。有人据《汉书·律历志》引《易》曰："天一，地二；天三，地四；天五，地六；天七，地八；天九，地十。天数五，地数五，五位相得而各有合。天数二十有五，地数三十，凡天地之数五十有五，此所以成变化而行鬼神也。"证明班固所见《易》本中这段文字在此。因而据班固所引作了移正，有的今人并谓："此例足以证明今本《系辞》中确有错简。"

但也曾有人指出：《汉书·律历志》实本于刘歆《三统历》，公孙禄曾斥刘歆"颠倒五经"，是否即指《三统历》中这样的文字？由此看来，亦不可完全迷信班本而从之。今虽暂按班固之本讲，然须说明于此。

天数五，地数五，五位相得而各有合。天数二十有五，地数三十。凡天地之数五十有五，此所以成变化而行鬼神也。

所谓"天数五"，指一、三、五、七、九这五个奇数，亦即所谓"天一""天三""天五""天七""天九"；同样，"地数五"者，指二、四、六、八、十这五个偶数，亦即"地二""地四""地六""地八""地十"共五个地数。"五位"指一、三、五、七、九这五个奇数与二、四、六、八、十这五个偶数而言。"相得而各有合"一句，自汉、唐以至于宋的讲《易》者，多数解作奇数一与偶数六相合，偶数二与奇数七相合，奇数三与偶数八相合，偶数四与奇数九相合，奇数五与偶数十相合。汉人又将一、二、三、四、五这五个数看作"生数"，将六、七、八、九、十这五个数看作"成数"，因为六是由一加五而成，七是由二加五而成，以此类推，五为生数之极，十是成数之极，故又有说是以生数与成数相得而合者。近人直接作天数一、三、五、七、九相合为二十五，地数二、四、六、八、十相合为三十，天地两数之合共五十五，此解亦通，但不能体现"五位相得"的精神。

《乾》之策二百一十有六，《坤》之策百四十有四。凡三百有六十，当期之日。

古人称蓍草根数曰"策"，一根蓍草叫一策。如前所述，三变之后所余蓍草若为三十六策，则出老阳一爻。《乾》卦以老阳的策数计算，一卦为六爻，以三十六策乘六，得二百一十六策，故曰："《乾》之策二百一十有六。"同样道理,若三变之后余二十四策,则出老阴一爻,以二十四策乘六,得一百四十四策,《坤》卦以老阴的策数计算,故曰:"《坤》之策,百四十有四。"

合《乾》《坤》两卦之策共得三百六十,当一年三百六十天之数。故曰:"凡三百有六十,当期之日。"

二篇之策,万有一千五百二十,当万物之数。

《周易》上下两篇共六十四卦,三百八十四爻。其中阳爻一百九十二,阴爻一百九十二。老阳每爻为三十六策,一百九十二爻共有多少策呢?

　　36策×192＝6912策

同样,老阴每爻二十四策,一百九十二爻的策数为:

　　24策×192＝4608策
　　4608策＋6912策＝11520策

若以少阴少阳策数计算,其数亦同:

　　32策×192＝6144策
　　28策×192＝5376策
　　5376策＋6144策＝11520策

两种方法计算,皆得"万有一千五百二十",古人就是利用这个策数作为代表世界万物变化的数字。

是故四营而成易,十有八变而成卦,八卦而小成。

所为"四营",是指一爻的生成须经过四道程序的经营演算才能得出。《周易集解》引陆绩注此曰:"'分而为二以象两',一营也;'挂一以象三',二营也;'揲之以四,以象四时',三营也;'归奇于扐,以象闰',四营也。""四营"的具体演算方法,一如上述。

经过"四营",才能出来一变。要经过三变之后,才能得出一爻。一卦有六爻,故须"十有八变而成卦"。一卦由内外两个八卦之象组成,须有九变方可得三爻而成内卦,内卦出,有了卦体的一半,故曰:"八卦而小成。"

以上是《系辞》中有关占筮的记录。

细读这段文字，有的前人以为，像"分而为二""挂一""揲之以四""归奇于扐"等，其说恐怕必有所本，可能为周人所传。而"以象两""以象三""以象四时""以象闰"等看来则是当时整理《系辞》者所作的发挥。至于三变后产生的"七""八""九""六"，其"九""六"变，"七""八"不变，此说在《系辞》中并无确证，考之《左传》《国语》，书中几个筮数"八"的卦例，依此说便很难讲通，关于这点，我们在后面还要进一步讨论。

这种于三变之后，将两手揲余蓍草数被四除，然后得出少阴、少阳、老阴、老阳之数的方法，为汉、唐及部分宋人所用，称为谓"过揲法"。

宋人朱熹既重此法，更重另一为汉、唐、宋人所用的"挂扐法"，以求少阴、少阳、老阴及老阳之数。

所谓"挂扐法"，系指用勒于左手指间的蓍草余数，以定阴阳老少之数。我们在前面已经知道：第一变后扐于左手指间的蓍草总数（即所谓"挂扐数"）不是五根就是九根。第二变与第三变后，其挂扐数不是四根就是八根。这样，在三变中挂扐数无非有四种情况：

5——奇数（五中只含有一个四）
4——奇数（四中只含有一个四）
8——偶数（八中含两个四）
9——偶数（九中含两个四）

他以蓍草余数中含有几个四（象征四时）来定奇偶。再以此奇偶之数定阴阳老少。

譬如按"挂扐法"，若三变之后，左手指缝中的蓍草余数（挂扐数）皆为奇数，则定此爻为老阳；若三变后，挂扐数皆为偶数，则定此爻为老阴；若三变后挂扐数一奇二偶，则定此爻为少阳；若一偶二奇，则定此爻为少阴。然后以此法经十八变而定六爻。

其实，无论用这种"挂扐法"也罢，用"过揲法"也罢，其求得的结果皆同。也就是说，用"过揲法"求得的是老阳之数，用"挂扐法"同样也得老阳之数。例如用"过揲法"求得策数为三十六策，而后被四除，得"九"，"九"为老阳之数。用"挂扐法"则第一变得蓍草余数为五，五中含有一个四，是为奇数。第二变得蓍草余数为四，自是奇数，第三变也只能得四，为奇数，三变皆奇数，是为老阳之数。然而三奇数之和为十三策（第一变蓍草余数为五，第二、三变各为四，故其和为十三），四十九策去十三策，正得三十六策。即：

13策（老阳挂扐数）＝5策（一变奇数）＋4策（二变奇数）＋4策（三变奇数）

36策（老阳过揲数）＝49策－13策（老阳挂扐数）

其余老阴及少阴少阳之数的求法，皆同此理。

"过揲法"与"挂扐法"虽然求得的结果一样，但考之于《系辞》，当以"过揲法"为确。朱熹强调"挂扐法"，而贬抑"过揲法"是不恰当的。他在《易学启蒙》卷三中说："挂扐之数，乃七、八、九、六之原。而过揲之数，乃七、八、九、六之委。其势又有轻重之不同。而或者乃欲废置挂扐，而独以过揲之数为断，则是舍本而取末，去约以就繁，而不知其不可也，岂不误哉！"朱熹"挂扐之数，乃七、八、九、六之原"之说显然不符合《系辞》中有关筮法的论述。《系辞》说："《乾》之策，二百一十有六，《坤》之策，百四十有四。凡三百有六十，当期之日，二篇之策，万有一千五百二十，当万物之数也。"这里，《系辞》的作者很明白地告诉我们，《乾》卦的策数是由揲数三十六策与六爻相乘而得"二百一十有六"（解见前），《坤》卦的策数是由揲数二十四策与六相乘而得"百四十有四"。并以此揲数得出的两卦之和，"凡三百有六十，当期之日"，代表一年三百六十天。特别是《系辞》中"揲之以四，以象四时"，这句话更是清楚明白地说出了定阴阳老少以揲数为准，也就是以三变中四四一组分数出的蓍草数为准。朱熹"挂扐法"中赖以计算阴阳老少，置于左手指缝间的蓍草余数，在《系辞》作者的心目中，只是个"归奇于扐以象闰"的作用，无非是"当期之日"中的余闰之数而已！朱熹不能明察于此，弃过揲之数而用挂扐余数求阴阳老少，而且把挂扐余数看作是"七、八、九、六"之原，此说显然违背《系辞》之旨，以至引起后人的非议。

通过上面的探讨，我们明白了用蓍草占筮的方法。但紧接着遇到的一个问题是：由蓍草演算，三变定一爻，十八变而出一卦，但这一卦六爻的筮数不见得一样，可能有的爻得老阳之数九，有的爻得老阴之数六。有的爻为少阴少阳之数八、七等，各不相同。然而《系辞》的作者，并没有讲"十有八变而成卦"后，怎样根据所得卦的变爻和不变爻来考定和推断占事的吉凶。这工作汉、唐人亦未细谈，一直到了宋朝，才由朱熹完成，这就是他在《易学启蒙》卷四讲的"变占"法：

  凡卦六爻皆不变，则占本卦象辞。而以内卦为贞，外卦为悔。
  一爻变，则以本卦变爻辞占。
  二爻变，则以本卦二变爻辞占，仍以上爻为主。
  三爻变，则占本卦及之卦之象辞，而以本卦为贞，之卦为悔。前十卦主贞，后十卦主悔①。
  四爻变，则以之卦二不变爻占，仍以下爻为主。
  五爻变，则以之卦不变爻占。
  六爻变，则《乾》《坤》占"二用"，余卦占之卦象辞。

这就是所谓"变占"法。因为一卦演成之后，无论有无变爻，无非是如下七种情况的一种：①六爻皆不变；②一个爻变；③二个爻变；④三个爻变；⑤四个爻变；⑥五个爻变；⑦六爻全变。不会再有第八种情况出现。

结合朱熹的"变占"法，下面我们通过对《左传》《国语》部分筮例的讲解，看一看周人是如何解占的。

---

  ① 凡三爻变者，每卦能变出二十卦，其"前十卦"，指初爻不变者；"后十卦"，为初爻变者。若变卦在前十卦中，则以两卦之《象》辞解占，以本卦《象》辞为主。若变卦在后十卦中，则以变卦《象》辞为主（详参《关于卦变》所附《卦变图》中："凡三阴三阳之卦各二十，皆自《泰》《否》而来"之例）。此说为朱熹之言，于古无征。

《左传》《国语》筮例

《左传》《国语》中与《周易》和其他筮书有关的记载，共有二十二条。

从这二十二条记载看，基本可以分两种类型：一种是引证《周易》经文来说明一个问题，或阐述自己的看法；一种是以《周易》或其他筮书进行占筮，以预测事情的吉、凶、祸、福。在有关占筮的记录中，又有一爻变，数爻变，六爻不变等不同情况。现从二十二条筮例中，选取十三条代表不同情况的例子，试解如下：

一、引证《周易》经文说明问题或阐述观点。《左传·昭公元年》：

> 晋侯求医于秦，秦伯使医和视之，曰："疾不可为也，是谓近女室，疾如蛊……"赵孟曰："何谓蛊？"对曰："淫溺惑乱之所生也。于文皿虫为蛊；谷之飞亦为蛊；在《周易》女惑男，风落山谓之《蛊》䷑，皆同物也。"

这里，医和引了《蛊》卦卦象分析晋侯的病，没有涉及卦爻之辞。《左传·宣公六年》：

> 郑公子曼满与王子伯廖语欲为卿，伯廖告人曰："无德而贪，其在《周易》《丰》䷶之《离》䷝，弗过之矣！"间一岁，郑人杀之。

这里，伯廖只说象"《周易》《丰》之《离》"，并未具体引用爻辞。"《丰》䷶之《离》䷝"，是指《丰》卦䷶上爻由阴变阳，这样就变成《离》卦䷝。《丰》卦䷶上爻之辞为："丰其屋，蔀其家，窥其户，阒其无人，三岁不觌，凶。"意思是有高屋大厦，但家里被阴影遮蔽着，从外向里看，悄然无人迹，三年见不到动静，凶啊！

春秋时代，人们尚未以"九""六"代表一卦的阴阳爻，故伯廖用

"《丰》之《离》"的方式,说明他引用的是《丰》卦上六爻辞。这种方式是春秋人谈爻的惯例,在下面的事例中,我们会看得更清楚。《左传·昭公二十九年》:

> 秋,龙见于绛郊。魏献子问于蔡墨……对曰:"……《周易》有之,在《乾》☰之《姤》☰曰:'潜龙勿用。'其《同人》☰曰:'见龙在田。'其《大有》☰曰:'飞龙在天。'其《夬》☰曰:'亢龙有悔。'其《坤》☷曰:'见群龙,无首吉。'《坤》☷之《剥》☶曰:'龙战于野。'若不朝夕见,谁能物之……"

由这一段记载,可以很清楚地看出,在春秋时代,人们以《周易》占筮或论事,尚无"九""六"之称。故蔡墨称《乾》卦初九爻谓"《乾》☰之《姤》☰",称九二爻谓"其《同人》☰曰'见龙在田'",称上九爻谓"其《夬》☰曰'亢龙有悔'",称用九谓"其《坤》☷曰'见群龙,无首吉'",称《坤》卦上六爻谓"《坤》☷之《剥》☶曰'龙战于野'"。

在这里,蔡墨旨在引《易》论龙,故只举《乾》《坤》卦中称龙之爻。如"《乾》之《姤》"(《乾》卦初爻)、"其《同人》"(九二爻)、"其《大有》"(九五爻)、"其《夬》"(上九爻)、"其《坤》"(用九)、"《坤》之《剥》"(《坤》卦上六爻)等,证明古代真的有龙。

前人杜预在注《左传》时,以为蔡墨将《乾》卦"用九"称作"《乾》☰之《坤》☷",是指《乾》卦☰六爻由阳变阴。故注谓"《乾》六爻皆变"。

尚秉和先生认为:蔡墨举"《乾》☰之《姤》☰""其《同人》☰""其《大有》☰""其《夬》☰"等,都是指的一爻变。举"《坤》☷之《剥》☶",也是指的一爻变。这是当时周人称爻的惯例。故于"用九"称"其《坤》☷",绝不会指六爻全变,而是泛指该卦之乾爻变为坤爻。尚先生说:"《易》于《乾》《坤》二卦之后,独赘曰:'用九:见群龙,无首吉。'曰:'用六:利永贞。'何也?曰:此圣人教人知筮例也,非占辞也。且专就筮时所遇之一爻言,非论六爻之重卦也。""其曰'见群龙,无首吉''利永贞'者,则所以申明'九''六'必变之义。""使遇此卦而六爻皆变者，即此辞占之，则非也。""'用九''用六'专指三变成一爻言耳。"①

若以筮法考之，尚氏此说确实很有道理。

欧阳修在《易童子问》中也说："《乾》曰'用九'，《坤》曰'用六'，何谓也？曰，释所以不用'七''八'也。乾爻七，九则变。坤爻八，六则变，《易》用变以为占，故以名其爻也。"尚氏之说与欧阳修此论正同。

他们认为，在《周易》筮法中，"九""六"变，"七""八"不变。《周易》以变为占，故以"九""六"作为一卦阳爻与阴爻的代表符号，并于六十四卦之首的《乾》《坤》两卦，设"用九""用六"，告诉人们，凡占筮得老阳之数"九"，此爻须由阳变阴。如遇老阴之数"六"，此爻须由阴变阳。其余遇"七""八"则不变。以此启"九""六"之用。

按之《参同契》："二用无爻位，周流行六虚。"所谓"二用"，即指"用九""用六"而言。意思是说，《乾》《坤》两卦的"用九""用六"虽然没有爻位，但占筮时，"用九""用六"的变化原则，却时时周流运行于《乾》《坤》卦的六爻之间。

若按杜预注，"用九"指《乾》卦六爻全变而成《坤》卦，则是"二用"有爻位而不"周流"了。杜预正是这么理解的，故接着在"见群龙，无首吉"句下注曰："用九爻辞。"如按杜解，"用九"是"爻辞"，则《乾》卦共有七爻了，尚秉和先生问道："古今岂闻有七爻之卦哉？"②

杜预此注显然是不妥的。

杜注虽有不妥，然而也向我们提出了一个重要问题：若"用九"称《乾》☰之《坤》☷，只是泛指乾爻变坤爻，而不是指六爻全变，那么，设若蔡墨当初不是举例论龙，也就是说，不是只讲一爻变之卦，而是例称"《乾》☰之《姤》☴"（一爻变）、"其《遁》☶"（二爻变）、"其《否》☷"（三爻变）、"其《观》☴"（四爻变）、"其《剥》☶"（五爻变）、而至六爻全变时，又该如何称谓呢？

对此，尚先生亦未做出正面回答。只是说："使遇此卦而六爻皆变者，

---

① 上引皆见尚秉和《周易古筮考·用九用六解（一）》。
② 同上。

即此辞占之（按：指"用九"之辞）则非也。"① 然而问题在于，使不"即此辞占之"，而是只论六爻全变，若不称"《乾》䷀之《坤》䷁"又该如何称呼呢？

宋人朱熹可能也考虑到这点不好办，故在《易学启蒙》卷四中说："六爻变，则《乾》《坤》占'二用'，余卦占之卦彖辞。"——这是折中之辞。

杜预是古人，又是名家，所以他的这段"用九"注，引起后人不少争论，今据《左传》文意而考之，问题仍未得到圆满解决，故稍费笔墨，对此问题作如上辨析。

二、以《周易》或其他筮书进行占筮。

1. 首先，我们选几例一爻变的记载。《左传·僖公二十五年》：

> 秦伯师于河上，将纳王，狐偃言于晋侯曰："求诸侯莫如勤王，诸侯信之，且大义也！继文之业，而信宣于诸侯，今为可矣！"使卜偃卜之，曰："吉！遇'黄帝战于阪泉'之兆。"……公曰："筮之！"筮之遇《大有》䷍之《睽》䷥，曰："吉！遇'公用亨于天子'之卦，战克而王飨，吉孰大焉！且是卦也，天为泽以当日，天子降心以逆公，不亦可乎？《大有》去《睽》而复，亦其所也。"晋侯辞秦师而下。

这里记载了晋臣狐偃劝晋文公去觐见周襄王（当时襄王被狄兵击败，流落在郑国氾地），晋文公听了狐偃的建议后，先让卜偃以龟甲卜一下，得到"黄帝战于阪泉"的吉兆，文公还是不放心，再让用蓍草占筮一下，结果演算出的卦为"《大有》䷍之《睽》䷥"。"之"，变的意思，"《大有》之《睽》"即《大有》卦变为《睽》卦。通过《大有》卦䷍与《睽》卦䷥对比，我们可以看出，是因为《大有》卦䷍九三爻由阳爻变为阴爻才成为《睽》卦䷥的。因而"《大有》之《睽》"，是指本卦《大有》卦因九三爻变，从而得出变卦《睽》卦的。如前所述，这种"×卦之×卦"的方式，是春秋时代人们谈爻的惯例，下面所遇者，皆同此例，不再赘述。

---

① 尚秉和：《周易古筮考·用九用六解（一）》。

《大有》卦九三爻辞："公用亨于天子，小人弗克。"故卜偃说这是吉卦，象征战胜狄兵受到周王的宴请，还有比这更大的吉祥吗？更何况从筮得的卦象看，内卦由《大有》卦☰的乾为天，变《睽》卦☱的兑为泽，而《大有》卦与《睽》卦的外卦相同，皆为离，离为日，有天变为泽以迎日之象，这也正是天子降尊以迎接公侯的卦象，这样还不可以吗？更何况去《睽》卦而单论《大有》卦，其下卦乾为天为父，上卦离为火为子，也有天子降尊以迎公的意思啊！

晋文公听了卜偃的分析，辞秦师而去。

由这一卦可以看出，卜偃以"象""辞"兼取的方式，对事物吉凶进行推断分析，其中以取象为主，取辞则取本卦变爻之辞。《左传·襄公二十五年》：

> 棠公死，偃御武子以吊焉，见棠姜而美之……武子筮之，遇《困》☱之《大过》☱。史皆曰："吉。"示陈文子，文子曰："夫从风，风陨妻，不可娶也！且其繇曰：'困于石，据于蒺藜，入于其宫，不见其妻，凶。''困于石'，往不济也，'据于蒺藜'，所恃伤也；'入于其宫，不见其妻，凶'，无所归也。"崔子曰："嫠也何害！先夫当之矣！"遂取之。

齐棠公死了，崔武子前去吊丧，他看到齐棠公的遗孀棠姜很美，要娶棠姜。用《周易》占了一卦，遇到《困》卦六三爻变，而成为《大过》卦。史官们为了奉承崔武子，都说这是吉卦。给陈文子看，因为筮得卦为《困》卦六三爻变，这样，《困》卦内卦就由坎变为巽，在《说卦》中，坎为中男，坎变巽，巽为风，故陈文子说："夫从风。"巽又为长女，内卦位置在下，所以文子又说："风陨妻。"据此卦象，文子认为："不可娶也！"他又进一步引证《困》卦六三爻辞："困于石，据于蒺藜，入于其宫，不见其妻，凶。"并一一讲解这段爻辞，说明不可娶棠姜的道理。但崔武子色迷心窍，不听陈文子这一套，说："一个无夫之妇能有何害！这些凶险她原先的男人都承担了！"于是娶了棠姜。

由这个筮例可以看出，陈文子分析此卦时，既用卦象进行分析，又引本卦变爻之辞进一步说明，也是采用"象""辞"兼取的做法。《左传·闵公元年》：

> 毕万筮仕于晋，遇《屯》☳☵之《比》☷☵。辛廖占之曰："吉，屯固，比入，吉孰大焉！其必蕃昌。震为土，车从马，足居之，兄长之，母复之，众归之，六体不易，合而能固，安而能杀，公侯之卦也。公侯之子孙，必复其始！"

毕万想到晋国去做官，不知仕途如何，于是用《周易》占了一卦。遇《屯》卦☳☵，初爻变，这样就成为《比》卦☷☵，辛廖说："吉，屯固比入，吉孰大焉！""屯固比入"——这是春秋时代人们对《屯》《比》两卦卦义的解释。由此可证，早在春秋时代，即已有对各卦名义的解释了。今本《杂卦》曰："屯，见而不失其居。"即有"固"义。《彖》中也说："比，辅也。"《彖·比》："比，先王以建万国，亲诸侯。"亦可见《比》有亲辅之义，故曰"比入"。辛廖先从解释卦的名义入手，下面"震为土"指《屯》卦☳☵初爻变，内卦由震变坤，坤为土，故曰"震为土"，即震雷变成坤土的意思，震又为车，坤为马①，故曰："车从马。"据《说卦》，震为足又为长子，故下面说"足居之，兄长之"；"母复之"，坤为母，在《屯》卦☳☵中，二爻至四爻互卦成坤，《比》卦☷☵内卦为坤，两卦皆有坤象，故称"母复之"。《屯》卦☳☵与《比》卦☷☵的外卦都是坎，《国语·晋语》筮例中称"坎为众"（见后），可见在春秋时代，坎象众，故曰"众归之"。"六体不易"一句，杜预注"初一爻变，有此六义，不可易也"，故"六体不易"之义，似指前文中的"震为土""车从马""足居之""兄长之""母复之""众归之"而言。又因《国语·晋语》筮例中说"震，车也，车有威武"（见后），再结合前面说的"屯固比入"之旨，故辛廖总结此卦说："合而能固，安而能杀，公侯之卦也。"

在这一卦中，辛廖纯以卦象推断事物吉凶，一字未提卦辞。《左传·庄公二十二年》：

> 陈厉公……生敬仲。其少也，周史有以《周易》见陈侯者，陈侯使筮之，遇《观》☴☷之《否》☰☷，曰："是谓'观国之光，利用宾于

---

① 《说卦》称乾为马，可见周人在春秋时代的象亦有与《说卦》异者。

王'，此其代陈有国乎？不在此，其在异国，非此其身，在其子孙。光远而自它有耀者也。坤，土也。巽，风也。乾，天也。风为天于土上，山也。有山之材而照之以天光，于是乎居土上，故曰：'观国之光，利用宾于王。'庭实旅百，奉之以玉帛。天地之美具焉，故曰：'利用宾于王。'犹有观焉，其在后乎！风行而著于土，故曰其在异国乎！若有异国，必姜姓也。姜，大岳之后也！山岳则配天，物莫能两大，陈衰，此其昌乎！"及陈之初亡也，陈桓子始大于齐，其后亡也，成子得政。

陈厉公生敬仲时，厉公让周史以《周易》占筮一下。所得本卦为《观》卦䷓，因其六四爻变而成为《否》卦䷋。《观》卦六四爻辞为："观国之光，利用宾于王。"意思是臣子朝见国王，做王的宾客。这当然是吉爻。故周史先引本卦变爻之辞，说明厉公生的这个孩子将来必定会大有作为。若不在陈国，也一定会在别国得志，若不是他本人，也一定会是他的子孙。因为这卦有"光远而自它有耀"之象。

周史接着分析卦象："坤，土也。"指《观》卦䷓的内卦为坤，坤为土。《左传》《国语》筮例皆称坤为土，与《说卦》称坤为地稍有不同。"巽，风也"指《观》卦外卦为巽，巽为风。"乾，天也"指变卦《否》卦䷋外卦为乾，乾为天。"风为天于土上，山也。"《观》卦䷓变《否》卦䷋，是因为《观》卦的外卦由巽变乾，巽为风，乾为天。由巽风而变乾天，故曰"风为天"。而《观》卦䷓与《否》卦䷋的内卦皆为坤，坤为土，故曰"风为天于土上"。同时，《否》卦䷋二爻至四爻互卦成艮，艮为山，故周史说："风为天于土上，山也。"若舍"互卦"艮山，则《观》《否》二卦别无"山"象。所以，此卦向我们提供了一条重要线索：远在春秋时代，人们在运用卦象分析问题时，已经使用互卦之法。可知互卦法由来久矣！

鉴于在《否》卦䷋中，其外卦为乾，乾天位置在上，其内卦为坤，坤土位置在下，二爻至四爻互卦成艮，艮山据于坤土之上，乾天之下，有山生林木而成材之象，故周史说："有山之材而照之以天光，于是乎居土上。"接着又指出："庭实旅百。"因为《否》卦䷋中，二爻至四爻互卦成艮，艮为门庭。"奉之以玉帛，天地之美具焉！"《否》卦䷋的外卦为乾，乾为金为玉。内卦坤为布帛（见《说卦》）。又，乾为天，坤为地，故称"玉帛"，又称"天地之美具焉"！下面"犹有观焉，故曰其在后乎"！然而这"观"字之中还有观望等待之义，所以应该在他的子孙后代身上，"风行而著于土，故曰其在异国乎"。风是飘忽不定的，故有出在异国之象。周史据此认为，若在异国的话，必在姜姓主政的地方得势（因为只有姜姓分封在泰山之后），那里"山岳则配天"。因为这正与变卦《否》卦☰☷中互卦艮山，配外卦乾天的卦象相符。

在这一卦中，周史既引本卦《观》卦☴☷的变爻之辞，又分析本卦和变卦卦象，对事物进行推断，但其中以分析变卦卦象为主。

《国语》中无一爻变筮例。而《左传》中有关一爻变的筮例，共有十一条记载，我们从中选取以上四条作为代表，其余七条筮例的解占之法，与此基本相同，即不一一列举了。

2. 二爻变筮例，《左传》《国语》及其他先秦典籍，皆无记载。

3. 三爻变筮例，考之《左传》，也没有记载。《国语·晋语》中有两条记载。

> 公子亲筮之，曰："尚有晋国？"得贞《屯》☵☳悔《豫》☳☷，皆八也。筮史占之，皆曰："不吉。闭而不通，爻无为也。"司空季子曰："吉。是在《周易》，皆'利建侯'。不有晋国，以辅王室，安能建侯？我命筮曰：'尚有晋国？'筮告我曰：'利建侯。'得国之务也。吉孰大焉！震，车也。坎，水也。坤，土也。屯，厚也。豫，乐也。车班内外，顺以训之，泉原以资之。土厚而乐其实，不有晋国，何以当之？震，雷也，车也。坎，劳也，水也，众也。主雷与车，而尚水与众。车有震武，众顺文也。文武具，厚之至也，故曰《屯》。其繇曰：'元亨利贞，勿用有攸往，利建侯。'主震雷，长也，故曰'元'；众而顺，嘉也，故曰'亨'；内有震雷，故曰'利贞'。车上水下，必伯。小事不济，雍也。故曰'勿用有攸往'。一夫之行也，众顺而有威武，故曰'利建侯'。坤，母也。震，长男也。母老子疆，故曰'豫'，其繇曰：'利建侯行师。'居乐出威之谓也！是二者，得国之卦也。"

……

晋文公想依仗秦国的帮助重返晋国，因前途未卜，于是亲自以《周易》占了一卦，问："还有晋国吗？"得卦为"贞《屯》☳悔《豫》☶，皆八也"。前面已经讲过，古人称本卦为"贞"，变卦为"悔"。就是说，晋文公重耳所得的这一卦，本卦为《屯》☳，其初九爻、六四爻、九五爻共三爻变而成为《豫》卦☶。筮史可能看到《屯》卦☳内卦震为车，外卦坎为险陷，有震车遇坎险之象，于是都说：此卦不吉，恐怕事情行不通！不是有作为的卦爻。

司空季子却说："吉！"在《周易》中，《屯》卦和《豫》卦卦辞都有"利建侯"①如果不能重返晋国，以辅佐王室，哪里能谈到"建侯"？我祈命于筮："还有晋国吗？"筮辞告诉我："利建侯。"——这不就是得国之语吗？吉祥没有比这更大的啦！震为车②，坎为水，坤为土。《屯》卦含有物力雄厚的意思，《豫》卦含有欢乐愉快的意思。震车遍内外③，土地人民都顺从你④，又有长流不竭的泉源资助着你⑤，土地物力雄厚，又乐其所有⑥，如果不是重新得到晋国，还有什么能担当这些卦象？震为雷为车，坎为劳为水为众⑦，论卦以内卦为主，《屯》卦☳的内卦震有雷、车之象，外卦坎有水与众之象，震车有威武之象，坎水象征民众顺从，可以说文武俱备，实力雄厚得很啊！所以这卦称作《屯》卦☳。《屯》卦卦辞说："元亨，利贞。勿用有攸往，利建侯。"论卦既以内卦为主，《屯》卦内卦为震，震为雷为长，所以称作"元"⑧；民众顺从会合，所以称作"亨"；内

---

① 《屯》卦卦辞："元亨利贞，勿用有攸往，利建侯。"《屯》卦初爻爻辞也说："盘桓利居贞，利建侯。"《豫》卦卦辞："利建侯行师。"

② 案：《左传·闵公元年》辛廖称"震为土，车从马"是亦解震为车，可证春秋时代震有车象。

③ 《屯》卦☳内卦为震车，《豫》卦☶外卦为震车。

④ 《豫》卦☶内卦为坤，《屯》卦☳二爻至四爻互卦为坤，坤为土、为众、为顺。

⑤ 《屯》卦☳三爻至五爻互卦成艮象，《豫》卦☶二爻至四爻互卦成艮象，艮为山，《屯》卦外卦为坎水，《豫》卦三爻至五爻互卦也为坎水，水在山上，有泉源之象，故曰："泉源以资之。"

⑥ 《豫》卦有娱乐之义。

⑦ 这些都是春秋时代人们对卦象的解释。

⑧ 《左传·襄公九年》穆姜引《周易》曰："元，体之长也。"《文言·乾》曰："元者，善之长也。"

卦为震雷可以宜物而干大事业①，所以称作"利贞"。同时，卦象中震车动而向上，坎水顺而向下（由此"车上水下"亦可窥春秋卦变法之一斑），因古"伯""泊"字通用，故有震车泊于坎水之象，所以在小事上还有阻难不顺之处。因此卦辞才说："勿用有攸往。"但卦象中有着一人行动，众人顺从而有威武之象，因而卦辞又说："利建侯。"坤为母，震为长男，母亲老了，孩子却能顶事了，有欢娱之象，所以称作《豫》卦☷☷。《豫》卦卦辞说："利建侯行师。"就是指的《豫》卦卦象中居内有坤母之乐，出外有震车之威！故这二卦都是重返晋国，建立功业的卦呀！

在这一卦中，司空季子先以本卦及变卦卦辞解占，接着详细分析本卦与变卦之象，并结合卦象进一步解释了本卦及变卦的卦辞。

由前面的例子，我们已经知道，凡一爻变之卦，若引辞，皆引本卦变爻之辞。而此卦却引了本卦及变卦卦辞，未涉及本卦及变卦爻辞。这是他解占与其他一爻变之卦不同的地方。

这一卦中有一个筮数，那就是"得贞《屯》悔《豫》，皆八也"。

这个"皆八也"，很值得我们深入探讨。

我们先看这一卦的变化：

```
  -- 上六爻              -- 上六爻
△ — 九五爻（变）        -- 六五爻
△ -- 六四爻（变）        — 九四爻
  -- 六三爻              -- 六三爻
  -- 六二爻              -- 六二爻
△ — 初九爻（变）        -- 初六爻
  本卦《屯》             变卦《豫》
```

根据前人讲的占筮变化原则，在这一卦中，应该是初爻由九变八（老阳变少阴），六四爻由六变七（老阴变少阳），九五爻由九变八（老阳变少阴），这样才对。怎么会是"皆八"呢？

为了解开这个"皆八"之谜，前人作了种种解释。

---

① 《左传·襄公九年》："利物足以和义，贞固足以干事。"《文言》释"利贞"亦同。

有的说，这一卦是初筮得《屯》卦䷂，再筮得《豫》卦䷏。此两卦皆是六爻不变之卦，故称之谓"皆八也"。

此说显然不通。通观古人注释，从未见有人解初筮之卦为"贞"，再筮之卦为"悔"者。同时，由《左传》《国语》的筮例看，在春秋时代，凡称"八"者，都是数爻变之卦。如《左传·襄公九年》的"《艮》之八，是谓《艮》之《随》"（解见后）及《国语·晋语》中的"得《泰》之八"（解见后），皆为其证。故此说不通。

另有一说，认为《屯》卦䷂的内卦为震，《豫》卦䷏的外卦也是震，在由《屯》卦䷂变《豫》卦䷏时，只有《震》卦的两个阴爻，即六二爻与六三爻不变，仍为"八"，故称"皆八"。

然而问题是，《屯》卦䷂的上六爻，其筮数也是八而未变，若按此解，何以独指六二、六三两爻，而不及上六爻呢？再说，《左传·襄公九年》筮例中"《艮》之八，是谓《艮》䷳之《随》䷐"中，六二爻也为"八"而未变，可为什么就不称作"贞《艮》䷳悔《随》䷐，皆八也"呢？

可见此解亦不通。

因此，对于《左传》《国语》中出现的这几个"八"，后人皆莫名其妙。以筮法中"九""六"变，"七""八"不变的原则来解，总是不通。

这样，有人只好归于《连山》《归藏》筮法了。说《连山》《归藏》筮法用"七""八"，不用"九""六"。然而这《连山》《归藏》久已亡佚失传，后人何以会知道其用"七""八"而不用"九""六"？更何况，即便此说成立，《连山》《归藏》筮法用"七""八"，不用"九""六"，那么，为什么在所有筮例中只见用"八"，却从未见用"七"者？故此说一出，又遭到别人的非难。

孔子说，"多闻阙疑，慎言其余"，关于"八"字之解，阙疑可也。《国语·周语》：

> 成公之归也，吾闻晋之筮之也，遇《乾》之《否》，曰："配而不终，君三出焉。"……

成公归晋之时，晋人为他占了一卦，得《乾》卦䷀，其初九、九二、九三这三爻皆变，这样就成了《否》卦䷋。筮人根据《乾》卦䷀内卦由乾变坤的情况，结合卦象乾为天为君，坤为地为众（见《说卦》），有天变地，君变民之象，所以说他"配而不终"，又因为《乾》卦☰内卦三爻皆变，因而进一步得出"君三出焉"的结论。

这一卦纯以分析本卦和变卦卦象，对事物进行推断。筮人在进行分析时，没有引用本卦或变卦的卦辞及爻辞。对卦象的分析也比较简略。

4. 四爻变筮例，考之《左传》《国语》及其他先秦典籍，皆无记载。

5. 五爻变筮例，《国语》不载，只有《左传·襄公九年》中有一条记载：

> 穆姜薨于东宫，始往而筮之，遇《艮》之八，史曰："是谓《艮》☶之《随》☱。随，其出也，君必速出。"姜曰："亡。是于《周易》曰：'《随》，元亨利贞，无咎。'元，体之长也；亨，嘉之会也。利，义之和也。贞，事之干也。体仁足以长人，嘉德足以合礼，利物足以合义，贞固足以干事。然故不可诬也，是以虽随无咎。今我妇人而与于乱，固在下位而有不仁，不可谓元；不靖国家，不可谓亨；作而害身，不可谓利；弃位而姣，不可谓贞。有四德者，《随》而无咎；我皆无之，岂《随》也哉！我则取恶，能无咎乎！必死于此，弗得出矣！"……

穆姜是鲁宣公之妻，成公的母亲，她与大夫叔孙侨如通奸，淫乱无德。成公十六年，叔孙侨如与穆姜阴谋推翻鲁成公，结果失败，穆姜因此被迁东宫。这时，她用《周易》占了一卦，问自己的前途，得"《艮》之八"，史官说，"是谓《艮》☶之《随》☱"，可知"《艮》之八"，就是《艮》卦☶变《随》卦☱的意思。

史官说，《随》卦有外出之义，必须速速离开这里！穆姜不同意史官的分析，说，算了！《周易》中《随》卦卦辞说"元亨利贞，无咎"，接着她一一讲解了"元亨利贞"四字之义："元，体之长也。亨，嘉之会也。利，义之和也。贞，事之干也。体仁足以长人，嘉德足以合礼，利物足以和义，贞固足以干事。"

按《国语·晋语》筮例，司空季子说："主震雷，长也，故曰'元'，众而顺，嘉也，故曰'亨'。"《左传·昭公十二年》子服惠伯解卦时，也说："元，善之长也。"其解"元""亨"二字，与穆姜大同小异。由此考之，卦辞"元亨利贞"四字，早在春秋时代，恐已成为"四德"，并有了统一的解释。穆姜无非在此引述其解而已。穆姜认为，自己是一个妇人，而以淫乱祸国，是身在下位而行不仁之事，这不能叫"元"，使国家不得安宁，这不能叫"亨"，作乱害了自己，不能叫"利"，放弃自己尊贵的位置，与臣子做姣媚之态，这不能叫"贞"。有此"四德"的人，方可"《随》而无咎"。我这四条一条不占，怎么能称《随》呢？是我自己取来的祸害，能够无咎吗？必定死在这里，出不去了！

在这一卦中，《艮》卦☶的初六爻、九三爻、六四爻、六五爻及上九爻共五爻皆变，才能得出《随》卦☱：

	本卦《艮》		变卦《随》
△ ―	上九爻（变）	― ―	上六爻
△ ― ―	六五爻（变）	―	九五爻
△ ― ―	六四爻（变）	―	九四爻
△ ―	九三爻（变）	― ―	六三爻
― ―	六二爻（不变）	― ―	六二爻
△ ― ―	初六爻（变）	―	初九爻

根据筮数变化的原则，这一卦应该是《艮》卦☶初爻由"六"变"七"（老阴变少阳），九三爻由"九"变"八"（老阳变少阴），六四爻由"六"变"七"（老阴变少阳），六五爻由"六"变"七"（老阴变少阳），上爻由"九"变"八"（老阳变少阴），只有六二爻为"八"（少阴之数）不变。在这五个变爻中，初爻、四爻和五爻都是以"六"变"七"，三爻和上爻是以"九"变"八"，也就是说，此卦共有三爻由"六"变"七"，有两爻是以"九"变"八"。

那么，这"《艮》之八"在这里是什么意思呢？

是以筮数"八"表示此卦的变爻吗？若以"八"表示变爻，则此卦的五个变爻中，有三爻以"六"变"七"，只有两爻以"九"变"八"，那为什么不称此卦为"《艮》之七"，而偏曰"《艮》之八"？

有人说，"《艮》之八"是指由《艮》卦☶变《随》卦☱时，只有六二爻筮数为"八"而不变，故"《艮》之八"是指六二爻筮数为"八"，其余爻皆为"九""六"变爻。

若按此说，则"八"是专指一卦的六二爻为少阴之数"八"。但是，正如我们在前面讲的，《国语·晋语》筮例中"得贞《屯》悔《豫》，皆八也"，其由《屯》卦变《豫》卦时，六二爻也是不变爻，其筮数亦为"八"，为什么此卦不称"《屯》之八，是谓《屯》之《豫》"，而称"贞《屯》悔《豫》，皆八也"？

可见此说不通。

对于这一卦的筮数"八"，古人还是不得其解。

在这种情况下，又有人认为，《国语·晋语》的"贞《屯》悔《豫》，皆八也"筮例，和这一卦的"《艮》之八""是谓《艮》之《随》"极可能是以《连山》《归藏》筮书占筮的。只因为《连山》《归藏》筮法已亡佚失传，所以这"八"字也成了千古不解之谜！

此说的根据是，在《国语·晋语》筮例中，得"贞《屯》悔《豫》，皆八也"后，筮史都认为不吉，司空季子却说："吉！是在《周易》，皆'利建侯'……"筮史认为不吉，是以《连山》《归藏》解占，司空季子说吉，是以《周易》解占，故特意说明"是在《周易》，皆利建侯"。本卦亦同，得卦为"《艮》之八"，筮史说"是谓《艮》之《随》"，并认为必须速出，这也是以《连山》《归藏》解占，穆姜偏以《周易》解占，于是说明"是于《周易》曰……"。

这种说法，恐源于《左传正义》孔颖达疏语。但考之《国语·晋语》中另一个谈筮数"八"的卦例，这一解释又不通了。当然，下面筮例不见得是五爻变。《国语·晋语》：

> 十二月，秦伯纳公子……董因迎公于河，公问焉，曰："吾其济乎？"对曰："……臣筮之。"得《泰》☰☷之八，曰："是谓天地配亨，小往大来。今济之矣，何不济之有！"……

秦穆公接纳了晋公子重耳，并表示愿意帮助他重返晋国。董因迎接重耳，这位晋公子问："我这次能行吗？"董因给他占了一卦，"得《泰》之八"。这一卦的卦象是天在下而欲升于上，地在上而将降于下，董因据此称为"天地配亨"。"小往大来"是《周易》《泰》卦卦辞，意思是失去的小，得到的大，据此董因说："这次行了，你必定会得到晋国！"

卦中"得《泰》之八"一句，古人之注皆不通。韦昭注《国语》于此句，认为是指"遇《泰》无动爻"。近人释此筮例，亦从韦说。然而若《泰》卦确无变爻，则《泰》卦☷内卦三阳爻的筮数，应该是少阳之数"七"。外卦三阴爻应为少阴之数"八"。按照古人占卦的惯例，筮卦以内卦为主，董因为何不说"得《泰》之七"，而偏说"得《泰》之八"呢？再者，通观《左传》《国语》所有筮例，凡无变爻的卦，都称作"其卦遇×"。如《左传·僖公十五年》秦伯伐晋之卦即无变爻，文中称作"其卦遇《蛊》☶"（其解见下），《左传·成公十六年》晋楚鄢陵之战的筮例，也无变爻，称作"其卦遇《复》☷"（解见下）。由此可证，凡无变爻之卦，都称作"其卦遇×"。反之，凡称"八"之卦，都有变爻，如前所举"《艮》之八"，"是谓《艮》之《随》""得贞《屯》悔《豫》，皆八也"，皆为其例。故韦昭注谓此卦无变爻，是不对的。由上面所考看来，"《泰》之八"当有变爻。

于是又有人说，"《泰》之八"是指所得《泰》卦初爻、二爻、三爻以"九"变"八"，四爻、五爻和上爻不变，仍为"八"，故称之谓"《泰》之八"。如按此说，那么，根据《左传》《国语》中以《周易》占事的通例，此卦应称作"《泰》☷之《坤》☷"才对，又何以称"《泰》之八"呢？

种种不通之处，很难自圆其说。

在此情况下，于是又有说此卦当初恐怕是"《泰》☷之《剥》☶"音讹而成"《泰》之八"。然而筮例中既有"《艮》之八""贞《屯》悔《豫》皆八"，可证当初并非音讹而误。

最值得我们注意的是，董因引"小往大来"以解占。"小往大来"是《周易》《泰》卦卦辞，这就可以毫无疑义地断定此卦是以《周易》解占，而不是用的《连山》《归藏》之类筮书，因而也就驳倒了筮数"八"的卦例仅限以《连山》《归藏》占筮的说法。

通过以上三个筮数"八"的卦例，可以看出，古人对于《左传》《国语》筮例中的这几个"八"字，虽然绞尽脑汁也难得其解。这就不能不使我们面临这样一个带根本性的问题：《周易》筮数中"九""六"变，"七"

"八"不变的原则，是否是《春秋》时代人们以《周易》占筮的原则？或是还有别的什么原则？只因这些原则后来亡佚失传，以至后人无法用"九""六"变，"七""八"不变的方法，对这些筮例中的"八"做出正确解释？

以上只是笔者的一种猜想，总之，关于这个问题，实有重新探讨的必要。

6. 六爻全变筮例，《左传》《国语》及其他先秦典籍，皆无记载。

7. 六爻不变筮例，《左传》中有两条筮例。《左传·僖公十五年》：

> 秦伯伐晋，卜徒父筮之："吉，涉河，侯车败。"诘之。对曰："乃大吉也，三败必获晋君。"其卦遇《蛊》䷑曰："千乘三去，三去之余，获其雄狐。"夫狐蛊，必其君也。蛊之贞，风也。其悔，山也。岁云秋矣，我落其实而取其材，所以克也，实落材亡，不败何待！……

在解这一卦时，卜徒父可能是观象出辞。初爻至四爻为大坎，坎为河；二至四爻互卦为兑，兑为毁折；三爻至五爻互卦为震，震为车。因此，从卦象分析来看，有坎水使震车毁折象，故卜徒父说"涉河，侯车败"。秦穆公问他这话怎么讲，卜徒父回答："是大吉之卦，三败之后必获晋君。"所得的卦为《蛊》卦䷑，卦中说"千乘三去，三去之余，获其雄狐"①。"三去"即"三驱"的意思，古"去""驱"字通用。《比》卦卦辞有"王用三驱"即其证。然而清人顾炎武认为"去"字在此作"除"字讲，即于一千乘中，每次除去三百三十三，三次去九百九十九，这样还余一乘——此为另一说，然此解稍觉牵强，备考可矣。

卜徒父进一步分析卦象说：狐蛊必定象征晋君，《蛊》卦䷑的内卦是巽，巽为风，外卦是艮，艮为山②，现在是秋天了，正是以我方秋风吹落对方山木之果，进而伐取其材的时候，所以我方一定会胜利。山木果实落了，树木本身也被砍伐了，哪能不败！

这一卦没有变爻，卜徒父解此卦先引卦辞，后释卦象，并以卦象反证

---

① 这段文字《周易》中没有，或出自《连山》《归藏》抑《大次杂易》等其他筮书。
② 古人以内卦代表筮者，以外卦代表对方。

于卦辞，以此推断事情的吉凶。

《左传·成公十六年》：

> 晋楚遇于鄢陵……公筮之，史曰："吉。其卦遇《复》䷗，曰：'南国蹙，射其元王，中厥目。'国蹙王伤，不败何待！"公从之。

晋楚鄢陵之战前夕，晋侯占了一卦，史官说："吉。"这一卦是《复》卦䷗，卦辞说："南国蹙，射其元王，中厥目。"蹙，紧迫之貌。杜预注曰："复，阳长之卦，阳气起子，南行推阴，故曰'南国蹙'也。"杜文用"南行推阴"，可证杜预亦有解"蹙"为紧迫之意。这段卦辞的意思是，对方国家的处境穷困紧迫，而王又被射中了眼，国势艰险，王亦受伤，对方哪有不败的道理！

这一卦也是没有变爻，史官引卦辞以解所占事情的吉凶，没有谈及卦象。这段卦辞《周易》中也没有，可能出自当时流传的《连山》《归藏》或其他筮书。

变占探讨

通过以上十三条例子，特别是其中用以占筮的十条筮例，我们可以看出，在春秋时代，人们用《周易》占筮，并无一定的公式可循。如筮例中有的卦，筮史以为"不吉"，司空季子却以为"吉"（《国语·晋语》）。有的卦，筮史以为"吉"，陈文子却以为"不可取也"（《左传·襄公二十五年》）。这就是前人所说的"筮无定法"。

按之"变占"法，朱熹说"一爻变，则以本卦变爻辞占"——这是筮有定法了。但综观春秋筮例，一爻变者，虽然大部分取变爻之辞，但也要结合卦体、卦象与爻辞进行联系比较，其中以分析卦象为主，少数卦例还引变卦卦辞和卦象合占。由此看来，朱熹之说，不完全符合春秋筮法。

朱熹说："二爻变，则以本卦二变爻辞占，仍以上爻为主。"

按《左传》《国语》筮例，无二爻变之卦，这大概是朱熹自己的推测之言。

> 三爻变，则占本卦及之卦之彖辞，而以本卦为贞，之卦为悔，前十卦主贞，后十卦主悔。

三爻变之卦，见于前面所举《国语·晋语》中"贞《屯》悔《豫》皆八也"之卦。司空季子解此卦时，以分析卦象为主，其中也曾引用本卦及变卦卦辞解占，称"皆利建侯"。不过，这里有个问题：如果所遇本卦及变卦之辞全然不同——一卦卦辞吉，另一卦卦辞凶，试问若以朱熹之法，我们又何以解占呢？

> 四爻变，则以之卦二不变爻占，仍以下爻为主。

考《左传》《国语》及其他先秦典籍，也无这等筮例。朱熹此说，只不过是个人的推测。

　　　　五爻变，则以之卦不变爻占。

　　朱熹之解，求之《左传》《国语》筮例，未见周人有此说，并且显然与《左传·襄公九年》所载"《艮》之八""是谓《艮》之《随》"一卦之解不符，此卦即五爻变之卦，但穆姜却引《随》卦卦辞"元亨利贞，无咎"解占，并未如朱熹所云，引《随》卦之不变爻六二爻"系小子，失丈夫"解占。

　　至于"六爻变，则《乾》《坤》占二用，余卦占之卦象辞"，查之春秋筮例及其他先秦典籍，亦无此记载，故朱熹所云，也只是揣测之辞。

　　由此看来，朱熹所定"变占"之法，与春秋筮法尚有出入。恐怕有些地方只是他对《周易》筮法的个人之见。

　　其实，翻翻历代有关筮例的记载，古人解占，并不受框框的限制。

　　如他们对所占卦爻之辞的讲解，全随解占者自己的理解做出解释。最明显的例子是我们前面所举《左传·襄公九年》穆姜算卦之例。她所得卦为《随》卦，其辞"元亨利贞，无咎"。——这本是吉辞无疑。但穆姜解释卦辞时，却说："有此四德者，随而无咎。我皆无之，岂随也哉！我则取恶，能无咎乎！必死于此，弗得出矣！"

　　看来，穆姜认为，对卦辞的解释，还要依占问者的品行而断：品行坏的人，虽占得吉卦也不会得好①。若按此理推测，则品行好的人虽占得凶卦，也会得吉了。要是这样，占卦的人专门修德即可，又何必问卦呢？

　　还有人根据所占事物的自身条件，随意对占得的卦爻辞做出全新的解释。如《论衡·卜筮篇》记载这样的传说："鲁将伐越，筮之，得'鼎折足'，子贡占之以为'凶'，何则？鼎而折足，行用足，故谓之'凶'。孔子占之以为'吉'，曰：'越人水居，行用舟，不用足，故谓之吉。'鲁伐越，果克之。"文中"鼎折足"，指筮得之卦为《鼎》卦九四爻"鼎折足，覆公𫗧，其形渥，凶"。

　　子贡解此占，认为是凶卦。为什么？卦中说鼎折断了足，而出征行走用足，因此是一个凶卦。孔子却认为这是一个吉卦。他说："越人在水中

---

① 《左传·昭公十二年》中也有此等筮例记载。

居住，出征行走用船不用足，所以是吉卦。"鲁国去伐越国，果然打了胜仗。

在这段传说中，子贡解占以卦爻之辞的吉凶为准。而孔子解此占，却以所问事物的自身条件是否与卦爻辞相符为准。

这样一来，所占卦爻之辞的吉凶，对占卦者就没有多大意义了：解卦之人愿说吉，就可以找到吉的理由，愿讲凶，就可以检出凶的原因。如《周易古筮考》卷四列举清人纪晓岚少时应乡举，老师为他占了一卦，筮得《困》卦六三爻，其爻辞曰："困于石，据于蒺藜，入于其宫，不见其妻，凶。"老师认为此卦不吉。他却说："爻辞讲'入于其宫，不见其妻，凶'，我还没娶妻，谈何'不见其妻，凶'？依我看，这次考试，可能得第二名，'困于石'者，第一名可能姓名中有'石'字，或以'石'字作偏旁。"据说发榜之后，果然第一名姓石，纪晓岚居第二，第三名姓米，米字有蒺藜的形象，故曰"据于蒺藜"。这当然出自人们的杜撰，但由此看出，直到清人解卦，并不完全以卦爻辞自身的吉凶为准。有时全凭自己对卦爻辞的临时发挥。

又，据前面所举《左传》《国语》有关筮例记载，有的古人干脆推开卦辞不讲，全以卦象解卦，后人亦从之。如《周易古筮考》卷二辑北齐人赵辅和善《易》，有人问父病，占得《泰》卦，筮者说，此卦大吉，病很快就好。问卦人走了，赵辅和对筮者说：《泰》卦䷊卦象是乾下坤上，乾为父，坤为土，父入土中，岂有吉理？

由这段故事看，筮者纯据《泰》卦卦义解占，所以他认为吉。赵辅和专以卦象推断，故谓之凶。同样一卦，据义和据象竟能解出完全相反的结果。

至西汉，京房又以"纳甲"占卦，此法不见于春秋筮法，据说为西汉人自造，但对后人影响很大。

所谓"纳甲"筮法，就是将六十四卦按"八宫"排列，每宫八个卦，由一经卦领首，宫中每卦有"世爻""应爻"，再将天干地支按一定规律排列于八经卦的六个爻画中，以得卦所值地支五行，与遇卦本宫所属五行之生克而定出"六亲"，即"父母""兄弟""妻财""子孙""官鬼"。此外又有"六神"，即"青龙""朱雀""勾陈""螣蛇""白虎""玄武"，以"六神"及天干地支所属五行生克及占卦时日的生克,推断占事的吉凶。而"世爻""应爻"为卦中之主,主要凭此二爻推断。至于"纳甲"筮法可信不可信——这点,我们没做考证。只知京房本人后来被皇帝杀了!他既造纳甲筮法,不知他当初占出自己这个下场没有。

  其实,纳甲筮法在占筮中,只给诡辩提供了更大的方便。如刚才我们列举的那位赵辅和,他在给另一个问父病的人解卦时,因卦遇《乾》卦变《晋》卦,赵便讲了些安慰话。问卦人走后,他却对别人说,《晋》卦是《乾》卦的"游魂卦",乾为父,父变游魂升天,能不死吗?

  这里,赵辅和弃象、辞皆不用,纯以纳甲筮法解卦。因为《晋》卦为《乾》宫之"游魂卦",故赵辅和有此解。(《周易古筮考》卷七)

  再如《周易古筮考》卷四曾辑明朝人胡翽与袁杞山游金陵,住在神乐观中。观主因丢了个金杯,酷责他的徒弟。二人见状可怜,就占了一卦,得《剥》卦☶变《颐》卦☷,他们便对观主说,金杯没有丢,从你住的院子西南角上挖地五寸,就可以得到。当然,根据这类杜撰故事的规律,自然是"主人如其言,果得杯"。

  这个故事的编造者,可能是用卦象再结合纳甲筮法而凑成这样一段故事的:《剥》卦☶外卦为艮,古人因经卦艮"☶"像一个倒扣的碗,故称"覆碗",碗与杯近似,据《说卦》篇,艮又解作止,内卦为坤,坤为土,有杯止于土之象,问卦以内卦为主,内卦既为坤,在八卦方位中,坤位西南,故说向西南角上挖。在纳甲筮法之八宫中,坤居第五宫,故说挖五寸——因杯子刚丢就发觉了,这个故事的编造者当然不会让胡、袁二人说出"挖地五尺"的呆话来。

  以上寥寥数例,可以看出,从春秋筮法,到清人解占,都没有什么一定的规律可循。有的用卦爻辞解卦,有的全以卦象论断。有的这样解释卦爻辞,有的却做出完全相反的解释。有的象、辞兼备来解卦,但有的同样一卦,解卦者用象推和依辞解竟会产生完全相反的结果。有的卦象卦辞皆不用,纯以纳甲法推断,有的又卦象纳甲兼而用之……种种筮例,皆无定法可循,因此,朱熹的"变占"之法,即便对宋以后的人,也只是起个参考作用,并不为解占者当法式遵循。

历代易学研究概论（上）

在西周前期，《周易》一书由天子的卜筮之官守着。由于这门学问由专人掌管，因此，一般人是无缘接触的。

到了春秋时代，这种状况好像依然没有改变，最明显的证据是《左传·昭公二年》："晋侯使韩宣子来聘……观书于太史氏，见《易象》与鲁《春秋》，曰：'周礼尽在鲁矣！'"——像韩宣子那样的人，也只有到了鲁国，才能在"太史氏"那里见到《易象》，可知这书，连晋侯那里都没有，一般人更是见不到了。再如《左传·庄公二十二年》云："周史有以《周易》见陈侯者……"可能陈侯亦无此书。

然而，对于《周易》的研究，早在春秋时代，或者更早，恐怕就已有了像《说卦》般专谈卦象的著作。否则，《左传》《国语》所记二十几条筮例，其年代不同，各国有别，而所讲的八卦之象，何以会如此一致？而且，可能也有了类似《彖》《象》《文言》阐释卦义的专著。因为，由《左传·襄公九年》所记穆姜对"元亨利贞"四字的解释看，它与《左传》《国语》其他筮例对此的解释，多有雷同之处①。同时，《左传·闵公元年》筮例中所谓"屯，固；比，入"和"坤，安；震，杀"等，文字简约，皆以一字断卦义，很可能出自当时阐述卦义的专著。

至战国时代，《周易》的传播范围已有所扩大。——但它流入民间，起码已是春秋末期的事了——为《周易》经文作传的《彖》《象》《文言》《系辞》等，已在这时写成，因前面已有专文讨论《易大传》的问题，此处即不详述了。这时的读书人，如庄子已说出了"《易》以道阴阳"的

---

① 详见《〈左传〉〈国语〉筮例》。

话①，荀子则开始引用《周易》经文与发挥传文来说明自己的观点（如《非相篇》《大略篇》等），但这时《周易》的学术地位仍然不高。当时一般读书人要学的是《诗》《书》《礼》《乐》，《周易》尚不在其列——这种情况一直持续到秦统一天下。因为当秦始皇焚书时，被当时儒生所推崇的"圣贤之书"尽皆被毁，"而《易》为筮卜之事，传者不绝"②。

这就是说，《周易》在秦统一天下后，仍属"筮卜之事"，没有很高的学术地位。也正因如此，它才逃过了那场秦火。

到了西汉，《周易》却凌驾于《诗》《书》《礼》《乐》《春秋》之上，成为"六经之首"。

班固誉之为"大道之原"，而扬雄也说："六经之大莫如《易》。"于是乎平步青云，为《周易》六十四卦作传注的《彖》《象》《文言》《系辞》等，也被列入经文了。

西汉人为什么把《周易》抬到如此高的位置呢？为了回答这个问题，我们需要谈谈孔子和《周易》的关系。

根据传统说法，被后人称为"十翼"的《彖·上》《彖·下》《象·上》《象·下》《文言》《系辞·上》《系辞·下》《说卦》《序卦》《杂卦》十篇解释《周易》古经的文字，系孔子所作。这种说法源于《史记》与《汉书》，如《史记·孔子世家》："孔子晚而喜《易》，序《彖》《系》《象》《说卦》《文言》。"

那么，这所谓"十翼"是否出于孔子之手？

这个问题首先被宋人欧阳修在《易童子问》中提了出来。

他认为自《系辞》《文言》《说卦》而下，都不是孔子所作。根据是："众说淆乱，亦非一人之言也。""谓其说出于诸家，而昔之人杂取以释经，故择之不精则不足怪也。谓其说出于一人，则是繁衍丛胜之言也。其遂以为圣人之作，则又大缪矣！孔子之文章《易》《春秋》是已。其言愈简，其义愈深，吾不知圣人之作，繁衍丛胜之如此也。"

欧阳修不仅从文字上发现《系辞》《文言》《说卦》而下不像孔子手

---

① 见《庄子·天下篇》。
② 《汉书·艺文志》语。

笔，从内容上也发现种种矛盾之处：

> 《文言》曰："元者，善之长也。亨者，嘉之会也。利者，义之和也。贞者，事之干也。"是谓《乾》之四德。又曰："乾元者，始而亨者也。利贞者，性情也。"则又非四德矣！谓此二说出于一人乎，则殆非人情也。

又据《系辞》：

> 河出图，洛出书，圣人则之。仰则观象于天，俯则观法于地，观鸟兽之文与地之宜，近取诸身，远取诸物，于是始作八卦。

及至《说卦》却说：

> 观变于阴阳而立卦。

这样"八卦"共有三出。于是欧阳修说："谓此三说出于一人乎，则殆非人情也。"

他还从《文言》《系辞》等行文的口气上看出了问题："'何谓''子曰'，讲师言也，《说卦》《杂卦》者，筮人之占书也。"

但欧阳修仍相信《彖》《象》为孔子所作。

接着，宋人赵汝楳在其《周易辑闻》中也疑《说卦》《序卦》《杂卦》是由汉儒窜入，《系辞》多称"子曰"，亦为门人所述，不是孔子之笔。

元人王申子在《大易辑说》中亦斥《序卦》非孔子之言。清人崔述于《洙泗考信录》中以结实的证据，证明《彖》中有的话系引用曾子之言，进一步断定《彖》《象》亦非孔子所作，"必曾子以后之人之所为"。

宋、元及清人的这些见解，引起了后人对这个问题的注意，特别是经过今人多方面的探讨、考证，基本上已经推翻了古人关于"十翼"为孔子所作的传统说法。

那么，《史记》《汉书》都说孔子为《周易》作"传"，这会不会是无稽之谈？

我们认为还不是。因为孔子离汉初不过两百多年的时间，像司马迁、班固那样对史料认真负责的人，绝不会凭空编造，他们一定言之有据。《史记·仲尼弟子列传》及《汉书·儒林传》中曾详细列出了孔子传《易》

的师承关系名单，从这两张名单上看，其中虽稍有不同，但他们师承授受，都是传至当时的西汉人田何。汉人最重师承关系，如无一定根据，班固等怎能编造？

我们想，孔子是鲁国人，又在鲁国做过官，也一定见到过韩宣子在鲁国所见的"《易象》与鲁《春秋》"，尤其这"《易象》与鲁《春秋》"是体现周礼的书，孔子怎会不看？故《汉书·儒林传》说孔子"因鲁《春秋》，举十二公行事，绳之以文武之道，成一王法，至获麟而止。盖晚而好《易》，读之韦编三绝，而为之传"。很清楚，孔子作《春秋》，自与鲁《春秋》有极密切的关系。说孔子读《易》"韦编三绝"，也不会是妄说。如《论语·述而》："加我数年，五十以学《易》，可以无大过矣！"这正是"晚而好《易》"的证据。同时，在《论语·子路》中，孔子曾引用过《周易》之《恒》卦九三爻辞的"不恒其德，或承之羞"，并说："不占而已矣！"据此，我们可以肯定：孔子是研究过《周易》的。而"不占而已矣"也正可以说明孔子曾经"占"过。

像孔子这样的人，特别是到了晚年，在周游列国，四处碰壁之后，潜心于《周易》"而为之传"，这也是合乎情理的事。故《史记》《汉书》说孔子为《周易》作传，一定是言之有据的事实。如前所述，由《左传》《国语》筮例考之，起码在春秋时代，对《周易》的卦象就已有了统一的解释。对卦义与卦爻之辞，可能也有了注解与说明。孔子只是像删《诗》一样，对此进行了整理。一向主张"述而不作"的孔子，对这些古人《易》注，可能也作过口头阐释，故《史记·孔子世家》说："中国言六艺者，折中于夫子。"这话大概是有根据的。

关于这一公案，我们可以这样设想：孔子在前人说《易》的基础上，曾经对《周易》作过一些口头阐释，他的弟子及后人把这些阐释记录下来，并加工补充，到战国初期至中期，形成《彖》《象》《文言》《系辞》的主要篇章。这些篇章反映了孔子思想，但却是后人托孔子之名而作。

作为对秦始皇焚书坑儒的反动，西汉人又把儒家捧了起来，特别到了武帝时，儒家已处于独尊的地位。建元五年，置五经博士，《易》在其内。汉初之人想必都知道孔子为《易》作注的事，圣人既然为《周易》作过传注，《周易》的学术地位也就假孔子而益高了。恐怕这就是《周易》到了汉朝,一跃而为六经之首的根本原因所在。

经过一场秦火,西汉初年"天下但有《易》卜,未有它书"①,直到孝惠帝时,才去掉禁止民间藏书的命令,《书》《诗》《礼》《春秋》等书,渐渐与世人见面。而汉初传《易》之人,本于田何一家。《汉书·艺文志》:"汉兴,田何传之。"《汉书·儒林传》:"要言《易》者,本之田何。"

后来汉《易》逐渐成三家:除田氏《易》外,又有梁人焦延寿以《易》言灾异,另有费直出古文《易》传人。到了班固作《汉书》时,《易》已有十三家,二百九十四篇。而田何《易》传丁宽等四人,丁宽传田王孙,田王孙传施雠、孟喜、梁丘贺。田氏《易》,传至施、孟、梁丘无非四传,但据《汉书·楚元王传》刘歆说:"往者,博士《书》有欧阳,《春秋》公羊,《易》则施、孟,然孝宣皇帝犹复广立穀梁《春秋》,梁丘《易》,大小《夏侯尚书》,义虽相反,犹并置之。"可见到宣帝时,梁丘《易》已与施、孟之《易》义相反,不一样了。

一家之《易》何以会如此呢?

这是因为《周易》之学在西汉突起之后,特别到了宣帝、元帝年间,能通一经的人不但可以免去徭赋,还可以做官,像鲁人周霸、莒人衡胡、临淄人主父偃等,曾以治《易》当了大官。

于是有些人把治《易》当作晋身之阶,纷纷传习,持论也多自标新立异起来。《汉书·儒林传》中讲到蜀人赵宾"持论巧慧,易家不能难,皆曰'非古法也'"。还说孟喜改师法,"上闻喜改师法,遂不用喜"。由此可知,西汉初年,《周易》经文已开始受到人们的曲解,故后人多以为汉易可信,其实,汉初即有人"持论巧慧""改师法"了。

但总的说来,西汉人还是重视经义的,加上那时离《周易》形成的年代不远,故《周易》卦爻辞的本义,当时还未全部失传。特别是施、孟、梁丘三家所传《周易》,因本于田何,故在西汉十三家中,占据极重要位置,被《汉书·艺文志》排在首位,对两汉儒生有过很大的影响。

因其书久已亡佚,今天我们所能看到的施雠、孟喜、梁丘贺三家之《易》,只是散落于汉、唐、宋诸书中的片言只语罢了。现略辑诸书所引

---

① 见《汉书·刘歆传》。

者，以窥西汉古《易》之一斑。

宋人朱震在他的《汉上易传》中引《升》卦初六爻之"允升"曰："施雠作'㽸升'。"并说："㽸，进也。"这与《说文》及《汗简》俱引古《周易》作"㽸升"正相符。这个"㽸"字之用，恐怕就是施氏《易》说仅存于前人典籍中的材料了。

梁丘贺之《易》，其内容已于前人典籍中茫然无考。

孟喜《易》因唐代犹存，故其遗说仍可略考。又加之汉人许慎《说文》中引孟氏《易》文较多，如"晋"字引孟《易》作"晋"，"巽"字作"巺"，"艮"字作"䘵"等等。《乾》卦上九爻辞"亢龙有悔"作"忼龙有悔"，"亢"字在此与"忼"字通，由此可证。而唐人唐元度之《九经字样》及宋人郭忠恕《汗简》亦曰"忼"，故今人有解"亢"字为"忼"字者，可证其不确。

其他如《噬嗑》卦九四爻"噬乾胏"引孟《易》作"噬乾胾"，《姤》卦之"系于金柅"，引孟《易》作"系于金柹"，《系辞》之"服牛乘马"引作"犕牛乘马"，"天地絪缊"引作"天地壹壺"。《说卦》之"叁天两地"引作"叁天网地"等等，异文甚多，在此就不一一列举了。

另外，唐人陆德明《经典释文》中亦多引孟《易》古文。如《咸》卦上六爻"咸其辅、颊、舌"，引孟《易》作"咸其辅、侠、舌"，再如《丰》卦之《彖》中"日中则昃"，《释文》引孟《易》作"日中则稷"。按《左传·定公十五年》："戊午，日下昃乃克葬。"《公羊传》亦同，《穀梁传》却作"稷"字。可知春秋时代，"稷""昃"字通用，由孟喜《易》文使用春秋时代通用字来看，我们把田何传本的相承关系追溯到春秋时期，还是可以立住足的。故《彖》可能写于战国初，而不会太晚。

据《经典释文·序录》说，施雠与梁丘贺之《易》，亡于永嘉之乱。《隋书·经籍志》亦曰："梁丘、施氏、高氏亡于西晋。"

独孟喜一家，由于虞翻五世家传孟氏《易》学，故能传至唐。但南北朝时已残缺不全，至唐失散更多，入宋，孟氏《易》亦全部亡佚。

据《汉书·艺文志》说，西汉之《易》，除施、孟、梁丘三家之外，另有京氏《易》亦列学官。据《汉书·儒林传》说，汉成帝时，刘向校书，考《易》说，以为诸家之《易》皆祖田何，大谊略同，唯京氏为异。

京房，字君明，本姓李，吹律自定为京氏。受《易》于梁人焦延寿，其学以纳甲、八宫、世应、飞伏、五星、四气等妄言灾异。由《汉书·艺文志》看，当时有《孟氏京房》十一篇，《灾异孟氏京房》六十六篇，《京氏段嘉》十二篇。至隋，京氏《易》尚存十种，七十三卷。入唐，就只有五种，二十三卷了。

汉人所引者，皆称"京房《易传》"，内容多言灾异之事。其中以《汉书·五行志》中征引最多。而《经典释文》（以下简称《释文》）及《周易集解》（以下简称《集解》）中所引京氏《易》文，与汉人所引言灾异者完全不同。如京房于《复》卦卦辞"朋来无咎"一句，曰"崩来无咎"（见《释文》）；《颐》卦初九爻中"观我朵颐"一句，《释文》引京氏《易》作"观我揣颐"；《坎》卦初六爻之"习坎"一句，《释文》引京氏《易》作"习欿"，并云"欿，险也，陷也"。《集解》引京氏注《否》卦九五爻"系于苞桑"一句，曰："桑有衣食人之功，圣人亦有天覆地载之德，故为喻。"注《无妄》卦曰："大旱之年，万物皆死，无所复望。"《释文》引京氏注《系辞》之"鼓之以雷霆"一句，曰："霆者，雷之余气，挺生万物也。"其解皆独俱创见，可惜《释文》《集解》所存京氏遗文不多，加在一起不过五十几条，故从这些片言只语中，已难窥京氏《易》文全貌了。

当时除施、孟、梁丘、京氏列于学官外，民间又有费、高二家之说。据《汉书·艺文志》记载，刘向以中古文《易经》校施、孟、梁丘经，或脱去"无咎""悔亡"，唯费氏经与古文同。

所谓"费氏经"，即费直所传《易经》。费直，字长翁，东莱人。他所传之《易》，在西汉未列学官，是在野派。据《汉书·儒林传》说，费直"长于卦筮，亡章句，徒以《彖》《象》《系辞》十篇文言解说上下经"。

其实，据我们初步考证，费氏传《易》亦取象数，故《汉书·儒林传》的说法，可能并不全面。关于这点，下面还要谈及。

费氏所传《易》本，与施、孟、梁丘的今文《周易》不同。据《隋书·经籍志》："其本皆古字，号曰古文《易》。"按汉时，经学有今文学与古文学之分。在《易》学方面，费氏所传，为古文《易》，施、孟、梁丘、京氏所传，为今文《易》。

费氏所传古文《易》，在当时影响并不大。后来，因经文今、古文门户之争加剧，费氏古文《易》才应运而起，并被流传下来。这一点下面还要讲到。

对《周易》经文与传文的系统注释，我们今天所能见到的最早资料是西汉人的。因此，西汉易学在中国易学史中，占据着比较重要的地位。特别是孟氏《易》与京氏《易》，对后世影响最大。因孟《易》本于田何，而田何又是汉初唯一的传《易》者，因而孟氏《易》文被后人看作西汉古《易》正宗，又加之其一直流传到唐，因此造成了很大的影响。至于京氏《易》，则以其飞伏、纳甲等占筮之术，被后人广为流传，也造成了深远影响。

到了东汉，谶纬迷信盛行，著书多以谶文强合经文。虽然还有过张兴讲梁丘《易》，弟子达万人的盛况①，但在西汉盛极一时的施、孟、梁丘、京氏之《易》，总的说来在东汉已经衰落。只有费氏《易》由马融作传，郑玄作注，荀爽又作传，故费氏《易》在东汉多有传授。

比较系统的汉易，经过清人辑录，今天只有东汉郑玄、荀爽、虞翻三家较为完备可观。郑玄、荀爽之《易》本于费直，虞翻本于孟喜。

作为汉易代表，我们介绍一下郑玄、荀爽及虞翻。

据《后汉书·郑玄传》说，早时郑玄遍注诸经，凡百余万言。他注经的特点是兼采今古文之长，注《易》虽用费氏古文《易》，但亦采今文。郑玄注《易》，除以互卦（见《关于〈易〉象》）、消息（见《关于卦变》）推求卦象外，又用"爻辰"之说。

所谓"爻辰"，系指以《乾》《坤》两卦十二爻当十二辰，又以此十二辰分主十二月。即：《乾》卦初九爻当"子"，为十一月；九二爻当"寅"，为正月；九三爻当"辰"，为三月；九四爻当"午"，为五月；九五爻当"申"为七月；上九爻当"戌"，为九月。

《坤》卦初六爻当"未"，为六月；六二爻当"酉"，为八月；六三爻当"亥"，为十月；六四爻当"丑"，为十二月；六五爻当"卯"，为二月；上六爻当"巳"，为四月。

用此十二辰、二十八星宿及四方五行、卦气、十二属象等相值，解释

---

① 见《后汉书·儒林列传·张兴传》。

着卦爻辞的由来。

下据张惠言《周易郑氏注》，浅析郑《易》之旨。

如郑玄注《泰》卦六五爻"帝乙归妹，以祉元吉"，曰："五爻辰在卯春为阳中，万物以生。生育者，嫁娶之贵仲春之月。仲春之月，嫁娶男女之礼，福禄大吉。"意思是说，按"爻辰"法，《泰》卦六五爻当"卯"，为二月，正值春天。春天是万物生育的季节，故"仲春"之月嫁娶，最为吉利，因而爻辞有"以祉元吉"。

以上是以十二辰所主十二月解释卦爻辞的"凶""吉"。另有以十二辰所主属象解卦者。如《坎》卦上六爻辞中"系用徽纆"一句，郑玄注曰："爻辰在巳，巳为蛇，蛇之蟠屈似徽纆也。"意思是说，《坎》卦的上六爻在十二辰中当"巳"，"巳"于十二属象为"蛇"，郑玄认为这一爻之所以称"徽纆"，是因为蛇"蟠屈似徽纆"的缘故。

再如《明夷》卦六二爻辞之"明夷，夷于左股"一句，郑玄注谓"六二辰在酉，酉在西方"。意思是说，按"爻辰"法，此卦六二爻当"酉"，"酉"为金，金在西方，故曰"酉在西方"——此为以爻辰与四方五行结合而解卦的例子。

然而，用"爻辰"与天文星象相结合，以解释卦爻辞，这是"爻辰"说的突出特点。而由郑玄注文看，有的卦是以星象的形状以"爻辰"结合以解释卦爻之辞。如《坎》卦六四爻辞"樽酒簋，贰用缶，纳约自牖，终无咎"。郑注："爻辰在丑，丑上值斗，可以斟之象。斗上有建星，建星之形似簋。贰，副也。建星上有弁星，弁星之形又如缶……"意思是说，《坎》卦六四爻按"爻辰"法当在"丑"，"丑"上值二十八宿里的斗宿，斗宿六星有勺子的形象，故谓"可以斟之象"。斗宿上有建星，其形似"簋"，建星又有弁星如"缶"，郑玄认为正是此爻与以上诸星相值，故爻中有"簋""缶""纳约"等。而由注文的"丑上值斗，可以斟之象"，可证郑氏解"纳约"之"约"为"勺"，即酌酒之斗。《考工记》郑注也说"勺，故书或作约"可谓旁证。故今人于省吾先生解此爻"纳约"之"约"为"勺"①，正与郑氏此注相符。

---

① 见《周易尚氏学序言》。

还有的卦郑玄取星象名义以解释卦爻之辞。如《困》卦九二爻之"困于酒食"一句,郑氏注曰:"未上值天厨,酒食象。"意思是说,按"爻辰"法,此卦初爻值"未","未"上值天厨星,厨是盛酒食的,故有"酒食象"。再如注《比》卦初六爻"有孚盈缶"一句,郑玄说:"爻辰在未,上值东井,井之水人所汲用缶,缶,汲器。"意思是说,此爻上值东井星,星名中有"井",人取井水用"缶",故爻辞中有"盈缶"。

这样的例子在郑玄《易》注中还有,此外即不一一列举了。

因郑氏《易》注已经不全,特别是以"爻辰"法解《易》的材料,今存不过十几条。然而此法在汉人各家《易》注中,只有郑玄一家留存比较完整,故略述如上。然而其说颇多牵强附会之处,当然不可尽信。

前人多以为"爻辰"之法为郑玄一家所用,清儒甚至有说郑玄独创者,其实并不是这样。因为以《乾》《坤》两卦十二爻与十二辰相值,又与十二月及五行配合,西汉人早已用之。《汉书·律历志·上》说:

> 三统者,天施地化,人事之纪也……六月,《坤》之初六……枘之于未……正月,《乾》之九二,万物棣通,族于寅,木也……

又说:

> 律十有二,阳六为律,阴六为吕……变动不居,周流六虚。始于子,在十一月……位于丑,在十二月……位于寅,在正月……位于卯,在二月……位于辰,在三月……位于巳,在四月……位于午,在五月……位于未,在六月……位于申,在七月……位于酉,在八月……位于戌,在九月……位于亥,在十月。

可见西汉时,已有此说。

至于用"爻辰"与天上星宿相值,此法更不会是郑玄自造,若考其渊源,郑玄此说恐怕必有传授。我们知道,郑玄从马融学《易》,而马融即以天象注《易》文。如《经典释文》引马融注《彖·无妄》之"天命不佑"一句,曰:"天不右行。"注《明夷》六二爻之"明夷,夷于左股"一句,曰:"日随天左旋也。"《周易正义》孔疏引马融注《系辞》之"大衍之数五十,其用四十有九"曰:"《易》有太极谓北辰也,太极生两仪,两仪生日月,日月生四时,四时生五行,五行生十二月,十二月生二十四气。北辰居位不动，其用四十有九，转运而用也。"虽寥寥数条，但郑氏"爻辰"的天文星象、五行、十二月都有了。故郑氏"爻辰"之说，可能源于马融。而马融传费氏《易》，故其说可能自费氏来。费氏说《易》，即有以八卦与星宿、干支互相配合者。清人马国翰《玉函山房辑佚书》中辑有《费氏易林》《费氏分野》，其内容就是以八卦与干支相配合。所以，《汉书·儒林传》中称费直"徒以《彖》《象》《系辞》十篇文言解说上下经"，这种说法可能不够全面。况且，即称"解说"，必定既有所"解"，又有所"说"，怎能是直抄《彖》《象》《系辞》等十篇文字于六十四卦之后，而称"解说"呢？

再按《易纬·乾凿度》："天地烂明，日月星辰布设，八卦错序，律历调列，五纬顺轨。"亦可证起码在西汉时，已有"日月星辰布设，八卦错序，律历调列"。而"八卦错序，律历调列"显然指"卦气"之说。又加当初《周易》由太史掌管，古太史兼管天文、历法。如《礼记·月令》称"乃命太史守典奉法，司天日月星辰之行，宿离不贷"即其证。故这种以天象星宿兼律历节气解释《周易》的方法，估计起源较古，有可能是周太史的遗法之一。而由《系辞》之"仰以观于天文""仰则观象于天""天垂象，见吉凶，圣人象之""《易》之为书也，广大悉备，有天道焉，有人道焉，有地道焉"及从《彖·贲》之"观乎天文，以察时变"等话语看，《易大传》作者在整理前人遗说时，一定读到过古人以天象解《易》的资料。而考之《周易》六十四卦卦爻辞，其中又确实包含着不少天文观测的内容。如《丰》卦的卦爻辞，很可能是当时人们对日全食的一次完整记录。再结合《说卦》之"立天之道，曰阴与阳"及《系辞》之"在天成象"的说法，我们认为，《周易》的阴阳爻画及其卦爻之辞，肯定吸收了当时天文观测的成果。

因此，郑氏这种以爻辰上值天象星宿以解《易》文的独特方式，其全貌虽然已难窥见，但凭借流传至今的十几条例子，亦可见其一斑。所以，在易学研究中，汉人的这部分易学遗产，于启发我们探索《周易》本源方面，确有一定的参考价值，实有进一步探讨、考证之必要。

东汉末年，另一个传费直《易》的著名易学家为荀爽。

荀爽，字慈明。据《释文序录》记，唐时荀爽《易》注尚有十卷

(《七录》称十一卷），后皆亡佚。清人马国翰《玉函山房辑佚书》辑有《周易荀氏注》三卷。惠栋著《易汉学》，张惠言著《周易荀氏九家》，亦皆有辑录。

荀爽讲《易》，其特点是以阴阳二气的"升""降"交通解释《周易》卦爻辞及《彖》《象》等"十翼"之文。如《周易集解》引荀爽讲《象·乾》"潜龙勿用，阳在下也"曰："气微位卑，虽有阳德，潜藏在下，故曰'勿用'也。"讲《象·泰》"天地交，泰"曰："坤气上升以成天道，乾气下降以成地道。天地二气若时不交则为闭塞。今既相交乃通泰。"讲《象·恒》"利有攸往，终则有始也"曰："乾气下终，始复升上居四也。坤气上终，始复降下居初者也。"讲《象·大壮》"刚以动，故壮"曰："乾刚震动，阳从下升，阳气大动，故壮也。"皆其例。

他又以阴阳二气交感解释卦爻的变化。如他讲《文言·坤》"至静而德方"曰："坤性至静，得阳而动，布于四方也。"并在解释《系辞》之"仰以观于天文，俯以察于地理，是故知幽明之故"时说：

> 谓阴升之阳则成天之文也，阳降之阴则成地之理也。"幽"，谓天上地下不可得见者也，谓《否》卦变成《未济》也。"明"，天地之间，万物成列，著于耳目者，谓《泰》卦变成《既济》也。

他认为象征阴阳的《乾》《坤》两个卦体，是代表天地生成万物的根源。如他注《象·坤》"含弘光大，品物咸亨"曰：

> 《乾》二居《坤》五为"含"，《坤》五居《乾》二为"弘"。《坤》初居《乾》四为"光"，《乾》四居《坤》初为"大"也。天地交，万物生，故"咸亨"。

这样，《乾》《坤》二卦既然代表"天地交，万物生"，所以，在荀爽心目中，"坎""离""艮""震""兑""巽"这六个经卦亦由《乾》《坤》二卦生成。如他注《文言·乾》之"水流湿，火就燥，云从龙，风从虎"曰：

> 阳动之《坤》而为"坎"，《坤》者，纯阴，故曰"湿"也。阴动之《乾》而为"离"，《乾》者，纯阳，故曰"燥"也。"龙"喻王者，谓《乾》二之《坤》五为"坎"也。"虎"喻国君，谓《坤》五之

《乾》二为"离"而从三也。

接着,讲"与日月合其明"曰:

> 谓《坤》五之《乾》二成"离","离"为日,《乾》二之《坤》五为"坎","坎"为月。

这就是说,他认为经卦"离"是由于《乾》卦内卦九二爻与《坤》卦六五爻互换而生成。经卦"坎"是由于《坤》卦外卦六五爻与《乾》卦九二爻互换而生成。其他经卦亦同。如他注《彖·解》之"天地解而雷雨作,雷雨作而百果草木皆甲坼"曰:

> 《乾》《坤》交通而成《解》卦,坎下震上故雷雨作也。

显然亦以"坎""震"是由《乾》《坤》交通而出。

荀氏这种以阴阳"升""降"交通解《易》的方法,给了后人以重大影响。如王弼注《泰》卦六四爻:"翩翩不富以其邻,不戒以孚。"曰:"乾乐上复,坤乐下复。"显然取于荀氏之说。但王弼偏不说"升""降"而用"上复""下复"代替,表示自己不取汉人象数之说。

人们正是根据荀氏有关阴阳"升""降"交通,及《乾》《坤》生其余六经卦的思想,认为他是古人最早谈卦变者。关于他的卦变思想,我们在前面已经讲到,此处即不叙述了。

最后我们介绍虞翻。

虞翻,字仲翔,也是东汉末年人,五世家传孟喜易学。曾作《周易注》,《释文叙录》说十卷,《隋书·经籍志》称九卷。此人气节很高,不信神仙之事。有一次孙权与张昭谈论神仙,虞翻指着张昭说:

> 彼皆死人而语神仙,世岂有仙人也?

我们以为虞氏《易》最具特色的是其"纳甲"说与卦变说。

所谓"纳甲"说,是以月亮之晦朔盈亏以象八卦。再纳以天干,以此显示八卦消息,使其"不失其时,如月行天"(《周易集解》之《坎》卦虞注)。如他注《系辞》"悬象著明,莫大乎日月"说:

> 谓日月悬天成八卦象。三日暮,震象出庚。八日,兑象见丁。十五日,乾象盈甲。十七日旦,巽象退辛。二十三日,艮象消丙。三十

日，坤象灭乙。晦夕朔旦，坎象流戊，日中则离，离象就己，戊己土位，象见于中，"日月相推而明生焉"，故"悬象著明，莫大乎日月"。

据此，朱震在其《周易卦图说》称：

> 纳甲何也？举甲以该十日也，乾纳甲壬，坤纳乙癸，震巽纳庚辛，坎离纳戊己，艮兑纳丙丁，皆自下生，圣人仰观日月之运，配之以坎离之象，而八卦十日之义著矣！

很清楚，此法系以十干分纳于八卦，而举十干之首"甲"以概其余，故名"纳甲"。根据以上虞氏注文，"八卦"符号为：震示初三月象，兑示初八上弦。乾示十五满月，巽示十七日月由圆而缺。艮示二十三日下弦，坤示三十日月晦。以此显示八卦的阴阳"消""息"。

现在，让我们依据虞翻注文所列"三日""八日""十五日""十七日"及"二十三日""三十日"之顺序，依次将震、兑、乾、巽、艮、坤六卦以顺时针顺序排列成一圆图，这样可列成下图：

然后再依朱震"圣人仰观日月之运，配之以坎离之象"，并依虞翻注文及朱震《周易卦图说》中所云八卦纳天干之序，用"坎象流戊，日中则离，离象就己，戊己土位，象见于中"的位置，再将坎离二卦象亦"配之"入上图六卦之中，所配位置一定要坎离两卦相对，以体现虞注"日月相推而明生焉"之象，并且一定要"象见于中"，若依此旨"配之"，则可列成下图：

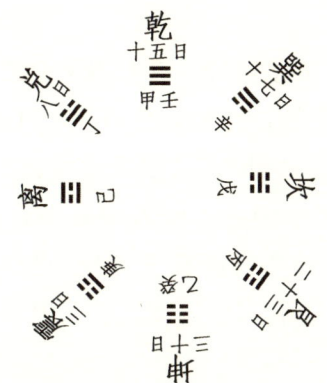

很显然,依照天体"纳甲"说,以月体在一月中的盈亏消长卦象之序排列而成的卦图,再配入坎戊、离己两卦,使此两卦"相推"而"悬象著明",并要"象见于中",至此,一幅宋人"先天图"则已跃然纸上矣!宋人此图,若非由斯,岂有它乎哉!故"先天图"绝非宋人自造,其图之出,必有所本,今以"天体纳甲说"考之,我们发现其图与"纳甲"说相合,即其证也。

"纳甲"法据说京房所作,然而孟喜注《中孚》卦六四爻之"月既望",已谓"十六日也"①。可证其源较古。此说是否整理先秦时代人们以天体运行,阴阳消息释《易》的遗说而成?按《彖·蛊》:"'先甲三日,后甲三日',终则有始,天行也。"其以"先甲""后甲"说"天行"之"终""始";《彖·剥》:"君子尚消息盈虚,天行也。"其"天行"又有"盈""虚"之象——这些话说明战国人确有以月之盈虚释《易》的资料。

"纳甲"说以其丰富的天文知识,对后人产生过重大影响。如东汉人魏伯阳的《周易参同契》,即采"纳甲"之说以讲炼丹,使该书在我国科技史上留下了重要地位。

京房所讲"纳甲"法,多用以占筮,此点与虞翻不同,虞翻多以"纳甲"法解经。京氏"纳甲"前文已有简述。

此外,虞翻治《易》严谨,以六爻"升""降""上""下""旁通""消""息"讲卦变②,他最重卦象,依象解辞,前人认为他尚存西汉古

---

① 张惠言:《易义别录》卷一。
② 详见《关于〈易〉象》及《关于卦变》。

《易》之旨。

观虞氏《易》注，其依象解辞虽有牵强附会之处，但他说"九""六"变化、"卦气""消""息"等，恐怕必有师承，可能确有西汉古法。

东汉人说《易》，多讲"卦气"，虞氏亦主此说。所谓"卦气"之说，首出于西汉人孟喜，京房亦用之。但若溯其源，恐春秋战国时代早已有之，如《汉书·京房传》云"其说长于灾变，分六十四卦，更直日用事，以风、雨、寒、温为候，各有占验"即其证。其法唯《易纬·稽览图》所载较详。

"卦气"说的要旨是以《坎》《震》《离》《兑》四卦主一年四季，即：《坎》主冬；《震》主春；《离》主夏；《兑》主秋。再以此四卦的二十四个卦爻分主一年二十四节气。即：《坎》卦初六爻主"冬至"；九二爻主"小寒"；六三爻主"大寒"；六四爻主"立春"；九五爻主"雨水"；上六爻主"惊蛰"。《震》卦初九爻主"春分"；六二爻主"清明"；六三爻主"谷雨"；九四爻主"立夏"；六五爻主"小满"；上六爻主"芒种"。《离》卦初九爻主"夏至"；六二爻主"小暑"；九三爻主"大暑"；九四爻主"立秋"；六五爻主"处暑"；上九爻主"白露"。《兑》卦初九爻主"秋分"；九二爻主"寒露"；六三爻主"霜降"；九四爻主"立冬"；九五爻主"小雪"；上六爻主"大雪"。

每个节气又分三候："初候""次候""末候"。因每个节气为十五天，故每候主五天。这样，由二十四节气又推衍出七十二候。再以其余六十卦（即六十四卦去掉《坎》《震》《离》《兑》四卦）分主一年三百六十五又四分之一日。

$$365\frac{1}{4}日 \times \frac{1}{60} = 6\frac{7}{80}日$$

即每卦主六又八十分之七日，此即古人谈卦气时，所谓"六日七分"的来历。

这六十卦由《中孚》卦起，至《颐》卦而止，以一种特殊次序排列，并按"始卦""中卦""终卦"的方式，分配在二十四气，七十二候之中。

以"公""辟""侯""大夫""卿"五种名目，不断地重复着①。

卦气说的创造者，就是这样以六十卦分配于七十二候之中。七十二候皆有名称，这些名称在《礼记·月令》中有记载。它们详细记述了自然界中一些生物和其他自然现象随着节气发生的变化。如《坎》卦初六爻主"冬至"。"冬至"的初候曰"蚯蚓结"，次候曰"麋角解"，末候曰"水泉动"。"冬至"其始卦为《中孚》，称"公"，主六日七分（即 $6\frac{7}{80}$ 日），中卦为《复》，称"辟"，又主六日七分，共为十二日十四分（即 $12\frac{14}{80}$ 日），其终卦为《屯》，称"侯"，亦主六日七分，总为十八日二十一分（即 $18\frac{21}{80}$）。《坎》卦九二爻为"小寒"，其初候曰"雁北乡"，其始卦仍为《屯》卦②，接下去七十二候有"鹊始巢""雉始雊""鸡始乳""鸷鸟厉疾"等等。

很显然，七十二候详细记录了古人随着节气变化，对各种自然现象的认识，如"蛰虫始振""鸿雁来""草木萌动""桃始华""雷乃发声""始电""鸣鸠拂其翼""蟋蟀鸣""半夏生""大雨时行""寒蝉鸣""鸿雁来""草木黄落""水始冰""地始冻""闭塞而成冬"等等。由其内容看，有的记述了候鸟的迁徙，如"春分"（《震》卦初九爻）其初候为"玄鸟至"，而"白露"（《离》卦上九爻）中候则为"玄鸟归"。有的记述了某些自然现象的出没日期。如"清明"（《震》卦六二爻）末候为"虹始见"，"小雪"（《兑》卦九五爻）初候为"虹藏不见"等。但从七十二候中，也能看到古人的一些错误认识，如"鹰化为鸠""田鼠化为驾""腐草为萤""爵入大水为蛤""雉入水为蜃"等等。

总之，七十二候记述的上面种种自然现象，都随节气变化着，而节气的变化，又基于地球的远日点和近日点。如果"爻辰"说是以古人的星学知识解《易》，则"纳甲"说是以古人的月学知识以解《易》，而"卦气"

---

① 详可参看《旧唐书·历志三·大衍步发敛术》。
② 因三候共主十五日，而三卦共主十八日二十一分，故"小寒"初候仍为《屯》卦。

之说，其实质无非是以古人朴素的太阳历学，亦即以日学知识以解《易》了。

"卦气"之说，虽说不见于先秦，但与"爻辰""纳甲"一样，溯其源，也不是汉人独创。《系辞》作者称赞《周易》"是故法象莫大乎天地，变通莫大乎四时"；《象·革》也说："泽中有火，革，君子以治历明时。"由此看来，《系辞》及《象》的作者，可能见过当时《周易》与律历知识相结合的遗说。而《说卦》则更加明确地指出：

> 兑，正秋也，万物之所说也，故曰说言乎兑。

据此，可以肯定，在《说卦》写成之际，或者更早，古人已有以"兑"主秋之说。而《象·复》又说：

> 雷在地中，复，先王以至日闭关，商旅不行，后不省方。

文中有"至日"，到"至日"即"闭关"而"商旅不行"。按照"卦气"说，《复》卦在"冬至"。西汉时，每逢"冬至""夏至"，官吏休息不办公，据说其习相沿已经很久。《汉书·薛宣传》："及日至休吏……日至，吏以令休，所繇来久。"颜师古注："冬夏至之日不省官事，故休吏。"文中既称"所繇来久"，故秦汉之前恐怕已有此习俗。这正与《象·复》之"至日闭关"相符。可见作《象》之际，已有《复》卦当"至日"之说。同时，《系辞》称：

> 《乾》之策二百一十有六，《坤》之策百四十有四，凡三百有六十，当期之日。

这种以《乾》《坤》两卦之爻主一岁的说法，也与卦气说一致。

故"卦气"说，恐亦为太史遗法。古太史亦掌历法，《礼记·月令》云"太史谒天子曰'某日立冬'"即其证。估计汉人只是在前人基础上，作了补充和整理，使其说更加完备而已。

先儒定"爻辰""卦气"为汉人所造，是因《左传》《国语》筮例中，未见其说。其实，《左传》《国语》所载筮例，面极狭窄，若据此而考古筮法，断定"纳甲""飞""伏""世""应"诸说，为汉人所造，尚可作为依据。但若以此二十几条筮例，窥探古《易》包含的全部内容，似恐欠妥。

像当初韩宣子到鲁国去,在太史氏那里见到了《易象》与鲁《春秋》,以为:"周礼尽在鲁矣!"(《左传·昭公二年》)而考之《左传》《国语》全部筮例,却无一条以《易》发挥周礼者,此即明证。故《左传》《国语》筮例无此说,不能证明春秋时代太史遗法中没有以《周易》与天文、律历相结合者。《文言》称:

  夫"大人"者,与天地合其德,与日月合其明,与四时合其序……

其说与《礼记·月令》内容相符,而《月令》与"卦气"说又有密切关系,同时《说卦》之"兑,正秋也",即战国时代或这之前已有卦与节气相值说的铁证。更重要的是,《说卦》乃辑录前人《易》象而成,故此说在战国时代也不可能是无源之水。

但我们估计其说当初比较简略,由田何传入西汉后,经过其弟子及后人的不断扩充、发挥以至于附会、发明,到东汉时,才逐渐形成我们今天所见的样子。所以,"卦气"与"爻辰""纳甲"一样,是我们探索汉人治《易》的一个重要侧面。

另外,东汉人说《易》,还有"蒙气""十二禽辰"诸说,此处即不一一介绍了。

总起来说,东汉易学虽不如西汉兴旺,但今天所能见到比较系统的汉易,却只有东汉人的了,其中又以虞《易》最为完备可观。因此,自唐以来,虞氏《易》成为历代易学家探索汉易的主要资料,对后人治《易》产生了重大影响。

由《左传》《国语》所载筮例考之,春秋人解《易》非常简约概括,如"屯,固;比,入";"坤,安;震,杀"等,皆以一字断卦义。汉初人田何传《易》,可能仍秉春秋遗风,如他的弟子丁宽,"号丁将军,作《易说》三万言,训诂举大谊而已"①。

然而自武帝立五经博士起,至平帝时止,不到一百五十年的时间,即出现了"一经说至百余万言,大师众至千余人"的局面②。至东汉,据

---

① 《汉书·儒林传·丁宽传》。
② 《汉书·儒林传·赞》。

《后汉书·儒林列传·张兴传》载，张兴讲梁丘《易》，弟子达万人，在当时那种提倡繁琐训释的学术空气下，张兴讲梁丘《易》，大概也绝不会只讲"三万言"了。

于是，这部唯一未遭秦火的《周易》，汉初又为田何一人所传，结果百余年后，今文之外又出古文，师法之外又出家法，家法之下又分颛家，结果出现了"经有数家，家有数说……学徒劳而少功，后生疑而莫正也"的情况①。故后人有一种看法，认为汉人治经"递禀师传，非惟诂训相传，莫敢同异，即篇章字句，亦恪守所闻"②。看来，这种观点并不符合当时的实际情况。而是"如干分枝，枝又分枝，枝叶繁滋，浸失其本"③。由于易学的雪球越滚越大，象数愈演愈繁，最后崩散，势在必行。故西汉今文之《易》入东汉而衰，东汉古文之《易》入唐而大部分消亡，追究起来，汉人《易》文象数的繁琐零碎，不能不是主要原因之一。

正是在此形势之下，王弼之《易》得以脱颖而出。

王弼，字辅嗣，三国时魏国山阳人，撰《周易注》《周易略例》《老子注》等，他看到当时汉人讲《易》，依象解辞，句句都要附会易象。而八卦之取象，除《说卦》所载之外，汉人又补充了很多"逸象"，仅就我们所知，即有荀氏九家"逸象"三十一种④，并被朱熹采入《周易本义》，虞氏五世家传孟氏易学，其八卦取象更十倍于荀氏九家之《易》，八卦共有三百三十一种取象，由其中的一些取象看，其义较古，不像虞翻自造。可以想见，汉人当初取象之多，恐怕更倍于虞氏之存。以此繁琐众多的取象，一一比附《易》文而解之，遂置《周易》于绝境了。

有鉴于此，王弼注《周易》时，一扫汉人象数之说，主张言《易》最重得"意"，提出了"得意忘象，得象忘言"的新观点。他说："夫象者，出意者也，言者，明象者也。尽意莫若象，尽象莫若言。言生于象，故可寻言以观象，象生于意，故可寻象以观意。意以象尽，象以言著，故言者

---

① 《后汉书·郑玄传》。
② 《四库全书总目·经部总述》。
③ （清）皮锡瑞：《经学历史》语。
④ 见《经典释文》。

所以明象，得象而忘言，象者，所以存意，得意而忘象。"①

在这里，王弼很清楚地说出了他对《易》"象"的认识："象"，只是用来存"意"的一种方式和手段。凭借"象"，可以使人得到《周易》的"意"，即思想内容。在得到了"意"之后，作为该卦的"象"，即得"意"的手段，可以"忘"——即不必拘泥、执著。为此，他举了一个生动的例子来说明这点："犹蹄者所以在兔，得兔而忘蹄。筌者所以在鱼，得鱼而忘筌也。"也就是"立象以尽意，而象可忘也；重画以尽情，而画可忘也"②。

所以，王弼这里的"忘象"，并不是不要"象"，而是在得"意"时，人们尽可不必执著于具体的"象"而受其拘泥。他针对汉人解释《周易》经文每一句话，都要一一以具体卦"象"比附的毛病，批判道：

> 义苟在健，何必马乎？类苟在顺，何必牛乎？爻苟合顺，何必坤乃为牛？义苟应健，何必乾乃为马？而或者定马于乾，案文责卦，有马无乾，则伪说滋漫，难可纪矣。互体不足，遂及卦变，变又不足，推致五行。一失其源，巧愈弥甚。纵复或值，而义无所取。

王弼认为这种情况的出现，皆因"存象忘意之由也"。在此基础上，他对"象"的认识，又升入一个新的高度：

> 忘象以求其意，义斯见矣！③

初看，王弼对《易》象的认识，由"尽意莫若象""故可寻象以观意"到"忘象以求其意，义斯见矣"，似乎前后矛盾。其实，如前所述，王弼所说的"意"，是指他所认识的《周易》六十四卦每卦的思想内容，而"义"，则是同类卦象所内涵精神实质的升华、概括。也就是王弼所说的"义苟在健，何必马乎""义苟应健，何必乾乃为马"的"义"。是对众多同类取象的抽象。对于"义"来说，它既可以用多种同类取象来表达，反过来，这多种同类取象，又可以综合验证这一个"义"，也就是王弼说的

---

① 《周易略例·明象》。
② 以上所引，皆见《周易略例·明象》。
③ 同上。

"是故触类可为其象，合义可为其征"①。这样，王弼对卦"象"的认识，又提高了一步：在求意时，若执著于那些具体的卦"象"，即便是解通了，也不能算是得到了"象"的核心实质，即"纵复或值，而义无所取"②，只有不执著于那些具体的卦"象"（即"忘象"），才能便于紧紧把握同类卦象的核心实质，即"义"。与汉人相比，王弼在这点上无疑是一个进步。但王弼这种对《易》"象"认识的升华，也给后人对《周易》的附会打开了方便之门，特别为宋人的以"理"说《易》奠定了理论基础。故王弼对《易》象的新认识，虽在批判汉人以琐碎《易》象比附经文上有一定进步意义，却也与《系辞》之"八卦以象告，爻象以情言"又有不符。故从"寻象以观意"到"忘象以求意"，王弼把对《周易》六十四卦的注释，还是纳入了他的玄学唯心主义的轨道，并随意以老、庄之意附会六十四卦的经文与传文，将此视作得"义"。尽管如此，他的《周易注》一反汉人琐碎，以简洁的文字注释六十四卦，给《周易》研究注入了新的活力，仍不愧是一部很有价值的著作。如他讲《乾》卦九二爻"见龙在田，利见大人"曰：

> 出潜离隐，故曰"见龙"。处于地上，故曰"在田"。德施周普，居中不偏，虽非君位，君之德也。初则不彰，三则"乾乾"，四则"或跃"，上则过"亢"。"利见大人"唯二、五焉！

讲《乾》卦九四爻"或跃在渊，无咎"曰：

> 去下体之极，居上体之下，乾道革之时也。上不在天，下不在田，中不在人，履重刚之险而无定位，所处斯诚进退无常之时也。近乎尊位，欲进其道，迫乎在下，非跃所及。欲静其居，居非所安，持疑犹豫，未敢决志。用心存公，进不在私，疑以为虑，不谬于果，故无咎也。

其文字简略易懂，深合《文言》之旨，大有汉初"训诂举大谊"之风！因此，《周易注》行世之后，流传很快，给予汉易以沉重打击，故宋

---

① 见《周易略例·明象》。
② 同上。

人赵师秀说:"辅嗣《易》行非汉学。"① 当然"辅嗣《易》"也即刻遭到了人们的反对,如《隋书·经籍志》卷一易类载有"《周易难王辅嗣义》一卷,晋扬州刺史顾夷等撰"即其证。直至唐初定王氏之注为《正义》,据《唐书·艺文志》记载,当时尚有阴弘道《周易新传疏》十卷,薛仁贵《周易新注本义》十四卷,宣聘《通易象论》一卷,东乡助《周易物象释疑》一卷。发挥其说者,亦有人在。如崔良佐有《易忘象》。自晋代起,至清代止,历代易学研究者对他或褒或贬。特别到了唐朝,太宗修《五经正义》,《周易》采用王弼注本,于是自唐至宋,王弼注本成了官方取士的标准本,因而对后人产生了极大影响,这更使王弼成为我国易学研究中的重要人物。

汉初,人们解《易》简朴,多得春秋战国人正脉。后来越讲越繁。"互体""卦变"之后,又有"纳甲""八宫",以"五行""世""应"等附于《周易》六十四卦,又有"爻辰""卦气"诸说。特别是"纳甲""五行""八宫""世""应"等,王弼若因未见春秋古筮法,弃之尚可说得过去。至于"互体",案之《左传》实有所据,而"卦变"之说,于《象》《系辞》亦有所述,这些恐怕皆非汉人所造,而王弼一律弃之不用,未免有偏激之处。况且,王弼虽弃象数不用,但若究其源,王弼之《易》本于费直,费《易》今虽亡佚不传,但由前面所举马国翰《玉函山房辑佚书》所辑费氏《易》的内容考之,费《易》中显然有象数之说。另外,由荀爽《易》注也可窥费《易》之一斑。由我们前面对荀氏的介绍,及前文《关于卦变》中对荀氏卦变思想的探讨来看,荀氏注《易》,讲究爻位上、下,以阴阳"升""降"交通解《易》,重卦德刚柔,又主"卦变""消""息"及"卦气"之说,由此可以推断,费氏《易》中定有象数之说。况案之王弼所撰《周易注》,如《复》卦卦辞之"反复其道,七日来复"一句,王弼注曰:"阳气始剥尽,至来复时,凡七日。"《周易正义》孔疏谓:"亦用《易纬》六日七分之义,同郑康成之说,但于文省略不复具言。"若真如孔疏所云,则既用汉易象数之说,却又"于文省略不复具言"!再如我们前面所举王弼注《泰》卦六四爻辞,曰"乾乐上复,坤乐下复",亦取荀氏

① 《清苑斋集补遗》。

阴阳"升""降"交通之说。故王弼对汉人的"象数"之说，实非全部排斥不用。同时，他出字吐语，最重每卦的阴阳与爻位，可知他心中严格掌握着卦象，并没敢随意解说。只因他常常杂入老、庄之学，故后人又每每批评王弼"以《易》言理"。其实，"以《易》言理"不见得不对，而且并非始于王弼，《说卦》即说过"和顺于道德而理于义，穷理尽性以至于命"，而《文言》几乎皆言人事之理。汉初丁宽注《易》，"训诂举大谊而已"。"举大谊"即有言理的成分。王弼不妥之处在于以老、庄之学比附《周易》，借注《易》谈玄理，如他注《彖·乾》之"大哉'乾元'，万物资始，乃统天。云行雨施，品物流形"一句，曰：

> 天也者，形之名也，健也者，用形者也。夫形也者，物之累也……

用这种明显打着老、庄印记的话语解《彖》，显然与《彖》文本义不合，因而是不足取的。总起来看，王弼治《易》有得有失，且得大于失，应该予以肯定。

入南北朝，经学亦有"南学""北学"之分。"南学"治《易》取王弼，"北学"治《易》取郑玄。当然，也有二者皆取的："梁、陈，郑玄、王弼二注，列于国学。齐代唯传郑义。"①

至隋，天下统一，"南学"兴起而"北学"衰亡。当时，《周易》的研究随着"南学"的兴盛，出现"至隋，王注盛行，郑学浸微，今殆绝矣"的局面②。可见那时王弼注本已经占据主导地位，而郑玄《易》已"浸微"衰败。

到了唐朝，唐太宗命孔颖达撰《五经正义》，于是有《周易正义》③之作。《正义》采用魏人王弼、晋人韩康伯注本，由孔颖达作疏。由于自唐至宋，读书人求取功名皆以此本为标准本，因此，《正义》对唐宋儒生产生了深远影响。

《正义》书前有一篇《周易正义卷首》，这大概是目前我们所能见到较

---

① 《隋书·经籍志·易类》。
② 同上。
③ 以下简称《正义》。

早的一篇《周易》概论了。它论述了当时有关《周易》研究的八个问题：第一论"易"之三名；第二论重卦之人；第三论三代"易"名；第四论卦爻辞谁作；第五论分上下二篇；第六论夫子十翼，第七论传《易》之人；第八论谁加"经"字。

由孔颖达对这八个问题的论述看，他基本上还是传统的观点。如关于"卦辞爻辞谁作"的问题，他认为："卦辞文王，爻辞周公，马融、陆绩并同此说，今依而用之。"再如有关"十翼"的作者问题，他说："其《彖》《象》等十翼之辞，以为孔子所作，先儒更无异论……故今亦依之。"有关传《易》之人，他也认为："孔子既作'十翼'，易道大明。"

但在《周易》释名上，他不同意汉朝人的说法，提出了自己"《周易》称'周'，取岐阳地名"的观点，认为《周易》的"周"字系"题'周'以别于殷"。

然而，最应引起我们注意的是它的第一部分，即"论'易'之三名"。孔颖达引《易纬·乾凿度》论易一名而含三义①之后，他又发挥《乾凿度》的"夫有形者生于无形"，说："盖易之三义，惟在于有，然有从无出，理则包无。"并引《乾凿度》，进一步将易解为"浑沌"，"浑沌者，言万物相浑沌而未相离也。视之不见，听之不闻，循之不得，故曰易也。"同时，在孔颖达的眼中，《周易》又被分成了"备包有无"的易理和"惟在于有"的易像这样两部分："易理备包有无，而易象惟在于有者，盖圣人作《易》本以垂教，教之所备，本备于有。"他引《系辞》为据，说："'形而上者谓之道'，'道'即无也。'形而下者谓之器'，'器'即有也。故以'无'言之，存乎道体，以'有'言之，存乎器用。"孔颖达在这里歪曲《系辞》的原意，本想以此证明其"'道'即无也"，而正是《系辞》反驳了他所谓《周易》是看不见摸不着的"浑沌"的错误论点。《系辞》明明白白地告诉人们："易者，象也，象也者，像也。"也就是说，易是孔颖达所谓"惟在于有"的"易象"。至于其"'道'即无也"的论点，《系辞》也说："一阴一阳之谓道。"而孔颖达则承认阴阳是"气"。他说："以气言之，存乎阴阳。"这样，"道"既然是体现"气"的，也仍然是"有"而非"无"。

---

① 即所谓"易也、变易也、不易也"。

然而，孔颖达以《易纬》为据在这里解"易"为看不见，摸不着，"理则包无"的"浑沌"，把一部《周易》整个纳入了王弼"以无为本"的唯心主义本体论，其对后人产生的消极影响，却是深远的，同时，也启发我们认识到：王弼的贵"无"论，可能有很多地方也从《易纬》中吸收过思想营养。正是这些"有从无出，理则包无""易理备包有无"的话，在很大程度上启发了宋人，使他们据此又创造出以"理"谈《易》的新说。为此，朱熹与陆九渊还展开过辩论。因此，《周易正义卷首》作为一篇较早的《周易》概论来说，对以后治《易》者所起的作用，是不可忽视的。

《正义》在对《周易》经文的疏释上，虽以王弼注本为主，但亦往往取汉人《易纬》《子夏传》及其他前人之说，且多有考证。也能发挥王弼注本中有积极作用的一面。如注《乾》卦"元亨利贞"时，《正义》明确地指出："物有万象，人有万事，若执一事不可包万物之象，若限局一象，不可总万有之事。故名有隐显，辞有踌驳，不可一例求之，不可一类取之。故《系辞》云'上下无常，刚柔相易，不可为典要'，韩康伯注云'不可立定准也'。"这段注文充分表达了王弼注《易》，主张"得意忘象"的积极正确的一面。批判了汉人对《周易》每句经文都要以卦象比附的不妥。同时，它提出了"象"是"比喻"的说法："凡易者，象也。以物象而明义者，若《乾》之'潜龙''见龙'，《坤》之'履霜坚冰''龙战'之属是也。或取万物杂象以明义者，若《屯》之六三'即鹿无虞'，六四'乘马班如'之属是也。如此之类，《易》中多矣，或直以人事，不取物象以明义者，若《乾》之九三'君子终日乾乾'，《坤》之六三'含章可贞'之例是也。圣人之意，可以取象者，则取象也，可以取人事者，则取人事也。"——这些见解，在当时都是很可贵的。

《正义》也有不足之处，如它虽能兼取前人之说，但又囿于"疏不破注"，时时以王弼注本卫道士的面貌出现，似乎非王弼之说不能立。如《蛊》卦卦辞"元亨，利涉大川，先甲三日，后甲三日"。《正义》疏曰："其褚氏、何氏、周氏等并同郑义，以为甲者，造作新令之日，甲前三日，取改过自新，故用'辛'也。甲后三日取丁宁之义，故用'丁'也。今案辅嗣注'甲者，创制之令'不云'创制之日'。又《巽》卦九五'先庚三日，后庚三日'。辅嗣注'申命令谓之庚'，辅嗣又云'甲庚皆申命之谓'，则辅嗣不以甲为创制之日,而诸儒不顾辅嗣注旨,妄作异端,非也。"

由这段简短的疏语可以看出,唐初虽由皇帝定下《易》取王弼一家之言,但还有"褚氏、何氏、周氏等并同郑义"。可见汉人郑玄《易》说在当时仍有影响。然而注《易》只要"不顾辅嗣注旨"就要被孔颖达扣上"妄作异端"的帽子,而定为"非也",似亦使人从另一个面上悟到郑《易》至唐而亡的根本原因。再如《说卦》之"帝出乎震,齐乎巽"一段,韩康伯本来无注文,但孔颖达却将王弼注《益》卦六二爻"王用亨于帝"的话,引来疏释一番,并说"则辅嗣之意,以此帝为天帝也",使人感到极为牵强附会,以致引起后人讥笑。

尽管有此不足,但《正义》作为一部唐人易著来看,对于研究前人易学,特别是魏、晋易学,仍有很高的学术价值。

另有陆德明著《经典释文》,其卷二为《周易音义》。《释文》虽是注的王弼本,但由《释文叙录》看,晋以前的名家易著,当时尚存二十多家,《释文》博采众家之说,可惜引文过于简短,但正是凭了这些简短引文,使《释文》成为今天我们研究汉人易学的宝贵资料。

作为盛唐来说,当时大多数读书人都归于佛,易学无所发明。流传至今较有价值的易学著作,除《正义》《释文》之外,还有李鼎祚的《周易集解》、史征的《周易口诀义》及郭京的《周易举正》等。

在这里,我们应该特别指出其价值的,是李鼎祚的《周易集解》。

李鼎祚生平不详,他于宝应元年(762)完成《周易集解》,集当时所能见到的名家易著,自序称该书"刊辅嗣之野文、补康成之逸象",所采用前人者,有子夏、孟喜、焦赣、京房、马融、荀爽、郑玄、刘表、何晏、宋衷、虞翻、陆绩、干宝、王肃、王弼、姚信、王廙、张璠、向秀、侯果、蜀才等,共计三十五家之多。今天,我们所以能对汉易做出研究,绝大部分得于此书。故《四库全书总目·经部·易类一》评价《周易集解》的价值说:"盖王学既盛,汉易遂亡,千百年后学者得考见画卦之本旨者,惟赖此书之存耳,是真可宝之古笈也。"

汉人之易,五代之季已经衰微,至唐则无人问津,幸亏陆德明、李鼎祚在当时所见汉人易说中,摘录了其中的一部分——而这一点,在今天看来,正是唐人对于易学研究的重大贡献了。

历代易学研究概论(下)

及至宋代,《周易》研究又进入了一个新的兴旺时期。

宋人治《易》,著作丰富,尤注"图""书"之发明。

所谓"图""书",主要指"河图"与"洛书",是当时宋人附会前人《易》注而发明出来的易图。这些易图又被后人互相附会、发明,愈演愈繁。自宋至清,绵延八百年之久,易图据说达到数千种之多,形成宋、元、明、清四代人讲《易》的一支新学派,被称之谓"'图''书'之学"。

下面我们谈谈作为宋人讲《易》一大发明的"图""书"原委及其内容。

"河图""洛书"之名,源出《系辞》"河出图,洛出书,圣人则之"一语。

先秦确有"河图"之说,如《尚书·顾命篇》有"大玉夷玉天球河图在东序",孔子在《论语》中也说:"凤鸟不至,河不出图。"

但这"河图"到底是什么样子呢?当时却从来无人谈及。《系辞》虽说圣人作《易》则"河图""洛书",但历来讲《易》者,由西汉的施、孟、梁丘、京房、费直,到东汉的马融、荀爽、郑玄、虞翻、陆绩,及至魏晋时的王肃、王弼、姚信、王廙、张璠、干宝等,皆无人讲解"河图""洛书"是何等情形。唐人陆德明、孔颖达、李鼎祚等,在注《周易》时对"河图""洛书"也没有言及。

汉人如刘歆、孔安国、扬雄、班固等,虽曾谈及,但在他们的书中也都是一言带过,且说法往往各有不同。另外,《竹书纪年》《礼记》《淮南子》《易纬·乾凿度》《论衡》《白虎通义》等书中提到"河图""洛书",亦无非是泛泛之言。只有郑玄注《系辞》,称"河图"有九篇,"洛书"有六篇。若依郑注,则这"河图""洛书"的内容,当有文字撰述,并非只是易图。何况郑玄此说，恐本之于纬书，纬书晚出，自然不可为据。

至宋太平兴国年间，据说由道士陈抟传"河图""洛书""先天图"等。这些奇妙复杂的图形不知陈抟得于何人，据黄宗羲《易学象数论》卷一介绍，陈抟传种放，种放传李溉，李溉传许坚，许坚传范谔昌，范谔昌传刘牧，刘牧据"河图""洛书"著《易数钩隐图》，其图才为一般读书人所知。"先天图"由陈抟传种放，种放传穆修，穆修传李之才，李之才传邵雍，邵雍据此著《皇极经世》。周敦颐又据穆修所传"太极图"撰《太极图说》，皆附会《易》义以成其说。就这样，形成了对后人影响很大的"图""书"之学。故"图""书"之说，实由道家而来。

后来，朱熹撰《周易本义》，又将"河图""洛书"并"伏羲八卦次序""伏羲八卦方位""伏羲六十四卦次序""伏羲六十四卦方位""文王八卦次序""文王八卦方位""文王六十四卦卦变"共九图列于《周易本义》。因为这"图""书"受到了朱熹的进一步肯定，后人碍于朱熹的权威地位，害怕"有干清议"，故无人非议，以至元、明以来，愈演愈繁，直至后人解《易》之作，必于卷首先列"河图""洛书"等图，似乎这"河图""洛书"等，成为《周易》的重要组成部分了！甚至有人说，当初《周易》是据"图""书"而出，而不是"图""书"据《易》而出了。

下面选取《周易本义》卷首的"河图""洛书""伏羲八卦方位""文王八卦方位"共四图列于下：

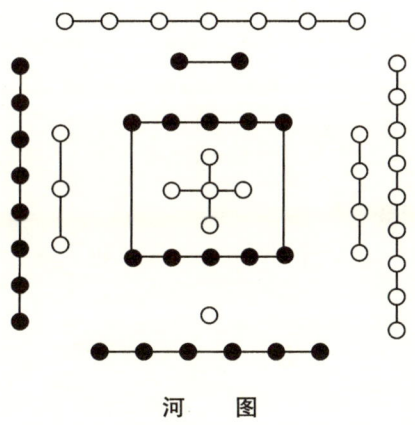

河　　图

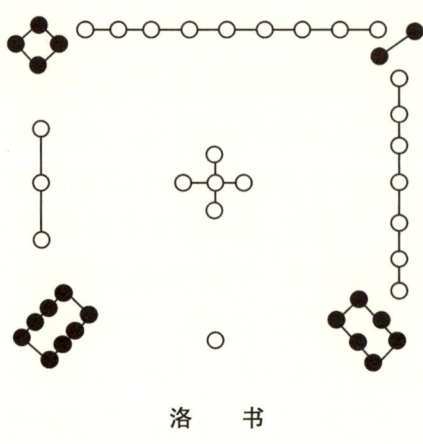

洛书

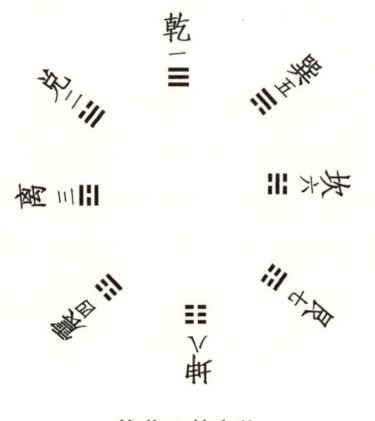

伏羲八卦方位

文王八卦方位

如前所述，"河图""洛书"虽于《系辞》有载，但宋人这种由五十五个黑白圆圈组成的"河图"①和四十五个黑白圆圈组成的"洛书"②则绝无证据证明它们就是《系辞》中所说"圣人则之"的河出之"图"、洛出之"书"。不但先秦无此图，两汉魏晋及唐人说《易》，亦无此图。

然考之"河图""洛书"中黑白圆圈的数目及其分布，恐怕也不是宋人闭门凭空臆造之作，而是附会前人《易》注而出。

宋人"河图"中五十五个黑白圆圈的分布，恐怕受启于《系辞》。《系辞》说：

> 天一；地二；天三；地四；天五；地六；天七；地八；天九；地十。天数五，地数五，五位相得而各有合，天数二十有五，地数三十。凡天地之数，五十有五，此所以成变化而行鬼神也。

同时，《汉书·律历志》说：

> 天以一生水，地以二生火，天以三生木，地以四生金，天以五生土，五胜相乘，以生小周。

《易纬·乾凿度》说：

> 天本一而立，一为数源，地配生六，成天地之数，合而成性。天三地八，天七地二，天五地十，天九地四，运五行，先水次木生火，次土及金。木，仁；火，礼；土，信；水，智；金，义。又《万名经》曰："水土兼智信，木火兼仁惠，五事天性，训成人伦。"

我们在这里不但能见到宋人"河图"所本，而且也知道了西汉人怎么以阴阳五行与仁、义、礼、智、信相匹配。据张惠言《周易郑氏注》卷下引郑玄注《系辞》说：

> 天一生水于北，地二生火于南，天三生木于东，地四生金于西，天五生土于中……地六成水于北，与天一并；天七成火于南，与地二并；地八成木于东，与天三并；天九成金于西，与地四并；地十成土

---

① 其中黑圆圈三十个，白圆圈二十五个，以黑者为阴，白者为阳，"洛书"同。
② 其中白圆圈二十五个，黑圆圈二十个。

于中，与天五并也。

虞翻亦有此说。

这些前人的注，特别是郑玄注文，更使我们看清楚宋人"河图"所本。

而绘成"洛书"的四十五个黑白圆圈，有一个明显的特点：此图无论纵着横着及斜着数去，其黑白圆圈之合，皆为十五。而且，代表地数的黑圈全在四个角上。《周易本义·图说》总结该图的特点说：

"洛书"盖取龟象，故其数载九履一，左三右七，二四为肩，六八为足。

然按之《易纬·乾凿度》：

《易》一阴一阳合而为十五之谓道。阳变七之九，阴变八之六，亦合于十五。故太一取其数，以行九宫，四正四维，皆合于十五。

郑玄注上面这段文字说：

太一者，北辰之神名也，居其所曰太一……四正四维以八卦神所居，故亦名之曰宫……太一下行八卦之宫，每四乃还于中央。中央者，北神之所居，故因谓之九宫。天数大分以阳出，以阴入。阳起于子，阴起于午。是以太一下九宫，从坎宫始。坎中男，始亦言无适也。自此而从于坤宫，坤，母也。又自此而从震宫，震，长男也。又自此而从巽宫，巽，长女也。所行者半矣。还息于中央之宫。既又自此而从乾宫，乾，父也。自此而从兑宫，兑，少女也。又自此从于艮宫，艮少男也。又自此从于离宫，离，中女也，行则周矣。上游息于太一天一之宫而反于紫宫，行从坎宫始，终于离宫，数自太一行之……

清人胡渭按八卦方位，参照郑玄这段注文，在其《易图明辨》卷二列图如下：

巽四	离九	坤二
震三	中五	兑七
艮八	坎一	乾六

胡渭依郑玄注文而作成的此图，明白地向我们揭示出宋人"洛书"四十五个黑白圆圈的出处。所谓"洛书盖取龟象"，无非是"载九履一，左三右七，二四为肩，六八为足"，是袭《乾凿度》中郑玄这段注文而造出的。

但我们今天所见"河图""洛书"，乃朱熹从蔡元定之说，定于《周易本义》卷首的。它们与刘牧当初所传者相反：我们今天所见"河图"，正是刘牧的"洛书"；而现在的"洛书"，却是当初刘牧的"河图"。因为这"图""书"系陈抟一人所传，故当时即有两说①。

按朱熹的说法，这"河图""洛书"属于"天地自然之《易》"，此外尚有"伏羲之《易》""文王周公之《易》""孔子之《易》"②。这样就出现了"伏羲八卦方位"与"文王八卦方位"的不同。

伏羲八卦方位图，实据邵雍的"先天图"，所以又称"先天八卦方位"。其八卦位置为：乾南；坤北；离东；坎西；震东北；巽西南；艮西北；兑东南。

"文王八卦方位图"又称"后天八卦方位"，其八卦方位已见于《说卦》。

正如"河图""洛书"一样，宋之前，汉唐无明确言"先天方位"者，至宋，由道家出"先天图"，并被朱熹收入《周易本义》。后人有宗之者，有反对者，特别是清人，更为此事争论不休，莫衷一是。

若考之《说卦》及汉人《易》注，除前文所述，我们发现宋人"先天方位"实与汉人"纳甲"说相符外，再案《说卦》："离为火，为日……为乾卦。"

《系辞》中"阴阳之义配日月"一句，荀爽注曰："乾舍于离，配日而居，坤舍于坎，配月而居。"注《文言·坤》"天玄而地黄"说："天者，阳始于东北……地者，阴始于西南。"所谓"阳始于东北""阴始于西南"，显然是指"震""巽"而言。荀氏此说，必有所本。《淮南子·诠言训》：

---

① 详见《易学象数论》卷一《"图""书"》三及《四库全书总目·经部二·易类二》其《易数钩隐图》简介。
② 《周易本义·图说》。

"阳气起于东北,尽于西南,阴气起于西南,尽于东北,阴阳之始,皆调适相似。"可证早在西汉之初,即有此说。文中"调适"二字,更是耐人寻味,而此说正与"先天八卦"中"震"在东北,"巽"在西南的方位相符合。

荀氏注《彖·乾》"大明终始,六位时成"一句说:"乾起于坎而终于离,坤起于离而终于坎,坎离者,乾坤之家,而阴阳之府。"①

《九家易》注《同人》卦亦曰:"乾舍于离,同而为日。"荀氏注曰:"乾舍于离,相与同居。"

汉人《易》注中"坎离者,乾坤之家而阴阳之府""乾舍于离,同而为日""乾舍于离,相与同居"等话,使我们想起《左传·闵公二年》鲁桓公占筮的一段记载:

又筮之,遇《大有》☰之《乾》☰,曰"同复于父,敬如君所"。

据《说卦》:乾为君为父。此卦中"离"变为"乾",与君、父同象。如按"先天八卦方位",乾为南。若按"后天八卦方位",则离亦为南。据此,文中"同复于父",是否寓有"乾舍于离,同而为日""乾舍于离,相与同居"的意思?

据上所考,笔者以为汉乃至春秋时代的演《易》者,可能存在着一种"乾起坎而终于离,坤起离而终于坎"的八卦方位变化说。所以说宋人"先天八卦"的方位,不会是他们自己依据汉人资料而出,而是先秦时代早有此说。

以上我们依据前人文献资料,初步探讨考察了宋人的"河图""洛书"及"先天八卦方位"。

重要的补充是:1977年春,在阜阳县双古堆发掘了西汉汝阴侯墓,在出土文物中,有一面"太乙九宫占盘",《文物》1978年第八期《阜阳双古堆西汉汝阴侯墓发掘简报》说:"太乙九宫占盘的正面,是按八卦和五行属性(水、火、木、金、土)排列的。九宫的名称和各宫节气的日数与《灵枢经·九宫八风篇》篇首图完全一致。小圆盘的刻划则与"河图""洛

---

① 以上所引,皆据《周易集解》,下同。

书"完全符合。"由文中第 16 页"3. 太乙九宫占盘"的详细介绍看，小圆盘过圆心画四条等分线，四条等分线分别由"一君"对"九百姓"，"二"对"八"，"三相"对"七将"，"四"对"六"。绕圆心刻"吏""招""摇""也"四个字①。

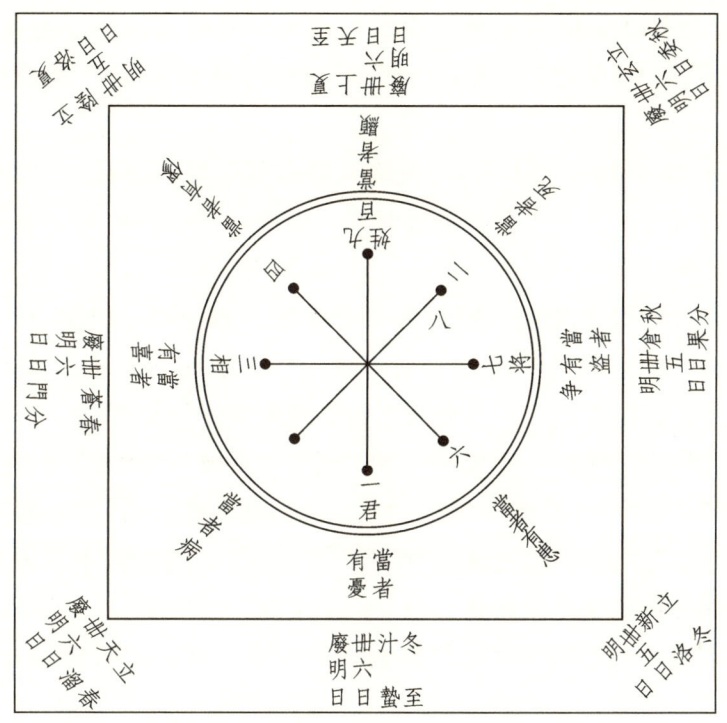

西汉汝阴侯墓出土的太乙九宫占盘

由此看来，其图实与"洛书"完全相符（与"河图"并不符）。这就无可辩驳地证实了早在西汉之初，或者更早，就已有了与"洛书"相同的图形。宋人之"洛书"等，就是模拟前人"太乙九宫占盘"之类的图式而出，也进一步说明了宋人"图""书"绝非臆造。清人胡渭之考，是多么确凿！如果于此仍有疑问，作为铁证的是，考《旧唐书·礼仪志四》："天宝三年，有术士苏嘉庆上言请于京东朝日坛东置九宫贵神坛……东南曰招摇，正东曰轩辕，东北曰太阴，正南曰天一，中央曰天符，正北曰太一，

---

① 连同圆心恰好为五，与"洛书"中间五个白圆圈的分布式样正同。

西南曰摄提，正西曰咸池，西北曰青龙，五为中，戴九履一，左三右七，二四为上，六八为下……"

此一段文字，足以作宋人"洛书"乃袭前人"九宫"说而出之铁证，亦"太乙九宫占盘"唐时仍有传授的确证。故《周易折中》引朱熹之说，指出："但当日诸儒既失其传，而方外之流，阴相付授，以为丹灶之术，至希夷、康节，乃反之于《易》，而后其说始得复明于世。"此说还是有一定道理的。

由宋人出"河图""洛书""先天八卦方位"等易图看，《周易》的研究，在宋朝又进入了一个新的鼎盛时期。因此，它在当时的思想界亦产生了深远的影响。

根据今人邱汉生考证，所有著名理学家，如程颐、陆象山、朱熹等，都为《周易》作过传注。由这点看，统治中国思想界达七百多年之久的宋、明理学，其源头之一，亦有宋人对易理的阐述与发挥。

邱先生认为理学的一些范畴，如"道""无极""太极""阴阳""五行""动静""性命""善恶""德""仁、义、礼、智、信""主静""鬼神""死生""无思""无为""无欲""中""顺"等等，有的就出自宋人对《周易》的传注，特别是对《周易》一书中"十翼"的传注。

另外，有人认为理学中有"象数学"一派，更可说明理学与《周易》的关系。

细按理学，以"理"讲《易》，是其突出特点。

为了说明这一点，下面以程颐《易传》为例，来看看理学家是怎么以"理"讲《易》的。

程颐，字正叔，洛阳人，学者称伊川先生。早年曾受《易》于周敦颐，晚年著成《易传》一书。

正如王弼把注《周易》当成阐发自己玄学思想的工具一样，程颐也以此作为发挥自己理学思想的工具。

在程氏《易传》中，《周易》的"象"出自"理"，"理"能"遍理天地之道"。

如他注《乾》卦初九爻"潜龙勿用"说："理，无形也，故假象以显义。"注《系辞》"天尊地卑，乾坤定矣"一句，说："事有理，物有形也……有理而后有象，成位在乎中也。"接下去注"易与天地准，故能弥纶天地之道"说："'弥'，遍也。'纶'，理也……'弥纶'，遍理也。"

在这里，程颐解"弥纶"为"遍理"，此说显然取自汉人京房。《释文》载京氏注此曰："弥，遍。纶，知也。"程颐在此偷梁换柱，将西汉人的"知"，改作了他的"理"，并接下去发挥道：

> 遍理天地之道……故能知幽明之故。在理为幽，成象为明。知幽明之故，知理与物之所以然也。

在程氏《易传》中，"理"不但是《周易》象数、阴阳的根源，也是天地万物的根源。他注《系辞》"生生之谓易"说：

> 老子亦言"三生万物"，此是"生生之谓易"。理自然如此，维天之命，于穆不已，自是理。

在程颐看来，甚至《周易》作为一部筮书而能占筮，究其原因，也无非是一个"理"字在起作用。他注《系辞》之"是以君子将有为也，将有行也，问焉而以言，其受命也如响，无有远近幽深，遂知来物。非天下之至精，其孰能与于此"说：

> 卜筮之能应，祭祝之能享，亦只是一理。蓍龟虽无情，然所以为卦，而卦有吉凶，莫非有此理。以其有是理也，故以是问焉其应如响，若以私心，及错卦象而问之，便不应，盖没此理。今日之理，与前日已定之理，只是一个理，故应也。不容祭祀之享，亦同鬼神之理。在彼我以此理问之，故享也。不容有二、三，只是一理也。

同时，这个作为天地万物本原和《周易》取象占筮之本的"理"，又是世间永恒而不可变动的最高法则。他注《系辞》"寂然不动，感而遂通天下之故"一句说：

> 天理具备，元无少欠，不为尧存，不为桀亡。父子君臣，常理不易，何曾动来，感非自外也……感则只是自内感……此只言人分上事。

正因为这个"理"是不可变动的最高法则，因此，在程氏《易传》中有时又把循理说成是天命。如他注《萃》卦卦辞"用大牲吉，利有攸往"

一句说：

> 盖随时之宜，顺理而行，故《象》云"顺天命也"。

同时，这个"理"，"近取诸身，百理具备"①，又能在运用中不断增长："谓固有此理，而就上充长之。"② 程颐把这个"理"放进他的《易传》之后，也确实做到了"而就上充长之"，不断发挥这个具有精神性本体意义的"理"，作为解说《周易》论据的出发点，使一部《易传》在某种程度上，成为程颐的理学著作。而说到底，《易传》中的这个"理"，恐怕在很大程度上，还是对孔颖达"易理备包有无"之说的发挥。

尽管如此，《易传》作为一部注《易》之书，以汉人的"承""乘""比""应""据"诸说，对一些卦象进行了解释，并针对前人"卦变"之说，提出了自己的看法。如他解《彖·贲》"观乎人文，以化成天下"一句说：

> 《贲》之象，取山下有火，又取卦变"柔来文刚""刚上文柔"。凡卦有以二体之义及二象而成者。如《屯》取"动乎险中"与"云雷"，《讼》取"上刚下险"与"天水违行"是也。有取一爻者，成卦之由也："柔得位而上下应之"曰《小畜》，"柔得尊位大中而上下应之"曰《大有》是也。有取二体又取消长之义者："雷在地中"，《复》；"山附于地"，《剥》是也。有取二象兼取二爻交变为义者：风雷益，兼取"损上益下"；"山下有泽"，《损》，兼取"损下益上"是也。有既以二象成卦，复取爻之义者：《夬》之"刚决柔"，《姤》之"柔遇刚"是也。有以用成卦者："巽乎水而上水"，《井》；"木上有火"，《鼎》是也。《鼎》又以卦形为象。有以形为象者："山下有雷"，《颐》；"颐中有物曰《噬嗑》"是也，此成卦之义也。

程颐对于每卦卦体的组成，提出了如上看法，其中有些地方，颇具新见。但在批评前人时，又多有失于武断者。如他接着说：

> 卦之变，皆自乾坤，先儒不达，故谓《贲》本是《泰》卦……乾

---

① 《系辞》"近取诸身"注。
② 《系辞》"益，长裕而不设"注。

坤变为六子，八卦重为六十四，皆由乾坤之变也。

这里，程颐提出的"乾坤变为六子"说，实有商榷之余地。因为《系辞》说："《易》有太极，是生两仪，两仪生四象，四象生八卦。"看来，《系辞》作者认为包括乾坤经卦在内的"八卦"，是由"四象"而出，而不是像程颐说的那样，先出乾坤，再由乾坤"变为"六子。同时，他在论述问题时，时有不经考察就妄下断语者，如他说《象》中"凡以柔居五者，皆云'柔进而上行'"。恐怕《象》中并未像他说的那样"皆云"过，像这种"以柔居五"而实际上并未云"柔进而上行"的例子，在《象》中时时可见，此处即不一一列举了。

总起来看，《易传》这部书尽管写了十几万字，而且对后人影响很大，然而这只能是作为一部理学著作，其于《周易》本身的研究，价值远不如朱熹的《周易本义》。

宋人对易学研究贡献较大的是朱熹。朱熹，字元晦，又字仲晦，亦称晦庵。他最主要的易学著作为《周易本义》一书（以下简称《本义》）。

《本义》与《易传》的根本不同，在于朱熹在注《易》中，虽也谈"理"说"气"，但宋人王应麟以为他们的不同，在于"程子言《易》，谓得其义，则象数在其中，而朱子（《答郑子上问》）以为先见象数，方得说理，不然，事无实证，则虚理易差"①。

《本义》作为一部注《易》之书，其可贵处也正在于此。

如注《系辞》"寂然不动，感而遂通天下之故"一句，朱熹针对程颐所谓"天理俱备……感只是自内感""此只言人分上事"的说法，明确表示"'寂然不动，感而遂通天下之故'，与'穷理尽性以至于命'本是说《易》，不是说人"，表现了一个注者的老实态度。

在《周易》经文的训释上，《本义》多有自己独到的见解。如注《乾》卦卦辞"元亨利贞"四字，《集解》引汉人《子夏传》曰："元，始也。亨，通也。利，和也。贞，正也。"《本义》却解作："元，大也。亨，通也。利，宜也，贞，正而固也。"在这里，《本义》解"元"为"大"；"贞"为"正而固"，似与先儒不同。但在解《彖·乾》"大哉乾元，万物资始"

---

① 《困学纪闻》卷一《易类》。

一句时，《本义》又说："'大哉'，叹辞。'元'，大也，始也。'乾元'，天德之大始。"朱熹又给了"元"以"大"与"始"两重意思。接下来解"大明终始，六位时成"一句时，《本义》又说："始，即'元'也。终，谓'贞'也。"在此则解"元"为"始"，解"贞"为"终"了。

由于古时字少，一字往往多义。因此，朱熹在训释经文字义时，往往不拘泥一解。尽管他解"元亨利贞"之"元"为"大"，未必正确，但《本义》根据古人一字多义，不强求一解，我们认为在这点上还是可取的。

再如注《象·震》"出可以守宗庙社稷"一句，《本义》曰"或云'出'即'㠯'字之误"；注《节》卦六三爻"不节若，则嗟若，无咎"，《本义》说："此'无咎'与诸爻异，言无所归咎也。"注《象·中孚》"泽上有风，中孚，君子以议狱缓死"，《本义》说："风感水受，中孚之象。'议狱缓死'，中孚之义。"像这种颇具新见的例子，在《本义》中很多，此处即不一一列举了。

《本义》在注经中虽有自己的独见，但亦吸收前人之长，如注《丰》卦九三爻"丰其沛"一句，《本义》说："沛，一作斾，谓幡幔也。"此即取王弼之说。再如《象·升》"地中生木，升。君子以顺德，积小以高大"一句，《本义》注曰："王肃本'顺'作'慎'，今按他书，引此亦多作'慎'，意尤明白。盖古字通用也。"这种兼取古人之长的例子，在《本义》中时时见到。

特别应该指出的是，《本义》在注释《周易》的过程中，对六十四卦卦爻之辞，不明白的就说不明白，对《彖》《象》《系辞》等，有疑问的就提出自己的疑问。如注《明夷》卦六四爻"入于左腹，获明夷之心，于出门庭"，《本义》曰："此爻之义未详。"而不像程颐那样"人之手足皆以右为用……是左者，隐僻之所也"①，做出此等牵强附会的解释。注《震》卦六二爻"震来厉，亿丧贝，跻于九陵。勿逐，七日得"，《本义》说："'亿'字未详。"并说："'九陵''七日'之象，则未详耳。"注《困》卦九四爻"来徐徐，困于金车，吝，有终"，《本义》说："金车为九二，象未详。疑坎有轮象也。"注《小过》卦九四爻"无咎，弗过遇之，往厉必

---

① 《易传·明夷卦》注。

戒，勿用，永贞"，《本义》表示对"弗过遇之"一句"未详孰是，当阙以俟知者"，注其《象》时，也说："爻义未明，此亦当阙。"注《彖·贲》之"贲亨"一句，《本义》曰："'亨'字疑衍。"注《彖·渐》"渐之进也，女归吉也"一句，曰："'之'字疑衍或是'渐'字。"注《象·渐》"山上有木，君子以居贤德善俗"说："二者皆当以'渐'而进，疑'贤'字衍。或'善'下有脱字。"注《未济》卦初六爻之《象》"濡其尾，亦不知极也"，《本义》曰："'极'字未详。考上下韵亦不叶，恐是'敬'字，今且阙之。"

在注释《周易》时，《本义》这种"多闻阙疑，慎言其余"的求实态度，也是极为宝贵的。

同时，朱熹深知，《周易》原是一部古代筮书。因此，为了使自己的《本义》确能起到恢复《周易》本义的作用，他除了在《本义》中讲了"明筮"外，又撰"筮仪"一篇，并在注释《周易》经文时，特别予以说明，想以此来正《周易》之本义。

如《本义》注《乾》卦卦辞"元亨利贞"四字，说："此圣人所以作《易》，教人卜筮，而可以开物成务之精意，余卦仿此。"注《乾》卦初九爻"潜龙勿用"，《本义》曰："凡遇《乾》而此爻变者，当观此象而玩其占也。"注《乾》卦九五爻"飞龙在天，利见大人"时，《本义》曰："占法与九二同。"注九三爻"君子终日乾乾"一句，说："君子指占者而言。"在注其余各卦时，《本义》也多用"其象占如此""戒占者当如是""戒占者不可如是"等等，以此指示读者。

朱熹虽想以此申明《周易》的本义，但案之《汉书·艺文志》卷首易类其所载"凡易十三家，二百九十四篇"中，看来并不包括筮法，其占筮之法另载于后面的"蓍龟类"中，计有："《周易》三十八卷""《周易明堂》二十六卷""《周易随曲射匿》五十卷""《大筮衍易》二十八卷"及"《易卦八具》"等占筮之书。可证汉人是把训释《易》义与讲解占筮区分开的，恐怕并不混同在一本书上。这也是王弼及汉人易著中，为什么并不专讲"筮仪"及"筮法"的原因所在。

朱熹相信"图""书"之说，并在《本义》列了"河图""洛书"等九幅易图，因而对"图""书"的传播，起了重要作用。

我们认为，以图象的形式解释《周易》，并非宋人首创，前人早已有之。如《隋书·经籍志》中已记载着"梁有《周易乾坤三象》《周易新图》各一卷，又《周易普玄图》八卷"，《唐书·艺文志》有"《大衍玄图》一卷"等。在宋人易图中，如载于《本义》的"文王六十四卦卦变图"，以图象的形式对《周易》六十四卦的生成变化做出解答。该卦变图尽管有些不确之处，但无疑是对前人《易》说的整理与发挥，因而对于后人揭示《周易》六十四卦的生成及变化，有着一定的启发意义，因此，这种易图在《周易》的研究上，能起到一定的积极作用。但宋人的另一些《易》图，如所谓"河图""洛书"等，其图除了增加《周易》的神秘色彩外，对阐释《周易》原旨，并无积极作用，且易于被后人附会发挥，使其更加玄妙怪诞。

而列于《本义》卷首的"伏羲八卦次序""伏羲六十四卦次序"两图，更反映了宋人对《周易》经传的错误理解。

现仅举"伏羲八卦次序"图如下：

八	七	六	五	四	三	二	一	八卦
坤	艮	坎	巽	震	离	兑	乾	
太阴		少阳		少阴		太阳		四象
阴				阳				两仪

此图系朱熹接受邵雍之说而立。

若按此图，则太极生两仪（阴、阳），两仪生四象（少阴、少阳、太阴、太阳），再由此四象生八经卦。并按邵雍这种成倍增加的办法，在"伏羲六十四卦次序"图中，于八卦之后再生十六卦，十六卦生三十二卦，由三十二卦生出六十四卦。

这种由八卦生十六卦，十六卦再生三十二卦，三十二卦而生六十四卦之说，纯系邵雍臆造而出，于《周易》经传毫无根据。况且，八卦若经"太极""两仪""四象"这样三级才能生成，不知这八卦生成之前，作为

"两仪"（阴、阳）和"四象"（太阴、太阳、少阴、少阳）又何以能够成立？

清初黄宗羲针对邵雍、朱熹的这种错误认识，在他的《易学象数论》卷一《先天图》中批判了"伏羲八卦次序"及"伏羲六十四卦次序"两图的谬误，他说：

> 《易》有太极，是生两仪，所谓一阴一阳者是也。其一阳也，已括一百九十二爻之奇；其一阴也，已括一百九十二爻之耦。以三百八十四爻为两仪，非以两画为两仪也。两仪生四象，所谓老阳、老阴、少阳、少阴是也。乾为老阳，坤为老阴。震、坎、艮为少阳，巽、离、兑为少阴。三奇者，老阳之象；三耦者，老阴之象；一奇二耦者，少阳之象，一耦二奇者，少阴之象。是三画八卦，即四象也。故曰"八卦成列，象在其中矣""八卦以象告"，此质之经文而无疑也。

黄宗羲此说，可谓至确！以朱熹之博学严谨，竟有此误，实为憾事。

朱熹在讨论筮法时，否定前人的"过揲"说，另立"挂扐"说，我们已经知道，尽管"挂扐""过揲"求得的结果一样，但"挂扐"说却不合《系辞》之旨。关于这点，本文在前面讨论占筮时，已经专门述及。

朱熹在经文的训释上，亦时有以"理""气"说《周易》者。

总之《本义》作为一部有影响的《易》注来说，尽管有少许失误与不足，但总起来看，仍不愧是一部极有价值的易学著作。

此外，宋人易著中较有价值的还有张载《易说》、陈瓘《了翁易说》、朱震《汉上易传》、郑刚中《周易窥余》、杨万里《诚斋易传》、吕祖谦《古易音训》、魏了翁《周易要义》、赵汝楳《周易辑闻》、俞琰《周易集说》及《读易举要》等等。这些著作皆对《周易》有独到见解。如张载《易说·下》对《系辞》中"弥纶天地之道"的解释，与程颐截然不同。他说：

> 此语必夫子所造。弥者，弥缝补缀之义。纶者，往来经营之义……此则归于人事。圣人与人撰出一法律之书，使人知所向避，《易》之义也。

在这里，他提出了《易》义在于"与人撰出一法律之书"的说法，反

映了他以易言人事的思想。张载也不同意孔颖达说易即看不见、摸不着的"浑沌"的说法,他说:

> 作《易》示人,犹天垂象,见吉凶。天地变化,圣人作《易》以著效之,故曰"圣人效之"。①

他在注"仰以观于天文,俯以察于地理,是故知幽明之故,原始反终,故知死生之说"时,针对韩康伯称"'幽''明'者,有形无形之象"及孔颖达疏语中"无形之幽,有形之明"的说法,张载批判道:

> 天文地理,皆因明而知之,非明则皆幽也。此所以知幽明之故。万物相见乎离,非离不相见也。见者由明,而不见,非无物也。乃是天之至处。彼异学则皆归之空虚。盖徒知乎明而已,不察夫幽,所见一边耳。②

张载称韩、孔之说为"异学",针对韩康伯、孔颖达《易》注中的"有必始于'无'""有从'无'出",张载接着说:"气聚,则离明得施而有形,气不聚,则离明不得施而无形。方聚也,安得不谓之有。方其散也,安得遽谓之无。故圣人仰观俯察,但云知幽明之故,不云知有无之故。"

面对当时影响很大的韩、孔之说,张载提出了自己"天惟运动一气,鼓万物而生,无心以恤物"的观点③,认为气是构成万物的共同物质实体,这在宋人中是极为难能可贵的。

再如杨万里之《诚斋易传》,多引史事以解《周易》。其实,《周易》本是为人而写,其中很多卦爻辞,如《乾》卦九三爻"君子终日乾乾,夕惕若厉,无咎";《坤》卦六四爻"括囊无咎无誉";《需》卦上六爻"入于穴,有不速之客三人来,敬之终吉";《谦》卦初六爻"谦谦君子,用涉大川吉"等等,都是谈的为人处世之道。而当时的人偏偏借以谈"理"谈"心"谈"天道",歪曲了《周易》本旨,杨万里在自己的书中,重点正之

---

① 《易说·下·系辞注》。
② 同上。
③ 同上。

以人事，这在当时也是极可贵的。

宋人易著极为丰富，限于篇幅，仅介绍如上几人，难免挂一漏万，然或可借此以窥宋易之一斑。

综观宋易，作为其突出特点，并对后人造成深远影响的是"图""书"之说，故我们在此重点对其进行了探讨。总之，我们以为这些图，只有个别的可能为前人所有，其余或发挥前人文献资料而作，或模拟古人之图而出，有的甚至是出于对《周易》经传的错误理解。只有个别易图，如"先天图"，才对探求易旨有重要意义。

因此，绵延达七八百年的宋人"图""书"之说，其大部分易图，对于阐释《周易》原旨，并无重大价值。

入元以后，大多数人在宋易的基础上，或发挥"图""书"，或谈"性""理"。其中立论扎实有见解者，如黄泽撰《易学滥觞》，他评价前人说《易》，认为王弼全废象数，结果入于玄虚，汉儒全依象数，结果失于繁碎。他主张解《易》应先明象，至于占法，应以《左传》所载筮例为根本。黄氏立论平正，其说皆有根据，特别对《周易》古义，多有发明。

再如王申子撰《大易缉说》，其解释经文重视易象，并考证《序卦》非孔子所作，毅然不予注释。

当时，因"图""书"之学在元人易学研究中占有很大的比重，钱义方作《周易图说》，详论宋人所造易图，指出："图""书"之出，是因《周易》而造易图，绝不是因"图""书"而出《周易》。批判了宋人所谓"河图""洛书"是"天地自然之易"的说法，这在当时是很可贵的。但他自己又立二十七幅易图，无非因旧图出新图，反使自己陷入新的易图，这些新图，在《周易》研究方面没有太大价值。

宋人之后，公然反驳陈抟之说者，为元人陈应润。他撰《周易爻变义蕴》，指出：先天诸图，掺杂《参同契》炉火之说，为道家假借易理以为修炼之术，根本不是《周易》本旨。他认为八卦方位只能以《说卦》为准。周敦颐之"无极""太极""二气""五行"等等，只是一家之言，不能据此而解《易》。陈氏在当时正崇信宋人"图""书"之学时，指斥"先天八卦"等易图不可信，也是极为难得的。

入明，胡广"奉敕"撰《周易大全》，并以此作为科举取士的标准本，当时儒生皆世守此书。

《周易大全》采用程颐《易传》与朱熹《本义》二家注本。又由胡广钞录其他宋人《易》本而成。如董楷的《周易传义附录》、董真卿的《周易会通》、胡一桂的《周易本义附录纂疏》及胡炳文的《周易本义通释》等。

而这些《易》本，也全系对程、朱二本的疏释而已。因此，这就决定了明人遵从宋人之易，所见偏陋的特点。

故两百余年间，明代有独到见解的易学著作不多，其中比较著名的有来知德的《周易集注》。

来知德，字矣鲜，他以二十九年的心血，撰成《周易集注》一书。来氏据《系辞》"参伍以变，错综其数。通其变，遂成天地之文，极其数，遂定天下之象"的说法，又参考《序卦》之旨，以论《周易》取象，在《周易集注》中独创"卦综""卦错"诸说。

所谓"卦综"，人们又称"反易"，即两卦的卦画互相颠倒而成者。如《随》卦☱☳之"综"为《蛊》卦☶☴，反之，《蛊》卦☶☴之"综"即为《随》卦☱☳。

再如《屯》卦☵☳之"综"为《蒙》卦☶☵，而《蒙》卦☶☵之"综"为《屯》卦☵☳。《需》卦☵☰之"综"为《讼》卦☰☵，反之，《讼》卦☰☵之"综"为《需》卦☵☰等①。

"卦综"之说，其实是对《彖》的引申发挥。如《彖·随》"随，刚来而下柔"，而《彖·蛊》则曰："蛊，刚上而柔下。"

《彖》以"刚""柔"的"上"与"下"，说明着《随》卦☱☳与《蛊》卦☶☴卦画的这种互相颠倒变化。

所谓"卦错"，即指两卦卦画完全相反者。来氏之"卦错"，亦即汉人之"旁通"，如《乾》卦☰与《坤》卦☷相"错"，《同人》卦与《师》卦相"错"。

来氏论"卦错"有四正"错"，四隅"错"，论"卦综"有四正"综"，四隅"综"。有的卦以正"综"隅，有的卦以隅"综"正。六十四卦之间

---

① 详见《关于〈易〉象》。

复杂的"错""综"之旨,皆由来氏自己苦思而出。其说虽不免有穿凿附会之处,但在揭示今本《周易》六十四卦的排列顺序及其卦体之间的变化关系上,不无启发意义,确有发汉、宋人所未发者,故当时被人誉为"绝学"。

但因来氏在《周易集注》序言中自视过高,致被清人讥为"夜郎自大"。

其他明人言《易》之书,如黄道周的《易象正》、何楷的《古周易订诂》及张次仲《周易玩辞困学记》等,说《易》皆有根基。

但总起来看,明代两百余年间,其于易学的研究,大部分人都是跟在宋人后面,或绘易图,或借《易》说"理"。特别是万历以后,又将心学杂入,甚至佛家禅偈皆可释《易》,易图绘至千计,卦爻辞的训释反而无人重视。难怪在《经学历史·经学积衰时代》中,皮锡瑞将明代人的经学研究,结论为"经学至明为极衰时代"。由明代人对《周易》的研究来看,这话并不是没有根据的。

《周易》的研究,在经过明代的衰微之后,至清朝又进入一个新的兴盛时期。

明王朝的覆灭,对当时的读书人产生了很大刺激,人们从不同角度探取明亡的教训。因此,明清之际思想界出现了一个比较自由、活跃的阶段。"一时才俊之士,痛矫时文之陋,薄今爱古,弃虚崇实,挽回风气,幡然一变。"① 故清初在"薄今爱古,弃虚崇实"风气的影响下,汉易又被重视起来。

但宋易在清初,仍占统治地位。因此,随着汉易出现,立即受到持宋易者的攻击和反对,发生了汉、宋易之争。

面对这种形势,为便于统治,康熙在此问题上,采取了比较明智的态度。他没有像唐太宗修《五经正义》那样,采取一边倒的方针,《周易》只用王弼本,致使郑玄《易》失传;也没有如明成祖修《五经大全》那样,《周易》只取程、朱本,结果造成明儒的偏陋,而是看到了作为"五经之首"的《周易》,当时"门户交争,务求相胜"的实际情况,于是,

---

① 《经学历史·经学复盛时代》。

在《周易》经文的训释上,采取了调和折中的方针,命李光地"采撷群言",撰成《周易折中》:

> 冠以"图"说,殿以《启蒙》,未尝不用"数",而不以盛谈"河""洛",致晦玩占、观象之原。冠以《程传》,次以《本义》,未尝不主"理",而不以屏斥谶纬,并废"互体"变爻之用。其诸家训解,或不合于伊川、紫阳而实足发明经义者,皆兼收并采,不病异同……盖数百年分朋立异之见,至是而尽融。①

因此,这本上起汉、晋,下至元、明,共辑录名家达二百一十八家之多的易学巨著,自清初至民国年间,对研易者产生了极大影响。

故清朝易学研究兴盛,并出现汉、宋易等百家争鸣的局面,实与清初康熙定下"兼收并采,不病异同"的治《易》方针,有着极大的关系。

乾隆进一步执行康熙的方针,又命傅恒等学人撰《周易述义》,"所解皆融会群言,撷取精要,不条列姓名,亦不驳辩得失……大旨以切于实用为本"。并清楚地表明:

> 诸臣仰承指授,于宋易汉易酌取其平,探羲文之奥蕴,以决王郑之是非,千古易学,可自此更无异议矣!②

很清楚,无论是李光地"奉敕"撰《周易折中》,让"数百年分朋立异之见,至是而尽融",还是傅恒等人"仰承指授"撰《周易述义》,使"宋易汉易酌取其平",其根本目的,还在于康熙乾隆认为这样更便于思想统治。

现在,让我们看看这种自称"综括汉唐以来诸说之全而取其粹"的作品③,是如何注释《周易》经文的。如《周易述义》注《屯》卦卦辞"元亨利贞,勿用有攸往,利建侯",说:

> 内震外坎,动而遇险,故为《屯》,中互艮坤,震阳始,坤顺之,故"元亨",坎润下,艮止之,故"贞"也。坤为众,震帅之,故

---

① 《四库全书总目·经部·易类六》之《周易折中》简介。
② 同上。
③ 《周易述义》序言。

"有攸往"，遇艮而止，故曰"勿用"。初得民，故为"侯"，五与同德，故"建"之也。多难之世，安民为先，必以仁心达为仁政，因民所宜而静养之。慎勿急功好大，兴役行师。……

这段注文先以卦象"内震外坎，动而遇险"讲解《屯》卦卦体。接着用汉人"互体"之说，以为屯卦䷂的六二爻至六四爻互体得坤，六三爻至九五爻互体成艮，故称"中互艮坤"；加以内卦为震，六二爻至六四爻互体得坤，故称"震阳始，坤顺之，故'元亨'"。其外卦为坎，坎为水，六三爻至九五爻互体成艮，故谓"坎润下，艮止之，故'贞'也"。既互体得坤，据《说卦》，坤为"众"，内卦为震，震为长子。《师》卦六五爻中有"长子帅师"之语。故曰"坤为众，震帅之"。但六三爻至九五爻互体为艮，艮为止，故称"遇艮而止"。《屯》卦䷂初九爻爻辞中有"利居贞，利建侯"之语，故说"初得民，故为'侯'"。在这一卦体中，除了初九爻为阳爻外，九五爻亦为阳爻，故称"五与同德，故'建'之也"——很清楚，以上这种以卦象——比附卦辞的方式，完全承袭了汉人之说。而接下来的"多难之世，安民为先，必以仁心达为仁政"云云，则显然是宋人注《易》的口吻了。

这种将汉、宋易糅合在一起的做法，经过康、乾两代提倡，使汉易在复萌之后，终于立定了脚跟。并形成清人易学研究中，汉宋诸家之易百家争鸣，长期并存的局面。成为历代易学研究成果的集大成者。

纵观清代两百余年，易学研究人才辈出，著作极丰。我们仅据《清史稿·艺术志》的记载统计，当时清人解《易》之书就有一百五十余家，达一千七百多卷。但真正构成清人治《易》特色的，我们认为还是清儒对两汉及魏晋南北朝时代一些著名易学家谈《易》之文的辑录、整理和考证。特别是对汉易的校勘和辑录，更成为清代易学家的突出贡献。

顺治、康熙之后，由于文字狱的压制，读书人多埋头于古籍的辑录、考据和训诂，尤其是乾隆之后，随着《四库全书》的修成，古书大出，在易学研究上，持汉易者更是占了上风。

当初最早专门辑录汉易佚文者，为宋人王应麟，他刻意搜求当时郑玄《易》遗文，辑成《周易郑康成注》一卷。清人惠栋继承其业，增补遗漏，著《增补周易郑注》一卷、《周易郑注爻辰图》一卷。然而惠氏最著名的著作,当推他的《易汉学》。此书共八卷,其中辑孟喜《易》两卷,虞翻《易》一卷,京房《易》两卷,郑玄《易》一卷,荀爽《易》一卷,最后一卷是惠栋据汉易而辨宋人"图""书"。这是一部系统介绍汉易各大家概貌的著作,当时对汉易的训释和传播,起了很大的作用。

另外,惠栋的《周易述》以讲述汉人虞翻之《易》为主,而参考郑玄、荀爽、干宝诸家《易》说,在融会汉及魏晋各家之说的基础上,自行注疏。目录虽称四十卷,但实际只有二十三卷。其中二十一卷为经文训释,另外两卷为"易微言",系抄录各家之说。可惜是一部未完之作。

另一位清人张惠言于惠栋之后,对前人易说进行了一次规模更大的辑录和整理,他辑《周易虞氏义》九卷,《虞氏消息》两卷,《虞氏易礼》两卷,《虞氏易事》两卷,《虞氏易言》两卷,《虞氏易候》一卷,《虞氏易变表》两卷,《周易郑氏注》两卷,《周易荀氏九家义》一卷,《易图条辨》一卷,《易纬略义》三卷,《易义别录》十四卷。其中《易义别录》中辑孟喜《易》一卷,姚信《易》一卷,翟子玄《易》一卷,蜀才《易》一卷,京房《易》一卷,陆绩《易》一卷,干宝《易》两卷,马融《易》一卷,宋衷、刘景升《易》一卷,王肃《易》一卷,董遇《易》一卷,王廙、刘瓛《易》一卷,子夏《易》一卷。

张氏分卷辑录了两汉及魏晋南北朝多数名家易文,对于所引易文,皆注明出处,有的还作了考证和疏释,使过去散载于各典籍的古易,系统明白地呈现在读者的面前,对于之后研究古易,提供了极大便利。

张氏所辑各家易文,尤以汉人虞翻之《易》最为详备可观。张惠言此作,是清人继惠栋之后,对汉易做的最全面的发掘与整理,故清人阮元认为张惠言之举,使两汉易学,特别是虞氏之《易》,"自仲翔以来,绵绵延延千四百余载,至今日而昭然复明。呜呼,可谓盛矣"![1]

继张惠言之后,曾钊撰《周易虞氏义笺》,李锐撰《周易虞氏略例》、胡祥麟撰《虞氏易消息图说》,对虞《易》做了进一步的整理与疏释。焦循撰《易章句》及《周易补疏》《易话》《易图略》等,以虞翻之"旁通"

---

[1] 张惠言:《周易虞氏义》阮元序言。

及荀爽"升""降"解《易》。另外，吴翊寅撰《易汉学考》《易汉学师承表》；戴棠撰《郑氏爻辰补》；何秋涛撰《周易爻辰申郑义》；方申撰《诸家易学别录》《虞氏易学汇编》《周易互体详述》《周易卦变举要》；俞樾撰《周易互体征》；皮锡瑞撰《经学通论》（其中《易经》部分）。这些著作皆对汉易做了深入细致地考证注释和整理。对汉人"卦变""消""息""互体"诸说，多有重要发明。在此之前，马国翰以毕生心血搜求宋以前古书，而且多为后世久无传本者，辑成《玉函山房辑佚书》。其中易学部分辑录了西汉丁宽、韩婴及淮南王刘安的《淮南九师道训》之说，另有施雠、梁丘贺、费直等谈《易》之文，特别是费直《易》，辑《易注》一卷，《易林》一卷，《周易分野》一卷，共三卷之多。

经过清儒持续不断的努力，使泯灭达一千四五百年的汉易，复见于今人面前。今天，人们能够系统地研究汉易，探讨其对经文的训释及其象数的内容特点，如无清儒之力，我们不知要在浩如烟海的古籍中，白白费去多少时光。因此，对唐以前古易的辑录、疏释和整理，特别是对汉易的辑录、整理，是清儒对我国易学研究的重大贡献。

除辑录整理古易之外，清儒对前人的易学成果还进行了详尽地考证和校勘，亦取得了很大成就。如对宋人"图""书"及"先天八卦"的考证，就反映出清儒治《易》的求实学风。他们认为，《周易》未经秦火，不应"图""书"独失，而为道家藏匿两千余年，至宋才由陈抟传出来传授，故王夫之撰《周易稗疏》，毛奇龄撰《图书原舛编》，黄宗羲撰《易学象数论》，黄宗炎撰《图书辨惑》，皆对宋人"图""书"之说进行了考证，力驳"图""书"之谬。至胡渭，又撰《易图明辨》十卷，专门考辨宋人"图""书"原委。特别是胡渭依据郑玄注文，作出一图（见前）。依据此图，确凿地考证出宋人所谓"洛书"之本，解决了易学研究上的一大疑案。

在《周易》校勘上，清人也做出了很大贡献，如阮元撰《周易校勘记》、丁杰撰《周易郑注后定》等。

清儒作为历代易学研究成果的集大成者，他们还做了一件大事，那就是乾隆年间随着《四库全书》的修成，《四库全书总目》也问世了。

因为《四库全书》是自汉代刘向、刘歆之后，我国规模最为宏大的一次古籍整理。《四库全书总目》（以下简称《总目》）便成了目前我国最大的一部书目。它共有两百卷之多,"经部"下首先是"易类"六卷及"易类存目"四卷,总计十卷。是对《四库全书》所收历代易学著作的简明提要。提要包括该书的作者、卷数、内容概略及编纂者对该书的评价等。

对《总目》学术价值的评论,历来各有所见,但就《总目》的"经部"易类来看,我们以为总的说来还是可取的,对我们今天的易学研究,仍有一定的参考价值。

如《总目·经部·易类一》对两千余年易学研究之弊端进行总结说:

> 易道广大,无所不包,旁及天文、地理、乐律、兵法、韵学、算术,以逮方外之炉火,皆可援《易》以为说,而好异者又援以入《易》,故《易》说愈繁。

编纂者认为:

> 夫六十四卦《大象》皆有"君子以"字,其爻象则多戒占者,圣人之情,见乎辞矣。其余皆《易》之一端,非其本也。

编纂者对所收各书进行简介评价时,往往能切中该书有价值的部分,并兼及该书真伪的鉴别、考证。如《总目·经部·易类三》在介绍宋人朱元升之《三易备遗》时,对宋人易著中"先天""后天""中天"之名作了考证:"然干宝《周礼》注称,伏羲之《易》,小成为先天,神农之《易》,中成为中天,黄帝之《易》,大成为后天。则中天实亦古名,非新义也。"评价宋人俞琰《读易举要》时,说:"史璚谓《革》居四十九,应大衍之数,故云'天地革而四时成',《节》居六十而甲子一周,故云'天地节而四时成',皆以偶合之见,窥圣人作《易》之意,琬顾取之,则殊非本旨。"对元人宝巴易著进行简介时,指出:

> 序文鄙陋,尤不类读书人语,盖方技家传有是书,与宝巴佚书其名偶合,明人喜作伪本,遂撰宝巴序文以影射之。①

对明人胡广"奉敕"作《周易大全》进行简介时,编纂者沉痛地总结说:

> 且二百余年,以此取士,一代之令甲在焉,录存其书,见有明儒

---

① 《总目·经部·易类四》。

者之经学,其初之不敢放轶者,由于此,其后之不免固陋者,亦由于此……然古注疏终不可废也,是当明盛时,识者已忧其弊矣,观于是编,未始非千古得失之林也。(易类五)

在对清人王心敬所撰《丰川易说》的简介中,编者认为:

《易》是道人事之书,阴阳消长,只是借来作影子耳,故曰:"易者,象也;象也者,像也。"于阴阳消长处看得不明,是影子不真。若徒泥阴阳消长,而无得于切己之人事,亦属捕风捉影。若《易》不关象,不知义于何取?不属卜筮,不知设蓍何为?大抵汉唐之易,只成训诂;宋明之易,多簸弄聪明。训诂非易而易在,聪明乱易而易亡。

这些话,清楚地道出了《总目·易类》编者的学术观点。

因当时实际主持编纂《四库全书》的为纪昀,参与"经部"编纂的有戴震。纪、戴都是当时知名学者,且全主汉学,故汉易在《总目·易类》中受到高度重视,并给予很高的评价。而对持宋易者,则不时寻机予以讥讽。如《总目·经部·易类二》在介绍程颐《易传》时,说:

邵子以数言《易》,而程子此传则言理,一阐天道,一切人事,盖古人著书,务抒所见而止,不妨各明一义,守门户之见者,必坚护师说,尺寸不容逾越,亦异乎先儒之本旨矣!

又如《总目·经部·易类三》介绍《东谷易翼传》时,也说:

朱子解经,于程子亦多所改定,盖圣贤精义愈阐愈深,沈潜先儒之说,其有合者疏通之,其未合于心者,别抒所见以发明之,于先儒仍为有功,是固不必守一先生之言,徒为门户之见也。

再如《总目·经部·易类四》在介绍《周易程朱传义折衷》时的评价:

其书虽以宋学为宗,而兼及于象数、变互,尚颇存古义,非竟暖暖姝姝守一先生之言也。

像这样的例子,在《总目·易类》中很多。《总目》中易类的编纂者尽管不时地批评着宋人的门户之见,但他们对宋人一些易学大家的名著,如程颐的《易传》,朱熹的《本义》等,编纂者却只述其体例,而对其内容得失竟不置一语，这种不公正态度，似亦属门户之见，非治学者所应持。

正因为《总目》经部易类的编纂者持有扬汉抑宋的学术观点，所以，在对宋人易著的评价中，往往有批评过于刻薄而论据并不充足的情况。如宋人林光世撰《水村易镜》，"大旨据《系辞》之语，谓诸儒诂《易》，独遗仰观俯察之义。因居海上，测验天文，悟天、泽、火、雷、风、水、山、地八宫之星，皆自然有六十四卦，遂以星配卦"①。对此，编纂者评价道：

> 所列星图，穿凿附会，自古说《易》之家，未有纰缪至此者。夫庖牺仰观天文，亦揆其盈虚消息之运耳，何尝准列宿画卦哉！

并挖苦道：

> 后永丰陈图作《周易起元》，又以名山大川分配六十四卦，谓之"察于地理"，充乎其类，殆不至以"鸟兽"配卦不止矣！

当然，林光世以为"八宫之星皆自然有六十四卦"并"穿凿附会"以"星图"——这些确有"纰缪"之处，然而并不足怪。自古以来"测候派"是人们解《易》的一大派，附会星象以解《易》，前人有之，今人亦有。但若说"庖牺仰观天文，亦揆其盈虚消息之运耳，何尝准列宿画卦哉"，似嫌论据不足。

按之《系辞》原文："古者庖牺氏之王天下也，仰则观象于天，俯则观法于地，观鸟兽之文，与地之宜，近取诸身，远取诸物，于是始作八卦。"通观这段文意，其"观象于天"之旨，似非仅仅指"揆其盈虚消息"，恐怕确有"准列宿画卦"之意，由下文"观鸟兽之文与地之宜，近取诸身，远取诸物，于是始作八卦"，就可以看出《周易》作者有准物取象而画八卦之旨。因此，《系辞》既认为"象也者，像此者也"，"拟诸其形容，象其物宜，是故谓之象"，故"仰则观象于天"，似乎不能完全排除有"准列宿画卦"的内容——当然，《水村易镜》上附会的那些星图又是另一码事。

---

① 《总目·经部·易类存目一》。

《总目》经部易类尽管有着扬汉抑宋的学术偏见，但由他们对于某些前人易著的简介和得失评论看，编纂者的易学根基还是非常深厚的，且有一定眼力。对有些书的评价（如对明人《周易大全》的评价等），确有深刻的见解，至今仍应肯定。

　　清代虽然只有两百多年的时间，但在我国易学研究史中，却占有极为重要的地位。

　　如果说我国两千余年的易学研究，确为汉、宋两大家，清儒则以其敢于争鸣的学风和丰富的易学著作，成为我国汉、宋及诸家易学的会辑者、总结者。尤其是他们对泯灭达一千四五百年之久的汉易的发掘和整理，更是功垂后人，永存易史。

疑难卦爻辞辨析（上经）

☰乾：元亨，利贞。（《乾》卦卦辞）

古今《易》本《乾》卦卦画"☰"旁多注以"乾下乾上"四字，《坤》卦卦画"☷"旁则注以"坤下坤上"四字，其余各卦亦同。按古时卦画即为文字，故断不会再在卦画旁加此等注脚，此等注脚当为后世传经之人所加，故本文删去此等注脚。

"元亨，利贞。"《集解》引《子夏传》："元，始也。亨，通也。利，和也。贞，正也。"《本义》："元，大也。亨，通也。利，宜也。贞，正而固也。"故后人讲《易》，历来对"元"字训释不一：有从《集解》释为"始"者，有从《本义》释为"大"者。笔者以为，若案之经文自身，六十四卦卦辞中只有"元亨"而无"大亨"，其爻辞则有"元吉""大吉"之分。特别是《鼎》卦，其卦辞为"元吉，亨"。上九爻辞则曰："鼎玉铉，大吉无不利。"——同一卦，卦辞称"元吉"，爻辞却称"大吉"。由此看来，在《周易》作者心目中，"元""大"并非一义。更何况《比》卦卦辞中有"元永贞"，《萃》卦九五爻亦曰"元永贞"，若解"元"为"大"，则"元永贞"何以能解得通？考《彖·乾》："大哉乾元，万物资始。"《文言·乾》："乾元者，始而亨者也。"可知《彖》《文言》亦解"元"为始。《春秋》称始年为"元年"，故《公羊传》曰："元年者何？君之始年也。"何休注"元年"曰："变一为元，元者气也，无形以起，有形以分，造起天地，天地之始也。"由此看来，"元"字之义，当从《集解》以训"始"为妥。"贞"字古人皆释为"正""正而固"，但以此解《易》，确有不通之处。如《屯》卦六五爻中有"贞凶"，《小畜》卦上九爻及《履》卦九五爻中有"贞厉",《否》卦卦辞有"不利君子贞"等,若解"贞"为"正",则于这些卦爻之辞,便很难斡旋其说。故近人尚秉和、李镜池据《周礼》《说文》等解"贞"字为"卜问"(见尚秉和《周易尚氏学》及李镜池《周易探源》)。但此解亦有不妥之处,如《升》卦上六爻:"冥升,利于不息之贞。"难道此卦之爻辞要我们不停息地"卜问"才"利"?这显然与《蒙》卦卦辞"初筮告,再三渎,渎则不告"的原则相矛盾。

其实,古时字少,《周易》经文中字同而音义不同的例子很多。举本卦为例:九二爻"见龙在田,利见大人",其"见龙在田"的"见"字,与"利见大人"的"见"字,即音义有所不同,此即其证。故统观六十四卦卦义,"贞"字在经文中有作"正"字解者,有作"卜问"解者,各不相同,因此不必强求一解。

君子终日乾乾,夕惕若厉,无咎。(《乾》卦九三爻辞)

自宋人始,至今人止,人们皆断此爻为"君子终日乾乾,夕惕若,厉无咎"。案:然《淮南子·人间训》:"故君子终日乾乾,夕惕若厉,无咎。终日乾乾,以阳动也,夕惕若厉,以阴息也,因日以动,因夜以息,唯有道者能行之……"其文以"夕惕若厉"为句是非常清楚的。《易纬·乾元序制记》:"每遗夕惕若厉,惧后戒。"亦以"夕惕若厉"为句。《汉书·王莽传》:"《易》曰:'终日乾乾,夕惕若厉。'公之谓矣!"颜师古注:"《乾》卦九三爻辞也。乾乾,自强之意,'惕',惧也,'厉',病也。"《说文》"骨"部"骼"下引《易》曰:"夕惕若厉。"《说文》"夕"部"夤"下引《易》曰:"夕惕若夤。"《文选·思玄赋》:"夕惕若厉以省諐兮,惧余身之未敕。"其行文皆以"夕惕若厉"为句。王弼《周易注》亦曰:"终日乾乾,至于夕惕犹若厉也。"而《风俗通义》中引《易》亦作"夕惕若厉"。考以上所引,可证明汉魏之人皆断此句作"夕惕若厉,无咎"。至宋,始断此句为"夕惕若,厉无咎"。通观止爻之意,当以汉人断句为妥。马王堆帛书《易经》"夕惕若厉"作"夕泥若厉"。案:"惕"为锡部字,"泥"为脂部字,"惕"在透母,"泥"在泥母,若非笔误和书写习惯所致,或古得通假。

"乾乾"，《广雅·释训》："乾乾，健也。"《文言·乾》释"乾乾"："因时而惕，虽危无咎矣！"今人高亨释"乾乾"为"勤勉努力"，此解于爻义较确。惕，《说文》："惕，敬也。"《广雅·释诂》："惕，惧也。"故"惕"字在此有敬惧之义。

亢龙有悔。（《乾》卦上九爻辞）

"亢"，古人解作"穷高"，"极高"。今人高亨解为"沆"，谓"池也"，并说"亢龙"为"池中之龙"。此解学界颇多歧见，并引起过争论。案：《说文》引孟喜古《易》作"忼龙有悔"，《九经字样》及《汗简》皆作"忼"，而帛书《易经》作"抗龙有悔"。朱骏声《说文通训定声》释"亢"字，指出"亢"字亦作"頏""肮""吭"；又与"远""抗"互假。考《说文》无"閌"字，《说文》："阬，阆也。阆，门高也。"故"閌"当为"阬"之或体字。《五经文字》："阬，门高。"《文选·吴都赋》"高闱有閌"，《西京赋》与《魏都赋》皆曰"高门有閌"。《西京赋》并注云"同伉"。可证"伉""亢""阬""閌"，古皆通假。《左传·宣公十三年》："而亢大国之讨。"《左传·宣公十五年》："结草以亢杜回。"杜注皆曰："亢，御也。"《文选·西京赋》："威慑兕虎，莫之取伉。"《隶辨》："亢，华山庙碑'礼与岱亢'，按：碑盖以'亢'为'抗'。"可证"亢""抗""伉"，古亦通用。故帛书《易经》作"抗"。又，《汉书·五行志·中》"炕阳失众""有炕阳动众之应"，此"炕阳失众"显然指"亢阳失众"，可证"亢"亦与"炕"通假。故"亢"字与"伉""忼""阬""炕""沆""抗""閌""頏""远""肮""吭"等，古皆通假。

因此，"亢龙有悔"，不仅可训为"池中之龙"有悔，亦可解为"閌"，谓"门高阻龙而有悔"，还可解为"抗"，谓"御龙有悔"等等，"亢"字之解，可谓多矣！然案之《周易》六十四卦三百八十四爻，凡拟之以物时，初爻之辞皆取象于下，反之，凡上爻之辞皆取象于上（详见《关于〈易〉象》）。据此，从易爻惯例来看，古人解《乾》卦上九爻"亢龙有悔"之"亢"字为"穷高""极高"等，正合易爻取象惯例，因而是正确的。因此，"亢"字之解，当以古人为是。

用九，见群龙无首，吉。（《乾》卦用九）

"用九"，帛《易》作"迵九"，"迵"即"通"，古"用""通"互假。《庄子·齐物论》："庸也者，用也；用也者，通也。"即其证。

☷ **坤：元亨，利牝马之贞。君子有攸往，先迷后得主。利西南得朋，东北丧朋。安贞吉。**（《坤》卦卦辞）

"利西南得朋，东北丧朋。"近人多断此句为"利，西南得朋，东北丧朋"。然案之《周易》经文，"利"字无单独为句者。又考《蹇》卦卦辞"利西南，不利东北，利见大人，贞吉"，《解》卦卦辞"利西南，无所往。其来复吉，有攸往，夙吉"等，其断句为"利西南"是明白无疑的。故此句应断做"利西南得朋"。

直方大，不习无不利。（《坤》卦六二爻辞）

此爻古人与今人都有疑"大"字为衍文者。理由是：《坤》卦诸爻辞，如初六之"履霜"，六二之"直方"，六三之"含章"，六四之"括囊"，六五之"黄裳"，上六之"玄黄"皆叶韵，又加《象传》《文言》皆不释"大"，故疑"大"字为衍文。然尚秉和先生曰："后儒见《象传》未言'大'，便疑'大'为衍文，然陆德明时，汉魏六朝本俱在，从无谓'大'字衍者，况《文言》引亦有'大'字乎！阴消至二《遁》，前承重阳，得主有利，故'不习无不利'。"（见《周易尚氏学》）尚氏此说极是。《文言》曰："'直'其正也，'方'其义也。君子敬以直内，义以方外，敬义立而德不孤，'直方大，不习无不利'。则不疑其所行也。"可证《周易》古本有"大"字。又，《集解》引荀爽曰："'大'者阳也，二应五，五下之动则应阳出'直'，布阳于四方，物唱乃合。不敢先有所'习'，阳三所唱，从而合之，'无不利也'。"《集解》又引干宝曰："臣贵其'直'，义尚其'方'，地体其'大'，故曰'直方大'。"可证陆德明、李鼎祚所见汉魏六朝之本亦有"大"字，而更为重要的是，帛书《易经》作为汉初古本亦有"大"字，可证"大"字绝非衍文。

"直方",《礼记·深衣篇》其《正义》引郑玄曰:"直也,方也,地之性。此爻得中气而在地上,自然之性,广生万物,故生动'直'而且'方'。"朱骏声《六十四卦经解》:"径行曰直行,横行曰方行。"按朱氏此说,正合郑玄之解。故可从之。

磐桓,利居贞,利建侯。(《屯》卦初九爻辞)

"磐桓",《释文》:"磐,本亦作盤,又作槃,马云'槃桓',旋也。"《隶释》张表碑作"磐桓利贞",仲秋下旬碑作"股桓辞病",《尚书·商书·盤庚》其熹平石经作"般庚"。《文选·南都赋》:"怨西荆之折盤。"注云:"折盤,舞貌。"可证"盤"有旋转之意。《列子·黄帝》云:"鲵旋之潘为渊。"《释文》:"旋作桓……盤桓也,一本作旋,谓盤旋也。"故"盤桓"之解,当以《释文》为确。

屯如邅如,乘马班如,匪寇婚媾,女子贞,不字,十年乃字。(《屯》卦六二爻辞)

"邅",《汉书·叙传·上》云"纷屯邅与蹇连兮",颜师古注云"《易·屯》卦二爻辞",可证汉人又作"邅"。帛书《易经》作"壇"。《广雅·释诂》:"邅,转也。"《释文》:"邅如,马云'难行不进之貌'。"案:《楚辞·大招》"下江湘以邅回"即其证。故"邅"在此应解作"转"。

"乘马班如。"班如,《释文》:"《子夏传》云'相牵不进貌',郑本作'般'。"案:"磐"与"般"既通假,可证"班如"亦有旋转不进之义。

即鹿无虞,惟入于林中,君子几,不如舍,往吝。(《屯》卦六三爻辞)

"鹿",《释文》:"王肃作'麓',云'山足'。"虞翻:"山足称麓,麓,林也。""鹿""麓"古通假,故《释文》与虞翻训"鹿"为"麓"。然考之《淮南子·缪称训》:"即鹿无虞,惟入于林中,夫施薄而望厚者,未之有也。"高诱注:"虞,欺也,鹿以喻民。"

由"鹿以喻民"看,可证西汉人解"鹿"为麋鹿,非"山足"之谓也。至三国时，仍有人从西汉之解。《三国志·陈琳传》："《易》称'即鹿无虞'，夫微物尚不可欺……"既称"鹿"为"微物"，可知亦解"鹿"为麋鹿。通观此爻文义，当以西汉之解为妥。

"君子几，不如舍。"舍，《释文》："徐音捨。"几，《释文》："近也。"古人多从《释文》解作"近"。依笔者管见，"几"，在此当读作"冀"，作企冀解。《汉书·五行志·中》："以成王之宝圭湛于河，几以获神助。"颜师古注："几，读曰冀。"《汉书·郊祀志·下》："将以望祀蓬莱之属，几至殊庭焉。"颜师古注："殊庭，蓬莱中仙人庭也。几，读曰冀。""天子犹羁縻不绝，几遇其真。"颜师古："几，读曰冀。"皆为其证。

"往吝"，此"吝"字《周易》经文中用之最多，计有"贞吝""小有吝""吝""君子吝""小吝""有它吝""终吝""往吝""往见吝""以往吝"等等。古今解《易》者一律解"吝"为悔吝。案：《说文》引孟喜古《易》作"往遴"，并云："遴，行难也。"《说卦》："坤为地……为吝啬。"《释文》释"吝"曰："京作遴。"《汉书·王莽传》："莽好空言，慕古法，多封爵人，性实遴啬。"可证古时"吝""遴"通用。古《易》中凡言"往吝""往见吝""以往吝"者，皆当作"行难"解，凡言"贞吝""小有吝""吝""君子吝""小吝""有它吝""终吝"者，皆谓悔吝之吝。不可强求一解。

䷃蒙：亨。匪我求童蒙，童蒙求我。初筮告，再三渎，渎则不告。利贞。（《蒙》卦卦辞）

"童蒙求我。"《释文》："一本作'来求我'。"案：《吕氏春秋·孟夏纪·劝学篇》高诱注："《易》曰'匪我求童蒙，童蒙来求我'，故往教之。"可知高诱所见《周易》古本为"童蒙来求我"。王弼注此曰："童蒙之来求我，欲决所惑也。"故王弼所据《周易》古本也有"来"字。王弼用费直古《易》，可证西汉费《易》之本有"来"字。然考之帛书《易经》，却无"来"字，亦作"童蒙求我"，由此可以证明，帛书《易经》与费直古文《易》，不是一个系统的本子。

"再三渎"，渎，帛书《易经》作"黩"。《释文》："渎，音独，乱也。"

郑云'亵也'。"《说文》引《易》作"黩",曰:"握持垢也。……《易》曰'再三黩'。"案:《论语·雍也篇》,其《释文》曰:"渎,今作黩。"可证古《易》亦作"渎",不作"黩"。

包蒙吉,纳妇吉,子克家。(《蒙》卦九二爻辞)

"包蒙,吉。"包,《释文》直接说:"郑云'苞'当作'彪',彪,文也。"可知《释文》所用《易》本作"苞"。京房、陆绩、一行作"彪"。唐石经作"苞蒙",《正义》云"包谓包含",古人多解"包"谓包容,然由"包蒙"与"纳妇"对文看,"包"字在此似有取纳之意。古"包"字亦有取义。《汉书·叙传》:"猗与元勋,包汉举信。"刘德注:"包,取也。"颜师古:"包汉,谓劝高祖且王汉中也。"亦有"取"义。故"包"字在此似以解作"取"为妥。

☲需,有孚,光亨,贞吉。利涉大川。(《需》卦卦辞)

"需",《释文》:"训养,郑读为'秀',解云:'阳气秀而不值前者,畏上坎也。'"《说文》:"䇓,待也,从立,须声。"《正义》:"需者,待也。"《本义》:"需,待也。"案:《象传》:"需于郊,不犯难行也。"亦有训"需"为停留等待之义。

"有孚",案之《周易》经文,共有三十九处卦爻辞用"孚"字。"孚"字古今人训释不一,今人有解作"俘"者,有解作"罚"者,古人多解"孚"字作诚信。《诗·大雅·下武》:"永言配命,成王之孚。""成王之孚,下士之式。"《诗·大雅·文王》:"仪刑文王,万邦作孚。"皆注"孚"为信。《左传·庄公十年》:"小信未孚,神弗福也。"杜注:"孚,大信。"此例甚多。朱骏声《六十四卦经解》:"孚,卵孚也,从爪从子……鸟之孚卵,皆为期不失,故转训为信。"通观《周易》言"孚"之卦辞及爻辞,还以训"信""诚"为宜。帛书《易经》作"复",有的卦爻辞,如《随》卦九四爻之"有孚在道",九五爻之"孚于嘉吉"等等,似不如帛本作"有复在道""复于嘉吉"等,于义更胜。

"光亨",光,在此作"广",古"光""广"通假。如:《彖·坤》:

"含弘光大，品物咸'亨'。"《象·坤》："'含章可贞'，以时发也；'或从王事'，知光大也。"《象·泰》："'包荒得尚于中行'，以光大也。"《象·涣》："'涣其群，元吉'，光大也。"《象·咸》："'憧憧往来'，未光大也。"其"光"皆作"广"字解。"光"亦有训为光明者，如《观》卦六四爻："观国之光，利用宾于王。"《未济》卦六五爻："贞吉，无悔。君子之光，有孚，吉。"

"利涉大川。"大川，大河。《左传·宣公十二年》："众散为弱，川雍为泽。"《庄子·大宗师》："冯夷得之，以游大川。"其《释文》释"大川"曰："河也，崔本作泰川。"皆其证。

《周易》六十四卦凡言"涉大川"者，有的卦卦中有坎，如《需》《讼》《涣》《未济》皆是。《谦》卦互卦出坎亦通，但是，如《同人》《蛊》《大畜》《颐》《益》《中孚》等卦亦言"涉大川"，卦中却无坎象。可知"大川"在《周易》作者的心目中，并非专指坎象，古人或硬以坎象解之，颇多不通之处。

"出自穴"；"入于穴。"（《需》卦六四爻及上六爻之辞）

"出自穴""入于穴"。《系辞》："上古穴居而野处。"穴，今人或解作山洞，按《汉书·郊祀志·上》："祭门、户、井、灶、中霤五祀。"韦昭注："古者穴居，故名室中曰中霤。"《诗·大雅·绵》："陶复陶穴，未有家室。"《淮南子·氾论训》："古者民泽处复穴。"高诱注："复穴，重窟也。"由此观之，"穴"并非专指山洞，主要指古人依地势挖的土洞或小土屋。

据半坡村文化遗址考古发掘，在仰韶文化前期，其房屋为半地穴式。龙山文化时期，房屋亦以半地穴式为主。皆可以证明"穴"是指依地势而挖的洞窟或者小土屋，并非专谓山洞。

☰☱ 讼，有孚，窒惕，中吉终凶。利见大人，不利涉大川。（《讼》卦卦辞）

"窒惕"，窒，《释文》："窒，马作'咥'，云'读为踬，犹止也'。郑云'咥，觉悔貌'。"虞翻作"窒"，云"塞止也"。案之本卦文义，当以

"觉悔"之解为妥。

不克讼，归而逋，其邑人三百户无眚。（《讼》卦九二爻辞）

"眚"，《释文》："《子夏传》云'妖祥曰'眚'，马云'灾也'，郑云'过也'。"案：《汉书·五行志·中》："甚则异物生，谓之眚。"通观《周易》经文之"眚"，似以解作灾异为妥。

或锡之鞶带，终朝三褫之。（《讼》卦上九爻辞）

"锡"，《尔雅·释诂》："锡，赐也。"《公羊传·庄公元年》："锡者何？赐也。"《仪礼·燕礼》注："古文'赐'作'锡'。"《左传·成公八年》："天子使召伯来赐公命。"《公羊传》《穀梁传》作"锡"，皆为其证。鞶带，《说文》："鞶，大带也。"《释文》："王肃作'鞶'。"荀爽曰："鞶带，宗庙之服。"指大夫以上受爵命所穿衣服系的大带。

"褫"，《说文》："褫，夺衣也。"《释文》："王肃云'解也'，郑本作'拕'。"案：《淮南子·人间训》："秦牛缺径于山中，遇盗，夺之车马，解其橐笥，拕其衣被……"高诱注："拕，夺也。"足证郑本作"拕"者，实因"拕""褫"义同而字异。

☷ 师：贞丈人，吉，无咎。（《师》卦卦辞）

"丈人"，《释文》："庄严之称，郑云'能以法度长于人'。"《集解》引崔憬曰："《子夏传》作'大人'。"有人据《乾凿度》："孔子曰：'《易》有君人五号也：帝者，天称也。王者，美行也。天子者，爵号也。大君者，与上行异也。大人者，圣明德备也。'"文中历举五号，独不及"丈人"，可证"丈人"当为"大人"之误。故李鼎祚也以为"《子夏传》作'大人'，是也"。然郑玄《易》本作"丈人"，并云"丈之言长能御众""以法度为人之长""谓天子诸侯主军者"。曹操所作《孙子兵法·序》："《易》曰：'师贞，丈人吉'。"可证曹操所见《易》本亦作"丈人"。案：《汉书·匈奴传》："我儿子安敢望汉天子，汉天子，我丈人行。"颜师古注："丈人，尊老之称也。"可证古有"丈人"之称，故"丈人"恐非"大人"之误。

师出以律，否臧凶。（《师》卦初六爻辞）

"否"，帛书《易经》作"不"。案："否"字，先儒多作"不"。故"否臧"即"不臧"。《诗·小雅·小旻》："谋臧不从，不臧复用。"即其证。《左传·宣公十二年》云："……知庄子曰：'执事顺成为臧，遂为否，众散为弱，川雍为泽，有律以如己也，故曰律，否臧且律竭也……'"可证，"否臧"即"律竭"，也就是没了乐律。古时行军作战，皆按乐律进退，此爻说律竭则凶。

田有禽。利执言，无咎。长子帅师，弟子舆尸，贞凶。（《师》卦六五爻辞）

"田"，田猎。"禽"，古人有两解：一、禽兽。王弼："故田有禽也，物先犯己，故可以执言而无咎也。"孔疏："犹如田中有禽而来犯苗，若往猎之则无咎过也。"二、擒获。《释文》："徐本作'擒'。"荀爽："谓二帅师禽五，五利度二之命，执行其言。"案之经文，凡擒获，《周易》经文称"获"不称"擒"，如：《解》卦九二爻："田获三狐，得黄矢，贞吉。"《巽》卦六四爻："悔亡，田获三品。"《随》卦九四爻："随有获，贞凶。有孚在道，以明何咎。"《离》卦上九爻："王用出征，有嘉折首，获匪其丑，无咎。"皆其证。又，《恒》卦九四爻："田无禽。"《井》卦初六爻："井泥不食，旧井无禽。"《比》卦九五爻："显比，王用三驱，失前禽，邑人不诫，吉。"再加本爻之"田有禽"，通观《周易》经文，"禽"字还以解作禽兽为妥。然而，既为禽兽，何以曰"利执言"？古人于此处亦很难解通。郭京《周易举正》谓王弼作"利执之"，"之"字行书向下引脚，类似行书"言"字，然荀爽曰："五利度二之命执行其言，故无咎也。"可证荀本作"言"不作"之"。其实，《周易》经文语多倒装，清人焦循在其《易话》中说："古人辞多倒装，《易》尤多此，如'见舆曳'。"通观此爻文意，"利执言"即"利言执"，恐一倒装语耳！

☷☵ 比：吉。原筮，元永贞，无咎。不宁方来，后夫凶。（《比》卦卦辞）

"原筮"，古人训释不一。有训"原筮"为再筮者，《尔雅·释言》："原，再也。"虞翻据此曰："原筮，再筮也。"《本义》同。另有训"原"为卜者，《集解》引干宝曰："原，卜也。《周礼》三卜，一曰原兆。""考之蓍龟，以谋王业。"《正义》又解"原筮"为"原，穷其情；筮，决其意"。王夫之解"原"为"本"。近人尚秉和曰："原者，田也。"并引《左传·僖公二十八年》"原田每每"为证，曰："高平曰原，《周礼·太卜》原兆注，原，原田也……原筮，犹言野筮也。"其实，干宝注"原"为"卜"，尚秉和注"原筮"为"犹言野筮"皆为误解《周礼·太卜》而出。案：《周礼·太卜》："太卜掌三兆之法，一曰玉兆，二曰瓦兆，三曰原兆。"郑玄曰："兆者，灼龟发于火，其形可占者。其象似玉、瓦、原之破裂。原，原田也。"很明显，"原兆"为龟卜的三兆之一，因其形犹如原田干旱而形成的裂纹，即"原之破裂"，故谓之"原兆"。卜用龟，筮用蓍，蓍草演卦何以能出现象征原田裂纹的"原筮"？若单据"原田"之"原"训为"野筮"，更是牵强附会。

按众解当以虞翻之解为妥。考《蒙》卦卦辞有"初筮告，再三渎"，可证古人有再筮之例，故训"原筮"为再筮，于卦义较确。

"元永贞。"今人高亨先生疑"元永贞"当为"元亨永贞"，并谓："元下当有亨字，《左传·昭公七年》引作'元亨'为证。""元下疑当有'亨'字，转写捝去。"并引《左传·昭公七年》之文，以为"今本《屯》卦卦辞有'元亨'而《比》卦卦辞有'元'无'亨'，此'元'下捝'亨'字之铁证"（见《周易古经今注》）。

然按之经文，《周易》称"元永贞"者，并不仅止《比》卦，《萃》卦九五爻亦曰："萃有位，无咎。匪孚，元永贞，悔亡。"若"转写捝去"，何以会如此之巧，两处经文都在"元"下捝字？此其一。

其二，考所引《左传·昭公七年》之文："卫襄夫人姜氏无子，嬖人婤姶生孟絷，孔成子梦康叔谓己：'立元！余使羁之孙固与史苟相之。'史朝亦梦康叔谓己：'余将命而子苟与孔烝鉏之曾孙圉，相元。'史朝见成子，告之梦，梦协。晋韩宣子为政聘于诸侯之岁，婤姶生子，名之曰'元'。孟絷之足不良，能行。孔成子以《周易》筮之，曰：'元尚亨卫国，主其社稷。'遇《屯》䷂又曰：'余尚立絷，尚克嘉之。'遇《屯》䷂之《比》䷇以示史朝，史朝曰：'元亨，又何疑焉？'成子曰：'非长之谓乎？'对曰：'康叔名之，可谓长矣，孟非人也，将不列于宗，不可谓长，且其繇曰'利建侯'，嗣吉，何建？建非嗣也。二卦皆云，子其建之。康叔命之，二卦告之，筮袭于梦，武王所用也。弗从何为！弱足者居，侯主社稷，临祭祀，奉民人，事鬼神，从朝会，又焉得居，各以所利，不亦可乎！'故孔成子立卫灵公。"

细读《左传·昭公七年》这段文字，史朝所云"元亨"者，仅指《屯》卦卦辞无疑，这由后面"且其繇曰'利建侯'"可证。因《屯》卦卦辞曰："元亨利贞，勿用有攸往，利建侯。"其初六爻亦曰："磐桓，利居贞，利建侯。"《比》卦卦辞中绝无"利建侯"之语。所谓"二卦皆云，子其建之"一句，仅指《屯》《比》两卦卦辞中皆有"元"字，是让孔成子立婤姶之子"元"，并非指"元亨"，这由下面"康叔命之，二卦告之，筮袭于梦"可证。"康叔命之"，显然指前文"孔成子梦康叔谓己：'立元'"。"二卦告之"，指《屯》《比》两卦卦辞中都有"元"字，"筮袭于梦"，指两卦卦辞中都有"元"字，正与孔成子、史朝的梦符合。

所以，在《左传·昭公七年》这段文字中，绝未说《比》卦卦辞为"元亨"。所谓"二卦皆云"是指"元亨"，实为误解此段文意而出。故《左传·昭公七年》之证，不足为凭，更不足以做"铁证"。此为先生智者一失之处，因事关改动经文，故须订正于此。

其三，考帛书《易经》，其《比》《萃》两卦亦皆作"元永贞"，与今本同，无作"元亨永贞"者，此亦"元"下未脱"亨"字之确证。

"不宁方来。"不宁，不安。方来，并行而来。按《荀子·致士篇》："莫不明通，方起以尚尽矣！"杨注："方起，并起。"《汉书·扬雄传》云"虽方征侨与握佺兮"，颜师古注："方谓并行也。"《列子·黄帝篇》："覆却万物方陈乎前而不得入其舍。"俞樾曰："方，并也。"皆其证。古人或解"方"为方且，不妥。

有孚盈缶，终来有它，吉。（《比》卦初六爻辞）

"有孚盈缶。"缶，盆。《汉书·五行志》："季桓子穿井，得土缶。"颜师古注："缶，盎也，即今之盆。""有孚盈缶"，古人有解作甘雨满盆者，《后汉书·鲁恭王传》："《易》曰：'有孚盈缶，终来有它吉。'言甘雨满我缶，诚来有它而吉已！"汉人解此句作"甘雨满我缶"，可证"有孚盈缶"为比喻之辞。

"终来有它。"它，《释文》："本亦作他"，古人多从《释文》。因"它""蛇"古亦通假，故近人尚秉和先生以为"它，古蛇字"（见《周易尚氏学》）。按之经文，《大过》卦九四爻："栋隆吉，有它，吝。"《中孚》卦初九爻："虞吉，有它，不燕。"通观《中孚》《大过》爻义，还以解"它"为"他"，作"意外情况"为妥。帛书《易经》本爻"它"字作"池"，这是因为古"它"与"他"相同，故又可借为"陀"。"池"字乃"沱"的变体，故"池""它"亦可通。作"池"与"它"，义实相同。

显比，王用三驱，失前禽，邑人不诫，吉。（《比》卦九五爻辞）

"王用三驱，失前禽。"三驱，先儒主要有两说：（一）《汉书·五行志》："登车有和鸾之节，田狩有三驱之制。"颜师古注："谓田狩三驱也，三驱之礼，一为乾豆，二为宾客，三为充君之庖也。"《释文》亦曰："郑作'歐'，马云：三驱者，一曰乾豆，二曰宾客，三曰君庖。"（二）王弼据郑玄之义曰："夫三驱之礼，禽逆来趣己则舍之，背己而走则射之，爱于来而恶于去也。故其所施常失前禽也。"孔疏："王用三驱失前禽者，此假田猎之道以喻亲比之事，凡三驱之礼，禽向己者则舍之，背己则射之，是失于前禽也。"程氏《易传》："三驱之礼，乃礼所谓天子不合围也，成汤祝纲是其义也，天子之数，合其三面，前开一路，使之可去……禽兽前去者皆免矣，故曰'失前禽'。"由经文"失前禽"看，"三驱"之解，当以后说为妥。再案：《左传·桓公四年》："春，正月，公狩于郎。"杜注："冬猎曰狩。行三驱之礼。"其《正义》引郑注："禽在前来者，不逆而射之，旁去又不射，唯背走者顺而射之，不中则已，是皆所以失之。"

复自道，何其咎，吉。（《小畜》卦初九爻辞）

"复自道"，《周易》经文言"自"者，除本爻之外，尚有《需》卦九四爻："需于血，出自穴。"《夬》卦卦辞："扬于王庭，孚号有厉，告自邑，不利即戎，利有攸往。"《睽》卦初九爻："悔亡，丧马勿逐，自复，见恶人无咎。"《坎》卦六四爻："樽酒簋，贰用缶，纳约自牖，终无咎。"《泰》卦上六爻："城复于隍，勿用师，自邑告命，贞吝。"《大有》卦上九爻："自天佑之，吉无不利。"《比》卦六二爻："比之，自内贞吉。"《姤》卦九五爻："以杞包瓜，含章，有陨自天。"及本卦卦辞："密云不雨，自我西郊。"共十处之多。考其义，皆同于现代汉语的"自"字。"道"，古人多解作道路，然由其九二爻"牵复，吉"看，"道"字在此应该读作"导"字。古"道""导"通。《论语·学而篇》："子曰：'道千乘之国，敬事而信，节用而爱人，使民以时。'"《论语·为政篇》："子曰：'道之以政，齐之以刑，民免而无耻；道之以德，齐之以礼，有耻且格。'"其"道"皆读"导"。《汉书·五行志》云"所以道容貌也"，"貌不道容而言不昭矣"，颜师古注："道读曰导，其下并同。"《汉书·地理志》："痛乎，道民之道，可不慎矣！"颜师古注："上道读曰导。"《汉书·沟洫志》："它小渠及陂山通道者，不可胜言也。"颜师古注："道，引也。道读曰导。"皆为其证。又考《荀子·大略篇》："《易》曰：'复自道，何其咎。'《春秋》贤穆公，以为能变也。"这里，荀子引用这段《易》文，说明秦穆公不听蹇叔规谏而败于晋，事后自己总结经验教训，所以《春秋》给予赞扬。显然荀子也解"自道"为"自导"。《春秋繁露·玉英篇》："鲁桓忘其忧而祸逮其身，齐桓忧其忧而立功名。推而散之，凡人有忧而不知忧者，凶。有忧而深忧之者，吉。《易》曰：'复自道，何其咎。'此之谓也。"通观此段文义，亦解"自道"为"自导"。据上所考，此爻之"复自道"，应解作"复自导"。

舆说辐，夫妻反目。（《小畜》卦九三爻辞）

"舆说辐"，辐，《释文》："音福，本亦作輹，音服，马云'车下缚也'，郑云'伏菟'。"考《说文》解"輹"作"车轴缚也"，并引《易》文"舆说輹"为证。《说文》解"辐"作"轮轑"，而未引《易》文"舆说辐"为证。可知汉人作"輹"不作"辐"，与《大畜》卦九二爻"舆说輹"及《大壮》卦九四爻"壮于大舆之輹"正同。"轮轑"是指车轮里的老式木辐条，以理推想，即便车轮破裂，它也不可能全部脱掉。輹，《释文》又称"伏菟"。《左传·僖公十五年》云"车说其輹"，杜预注："輹，车下缚也。"《正义》引《子夏传》："輹，车下伏兔也。今人谓之车屐，形如伏兔，以绳缚于轴，因名缚也。"案：《释名·释车》云"屐似人屐也"，"伏兔在轴上似之也"，"輹，輹伏也，伏于轴上也"。再案之《大畜》卦九二爻："舆说輹。"《释文》曰："《释名》云：輹，似人屐。又曰伏菟，在轴上似之，又曰輹，伏于轴上。"对比前面《释名·释车》原文与《释文》所引者，可证陆德明视"屐""伏菟""輹"为一物，都是輹，故他引《释名·释车》之文，皆以"輹"字代"屐""輹"，亦可以证明，《左传正义》引《子夏传》之解为确。

有孚挛如，富以其邻。（《小畜》卦九五爻辞）

"有孚挛如"，《周易》称"有孚挛如"者，除本爻外，《中孚》卦九五爻亦曰："有孚挛如，无咎。"挛，《释文》："马云'连也'……《子夏传》作'恋'，云'思也'。"古"恋""挛"通假。《汉书·外戚传·孝武李夫人传》："上所以挛挛顾念我者，乃以平生容貌也。"颜师古注："挛，又读曰恋。"《隶释·景君碑》其"挛"作"恋"，皆其证。《说文》："挛，系也。"

"富以其邻"，以，虞翻："以，及也。"《广雅》："以，与也。"《列子·汤问篇》："鬼妻不可以同居处。"《墨子·节葬篇》作"与"，此即其证。故古人多解此句作"不独富贵，与邻同富"。今人有解"以"作"因"者，谓"以掠夺邻国或邻邑而致富"，考之经文自身，《周易》言"以其"者共七爻，计《泰》卦初九爻："拔茅，茹以其汇，贞吉。"六四爻："翩翩，不富以其邻，不戒以孚。"《否》卦初六爻："拔茅，茹以其汇，贞吉。"《谦》卦六五爻："不富以其邻，利用侵伐，无不利。"《复》卦上六爻："迷复凶，有灾眚，以其国君凶，至于十年不克征。"《鼎》卦初六爻："鼎颠趾，利出否，得妾以其子，无咎。"再加之本爻之辞，统观七爻"以其"之用，还以古人之解为妥。

既雨既处，尚德载妇，贞厉，月几望，君子征凶。（《小畜》卦上九爻辞）

"既雨既处"，既，已。《诗·小雅·楚茨》云"既醉既饱，小大稽首"即其证。处，古人多解作"止"。然通观此爻文义，"处"字当为审度衡量。《淮南子·兵略训》："相地形，处次舍，治壁垒，审烟斥。"《吕氏春秋·有始览》中也说"皆当察其情，处其形"可证。"处"字有审度之义。此言天已雨，因雨已作了审度。

"尚德载妇"，德，《集解》及虞翻与《子夏传》皆作"得"。案：帛书《易经》亦作"得"，可证古本作"得"。此言尚可以载妇。

"月几望"，《周易》经文称"月几望"者，除本爻外，尚有《归妹》卦六五爻："帝乙归妹，其君之袂，不如其娣之袂良。月几望，吉。"《中孚》卦六四爻："月几望，马匹亡，无咎。"

本爻"月几望"，几，《释文》："徐音'祈'，又音'机'，注同。《子夏传》作'近'。"《中孚》卦"月几望"，《释文》："音'机'，又音'祈'，京作'近'，荀作'既'。"《归妹》之"月几望"，《释文》："音'机'，又音'祈'，荀作'既'。"由《小畜》《中孚》《归妹》三处《释文》之注，可证"近""几""既"皆古同声相借之字。故孟喜、一行皆作"既望"，系指每月十六日。案之纳甲，十六日旦，巽象退辛，所以，虞翻注此爻曰："坎月离日，坎离相望，兑西震东，日月象对。"

䷉履虎尾，不咥人，亨。（《履》卦卦辞）

履，卦名。此卦卦名与卦辞相连。"履"字在此有三义：一、《说文》："履，足所依也。"《正义》："履谓履践也。"故"履"有践履之义。如卦辞之"履虎尾"即是。二、帛书《易经》此卦"履"字皆作"礼"。故《系辞》称"履和而至""履以和行"，《序卦》则曰"物畜然后有礼，故受之以履"。故"履"又有"礼"义。本卦九二爻"履道坦坦，幽人贞吉"；九五爻"夬履，贞厉"；上九爻"视履考祥，其旋元吉"即是。三、"履"字又作鞋子讲。如本卦初九爻之"素履"即是。然而，"素履"之解古人众说不一：有解"素"为始，"素履"即始履者；有解"素履"为布衣之士者等等。然考众说，皆不如近人高亨之说为妥。高亨先生引《周礼·屦人》："掌王及后之服屦，为赤舄，黑舄，赤繶，黄繶，青句，素屦，葛屦。"《仪礼·士冠礼》："素积白屦。"是古人有素屦之证（见《周易古经今注》)，高亨先生此解甚确。按《诗·小雅·大东》："纠纠葛屦，可以履霜。"《诗·国风·葛屦》："纠纠葛屦，可以履霜。"皆可证《周礼·屦人》之说。古既有"葛屦"，必有"素屦"，故"素履"系指鞋子无疑。

"不咥人，亨。"咥，《释文》："齧也，马云'龁'。"案：《文选·西征赋》："履虎尾而不噬。"李善注："《周易》：'不咥人，亨。'郑玄注本为'噬'。噬，齧也。"可知古本"咥"又作"噬"。《淮南子·修务训》："龁咋足以噬肌碎骨。"高诱注："龁，齧也。"可证"咥""噬""龁"皆解作"齧"。

帛书《易经》作："不真人，亨。"考《广雅·释言》："真，是此也。"王念孙曰："诸书无训'真'为此者，各本真字皆书作真……当是'直此是也'之讹。'直'为是正之是，'此'为如是之是。《说文》'是，直也'是其证矣。或曰，当作'直是正也'。《说文》，'直，正见也''正，是也'。"按王氏断"真"乃"直"字之讹，非是。由帛书《易经》此爻作"不真人"考之，若非笔误和书写习惯所致，显然"真"与"直"古可互假。"不真人"实读作"不直人"，"直"与"咥"，"是"与"噬"皆以同音通假耳！故《广雅·释言》作"真"，并"各本'真'字皆书作'真'"，可见"真"字并非"直"字之讹，而正是古"真""直"互通之证。

据《集解》引荀注："谓三履二也，二五无应故无'元'，以乾履兑故有通，六三履二非和正，故云'利贞'也。"可证荀本"亨"下还有"利贞"二字，其卦辞当为："履虎尾，不噬人，亨。利贞。"荀爽、马融传西汉费直《易》，案《汉书·艺文志》："刘向以中古文《易经》校施、孟、梁丘经，或脱去'无咎''悔亡'，唯费氏经与古文同。"今本少"利贞"二字，是否即当初脱掉的"无咎""悔亡"之类？是不是应据荀本再加

"利贞"二字才能"与古文同"？

笔者以为，《周易》经文的加字或减字，应是一件极为慎重的事情。如无确证，切不可随便以自己臆度改字读经，故荀爽虽有此说，因系孤证，不可轻信。且帛书《易经》此爻就与今本同，并无"利贞"二字，足证不可轻信荀本。

眇能视，跛能履。履虎尾，咥人凶，武人为于大君。（《履》卦六三爻辞）

"眇能视，跛能履"，《集解》作"眇而视，跛而履"。其"能"字皆作"而"字，古"能""而"互通。案：《淮南子·原道训》："用弱而强，转化推移，得一之道，而以少正多。"高诱注："而，能也。"《墨子·天志篇》："少而示之黑谓黑，多示之黑谓白，少能尝之甘谓甘，多尝之甘为苦。"亦"能""而"互通之证。"眇"字近人有据《释文》解作"目盲"者，其实，《释文》于"眇"字有两解。《释文》："《书》云'盲也'，《说文》云'小目'。"按《说文》："眇，一目小也。"考"眇"字其文为"目""少"，古"小""少"通用，可证《说文》之解为确。故"眇"字应指偏盲，此正与下文"跛能履"相对，若"眇"为"目盲"，则何以能"视"？正如全瘫不能"履"一样，故虞翻注此句曰："离目不正，兑为小，故眇而视。"《正义》："眇目自谓能视，不足为明也，以此履践，犹如跛足自谓能履，不足与之行也。"由"离目不正""不足为明"看，亦解"眇"字为偏盲，乃从《说文》之解。

履虎尾，愬愬终吉。（《履》卦九四爻辞）

"愬愬终吉"，愬愬，《释文》："《子夏传》云'恐惧貌'，何休注《公羊传》云'惊愕也'，马本作'虩虩'……云'恐惧也'。"《说文》"虩"字引《易》曰："履虎尾，虩虩恐惧。"其说正与马本同。案：《震》卦卦辞："震来虩虩。"《释文》曰："马云'恐惧貌'，郑同，荀作'愬愬'。"可知"愬""虩"二字义近互假。皆指恐惧之貌。

视履考祥，其旋元吉。（《履》卦上九爻辞）

"视履考祥"，祥，《释文》"本亦作详"。此字古人解释不一，有从《释文》作"详"字解者，指详细周密。有解作征兆者，还有解"祥"为"善"者。按《文选·东京赋》："卜征考祥，终然允淑。"注曰："征，巡行也。考，问也。"其解"祥"显然为征兆。《汉书·王莽传》："以土填水，匈奴灭亡之祥也。"亦以"祥"为征兆。由该爻下文"其旋元吉"看，亦以解"祥"为吉凶之征兆为妥。

"其旋元吉"，旋，《说文》："旋，周旋。旌旗之指麾也。""旋"字在此有返归之义。《诗·小雅·黄鸟》："言旋言归，复我邦族。"《诗·国风·载驰》："既不我嘉，不能旋返。"皆为其证。

拔茅，茹以其汇，征吉。（《泰》卦初九爻辞）

"茹以其汇"，古人多断此句为"拔茅茹，以其汇"。考《续后汉书·五行志》："按《易》曰：'拔茅，茹以其汇，征吉。'茅，喻群贤也。"观此文章，显然汉人以"拔茅"为句，"茹以其汇"为另一句。茹，《释文》："牵引也，王肃音如。"《汉书·刘向传》："在下则思与其类俱进，《易》曰：'拔茅，茹以其汇，征吉。'在上则引其类，在下则推其类。"可证《释文》解"茹"字为"牵引"，正合《汉书》之解。郑玄断此句曰："拔茅，茹以其夤征，吉。"郑氏以"汇（彙）"作"夤"，并注云："夤，勤也。"按"汇（彙）"字古人有多解。帛书《易经》作"茹以其胃"。《释文》："音胃，类也，付氏注云'彙，古伟字，美也'，古文作'𦱤'，董作'夤'，出也。郑云'勤也'。"然而多数解"汇"为类。笔者管见，统观此爻文义，"汇"字在此有茂盛之意，似应解作茂盛。《汉书·叙传》："形气发于根柢兮，柯叶汇而灵茂。"颜师古注："汇，盛也。"此即其证。古人极重先兆，此爻恐言人拔茅草，茅草繁茂，预示出征打仗则吉。

包荒，用冯河。不遐遗，朋亡，得尚于中行。（《泰》卦九二爻辞）

"包荒，用冯河。"包，古人多解作包容，然若解作包容，似与下面

"用冯河"文意不协。由"用冯河"看,"包"字在此有行取之义("包"字为取之证,见《蒙》卦)。荒,《释文》:"本亦作'巟',音同。郑注《礼》云'秽也',《说文》'水广也'。又,大也。郑读为'康',云'虚也'。"虞翻:"巟,大川也。"《说文》亦引作"巟"。细研此爻之文,"包荒"与"冯河"相对,在《周易》作者的心目中,可能"荒""河"是一回事,故考之诸解,"荒"字以虞翻解作"大川"为最妥。冯河,《尔雅·释训》:"冯河,徒涉也。"虞翻:"冯河,涉河。"《集解》引《九家易》:"冯河而上,不用舟航。"皆其证。

"不遐遗",虞翻:"遐,远;遗,亡也。"《集解》引《九家易》:"道虽辽远,三体俱上,不能止之,故曰'不遐遗'。"《正义》:"用心弘大,无所遐弃,故曰'不遐遗'也。"

"朋亡",古人多解作朋友失去,但与上下文义很难贯通。帛书《易经》中"朋亡"作"弗忘",案:"弗忘"正与"不遐遗"文协,故应从帛书作"弗忘"。

"得尚于中行",案《易》称"中行",除本爻外,尚有《复》卦六四爻"中行独复",《益》卦六三爻"益之用凶事,无咎。有孚,中行告公用圭"。六四爻"中行告公从,利用为依迁国"。《夬》卦九五爻"苋陆夬夬,中行无咎"。由"中行独复""中行告公用圭""中行告公从"看,"中行"有行走之义无疑。《尔雅·释宫》:"行,道也。"但古人于"中行"却注释甚少。唯《汉上易传》引郑氏注《复》卦六四爻"中行独复"曰:"爻处五阴之中,度中而行,四独应初。"由此看,其注"中行"为"度中而行"。据此,我们解"中行"为在道路正中行走。总起来,此爻乃说行取大川,足涉长河,不因偏远而有遗弃或忘记,从道路的正中前去,将得到赏赐。

翩翩,不富以其邻。不戒以孚。(《泰》卦六四爻辞)

"翩翩",今本《周易》作"翩翩",《释文》所见古本作"篇篇",并云:"《子夏传》作'翩翩',向本同,云'轻举貌'。古文作'偏偏'。"《释文》所据为王弼本,则王弼本当作"篇篇"。翩翩,鸟飞之貌。《诗·

颂·泮水》："翩彼飞鸮，集于泮林。"《诗·小雅·四牡》："翩翩者雏，载飞载下。"《诗·小雅·南有嘉鱼》："翩翩者雏，烝然来思。"《文选·魏都赋》："翩翩黄鸟，衔书来讯。"皆为其证。虞翻："二五变时。四体离飞，故'翩翩'。"亦解"翩翩"为飞。然由此爻文义思之，"翩翩"在此当喻往来轻浮的样子。《诗·小雅·巷伯》："缉缉翩翩，谋欲谮人。"即其义。

帝乙归妹以祉，元吉。（《泰》卦六五爻辞）

"帝乙归妹以祉"，"帝乙"，先儒有二说：一、虞翻："震为帝，坤为乙，'帝乙'，纣父。'归'，嫁也。"按《左传·哀公九年》："微子启，帝乙之元子也……若帝乙之元子，归妹而有吉禄。"——此即虞注之本。二、在虞翻之前，西汉人解"帝乙"谓"汤之归妹"。《子夏传》："谓汤之归妹也。"京房载汤嫁妹之辞曰："无以天子之尊而乘诸侯，无以天子之富而骄诸侯。阴之从阳，女之顺夫，本天地之义也，往事尔夫，必以礼义。"《易纬·乾凿度》："泰者，正月之卦也……因此以汤之嫁妹能顺天地之道。""自成汤至帝乙，帝乙，汤之玄孙之孙也。此帝乙即汤也，殷录质以生日为名，顺天性也，玄孙之孙，外绝恩矣，同以乙日生，疏可同名。汤以乙生，嫁妹本天地，正夫妇，夫妇正，王道兴矣。故曰《易》之帝乙为成汤，《书》之帝乙六世王，同名不害以明功。"至东汉，仍宗此说。《白虎通·姓名篇》："《易》曰帝乙谓成汤。《书》曰帝乙，谓六代孙也。"《后汉书·荀爽传》："《易》曰：'帝乙归妹，以祉元吉。'妇人谓嫁曰'归'，言汤之娶礼归其妹于诸侯也。"由以上所考来看，帝乙为成汤之说，自西汉至东汉，皆有传授，恐亦言之有据。故谁是此爻"帝乙"，确有待于进一步考证。

城复于隍，勿用师，自邑告命，贞吝。（《泰》卦上六爻辞）

"城复于隍"，隍，《释文》："音皇，城堑也。子夏作'堭'，姚作'湟'。"帛书《易经》亦作"湟"。虞翻："隍，城下沟。无水称隍，有水称池。"《说文》同此解。故后人皆据《说文》从虞注。笔者疑此注恐有不确之处。考《文选·南都赋》："流沧浪而为隍，廓方城而为墉。"李善注云:"沧浪水在襄阳府,均州北。"可证有水亦可称"隍"。又,《释文》既云"姚作'湟'",帛书《易经》亦作"湟"。可证"隍"亦可以有水。

"自邑告命",近人尚秉和谓:"邑,挹之省文。挹,损也。言自挹其告命,如后世之下诏罪己也。"通观此爻文义,尚氏此说是也。

有命,无咎,畴离祉。(《否》卦九四爻辞)

"畴离祉",畴,《集解》引《九家易》曰:"畴者,类也。"朱骏声谓:"'畴''俦'通,类也。"① 朱氏此解甚确。尚秉和引《荀子·劝学篇》"草木畴生",注谓"畴同俦",并云"《汉书·韩信传》'其畴十三人'义亦同俦。俦,众也。"② 离,《集解》引《九家易》曰:"阴类皆离祉也。离,附。祉,福也。阴皆附之,故曰有福。"

休否,大人吉。其亡其亡,系于苞桑。(《否》卦九五爻辞)

"其亡其亡",其,王引之曰:"其,犹将也。"

"系于苞桑","苞桑",古人主要有两解:一、解"苞桑"为植桑固本者。《集解》引《九家易》:"桑者上玄下黄,以象乾坤也。乾者在上,坤体在下,虽欲消乾,系其本体,不能亡也。"《文选·六代论》:"《易》曰:'其亡,其亡,系于苞桑。'周德其可谓当之矣!"李善注曰:"郑玄曰'苞,植也'。否世之人,不知圣人有命,咸云'其将亡矣,其将亡矣'。而圣乃自系于植桑不亡也。王弼曰:'心存将亡,乃得固也。'"《潜夫论·思贤篇》:"《易》称'其亡,其亡,系于苞桑'。是故养寿之士,先病取药,养世之君,先乱任贤,是以身常安而国永永也。"《集解》引陆绩曰:"包,本也。言其坚固不亡,如以巽绳系也。"二、解"苞桑"作丛桑条。朱骏声《六十四卦经解》:"又丛生也,无主干之名,言苞桑微弱,不堪重系也。与《诗》'苞杞苞栩'同。苞,积也,谓条也。""苞谓蘖余,亦脆弱之物。"案:《系辞》:"危者安其位也,亡者保其存也,乱者有其治也。

---

① 见《六十四卦经解》。
② 见《周易尚氏学》。

是故君子安而不忘危，存而不忘亡，治而不忘乱。是以身安而国家可保也。《易》曰：'其亡，其亡，系于苞桑。'"

考以上两解，当以汉人之说合于《系辞》，故从之。估计此爻说的是一段古代故事：国家遇灾年将要危亡，幸亏修农桑保本而未亡。

公用亨于天子，小人弗克。（《大有》卦九三爻辞）

"亨"，《释文》："京云'献也'，干云'亨，宴也'，姚云'享，祀也'。"《本义》："亨，《春秋传》作享，谓朝献也。古者，亨通之亨，享献之享，烹饪之烹，皆作亨字。"

按除本爻外，《随》卦上六爻有"王用亨于西山"，《益》卦六二爻有"王用亨于帝"，《升》卦六四爻曰"王用亨于岐山"。此四处之"亨"字，皆当读作"享"。《左传》中"亨""享"二字通用，帛书《易经》作"芳"。"芳""享"同为阳部字，可通假。

匪其彭，无咎。（《大有》卦九四爻辞）

匪，非。彭，《释文》曰："子夏作'旁'，干云'彭亨骄满貌'。王肃云'壮也'，虞作'尪'……"

按《诗·国风·载驱》："汶水汤汤，行人彭彭。"《诗·小雅·出车》："出车彭彭，旂旐央央。"及《诗·大雅·烝民》"四牡彭彭"等等，皆解作多貌及众盛貌。《广雅·释训》："彭彭炭炭……盛也。"故"彭"有"盛""大"之义，此爻谓处大有之际，能不以盛大骄人，则可无咎。

无不利，㧑谦。（《谦》卦六四爻辞）

"㧑"，《释文》"义与麾同"，先儒多解作发挥谦退，然连斗山："㧑之为意，乃以手却物之象。"俞琰："㧑谦者，以手㧑却九三，而辞退其承己。"今人徐志锐发挥连斗山、俞琰之说，以为："㧑，为挥手，有如别人称道六四为谦，而六四摆手表示不敢承当这一美名。"[1] 此说甚确，应从之。

---

[1] 《周易大传新注》。

盱豫，悔；迟有悔。（《豫》卦六三爻辞）

"盱"，《释文》："盱盱，小人喜悦之貌。王肃云'盱，大也'，郑云'夸也'。子夏作'纾'，京作'汙'。姚作'旴'，云日始出，引《诗》'旴日始旦'。"帛书《易经》作"杅"。《集解》引向秀曰："盱盱，小人喜悦佞媚之貌也。"

按《庄子·寓言篇》："老子曰：'而睢睢盱盱，而谁与居？'"《汉书·王莽传》："盱衡厉色，振扬武怒。"孟康注："盱衡，举眉扬目也。"《文选·魏都赋》："其容乃盱衡而诰。"亦注"盱，张目也"。结合《说文》释"盱"为张目，释"睢"为仰目，则小人得势盱睢之状亦可想见矣！

由豫，大有得，勿疑朋盍簪。（《豫》卦九四爻辞）

"簪"，《释文》："《子夏传》云'疾也'，郑云'速也'……京作'撍'，马作'臧'，荀作'宗'，虞作'戠'，戠，丛合也。"

按《说文》："兂，首笄也。"段玉裁称："竹部曰'笄，簪也'。二字为转注，古言'笄'，汉言'兂'，此谓今人之'兂'，即古之'笄'也。古经典无'簪'字，惟《易·豫》九四'朋盍簪'，郑云'速也'，实'寁'之假借字……'寁''主寁'同字，京作'撍'。经文之'簪'字，古无释为'笄'者。又《士丧礼》……以爵弁服簪衣于裳，注云：'簪，连也。'然则此实'鐕'之假借字。"

然考之《仪礼·士冠礼》："皮弁笄，爵弁笄。"郑注："笄，今之簪。"此注足证段氏所谓"经文之'簪'字，古无释为'笄'者"是不确的，亦可证"簪"乃汉时之名，而《释文》所谓"郑云'速也'"，恐引《仪礼·士丧礼》"郑注'簪，连也'"。后人转抄"连"字，误为"速"字，故郑玄实解"簪"为"连"，与虞翻作"戠"谓"丛合"，其义一致。故"朋盍簪"之义，正如《集解》引侯果之说："朋从大合，若以簪笄之固括也。"帛书《易经》此爻"朋盍簪"作"朋甲逸"，古人以甲为首，"逸"即"鑞"之假借，乃指针，"甲逸，即头上之针，实与"簪"义同，"逸""簪"音近义同，故可互假。

先甲三日,后甲三日。(《蛊》卦卦辞)先庚三日,后庚三日。(《巽》卦九五爻辞)

巳日乃孚。(《革》卦卦辞)巳日乃革之。(《革》卦九三爻辞)

古人于"先甲""后甲""先庚""后庚"等做过种种解释:《集解》引《子夏传》:"'先甲三日'者,辛壬癸也。'后甲三日'者,乙丙丁也。"郑玄曰:"甲者,造作新令之日。甲前三日,取改过自新,故用'辛'也。甲后三日,取丁戒之义。故用丁也。"《集解》又引马融曰:"甲在东方,艮在东北,故云'先甲',巽在东南,故云'后甲'。所以十日之中唯称甲者,甲为十日之首,蛊为造事之端。故举初而明事始也。"虞翻又以"月体纳甲"为解:"初变成乾,乾为甲。至二成离,离为日。谓乾三爻在前,故'先甲三日',《贲》时也。变三至四体离,至五成乾,乾三爻在后,故'后甲三日',《无妄》时也。"

至《本义》,则取《子夏传》及郑玄之说,谓"'先甲三日',辛也,'后甲三日',丁也。"

"先庚三日,后庚三日。"虞翻仍用"纳甲"之说为解:"震庚也,谓变初至二成离,至三成震,震主庚,离为日,震三爻在前,故'先庚三日',谓:《益》时也。动四至五成离,终上成震,震爻在后,故'后庚三日'也。"王弼曰:"申命令谓之'庚'……先申三日,令著之后复申三日,然后诛而无咎怨矣。'甲''庚'皆申命之谓也。"《本义》:"'先庚三日',丁也。'后庚三日',癸也。'丁'所以丁戒于其变之前,'癸'所以揆度于其变之后。"

按"蛊",帛书《易经》作"箇"。《说文》:"箇,竹枚也。"《方言》:"箇,枚也。"今人周立升认为:"盖古人占筮之工具。最初当用竹,其后分用蓍草,巫以竹占卜,故筮从竹从巫。"并引《楚辞·离骚》王逸注,证明楚人"结草折竹以卜"(《帛〈易〉六十四卦刍议》载《文史哲》1986年第四期)。

周氏此说甚是。案:《系辞》:"乾之策二百一十有六。"其"策"字即从竹。《巽》卦的"巽"字,帛书《易经》作"筭",《说文》:"筭,长六寸。所以历数者，从竹弄，言常弄乃不误也。"《汉书·律志》："其筭法用竹，径一分，长六寸。"此皆可作"竹以卜"的补证。《节》卦卦辞："节亨，苦节不可贞。"此"苦节"古人做过种种解释，皆使人感到牵强附会。帛书《易经》作"枯节"，"节"字从竹。"枯节"是说竹枚的竹节枯朽了，因而不可用以占筮，故曰"不可贞"。

由帛书《易经》之"蛊"作"箇"，为竹枚，"巽"作"筭"，从而揭示了《蛊》《巽》两卦都是具体谈占筮的，故《蛊》卦卦辞有"先甲三日，后甲三日"，而《巽》卦其爻辞，除有"先庚三日，后庚三日"外，又有"巽在床下，用史巫纷若""巽在床下，丧其资斧，贞凶"等等，作其补证。此足证《周易》作者早已将天干纳入其占筮中了，故后人多以《左传》《国语》筮例中无干支之数，便断言古筮法不用天干地支，其实不确。除《蛊》《巽》两卦之外，《革》卦卦辞有"巳日乃孚"，六二爻有"巳日乃革之"，九三爻称"革言三就"，九五爻曰"未占有孚"等等，考帛书《易经》"革"字皆作"勒"，《系辞》讲解占筮时称"归奇于扐以象闰"，"再扐而后卦"，"扐"即"勒"，故《革》卦之"革"字，以从帛书《易经》作"勒"于义更胜。"巳日乃勒之""勒言三就""未占有孚""巳日乃孚"等等，显系亦指占筮。

总之，笔者管见：《蛊》《巽》《革》三卦，当依帛书《易经》作《箇》《筭》《勒》，于义更胜。因为"箇"乃竹枚，"筭"即是衍算，"勒"指具体演算之法，所以这三卦卦爻辞中才出现了"先甲""后甲""先庚""后庚"及"巳日"等，此足以说明古人筮法演算中早已纳入天干地支。如果能确定下这一点，则"先甲三日"自当从《子夏传》解作辛日、壬日、癸日，"后甲三日"即乙日、丙日、丁日，"先庚三日""后庚三日"亦可依次推知，"巳日乃革"亦指于巳日勒之而得卦，此皆可质之帛书《易经》而得解。

八月有凶。（《临》卦卦辞）
七日来复。（《复》卦卦辞）

《临》卦言"八月有凶"，汉唐诸儒有三说：一、《集解》引蜀才曰：

"此本《坤》卦，刚长而柔消。"李鼎祚曰："《临》，十二月卦也，自建丑之月至建申之月，凡历八月则成《否》也。《否》则'天地不交，万物不通'。是'至于八月有凶'。"此以商正为说。言由十二月建丑《临》卦至七月建申《否》卦共经八个月（详《关于卦变》之"十二辟卦"），八个月至《否》则"天地不交，万物不通"，故称"八月有凶"。二、《集解》引郑玄曰："《临》卦斗建丑而用事，殷之正月也……《临》自周二月用事，讫共七月至八月而《遁》卦受之。"虞翻曰："《临》，消于《遁》，六月卦也。于周为八月。"由十一月建子《复》卦一阳生至六月建未为《遁》卦，中经八个月，即《正义》所谓"何氏云建子阳生，至建未为八月"。《遁》卦之时，阴长阳损，君子遁避，故称"八月有凶"。此以周正为说。三、荀爽以《兑》为八月，《集解》引虞翻曰："荀公以《兑》为八月。"《正义》云"褚氏云自建寅至建酉为八月"，此以夏正为说，言自建寅正月至建酉《观》卦为八月。

《本义》取周正之说，以《复》至《遁》解"八月有凶"，又兼列夏正八月之说。综观以上三说，若以《周易》卦爻辞写成时代考之，笔者以为，似周正之说为长。

《复》卦卦辞之"七日来复"，先儒亦有三解：

一、《正义》序文称郑玄引《易纬》说："建戌之月，以阳气既尽，建亥之月，纯阴用事，至建子之月，阳气始生，隔此纯阴一卦，卦主六日七分，举其成数言之，而云'七日来复'。"《集解》李鼎祚案《易轨》："以坎震离兑四方正卦，卦则六爻，爻主一气，其余六十卦三百六十爻，爻主一日，当周天之数……《剥》卦阳气尽于九月之终，至十月末纯《坤》用事，《坤》卦将尽，则《复》阳来，隔《坤》之一卦六爻为六日，《复》来成震一阳爻生为七日，故言'反复其道，七日来复'是其义也。"此谓"卦气"之说。

二、《集解》引虞翻曰："《乾》成《坤》反出于震而来《复》。""消《乾》六爻为六日，刚来反初，故'七日来复'，天行也。"京房、陆绩说同此，皆谓消《乾》六阳，至《复》初一阳为七日，此又一说。

三、《集解》引侯果曰："五月天行至午，阳复而阴升也，十一月天行至子，阴复而阳升也。天地运往，阴阳升复，凡历七月，故曰'七日来复'。此天之运行也,《豳诗》曰:'一之日觱发,二之日栗烈'。'一之日',用之正月也;'二之日',用之二月也。则古人呼月为日明矣。"《正义》:"褚氏庄氏并云,五月一阴生,至十一月一阳生,凡七月而云'七日',不云月者,欲见阳长须速,故变月言日。"意思是说,由五月《姤》卦至十一月《复》卦,共七个月,亦即"七日",此谓第三说。

考此三说,由卦辞称"反得其道"思之,还以虞翻之说为妥。

贲其须。(《贲》卦六三爻辞)

"贲",卦名。《释文》:"文章貌。郑云'变也',文饰之貌。"并引王肃解作"黄白色"。

"贲其须",先儒多据《说文》:"须,面毛也。"解"须"字为"鬚"。但亦有据《归妹》卦六三爻辞"归妹以须,反归以娣"解"须"字为"嬃"者,楚人称姊曰"嬃"。帛书《易经》作"归妹以嬬",此正与《释文》"荀陆作'嬬',陆云'妾也'"同。可证"须"与"嬬"亦可互假,若解"贲其须"作"贲其嬬",谓饰其妾,似亦可备一说。

剥床以辨,蔑贞凶。(《剥》卦六二爻辞)

"辨"字古人多解。《集解》引虞翻曰"指间称辨",郑玄曰"足上称辨",据此则虞翻称"指间"乃谓足指间。初六爻称,"剥床以足",六二爻与初六爻相近,故云"辨",亦剥以渐甚之意也。崔憬曰:"今以床言之,则'辨'当在第足之间,是床桄也。"亦有以"辨"为床板者。近人高亨先生也以为"辨读为楄,床板也"。

然由初六爻称"剥床以足",而六三爻曰"剥之无咎"思之,则此爻之"辨"字,似当为"徧",《广雅·释诂》:"辨,徧也。"即其证。所谓"徧",即今之"遍"。《象·益》:"'莫益之',徧辞也。"《集解》引虞翻曰:"徧,周帀也。"此即其义。"剥床以辨"实谓遍剥其床而言,故进而至六三爻谓"剥之无咎"。再至六四爻则由剥床而至剥身,故"剥床以肤"了。同时,《象》称"剥床以辨,未有与也",由其文义思之,似亦读"辨"为"徧"。

不远复，无祗悔，元吉。（《复》卦初九爻辞）

"无祗悔"，祗，《释文》："音支，辞也。马同……郑云'病也'，王肃作'禔'……陆云'禔，安也'。九家本作'夜'，音支。"

帛书《易经》作"无提悔"。"提"显系"禔"字之借。

按九家本作"夜"，《广雅》："夜，多也。"《左传·襄公二十九年》："公曰'欲之而言叛，祗见疏也'。"孔疏："多见疏外我也……古人'多''祗'同音。"又按《五经文字》作"祗"，在衣部，并云"作'祗'非"。可证九家本作"夜"实与"祗"字通假，以爻辞文义思之，当以九家本是。言不远而返，则可无多悔而始吉。

童牛之牿。（《大畜》卦六四爻辞）
豶豕之牙。（《大畜》卦六五爻辞）

"童牛"，即小牛。《集解》引侯果曰："童牛，无角之牛也。""牿"，虞翻曰："坤为牛，牿，谓以木楅其角。"《释文》释"牿"曰："九家作'告'，《说文》同，云'牛触角，著横木所以告人'。"

按之经文文意，似以《说文》为是。

"豶豕之牙"，《释文》："豕去势曰豶。"《集解》引崔憬："豕本刚突，豶乃性和，虽有其牙，不足害物。"亦有解"豶"为"除去"，谓豕除去其牙，《本义》即从此说。按二说似崔说为长。

颠颐，吉。虎视眈眈，其欲逐逐，无咎。（《颐》卦六四爻辞）

今人高亨先生解"颐"为腮，甚确。

"眈眈"，《释文》："威而不猛也，马云'虎下视貌'。"

"逐逐"，《释文》："敦实也，薛云'速也'。《子夏传》作'攸攸'，志林云'攸当为逐'，苏林音'迪'，荀作'悠悠'，刘作'跾'，云'远也'。"

帛书《易经》此爻作"虎视沈沈，其容笛笛"。由初六爻称"观我朵颐"，六二爻曰"颠颐"，六三爻有"拂颐"，上九爻称"由颐"考之，皆言面容腮部,故"其欲逐逐"应从帛本作"其容笛笛"为是。帛本"逐逐"作"笛笛",此正与《释文》之"苏林音'迪'"合。

又考"笛",《说文》:"七孔筩也,从竹,由声。"段玉裁注:"由与逐皆三部声也,古音如逐。"且"笛"古字亦作"篴",故"笛""逐"实以音义相同而互假。《汉书·叙传》:"六世眈眈,其欲浟浟。"颜师古注:"'眈眈',威视之貌也,'浟浟',欲利之貌也。浟音滌滌……今《易》'浟'字作'逐'。"按《汉书》作"浟浟",实与《子夏传》作"攸攸",荀爽作"悠悠"同,颜师古注"浟"音"滌",可证"浟""笛""逐"皆以同音互假,而"浟"字,疑即"滌"字之简体。而"悠"亦与"滌"通假。《诗·大雅·云汉》:"滌滌山川,旱魃为虐。"其"滌滌"《太平御览》引作"悠悠",此即其证。

又按《尔雅·释诂》:"悠,远也。"《诗·国风·载驰》:"驱马悠悠,言至于漕。"传曰:"'悠悠',远貌。"此正与《释文》之"刘作'篴',云'远也'"相符。可证"悠"字亦可与"篴"字互假。

《尚书·周书·多方》:"不克终日劝于帝之迪。"传称:"马本作攸。"知"迪""攸"亦可互假。

综上所考,可知古"逐""迪""笛""滌""浟""悠""攸""篴"皆以音同、音近而义通。

细读《颐》卦卦爻辞文义,由"观颐,自求口实""观我朵颐,凶"及"颠颐""拂颐""由颐,厉,吉"等语思之,笔者以为,《颐》卦恐为记录古人相面之卦。所以"观颐",便知可以"自求口实"。且"舍尔灵龟",只需"观我朵颐",便知有"凶"。故《象》称"'观我朵颐',亦不足贵也""'颠颐'之'吉',上施光也"等,皆可为其补证。《释文》解此爻之"逐逐"作"敦实也",此解尚存古义,乃言相人之面:双眼威猛有神,似"虎视眈眈",其面容又敦实厚道,故而可以"无咎"。

樽酒簋,贰用缶,纳约自牖,终无咎。(《坎》卦六四爻辞)

"贰用缶",《集解》引虞翻曰:"贰,副也。坤为'缶',《礼》有副尊,故'贰用缶'耳。"显然读作"樽酒簋,贰用缶"。但王弼读作"樽酒，簋贰，用缶"。案："簋"字古音读"九"，此正与"缶""牖""咎"为韵，故考之两种读法，还以虞读为是。

"纳约自牖"，今人于省吾先生以为："'纳'为勺的借字，即酌酒之斗。《考工记》郑注谓'勺，故书或作约'是其证。《诗·采蘋》：'于以奠之，宗室牖下。'是古奠祭于牖下之证。'纳勺自牖'是说祭时自牖纳勺于樽以挹酒。"① 于氏此说，实自郑玄而来②，然于爻义甚确，故应从之。

履错然敬之，无咎。（《离》卦初九爻辞）

"履错然敬之"，先儒多解作"履错然，敬之"，义颇不通。案：帛书《易经》作"礼昔然敬之"。"错""昔"古互假。《周礼·考工记·弓人》："老牛之角纱而昔。"郑注"昔读为交错之错"即其证。《广雅·释诂》："昔，始也。"

通观此爻文义，当依帛本读作"礼昔然敬之，无咎"。言行礼自开始即应敬之，方可无咎。此正与《象》曰"履错之敬，以辟咎也"义合，故应从之。

---

① 《周易尚氏学》序言。
② 详见《历代易学研究概论（上）》。

疑难卦爻辞辨析(下经)

咸其辅颊舌。(《咸》卦上六爻辞)

"辅",《释文》:"辅,马云'上颔也'。"《集解》引虞翻曰:"耳目之间称辅颊。"然《艮》卦六五爻"艮其辅,言有序,悔亡",《集解》又引虞翻称:"面颊骨上颊车者也。"《费氏古易订文》解释说:"上颊车即颊骨在上持牙者。"

《说文》释"辅"为"人颊车也",又释"䩉"为"颊也",朱骏声《说文通训定声》将其解为"其内上下持牙之骨",可证"䩉"与"辅"同,即今称牙床骨者。

按虞翻曰"耳目之间称辅颊"。然耳目之间当为颧骨,颧在辅上。《夬》九二爻有"壮于頄","頄"才是颧骨。由经文辅、颊、舌并举观之,则"辅""颊"当各为一物,故虞氏以"颧"为"辅颊",许慎以"颊"为"辅",皆失是。考《楚辞·大招》之"靥辅奇牙",王逸注"颊有靥辅",亦可证"辅"并非"颊"。《象·咸》释此爻曰"滕口说也"。由"滕口说"思之,"辅"字还以解作面部的牙床部位为妥。形容动其牙床与舌,开口畅谈时的样子。

浚恒,贞凶。(《恒》卦初六爻辞)
振恒,凶。(《恒》卦上六爻辞)

"浚",《释文》:"浚,深也。"
"振",《释文》:"马云'动也',郑云'摇落也'。"
以"浚"作深,"振"作动,先儒在此基础上曾做过种种解释,但都有牵强之处。按帛书《易经》之"浚恒"与"振恒"皆作"夐恒"。《说文》："夐，营求也。"此正与《象》称"'浚恒'之'凶'，始求深也"相符。所以由《象》称"始求"考之，当从帛书《易经》作"夐"。古"浚""振""夐"音近，故可通假。

今人徐志锐以为"《恒》卦为守恒长久，即在万变之中去寻求不变以保持事物的相对稳定性，其实质也就是执'中'"——此说是很有见地的，我们知道，除了《周易》古经经文中充分体现出周人的尚中思想外，在六十四卦排列顺序上，尽管今本《周易》与帛本绝然不同，但作为《恒》卦卦序，今本却与帛本完全相同，都是第三十二卦，亦即皆居中分六十四卦的位置上。这恐怕不会是偶然的巧合，里面定含有以《恒》守中的思想，此亦可作徐氏之说的补证。

肥遁，无不利。（《遁》卦上九爻辞）

"遁"，《释文》："字又作'遯'，又作'遁'同，隐退也。匿迹避时，奉身隐退之谓也。郑云'逃去之名'。"又释"肥遁"之"肥"字曰"《子夏传》云'肥饶裕'"。帛书《易经》"遁"字皆作"掾"。

王弼注释"肥遁"曰："最处外极，无应于内，超然绝志，心无疑顾。"孔疏："心无疑顾，是遁之最优，故曰'肥遁'。"西汉人又解作"飞遁"。

《后汉书·张衡传》："赋曰'利飞遁以保名'。"章怀注引《九师道训》："遁而能飞，吉孰大焉。"《九师道训》即《汉书·艺文志》所载"《淮南道训》二篇"，乃淮南王刘安聘明《易》者九人，号九师说。故章怀所引，乃今人所见九师说之仅存者耳！《文选·思玄赋》："文君为我端蓍兮，利肥遁以保名。"李善注："《遁》，卦名也，上九曰'飞遁，无不利'，谓去而迁也。"恐亦引此说。

然考《遁》卦初六爻有"遁尾"，六二爻又称"执之"，九三爻曰"系遁"，并有"好遁""嘉遁"之别，故此爻之"肥遁"，笔者疑或即"肥脈"。

按《左传·桓公六年》："公曰，我牲牷肥脈，粢盛丰备。"孔疏引服虔说:"牛羊曰肥,豕曰腯。"即其证。此亦与《子夏传》作"肥饶裕"之义合。

小人用壮,君子用罔,贞厉。羝羊触藩羸其角。(《大壮》卦九三爻辞)

"罔",《释文》:"罔,罗也。马、王肃云'无'。"案:帛书《易经》作"亡",古人"亡""无"通用。故"罔"字在此应解作"无"字。

"羝羊",即牡羊。《汉书·苏武传》:"匈奴徙武北海无人处,使牧羝,羝乳乃得归。"颜师古注:"羝,牡羊也。"

"羸其角",《释文》:"马云,大索也……王肃作'缧',郑、虞作'纍',蜀才作'累'。"

《说文》:"纍,大索也。"

按《姤》卦初六爻之"羸豕",《集解》引宋衷曰:"'羸',大索所以系豕者也。"虞翻亦曰:"巽为绳,故系。"《井》卦卦辞称"羸其瓶",《释文》曰:"羸,蜀才作'累',郑读曰'纍'。"《集释》又引荀爽曰:"'井'谓二,'瓶'谓初。初欲应五,今为二所拘羸,故'凶'也。"可证荀爽亦读"羸"为缧索之"缧",与蜀才、郑玄之义同。故通观《姤》《井》"羸"字之用,"羸"字在此爻亦应作缧索解。

丧羊于易,无悔。(《大壮》六五爻辞)

此爻今人李镜池认为:"这是因饲羊而联系到周人的一件历史大事,周人居豳时,被狄人侵迫,太王以披巾、犬马、珠玉送给狄人而求和,但狄人不肯,一定要占领周人的土地。太王只好带领周人迁居岐山,在避狄迁居中,狄人抢掠了大量牛羊。'无悔'属贞兆辞,也说明虽然丧失了许多羊,但迁岐后生产更加发展了,弥补了损失。"(李镜池《周易通义》)

此说不足信:一、如果此爻真是记载的"一件历史大事",是说"虽然丧失了许多羊,但迁岐后生产更加发展了,弥补了损失",故得以"无悔"。那么,依李氏之说,《旅》卦上九爻也是记载的同一历史事件,何以爻辞却又说"丧牛于易,凶"?难道"丧羊"之后能"弥补了损失"而"无悔",而"丧牛"之后,同样是"生产更加发展了",为什么偏偏无法

"弥补了损失"而"凶"？二、如果《周易》作者确实以此记载"抢掠了大量牛羊"，又何以"丧羊"记在《大壮》卦中，"丧牛"记在《旅》卦中，难道当时牛羊不是一起被抢掠的吗？又何以单单只抢"牛羊"，而不见"丧马于易"，马匹不是更值得抢掠吗？故李氏此说，殊为穿凿，不足信也。

按"易""埸""場（场）"三字古互假，《诗·小雅·信南山》："疆埸翼翼，黍稷彧彧。""中田有庐，疆埸有瓜。"《释文》释"埸"曰："音亦，下同。"《诗·大雅·公刘》："迺埸迺疆，迺积迺仓。"《释文》亦注"埸"曰"音亦"。《荀子·富国篇》："观国之治乱臧否，至于疆易，而端已见矣！"杨倞注："易，与埸同。"皆其证。又，《隶释》中多以"置易"为"疆埸"，此证甚多。而由《诗·小雅·白驹》之"皎皎白驹，食我埸苗……皎皎白驹，食我埸藿"考之，既有白驹来场中食苗、藿，当然也会有牛羊来食之。故此爻当是记录了在场中失羊的一段占辞，认为丧羊未必是坏事，故告诉人们"无悔"。同样，《旅》卦上九爻则是记录了人们在场中失牛的一段占辞，认为丧牛必有凶险，故曰"凶"，这里面恐无李氏附会的"历史大事"。

䷢晋，康侯用锡马蕃庶，昼日三接。（《晋》卦卦辞）

"晋"，《尔雅·释诂》："晋，进也。"《说文》引孟喜《易》作"晋"。有人考定，"晋"改为"晋"当始于蔡邕《石经》。然而马王堆帛书《易经》却作"溍溍"，足证此考不确。

"康侯"，当是一种泛指，并不一定专指某一人。

"锡马"，锡借为赐。赐义有二：一、自上赐下；二、自下献上。观此段卦辞文义，当是以上赐下。

"蕃庶"，即繁育。《释文》："谓蕃遮禽也。"《管子·侈靡篇》"六畜遮育。五谷遮熟"即其证。在此谓众多之义。

"三接"，《释文》："郑音捷，胜也。"古"接""捷"通用，帛书《易经》作"緁"，显系"接"之假借。通观此段卦辞文义，还当读"接"为胜。

晋如愁如，贞吉，受兹介福，于其王母。（《晋》卦六二爻辞）

"愁如"，《释文》曰："变色貌。"亦有人考定"愁"字当作"揪"，此亦可备一说。

"受兹介福"，即受此大福。《释文》："介，大也。"按《诗·小雅·楚茨》："报以介福，万寿攸酢。"《诗·小雅·小明》："神之听之，介尔景福。"皆与此相似。

"王母"即祖母。《尔雅·释亲》："父之妣为王母。"

明夷于飞，垂其翼。君子于行，三日不食，有攸往，主人有言。（《明夷》卦初九爻辞）

"明夷"，《序卦》："夷者，伤也。"西汉人解为日食。《汉书·杜邺传》："日食明阳为阴所临，坤卦乘离，《明夷》之象也。"清人朱骏声《六十四卦经解》："初九取日食之象，'明夷于飞，垂其翼'者，日当食也。古云日中有三足乌，故云。"估计此爻当依一个古代神话而写，马王堆汉墓出土帛画中有的日上飞一神鸟，或与此有关。按帛书《易经》此爻作"明夷于飞，垂其左翼"。考《明夷》卦六二爻有"明夷，夷于左股"，六四爻有"入于左腹"，故当依帛书《易经》有"左"字为是。《诗·小雅·鸳鸯》："鸳鸯在梁，戢其左翼。"亦与此爻相类。

明夷，夷于左股，用拯，马壮，吉。（《明夷》六二爻辞）

《集解》李鼎祚曰："初为足，二居足上，股也。""股""般"古互通假（详《屯》初六爻"磐桓"之注）。故《释文》引马融、王肃作"般"，并谓"旋也，日随天左旋也"。

按之经文，其初九爻有"垂其左翼"，六四爻有"入于左腹，获明夷之心"等语，皆以身体取象，故此爻仍以解作"股"为妥。

"用拯，马壮，吉。"拯，《释文》："拯救之拯……《说文》云'举也'，郑云'承也'，子夏作'抍'，《字林》云'抍，上举。音承'。"帛书《易经》作"撜"。考帛书《易经》中"升"字皆作"登"，"升""登"古通假，故帛书《易经》之"撜"字，亦即子夏的"抍"字。《淮南子·齐俗训》云"子路撜溺而受牛谢"，高诱注云"撜拯同"，可证"拯""撜""抍""承"皆互通假，在此应从《释文》作"拯救"之"拯"解。

王假有家，勿恤，吉。（《家人》卦九五爻辞）

"王假"，《释文》："至也，郑云'登也'……马云'大也'。"《易》称"王假"者，除本爻外，《萃》卦卦辞尚有"王假有庙"，《丰》卦卦辞称"王假之"，《涣》卦亦曰"王假有庙"。

先儒多解"假"为"至也""大也""登也"等等，此解若用之于《萃》《涣》之"王假有庙"，可谓至确。但若用于本爻，似有不妥：何以王至于家而又称"勿恤"？有人说"王至臣民之家，或喜，或怒，为福，为祸，不可预断"，实属牵强附会之解。依笔者陋见，此爻"王假有家"而称"勿恤，吉"，其"假"字应作"嘉"字解，古"假""嘉"互通。《诗·大雅·假乐》："假乐君子，显显令德。"郑玄注："假，嘉也。"即其证。此爻之"家"，应同《师》卦上六爻"大君有命，开国承家"之"家"，是指受到王的嘉奖而被封为大夫，有了家邑因而"勿恤，吉"。再者，《萃》《涣》之"王假有庙"，帛书《易经》皆作"王假于庙"，可证其解"假"作"至"，独于此爻作"王假有家"，与《萃》《涣》二卦不同，亦其旁证。

见舆曳，其牛掣，其人天且劓，无初有终。（《睽》卦六三爻辞）

"其牛掣"，《释文》："掣，郑作'挈'。云'牛角皆踊曰挈'……""《说文》作'觢'……云'角一俯一仰'。子夏作'挈'，《传》云'一角仰也'。荀作'觭'。"

按《说文》："觢，一角仰也。"其说与子夏同，可证陆德明在此错引作"角一俯一仰"。又考《尔雅·释畜》："角一俯一仰觭，皆踊觢。"邢昺疏云"牛角一低一仰者名觭""牛两角竖者名觢"。可知"觭""觢"二字义不相同，其训亦与《说文》及《子夏传》异，而与郑玄同。郑作"挈"，"挈""觢"古字相通，故当以郑说为是，应解作牛两角皆竖之状。帛书

《易经》作"见车恝,其牛泄","泄"即"抴"之异体,与"曳"可通。"恝"当与"觢""挈""挈"相通,亦即今本之"掣"字,故依帛《易》,今本当作"见舆掣,其牛曳"了,然《尔雅》《说文》皆以牛之角释"觢",故此段爻辞,还以今本作"其牛掣"为胜,帛书《易经》作"见车恝,其牛泄"。或转抄时"恝""泄"二字互易而误。

"其人天且劓",其人,当指驾车人。虞翻:"黥额为天,割鼻为劓。"《释文》云:"天,剠也,马云'剠凿其额为天'。"所谓"黥额""剠凿其额",皆指在罪人的额部刺字,亦即墨刑。《汉书·刑法志》:"墨罪五百,劓罪五百。"颜师古注:"墨,黥也。凿其面以墨涅之。劓,截鼻也。"即其证。按《说文》:"劓,刑鼻也。"并引《易》作"天且劓",此注正合虞翻之说,故当从之。

另外,一、有解"天且劓"作"而且劓"者。因篆文"天""而"二字形近,后人传抄误"而"为"天"。朱骏声《六十四卦经解》:"汉法有罪,髡其鬓发曰'而'。"二、有解"天"作"兀"者,谓"古文'天'作'兀',以形近,故'兀'讹为'天'"。'兀'为受刖刑者,《庄子·德充符》云"鲁有兀者王骀""鲁有兀者叔山,无趾,踵见仲尼"。皆其证。三、亦有解作"夭且劓"者。

以上诸解,皆可备一说。

睽孤,见豕负涂,载鬼一车,先张之弧,后说之弧,匪寇婚媾,往,遇雨则吉。(《睽》卦上九爻辞)

"见豕负涂",虞翻:"豕背有泥,故见豕负涂矣!"

"先张之弧",虞翻注:"坎为弧,离为矢,张弓之象也。""后说之弧",虞翻解"弧"为"壶",曰:"'后说'犹置也,兑为口,离为大腹,坤为器,大腹有口,坎酒在中壶之象也。""说"与"悦"互通假,谓先张弓(欲射),后释疑悦而置壶酒相庆。案:帛书《易经》此句作"后说之壶",正与虞说同,故应从之。

王臣蹇蹇,匪躬之故。(《蹇》卦六二爻)

"蹇蹇",《序卦》:"蹇者,难也。"《集解》引虞翻:"之应涉坤,二五俱坎，故'王臣蹇蹇'。"意思是说，"蹇"为险在前，此卦外卦为坎，二、三、四爻又互体为坎，二坎重险，故称"蹇蹇"。《说文》："行难谓之'蹇'，言难亦谓之'蹇'，俗作'謇'，非。"按《楚辞·离骚》之"余固知謇謇之为患兮"，王逸注即引《易》作"王臣謇謇"，可知"謇"非俗字。帛书《易经》作"寋"，"蹇""寋"互通。又考《象》："山上有水，蹇。君子以反身修德。"并说"'往蹇来誉'，宜待也"。通观《象》文之意，还依今本解"蹇"作"行难"为是。

已事遄往。（《损》卦初六爻辞）
使遄有喜。（《损》卦六四爻辞）

"遄"，虞翻："遄，速。酌，取也。"古人多解作"速"。按"使遄有喜"，帛书《易经》作"事端有喜"。其"事端有喜"正与初六爻"已事遄往"对文。

徐志锐引项安世曰："古语止疾曰'已'。"故"已事遄往"乃指止疾之事应速往，此正与六四爻"损其疾，事遄有喜，无咎"互应。故今本六四爻"使遄"之"使"，应从帛书《易经》作"事"为妥，指事速方有喜。

利用为大作，元吉，无咎。（《益》卦初九爻辞）

虞翻："大作，谓'耕播耒耨之利'，盖取诸此也。"
侯果云："大作谓耕植也，处《益》之始，居震之初，震为稼穑，又为'大作'，《益》之大者，莫大耕植。"——此皆以卦气为解。依卦气说，震三月卦，故称"耕播"。

按《尚书·虞书·尧典》"寅宾出日，平秩东作"，可为虞、侯二说之证。

而《彖》称"天施地生，其益无方"。亦说耕播之事。且正合"卦气"之说，故虞、侯二说为是。

壮于頄，有凶。君子夬夬独行，遇雨若濡有愠，无咎。（《夬》卦九三爻辞）

"壮于頄"，《集解》："頄，面也。"《释文》云"頄……颧也"，"翟云'面颧颊间骨也'，郑作'頯'。'頯'，夹面也"，"蜀才作'仇'"。《广韵》："頄，颊间之骨。"帛书《易经》作"牀于頯"。按《庄子·大宗师》："其容寂，其颡頯。"《释文》："頯，李音仇，权也。"可证"頯""頄"互通，蜀才作"仇"，系音同相借。然考《说文》有"頯"字而无"頄"字，故当从郑玄及帛本作"頯"为是，"頄"乃俗字。

"君子夬夬"，按"夬夬"，帛书《易经》作"缺缺"，《广雅·释诂》："缺，去也。"当依帛本作"缺缺"，指去貌。

繫于金柅，贞吉。有攸往，见凶。羸豕孚蹢躅。（《姤》卦初六爻辞）

"繫"古人有训为维係之"係"者，谓捆缚之义，然通观《周易》经文，凡义取捆缚者，皆取"係"而无"繫"。如《随》卦上六爻之"拘係之，乃从维之"，《遯》卦九三爻之"係遯"，《坎》卦上六爻之"係用徽纆"等。按《说文》："繫，繫䋲也，一曰恶絮。"段玉裁注："皆曰纤䋲恶絮是也。""牵引使离散如絮也。"可证"繫"谓牵引之义，《集解》引虞翻亦曰："巽为绳，牵于二也。"此与《象》之"柔道牵也"正符。故《无妄》卦六三爻之"无妄之灾，或繫之牛"，亦可由此而得解：所谓"繫之牛"，乃指牵牛而去。

"繫于金柅"，帛书《易经》作"击于金梯"，《说文》引孟喜《易》作"繫于金枔"，并云"枔，络丝柎也。从木，尔声，读若柅"。"柅"，《释文》云"王肃作'抳'，从手。子夏作'鑈'，蜀才作'尼'，止也"。按"柅"字古人主要有二说：一、孔颖达《正义》引王肃云"织绩之器，妇人所用"。二、马融云"在车之下，所以止轮令不动者也"。按二说当以马说为胜。"繫于金柅"即牵引车闸，控制车辆行止。因"柅""抳""尼""枔""鑈"古音同在"脂"部，故以音近通假。帛本作"梯"字，于豪亮先生以为，"'梯'字应为'窒'的假借字"①。按《说文》："窒，碍止也。"于先生以义定"梯"为"窒"之假借，此解亦可备一说。

"羸豕"，古人有多解，有解作瘠豕者，有解作牝豕者，王弼并云"豭强而牝弱，故谓之牝豕也"。《集解》却引宋衷曰："羸，大索所以系豕者也。"虞翻曰："巽绳操之，故称'羸'。"考《周易》卦爻辞称"羸"者有三处：《大壮》卦九三爻："羝羊触藩羸其角。"《井》卦卦辞："羸其瓶，凶。"及本爻之"羸豕孚蹢躅"。统观三处"羸"字之用，当以宋衷、虞翻之说为是。古时"羸""缧""纍""累""虆"通用，皆为缧索②。

"孚蹢躅"，虞翻引古文作"孚蹠踱"，《释文》云"蹢躅，不静也"，此解于义甚确：豕被捆之后，竭力挣扎，自然"不静也"。

有孚不终，乃乱乃萃，若号，一握为笑，勿恤，往无咎。（《萃》卦初六爻辞）

"乃乱乃萃"，帛书《易经》"萃"作"卒"，高亨先生训"萃"为"瘁"（详见《周易大传今注》），以为指既乱且病，此解深合爻义，应从之。

"一握为笑"，此辞古人多解。有训"一握"为"一心"者，"一团"者；有训为"小之貌"者；还有训"犹弹指之间"及"握手为欢"者云云。

按《尔雅·释言》："握，具也。"《释文》："郑云'握'当读为夫三为屋之'屋'，蜀才同。"帛书《易经》亦作"屋"。《本义》据郑氏"夫三为屋"又训"握"作"众"。然考《萃》卦乃至孝享之卦，观此爻前一段文意，"有孚不终，乃乱乃萃，若号"，是说孝享之时不能始终守诚，聚会时既乱且病，而又呼号——这当然是很不祥的。在此情况下，"一握为笑"，若从郑注及《本义》训为众人皆笑的话，则何以如此不祥，众人尚笑，且一笑则可"勿恤，往无咎"。似于文义难通。笔者管见，"一握"恐殷周人演卦的术语。因西汉人尚有"一握"之数。《汉书·律历志》："其筹法用

---

① 《文物》1984年第三期《帛本〈周易〉》。
② 详说见《大壮》卦九三爻辞。

竹，径一分，长六寸，二百七十一枚而成六觚，为一握。……其数以《易》大衍之数五十，其用四十九，成阳六爻，得周流六虚象也。"此即其证。"一握为笑"，恐是说在此不祥的情况下，占卦时得"一握"乃吉卦之数，于是破涕为笑，重新有了"勿恤，往无咎"的力量。

引吉无咎，孚乃利用禴。（《萃》卦六二爻辞）

"引吉"，即迎吉。张惠言《易义别录》卷十一引王肃："引，犹迎也。为吉所迎，何咎之有。"

禴，夏祭。《释文》："殷春祭名。马、王肃同。郑云'夏祭名'。蜀才作'跃'，刘作'爚'。"虞翻："禴，夏祭也。"考《集韵》："爚，本作礿。"《尔雅·释天》云："夏祭曰礿。"《说文》："礿，夏祭也。"可证"禴""爚""礿"互通，皆夏祭之名。帛书《易经》作"濯"，实与蜀才作"跃"同，古"礿""跃""濯"又同在"宵"部，故可通假。

允升，大吉。（《升》卦初六爻辞）

"允升"，《汉上易传》引施讎《易》作"𩓣升"，《汗简》亦作"𩓣升"。《说文》："𩓣，进也。"与《晋》卦六三爻"众允"之义相同。帛书《易经》其"升"字皆作"登"字，"升""登"古字通用，故"允升"乃指前进而步步登高。

来徐徐，困于金车，吝，有终。（《困》卦九四爻辞）

"来徐徐"，《释文》："徐徐，疑惧貌，马云'安行貌'，子夏作'荼荼'，翟同……内不定之意。"虞翻作"荼荼"，云"舒迟也"。考《尔雅·释天》有"太岁在辰曰执徐"。李巡注："徐，舒也。"然此爻帛书《易经》作"来徐"而不作"来徐徐"。案：《井》卦卦辞有"往来井井"，《震》卦卦辞称"震来虩虩"，皆与"来徐徐"相类。又考《庄子·应帝王》云："泰氏其卧徐徐，其觉于于。"司马彪注："徐徐，安稳貌。"其解"徐徐"正与马、虞之说同，故此爻当以今本为是。帛本作"来徐"当为转抄脱字而误。

困于葛藟，于臲卼，曰动悔有悔，征吉。（《困》卦上六爻辞）

"困于葛藟"，即困于草莽。虞翻云："巽为草莽称葛藟。"《释文》："藟，似葛之草，本又作虆。"《广雅·释草》："藟，藤也。"皆其证。

"于臲卼"，《释文》注本卦九五爻之"劓刖，困于赤绂"曰："'劓刖'，荀、王肃本作'臲卼'，云'不安貌'，陆同。郑云'劓刖'，当为'倪仉'，京作'劓劊'。"汉石经亦作"劓劊"。

《释文》释"臲"曰，《说文》作"劓"，又释"卼"曰："《说文》作'𡴞'，云'𡴞，不安也'，薛又作'杌'，字同。"《说文》释"𡴞"引《易》称"槷𡴞"，许慎亦解"槷𡴞"为"不安"，与《释文》引荀、王、陆之说一致，可证"槷𡴞"与"臲卼"同。考"臲卼"二字与"臲卼""倪仉""劓杌""劓劊""劓刖""槷𡴞"皆同，故今本所传各《易》家共有七种写法，而帛书《易经》又作"貳椽"与"貳㨄"。按《说文》无"臲卼"与"臲卼"，其字皆古之异体。帛本作"貳椽"与"貳㨄"，恐亦古之异体。今人于豪亮先生以为："劓刖、臲卼、劓劊、槷𡴞都是同一个词的不同写法。帛书的'貳椽''貳㨄'也是这个词的不同写法之一。貳字与臲、劓、槷、劓音近相通。《仪礼·特牲馈食礼》：'阑西阈外'，郑注'古文阑作槷'。武威出土汉《仪礼》简甲本，'阑'字作'梲'，是'梲'与'阑''槷'相通。因此，'貳'也与'臲''槷''卼''劓'等字相通。'椽''㨄'古音在元部，刖、卼、劊等字在祭部，祭元通转，故'椽''㨄'与刖、卼、劊等字相通。"①

按于先生此考甚是。稍需补充的是，考《周礼·考工记·匠人》之"置槷以县"，郑注已明确指出，"槷，古文臬，假借字"。此足证"槷"通"臬""阑"。而《周礼·考工记·轮人》之"牙得则无槷而固"，贾疏"先郑读槷为危槷之槷"。可证"槷"亦与"劓""臲"互通。而"𡴞"实"刖""卼"异文。《说文》引"梼杌"之"杌"作"柮"，可证古从"兀"从"出"字互通。故"𡴞"可通"卼"。又，《庄子·德充符》有"鲁有兀

---

① 《帛书〈周易〉》，载《文物》1984 年第三期。

者王骀"，《释文》云"李云刖足曰兀"，可证"刖""兀"亦以音近义同而通转。故"蟄黜""剧刖""臲卼""倪仉"及帛本之"貳櫞""貳掾"等，音转文异，实则相同，皆为不安之貌也。

井谷射鲋，瓮敝漏。（《井》卦九二爻辞）

"井谷"，即井底。"鲋"，古人解释不一，《集解》引虞翻曰："鲋，小鲜也。"《释文》："鲋，音附，鱼名也。"《子复传》谓"虾蟇"，何谓"虾蟇"？先儒亦多解。有解"虾蟇"为虫者，《本义》解"虾蟇"为"蝼蝈"："《井》为五月之卦，蝼蝈鸣，故曰虾蟇。"程颐《易传》又曰："鲋或以为虾，或以为蟇，井泥中微物。"则又解"虾蟇"之"虾"与"蟇"为二物了。所谓"虾蟇"，即蟾蜍，北方人俗称为"蛤蟆"。考《尔雅·释鱼》云"科斗，活东"，郭璞注云"虾蟆子"，邢疏："虾蟆子，此虫一名科斗，一名活东。头圆大而尾细。"此即其证。"鲋"乃鱼而非"虾蟇"，案《尔雅·释鱼》有"鳟鲑鳜鳑"，郭璞注："小鱼也，似鲋子而黑，俗称为鱼婢，江东呼为姜鱼。"邢疏："《广雅》云，鲋鲭也，此鱼似其小者，故云似鲋子而黑色为异也。"很显然，"鳟鲑鳜鳑"既为"小鱼"，且"似鲋子而黑"，则"鲋"为鱼是无疑的。故诸解当以虞说为确。

"瓮敝漏"，瓮，汲水用的瓦器，犹如现在水缸；敝漏，即破漏。《释文》："郑作'甕'，云停水器也。《说文》作'甕'，汲缾也。"《集解》引虞翻："甕瓶毁缺，羸其瓶凶，故瓮敝漏也。"此爻帛书《易经》作"井渎射付唯敝句"，疑"敝句"即"敝笱"，《说文》："笱，曲竹捕鱼器也。"帛本此爻与今本文意稍有不同。但大意一致。

鼎折足，覆公𫗴，其形渥，凶。（《鼎》卦九四爻辞）

"覆公𫗴"，𫗴，《释文》："虞云'八珍之具也'，马云'键也'，郑云'菜也'。"按《说文》："鬻，鼎实。惟苇及蒲……键为鬻。"又《说文》释："鬻，键也。""鬻""鬻"形声相近，皆训为"键"，与𫗴同，而"𫗴"即"粥"。《系辞》："鼎折足，覆公𫗴。"《释文》云："𫗴，音速。马作粥。"即其证。又考郑注："糁谓之馇,震为竹,竹萌曰笋,笋者馇之为菜也。"① 这是对八珍之食的进一步解释。综观上解,可知"馇"是一种糁与笋做成的菜粥,乃当时的"八珍之食"。

"其形渥,凶。"此辞古人主要有二解：

一、虞翻作"其刑渥",并云"刑渥,大刑也"。郑玄作"其刑剭",云："臣下旷官,失君之美道,当刑之于屋中。"

二、《正义》："渥,沾濡之貌也。"

按《系辞》："德薄而位尊,知小而谋大,力小而任重,鲜不及矣。《易》曰：'鼎折足,覆公馇,其形渥,凶。'言不胜其任也。"通观《系辞》之旨,当以《正义》之说为妥。

☳震亨。震来虩虩,笑言哑哑,震惊百里,不丧匕鬯。(《震》卦卦辞)

"震来虩虩",虩虩,《释文》："马云'恐惧貌',郑同。荀作'愬愬'。"

"笑言哑哑",指谈笑自如。哑哑,《释文》："马云'笑声'。郑云'乐也'。"

或认为"'震来虩虩,笑言哑哑'两句与初九爻辞重复,此处当是衍文"。然按《释文》所据诸家古《易》本,皆未言此处有衍。且帛书《易经》本卦卦辞与初九爻辞亦皆作"震来虩虩,笑言哑哑",此足证所谓衍文之说不确。

"不丧匕鬯",匕,犹如现在的羹匙,以棘木为柄,祭祀时主祭人用它从鼎中将烹好的牛羊肉盛入俎中,以供大典之用。鬯,一种用黑黍酒和郁金草合成的香酒,专供宗庙祭祀之用。

《说文》："匙,匕也。"王弼："匕,所以载鼎食。鬯,香酒奉宗庙之盛也。"《正义》引陆绩云："匕者,棘匕。桡鼎之器。"又云"匕形似毕,但不两歧耳。以棘木为之,长三尺,刊柄与末。《诗》云'有捄棘匕'是

---

① 张惠言辑《周易郑氏注》卷中。

也。用棘者，取其赤心之义。祭祀之礼，先烹牢于镬，既纳诸鼎而加幂焉。将荐乃举幂而以匕出之，升于俎上，故曰'匕，所以载鼎食'。"

鬯，《尚书·周书·洛诰》云"予以秬鬯二卣"。《尚书正义》："《释草》云'秬，黑黍'，《释器》云'卣，中罇也'。以黑黍为酒煮郁金之草，筑而和之，使芬香调畅，谓之秬鬯。"又云："《周礼》'郁鬯之酒，实之于彝'，此言在卣者。《诗·大雅·江汉》及《文侯之命》皆言'秬鬯一卣，告于文人'，则未祭实之以卣，祭时实之以彝。"皆其证。

可见此爻指祭祀时须用棘匙把专供祭典用的黑黍郁金草香酒从卣中取出放入彝中，"匕鬯"即指此时盛在棘匙中的香酒。故《说文》："鬯，以秬酿郁草，芬芳攸服以降神也。……匕所以扱之。《易》曰'不丧匕鬯'。"

帛书《易经》此爻之"匕鬯"作"鈚鬵"，盖音近互假。再者，"鬵"亦与"鬺"通。古"鬺"亦同"羹"，"鬻"即"鬻"。《说文》解"鬻"为"五味盉羹也"。肉有汁称羹。故"鈚鬵"或亦指匙中的肉汁。若此则与"匕鬯"之义稍有不同。

艮其限，列其夤，厉薰心。（《艮》卦九三爻辞）

"艮其限"，限，指腰胯。《集解》引虞翻曰："限。腰带处也。"

"列其夤"，夤，《释文》："马云'夹脊肉也'，郑本作'䏢'。"指夹脊肉裂伤。《释文》又曰："徐又音胤，荀作肾。"考《说文》："肿，夹脊肉也。"《五音集韵》作"胴"，《广韵》亦同。而《集韵》《正韵》又以"胰"作夹脊肉。故"夤""䏢""胴""胰""肿""肾"皆音近互假。

帛书《易经》此辞作"戾其肥"。按《说文》："戾，曲也。"其义亦与今本相近。

☶ 渐，女归吉，利贞。（《渐》卦卦辞）

"渐"，卦名。《咸》为娶女之占。《渐》为嫁女之占。《杂卦》："渐，女归待男行也。"虞翻："归，嫁也。"

按《诗·国风·匏有苦叶》："士如归妻，迨冰未泮。"郑笺："冰未散，正月中以前也。"依卦气说，《渐》为正月卦，此称"女归吉"，正与

《诗》说相符。我们这一发现，是属偶然巧合呢，还是由此而证明卦气说古已有之？确需人们进一步探索。

鸿渐于陆，夫征不复，妇孕不育，凶。利御寇。（《渐》卦九三爻辞）

"鸿渐于陆"，《释文》："陆，高之顶也。马云：'山上高平曰陆。'"《说文》："陆，高平地。"此指大雁飞过高地。

"妇孕不育"，孕，《释文》："郑云'犹娠也'，荀作'乘'。"帛书《易经》作"绳"。

按《管子·五行篇》："脭妇不销弃。"杨倞："脭，古孕字。"《管子集校》引丁士涵云："《玉篇》：'脭，或孕字。'《太玄驯首》曰：'媵其膏。'人一月而膏。'媵'与'脭'同。《周礼》薙氏'掌杀草秋绳而芟之'注曰：'含实曰绳。'《释文》：'绳音孕。''绳'亦当为'脭'字之误。"朱骏声《说文通训定声》释"孕"字曰："字亦作媵作脭作鱦。"释"绳"字，又曰："《尔雅》又为孕。"在其"升"部后，"附《说文》不录之字"项下释"鱦"字曰："鱦，案犹孕也。"此皆"绳""孕"通假之证。

"乘"亦与"绳"通。按《诗·大雅·緜》："其绳则直，缩版以载。"郑注曰："经作'绳'，传作'乘'。"孔疏："传言'绳谓之缩'出于《释器》，《释器》作'绳'而传作'乘'。"可证"乘""绳"古亦相通。故帛本作"妇绳"，荀本作"妇乘"，皆同今本作"妇孕"。

鸿渐于陆，其羽可用为仪，吉。（《渐》卦上九爻辞）

"鸿渐于陆"，宋人胡瑗以为"陆"当为"逵"，作"云路"解，程颐、朱熹皆从其说。清人王引之又以为"陆"为"阿"字为讹。按《诗·小雅·菁菁者莪》："菁菁者莪，在彼中阿，既见君子，乐且有仪。"若以韵读，"阿""仪"合韵，而大陵为"阿"，似正合爻义。然考帛书《易经》，此爻亦作"鸡（鸿）渐于陆"，且由九三爻"鸿渐于陆，夫征不复，妇孕不育"看，若以韵读不应作"阿"。故此爻之"陆"，还以从虞翻解作"高平称陆"为妥。

女承筐无实，士刲羊无血。无攸利。（《归妹》卦上六爻辞）

"女承筐无实"，女，当指未婚少女。通观《周易》六十四卦，凡未婚者称"女"。如《姤》卦卦辞之"姤，女壮，勿用取女"，《屯》卦六二爻辞之"女子贞，不字，十年乃字"，《蒙》卦六三爻辞之"勿用取女"，《咸》卦卦辞之"取女，吉"，《渐》卦卦辞之"女归，吉"等等。凡已婚者，则称"妇"。如《大过》卦九五爻之"老妇得其士夫"；《恒》卦六五爻之"恒其德，贞，妇人，吉；夫子，凶"；《家人》卦九三爻之"妇子嘻嘻，终吝"；《渐》卦九三爻之"夫征不复，妇孕不育"，九五爻之"妇三岁不孕"皆其证。由《大过》卦九二爻之"老夫得其女妻"与九五爻之"老妇得其士夫"对文思之，则可知"女妻"指以少女为妻，"士夫"则以小青年为丈夫。本爻之"女承筐"对"士刲羊"恐亦为当时嫁娶之风俗。筐，《释文》云"郑作匡"。朱骏声《六十四卦经解》："筐，食具也。"并说"筐，《士昏礼》所谓筹也……以赘见舅姑者"。所谓"承筐无实"，由《象》称"上六无实，承虚筐也"思之，当指女方陪嫁没有食具。

"士刲羊"，刲，《说文》："刲，刺也。"疑按当时民俗，男女在订婚嫁娶时，女方应陪嫁一些东西，男方则应刺一只羊，估计或以羊血祭之，结果女方的筐里没有食具，男方刺羊也未放出血来，因而很不吉利，故爻辞称"无攸利"。

遇其配主，虽旬无咎，往有尚。（《丰》卦初九爻辞）

"遇其配主"，配主，《释文》："配，郑作'妃'，云'嘉耦曰妃'。"古"配""妃"互通，《说文》："妃，匹也。"故虞翻据此而解"配主"为"妃嫔"，曰："妃嫔谓四也。"

考本爻与九四爻之"遇其夷主"相应，则"配主"与"夷主"皆为名词无疑。古人以所谓受"天命"而做天子叫"配天"。《尚书·周书·君奭》："故殷礼陟配天。"孔疏："为天之子是配也。"《尚书·周书·洛诰》云"其自时配皇天"，义亦同。《庄子·天下篇》："尧问于许由曰：'啮缺可以配天乎？'"郭象注："谓为天子。"《荀子·大略篇》亦称天子谓"配天而有下土者"等等，皆其证。

按《诗·大雅·皇矣》："帝迁明德，串夷载路，天立厥配，受命既固。"清人马瑞辰在其《毛诗传笺通释》中指出："天立厥配宜指文王配天而言。"其"串夷"，郑玄笺谓："串夷即混夷，西戎国名也。"故此爻之"配主"与"夷主"，是否亦指天子与当时的"串夷"之主？尚有待人们作进一步考证。

"虽旬无咎"，虽，帛书《易经》作"唯"，由《象》称"'虽旬无咎'，过旬灾也"可证应读"虽"为唯。故此爻应依帛《易》作"唯旬无咎"，指唯于旬日之内"无咎"。由"唯旬无咎"思之，证明当时古筮法中恐已纳入干支计日之法，并以此推断事情的吉凶，故而才得出"唯旬无咎"的结论。

丰其沛，日中见沫，折其右肱，无咎。（《丰》卦九三爻辞）

"丰其沛"，丰，大也。沛，暗而无光。《释文》："沛，本或作旆，谓幡幔。姚云'滂沛也'，子夏作'芾'，传云'小也'，郑作'韨'，云'祭祀之蔽膝'。"《集解》引《九家易》曰"大暗谓之沛"。帛书《易经》作"丰其芾"。

按《周礼·春官·巾车》："素车，棼蔽。"贾疏："棼为蔍，义取用麻为蔽之意。"贾疏释"蔍"为"义取用麻为蔽"，此正与《释文》"本或作旆，谓幡幔"之义合，故帛本作"芾"，与今本作"沛"义实相同。

"日中见沫"，此指中午太阳由明变暗的景象。"沫"，当读作"昧"，《释文》曰："沫，郑作昧。"古"沫""昧"互通，故《汉书·王商传》苏林注作"日中见昧"，并曰："中者明之盛，盛而昧。"

此爻当为古人对日全食的一次记录，天空大黑，中午太阳变得暗而无光，（黑暗中）折断了右臂，然而无咎。

丰其屋，蔀其家，窥（闚）其户，阒其无人，三岁不觌，凶。（《丰》卦上六爻辞）

"丰其屋"，《说文》作"寷其屋"，并云"大屋也"，有人据此谓本卦四个"丰"字皆指屋室而言。认为"豐"乃本字,"丰"为借字。"然考《新语·思务篇》《淮南子·泰族训》及《论衡·艺增篇》,俱引此爻作"丰其屋",无作"豐其屋"者,更明显的是,《后汉书·蔡邕传》引《易》作"欲丰其屋,乃蔀其家"。由其行文看,更可证"丰"为本字,并非借字。蔡邕引《易》作"丰",可证西汉孟喜古《易》作"丰",而帛书《易经》亦作"丰其屋"。此足以证明,许氏之"豐",实非本字。

"蔀其字,窥(闚)其户"。蔀,遮蔽。闚,《释文》:"闚,小视。"虞翻:"谓从外闚三。"《淮南子·泰族训》《论衡·艺增篇》俱引作"窥其户",可证"闚""窥"互通。

"闃其无人",闃,《释文》:"马、郑云'无人貌',《字林》云'静也',姚作'阒',孟作'窒',并通。"《集解》引虞翻曰:"闃,空也。"按帛书《易经》此爻之"闃其无人"作"臭其无人"。于豪亮先生以为此"臭"字"唐石经作'闃',宋抚州本作'阒',阮刻注疏本作'閲'······以唐石经作闃为是。闃从门臭声,臭字或作闃······帛书之臭与闃形近,当为闃之异体。故臭即闃,以音近假为闃"。

于豪亮先生认为"帛书之臭与闃形近,当为闃之异体",此说甚是。然而"臭"似非"以音近假为闃"。笔者以为,此字当以阮刻注疏本作"閲"为是。"臭"与"闃",恐皆"閲"之异体字。

旅琐琐,斯其所取灾。(《旅》卦初六爻辞)

"旅琐琐",琐琐,猥琐卑贱的样子。《释文》:"郑云'琐琐,小也',马云'疲弊貌',王肃云'细小也'。"《集解》引虞翻曰:"琐琐,最弊之貌也。"引陆绩曰:"琐琐,小也。"皆其证。

"斯其所取灾",斯,即此。指此其所取灾。然《正义》断此爻作"斯其所,取灾"。案:《风俗通义·怪神篇》:"《易》曰'其亡''斯自取灾'。"张惠言《周易郑氏注》辑郑玄曰:"三为聘客,初与二其介也。介当以笃实之人为之,而用小人琐琐然,客主人为言,不能辞曰非礼,不能对曰非礼,每者不能以礼行之,则其所以得罪也。"由此段注文看,郑玄断句与《风俗通义》同,通观此爻文义,当以汉人断句为是。

巽在床下，用史巫纷若，吉，无咎。（《巽》卦九二爻辞）

"巽"，卦名。《集解》引荀爽曰"巽为号令"，陆绩曰"巽为命令"，虞翻曰"巽为命"，《说文》："巽，具也。"《系辞》曰"巽以行权"。按以上众解，只使人们知道"巽"是一种很有权威的工具。随着马王堆帛书《易经》的出土，才解开了这个千古之谜：帛本"巽"字作"筭"，亦即算。而由本爻"筭在床下，用史巫忿若，吉，无咎"，九三爻"编筭，吝"，及九五爻有"先庚三日，后庚三日"，上九爻有"筭在床下"等语看，此"筭"显然指算卦，从而使人们明白了为何《彖》称"重巽以申命"，《象》曰："君子以申命行事。"所谓"巽在床下"，古礼尊者在床，卑者在床下，《汉书·王莽传》："立庙于长安，新宝世世献祭，元帝配食，坐于床下。"即指元帝被废之后，作为臣子，只能"坐于床下"。此处指筮者在床下演算。

"用史巫纷若，吉，无咎。"《集解》引荀爽曰："'史'以书勋，'巫'以告庙，'纷'，变，'若'，顺也。"《正义》："史谓祝史，巫谓巫觋。并是接鬼神之人。"其解"纷若"曰"盛多之貌"。

通观此爻文意，当以《正义》之说最为妥当。

悔亡，田获三品。（《巽》卦六四爻辞）

"田获三品"，田，田猎。古人春猎称为"田"。"三品"，先儒主要有二说：

一、解"三品"作三种野兽。《集解》引虞翻曰："艮为狼，坎为豕，艮二之初，离为雉，故'获三品'矣！"显然以狼、豕、雉为"三品"。又有以鸡、羊、雉为"三品"者，亦有以羊、牛、豕为"三品"的。

二、《集解》又说："'田获三品'，一为乾豆，二为宾客，三为充君之庖。""上杀中心，乾之为豆食，次杀中髀髂以供宾客，下杀中腹充君之庖厨。尊神敬客之义也。"《正义》亦用此说。此言田猎所获野味。有射中心的，有射中体的，有射中腹的，以此"上杀""中杀""下杀"为"三品"。

按《尚书·夏书·禹贡》云"厥贡惟金三品"，孔疏："郑玄以为金三品者,铜三色也。"又说"厥赋惟上上错",孔疏:"以本设九等分三品,为之上、中、下。"

由郑玄、孔颖达注文考之,"三品"之解以后说为是,当以"上杀""中杀""下杀"为三品。

商兑未宁,介疾有喜。(《兑》卦九四爻辞)

"商兑未宁",商,《释文》:"商,商量也。郑云'隐度也'。"

考《周易》六十四卦三百八十四爻,凡居三爻四爻之辞,多有思虑不定之语。如称"或"者有:《乾》卦九四爻云"或跃在渊",《坤》卦六三爻云"或从王事",《讼》卦六三爻云"或从王事",《无妄》卦六三爻云"或系之牛",《恒》卦九三爻云"或承之羞",《渐》卦九四爻云"或得其桷",《中孚》卦六三爻云"或鼓或罢,或泣或歌",《小过》卦九三爻云"从或戕之"等等。

又多用"进退""往""来"之辞,如《观》卦六三爻"观我生进退",《坎》卦六三爻"来之坎坎",《蹇》卦九三爻"往蹇来反",六四爻"往蹇来连"等等。

由三爻、四爻之辞多"或"又多"进退""往""来"之类,故"商"字在此显然解作"商量"为妥。

"宁",《尔雅·释诂》:"宁,安也。"

"介疾有喜",介疾,先儒多训为小疾。帛书《易经》作"疥疾有喜"。所谓"疥疾",乃癣疥之疾,其与"小疾"义实相近。

用拯马壮,吉。(《涣》卦初六爻辞)

"用拯马壮",《释文》:"拯,子夏作'抍',抍,取也。"此句恐清儒焦循《易话·易辞举要》所指倒装句,故"马壮",《本义》解作"壮马",曰:"又有壮马,其吉可知。"此解甚确。

值得我们注意的是,此爻帛书《易经》作:"撜马,吉。悔亡。"其爻辞与今本相比大旨相同,唯多"悔亡"二字。按《集解》引虞翻注文:"坎为马,初失正,动体《大壮》得位,故'拯马壮,吉,悔亡'之矣!"

其"吉"下亦有"悔亡"。可证虞翻所见古本此爻也有"悔亡"二字。而《考古质疑》所引古本，亦说此爻"吉"下尚有"悔亡"二字。综上所考，此爻应作："用拯马壮，吉。悔亡。"恐后人转抄脱误，使今本"吉"下失"悔亡"二字，可否据帛本及虞翻、《考古质疑》所见古本补于其上？值得人们作进一步考证。

涣其汗大号。涣王居，无咎。（《涣》卦九五爻辞）

"涣其汗大号"，今本皆作"涣汗其大号"，喻号令如汗出而不返。《汉书·刘向传》："向上封事，《易》曰'涣汗其大号'，言号令如汗，汗出而不返者也。"然帛书《易经》此爻却作"涣其肝大号"。按《涣》卦六三爻曰"涣其躬"，六四爻曰"涣其群"，上九爻又称"涣其血去逖出"，由此三爻行文考之，此爻当以帛本为是，亦应作"涣其汗大号"。恐后人转抄时，"其""汗"二字互易，故成今本之误。

涣其血去逖出，无咎。（《涣》卦上九爻辞）

"逖"，《本义》以为"逖"当作"惕"，与《小畜》卦六四爻同。然后人多有不赞同者。按帛书《易经》此爻及《小畜》卦六四爻皆作"血去汤出"。帛本之"汤"显系"惕"字之借，可证"汤""惕""逖"可互假。再，"惕"字又作"愁"字，而"逖"字应是"愁"的异体。由此而考之，《本义》以"逖"作"惕"，可谓至确。

苦节，贞凶，悔亡。（《节》卦上六爻辞）

"苦节"，先儒多解作苦于节俭或节制，颇为不通。按"苦节"，帛书《易经》作"枯节"，若结合"贞"可解作占，由卦辞之"枯节不可贞"及本爻之"枯节，贞凶"考之，此"枯节"显系指蓍草或竹枚枯槁，不可用以占筮。考《大过》卦九二爻有"枯杨生稊"、其九五爻又有"枯杨生华"，帛本皆作"楛杨生稊""楛杨生华"。故"枯节"今本作"苦节"，正如"枯杨"帛本作"楛杨"。"苦""楛""枯"古可互假耳！由于西汉古《易》的失传，致使后人不能明察此义，故对"苦节"之旨迂曲解说，致其穿凿不通。

虞吉，有它不燕。（《中孚》卦初九爻辞）

"虞吉"，《集解》引荀爽曰："虞，安也。初应于四，宜自安虞，无意于四则吉。故曰'虞吉'也……有它意于四则不安，故曰'有它不燕'也。"由《象》称"虞吉，志未变也"思之，似应解"虞"作安。

"有它不燕"，燕，先儒多解作安，《正义》："不能与之共相燕安也。"考帛本"不燕"作"不宁"，此正与解"燕"作安之义合，应从之。

鸣鹤在阴，其子和之，我有好爵，吾与尔靡之。（《中孚》卦九二爻辞）

"靡"，《释文》："本又作縻……散也。韩《诗》云'共也'，孟同。"又云"陆作䌓，京作劘"。

按《集解》引虞翻曰："靡，共也。"此用孟氏《易》。而帛《易》作"纍"。考《姤》卦称"纍豕"，《大壮》卦曰"纍其角"等，皆解"纍"为大索；而"縻"字，《广雅·释器》亦解作"索"，"纍""縻"义同。"纍""縻""劘"又同在歌部，故可相通。

古有栖鹤之兆，此段文字是否由卜辞演变而来？按《文选·思玄赋》："遇九皋之介鸟兮，怨素意之不逞。"《重订文选集评》注云："恐繇辞不得申意也。"《后汉书》注"龟经有栖鹤兆，言卜得鹤兆也"，是其证。

翰音登于天，贞凶。（《中孚》卦上九爻辞）

"翰音"，《集解》引虞翻曰："巽为鸡，应在震，震为音。翰，高也。""《礼》荐牲鸡称翰音。"侯果亦曰："巽为鸡，鸡曰翰音。"

按以"翰音"为鸡，本之《礼记·曲礼下》："凡祭宗庙之礼……羊曰柔毛，鸡曰翰音。"虞氏此说至确：鸡称"翰音"，而"翰音"又能"登于天"，显系以鸡祭宗庙之用，故《象》称："'翰音登于天'，何可长也！"

繻有衣袽，终日戒。（《既济》卦六四爻辞）

"繻有衣袽"，繻，《释文》："郑、王肃云'音须'，子夏作繻，王廙同，薛云'古文作繻'。"袽，《释文》："丝袽也。王肃音如，《说文》作'絮'，云'缊也'。《广雅》云'絮，塞也。'子夏作'茹'，京作'絮'。"按帛书《易经》亦作"茹"，与子夏同。

《集解》引虞翻曰："茹，败衣也。"王弼曰："繻宜曰濡，衣袽所以塞舟漏也。"

按《吕氏春秋·仲春纪·功名》："以茹鱼去蝇蝇愈至。"高诱注云："茹读茹，般漏之茹。"可证"袽"字之解，当以王弼"塞舟漏"为是。

帛《易》初探

一

《文物》1984年第三期刊载了关于马王堆帛书《易经》的部分材料，并附有张政烺先生《帛书六十四卦跋》和于豪亮先生《帛书〈周易〉》两篇专论帛《易》的文章。

帛《易》的出土，向人们展示了一连串新谜：它有着一种与今《易》很不相同的卦序排列。同时，帛本《系辞》没有"大衍之数五十"这一章，今本《说卦》之"天地定位，山泽通气，雷风相薄，水火不相射"，亦与帛本《系辞》所记很不一样。且卦名、卦辞、爻辞也颇多不同之处。

关于这些问题，特别是卦序排列问题，就目前所掌握的材料看，学术界有两种不同的看法，于豪亮先生认为：

> 汉石经，《周易集解》和通行本，六十四卦排列次序相同，帛书却与之全然不同，因此，帛书本显然是另一系统的本子。帛书可称为别本《周易》，它的卦序简单，可能是较早的本子，从字体来看，抄本的时代应在汉文帝初年。（《帛书〈周易〉》）

张政烺先生则以为：

> 汉唐石经和通行本《周易》六十四卦次序一样，从"十翼"和一些古书的引文看，知是旧本如此。帛书《六十四卦》大不相同，乃经人改动……筮人一般文化程度不高，为了实用，不求甚解，按照当时通行的八卦次序机械地编造出帛书《六十四卦》这样一个呆板的形

式，自然会便于检查，却把《易》学上的一些微言奥义置之不顾了。(《帛书'六十四卦'跋》)

高亨先生也认为：

> 此种顺序，在占筮时得到某一卦与变为某一卦，易于寻检《易经》本文，只合于巫术之需要，不具有哲学之意义。"(《周易大传今注·卷首附注》)

就这个问题，谈一点个人管见，向同志们请教。

帛本《系辞》至今虽未见到全文，但据于先生介绍，帛本《系辞》除了没有"大衍之数五十"章外，"今本《系辞·下》第四章的第五、第六、第八、第九等四节又在上述佚书之内。除此之外，今本《系辞》大致都包含在帛书《系辞》里面"(《帛书〈周易〉》)。

如果这个"大致都包含"的内容，在文字上与今本《系辞》没有很大不同的话，则帛本《系辞》当初所依据的本子，显然就是今本。因为《系辞》中有这样一段话：

> 是故《履》，德之基也。《谦》，德之柄也。《复》，德之本也。《恒》，德之固也。《损》，德之修也。《益》，德之裕也。《困》，德之辨也。《井》，德之地也。《巽》，德之制也。

接下来，《系辞》又按此顺序再次重复这九卦，以说明如何处忧患之道。

很清楚，由《履》《谦》《复》《恒》《损》《益》《困》《井》《巽》九卦的先后次序看，《系辞》作者所依据的只能是今本卦序而绝非帛本。另外，《系辞》一开始就讲："天尊地卑，乾坤定矣，卑高以陈，贵贱位矣！"又说："乾知大始，坤作成物。""子曰：'乾坤，其《易》之门邪？'"由这些话看，亦应据今本卦序而出。这就使人们对于豪亮先生说帛本《六十四卦》"可能是较早的本子"的说法产生了疑问。

此外，《彖》与《文言》也是依据的今本卦序。如《彖·坤》："至哉坤'元'，万物资生，乃顺承天。""乃顺承天"四字，即道出了《坤》卦在《乾》卦之下的今本卦序。同样，《文言·坤》也说："坤道其顺乎，承天而时行。"亦可以其证。

其他文献也证明，今本卦序战国时代早已有之。例如《晋书·束皙传》中记录了由"魏襄王墓——或言安釐王冢"中出土的《易经》两篇，即与今本《周易》相同。

再如《大戴礼记·保傅篇》："《易》之《乾》《坤》，皆慎始敬终云尔。"此话显然亦应据今本卦序而出。

由以上几点考察思之，帛书《六十四卦》似乎不应是"较早的本子"。

然而，问题并不是这么简单。

帛本八卦相重之法，是依据帛本《系辞》中这样四句话："天地定立（位），〈山泽通气〉，火水相射，雷风相榑（薄）。"（见《帛书六十四卦跋》）

这四句话，估计起源是比较古的，从文字到内容，与今本《说卦》"天地定位，山泽通气，雷风相薄，水火不相射"都有不同。今本的"雷风相薄"在"水火不相射"之前，而帛本则是在"火水相射"之后。同时，帛本是"火水相射"，今本则为"水火不相射"。这些不同，绝不会是一般文字上的错简，而是道出了两种截然不同的八卦成列系统。

清人张惠言依汉人虞翻的认识，曾作"八卦成列图"如（甲），此图是依据今本《说卦》而出。若依帛本《系辞》，则可作帛本八卦成列图排列如（乙），此图自乾起，按数字顺序以单线标出者，为帛本上卦的排列次序，而由乾坤起，按箭头方向以双线标出者依次为艮、兑、坎、离、震、巽，此为帛本下卦的次序。

对比今本与帛本的"八卦成列图"，更可帮助我们看清这两种本子八卦排列的不同。若依照帛本上下卦的排列次序，我们可将八卦排列如下：

乾 ☰　　坤 ☷
艮 ☶　　兑 ☱
坎 ☵　　离 ☲
震 ☳　　巽 ☴

按此图，竖向则乾艮坎震为一组，坤兑离巽为另一组。横向则乾坤、艮兑、坎离、震巽各为一组。帛本六十四卦上卦的次序，是自左而右按竖向两组顺序，即乾艮坎震坤兑离巽排列。帛本下卦次序则自上而下以横向四组组成，即乾坤艮兑坎离震巽。

帛本六子艮坎震和兑离巽的排列次序，与北周人卫元嵩《元包》中六子的次序相同。按之《元包经传·卷第一》：

　　太阴第一（钧按：即坤）

　　太阳第二（乾）

　　少阴第三（兑）

　　少阳第四（艮）

　　仲阴第五（离）

　　仲阳第六（坎）

　　孟阴第七（巽）

　　孟阳第八（震）

（甲）

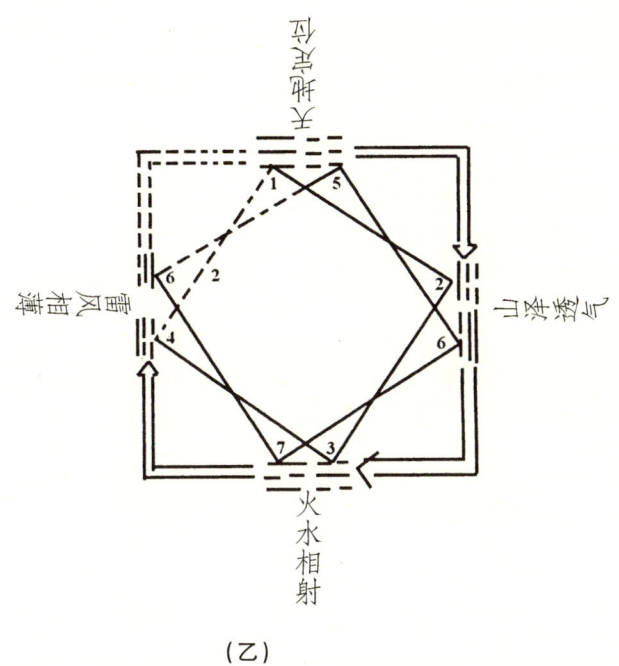

(乙)

对于《元包》的这种八卦排列次序,清人黄宗羲认为:"但更其次序,先阴而后阳,则《归藏》之旨也。"(《易学象数论》卷四《元包》篇)

黄宗羲认为《元包》八卦的这种排列顺序,体现了"《归藏》之旨"。而帛本六子与《元包》六子排列次序相同,再加帛本卦名,又有两个与《归藏》有关(今本《咸》卦,帛本称《钦》卦,《归藏》亦称《钦》卦,今本《临》卦,帛本称《林》卦,《归藏》称《林祸》)。因此,帛本这种特殊的八卦排列顺序及以上卦为主的重卦之法,很可能由《归藏》系统演化而来。《归藏》成书时代,虽无确证,但前人以为是殷人之书,再加它以《坤》卦居六十四卦之首,尚残存着母权制社会的特征。因而很可能是一种较古的本子。

若进一步将今本卦序与帛本卦序加以对比,我们发现它们并非如于先生说的那样"全然不同",而是有其相同之处。今将帛本与今本(王弼本)的卦名及卦序列表如下:

帛书本	王弼注本
1 键	1 乾
2 妇	12 否
3 掾	33 遯
4 礼	10 履
5 讼	6 讼
6 同人	13 同人
7 无孟	25 无妄
8 狗	44 姤
9 根	52 艮
10 泰蓄	26 大畜
11 剥	23 剥
12 损	41 损
13 蒙	4 蒙
14 蘩	22 贲
15 颐	27 颐
16 箇	18 蛊
17 赣	29 坎
18 襦	5 需
19 比	8 比
20 蹇	39 蹇
21 节	60 节
22 既济	63 既济
23 屯	3 屯
24 井	48 井
25 辰	51 震
26 泰壮	34 大壮
27 余	16 豫
28 少过	62 小过

29 归妹	54 归妹
30 解	40 解
31 丰	55 丰
32 恒	32 恒
33 川	2 坤
34 泰	11 泰
35 嗛	15 谦
36 林	19 临
37 师	7 师
38 明夷	36 明夷
39 复	24 复
40 登	46 升
41 夺	58 兑
42 夬	43 夬
43 卒	45 萃
44 钦	31 咸
45 困	47 困
46 勒	49 革
47 隋	17 随
48 泰过	28 大过
49 罗	30 离
50 大有	14 大有
51 溍	35 晋
52 旅	56 旅
53 乖	38 睽
54 未济	64 未济
55 筮□	21 噬嗑
56 鼎	50 鼎
57 筭	57 巽
58 少藝	9 小畜

59	观	20	观
60	渐	53	渐
61	中復	61	中孚
62	涣	59	涣
63	家人	37	家人
64	益	42	益

依表对比这两种卦序，我们看到：除《乾》卦居首相同外，《恒》卦居六十四卦之半为第三十二卦，帛本与今本亦同。由经卦巽组成的《巽》卦，在帛本与今本中都是作为第五十七卦出现，而《中孚》卦的卦序，两种本子皆为第六十一卦。《乾》《恒》《巽》《中孚》四卦卦序今、帛本都相同，这一点不容忽视——它是否说明了帛本卦序与今本确有联系？

我们知道，今本六十四卦的排列次序，体现了一种阴阳对应变化的观点，孔颖达曾以"二二相耦，非覆即变"的话进行过总结。

故今本卦序，体现了《周易》中阴阳的复变和对应，并无死板的公式可循。

而帛本六十四卦的排列次序，是依一种固定格式得出的：其上卦排列次序是键（乾）、根（艮）、赣（坎）、辰（震）、川（坤）、夺（兑）、罗（离）、筭（巽）。先由上卦的键（乾）依次同下卦的八个卦组合，成为《键》（《乾》）、《妇》（《否》）、《掾》（《遯》）、《礼》（《履》）、《讼》《同人》《无孟》（《无妄》）、《狗》（《姤》）。而后上卦的根（艮）提到前面，先同根（艮）组合，再依次同其余七卦组合，这样就组成了《根》（《艮》）、《泰蓄》（《大畜》）、《剥》《损》《蒙》《繁》（《贲》）、《颐》《简》（《蛊》）。

然后，上卦的赣（坎）、辰（震）、川（坤）、夺（兑）、罗（离）、筭（巽）先后以同样方式，分别同下卦的八个卦组合，这样就组成了帛本六十四卦的次序。

帛本这种八卦相重而得六十四卦的方法，显然出自另一系统。今本八卦的排列，据《说卦》：

> 乾，天也，故称乎父。坤，地也，故称乎母。震，一索而得男，故谓之长男；巽，一索而得女，故谓之长女。坎，再索而得男，故谓

之中男；离，再索而得女，故谓之中女。艮，三索而得男，故谓之少男；兑，三索而得女，故谓之少女。

由这样一段话看，六子的次序是：长、中、少。与帛书六子之少、中、长的排列次序全然不同。其八卦相重得六十四卦的方法，亦与帛本绝不相同。按《周礼·太卜》："其经卦皆八，其别皆六十有四。"贾公彦疏曰：

> 据《周易》以八卦为本，是八卦重之则得六十四……重之法先以乾之三爻为下体，上加乾之三爻为纯《乾》卦；又以乾为下体，以坤之三爻加之为《泰》卦；又以乾为本，上加震之三爻于上为《大壮》卦；又以乾为本，上加巽于上为《小畜》卦；又以乾为本，上加坎卦于上为《需》卦；又以乾为本，上加离卦于上为《大有》卦；又以乾为本，上加艮卦于上为《大畜》卦；又以乾为本，加兑卦于上为《夬》卦。此是乾之一重得七为八。又以坤之三爻为本，上加坤为纯卦，又以坤为本，上加乾为《否》卦；又以坤为本，上加震为《豫》卦；又以坤为本，上加巽为《观》卦；又以坤为本，上加坎为《比》卦；又以坤为本，上加离为《晋》卦；又以坤为本，上加艮为《剥》卦；又以坤为本，上加兑为《萃》卦。是以通本为八卦也。自震巽坎离艮兑其法皆如此，则为八八六十四卦。

贾氏此说，必有所本。其八卦相重的方法是以下卦为主，由上下卦之排列看，其次序亦依《说卦》中父母六子的顺序。与帛本以上卦为主，上下卦相重以少、中、长排列的方法完全不同。

按贾氏的重卦法，其六十四卦排列顺序也有四卦与今本卦序偶然相同（《乾》《需》《渐》《中孚》），但帛本卦序除《乾》卦居首相同外，重要的是，居中之《恒》卦亦同，而且由经卦巽组成的"重巽以申命"的《巽》卦也相同。在"卦气"卦序中居第一卦的《中孚》卦，在今本与帛本中皆居第六十一卦。所以，我们认为，这些不会是偶然的巧合。今本六十四卦当初可能是在帛书《易经》六十四卦排列顺序的基础上，按照"二二相耦，非覆即变"的原则，多数卦又重新作了排列。除《乾》卦居首不动之外，《恒》卦卦序居六十四卦之半，或能体现守中以恒，所以仍按旧卦序排列，由经卦巽组成的《巽》卦，因原卦序亦有某种意义，《中孚》卦作为第六十一卦，而在"卦气"卦序中排在首位，中间相差六十卦，正是六十四卦去掉《坎》《离》《兑》《震》四卦之数，所以也被保留下来，其余卦的卦序则多数不同了。

由此猜想，帛书《六十四卦》，似乎确应像于豪亮先生说的那样，是"较早的本子"。

二

那么，帛书《易经》在汉初是否仅是一种上有所承而下无所传的孤本呢？经初步研究，我们认为不是。

人们知道，西汉人谈《易》，多出田何系统。《汉书·儒林传》云："要言《易》者，本之田何。"《汉书·艺文志》云："汉兴，田何传之。"皆为其证。后来，除田何之外，又出费、焦二家《易》，《汉书·儒林传》：

> 至成帝时，刘向校书，考《易》说，以为诸《易》家说皆祖田何、杨叔元、丁将军，大谊略同，唯京氏为异，党焦延寿独得隐士之说，托之孟氏，不相与同。

可知当时除田何《易》外，尚有京氏《易》"为异"，"独得隐士之说"，与田何《易》"不相与同"。

《元包》讲《易》，由"太阴"至"孟阳"八组卦的卦次变化，完全本于京房。故黄宗羲说："《元包》祖京氏以为书。"① 然而，《元包》六子少、中、长的排列次序又与帛本相同。那么，帛本《六十四卦》是否与京氏《易》有关系呢？

我们知道，"纳甲"之法相传出自京氏，它以"十干"分纳于八卦，即乾纳甲壬；坤纳乙癸；其余艮纳丙；兑纳丁；坎纳戊；离纳己；震纳庚；巽纳辛。按"十干"次第若去掉壬癸，则"纳甲"之八卦排列顺序，与帛本八卦完全相同，此其一；二，再让我们看一下帛本《六十四卦》圆

---

① 《易学象数论》卷四《元包》篇。

图（为方便阅读，卦名一律改依今本）。

通观此图，我们发现：在依帛本六十四卦卦序排列而成的圆图中，除《乾》卦与《坤》卦、《艮》卦与《兑》卦、《坎》卦与《离》卦、《震》卦与《巽》卦可以对角两卦相连之外，另有《否》卦与《泰》卦、《损》卦与《咸》卦、《既济》卦与《未济》卦、《恒》卦与《益》卦亦可对角两卦相连。我们若将对角两卦相连的前八卦，称之谓第一组，将后八卦称之谓第二组。对比这两组卦，其对角相连的两卦，皆为互"变"的关系，像《乾》卦与《坤》卦，《坎》卦与《离》卦，《恒》卦与《益》卦，《既济》卦与《未济》卦等等，且在帛本卦序上都相差三十二卦。像《乾》为第一卦，《坤》即为第三十三卦，《坎》为第十七卦，《离》即为第四十九卦，《恒》为第三十二卦，《益》即为第六十四卦等，其余卦皆同。

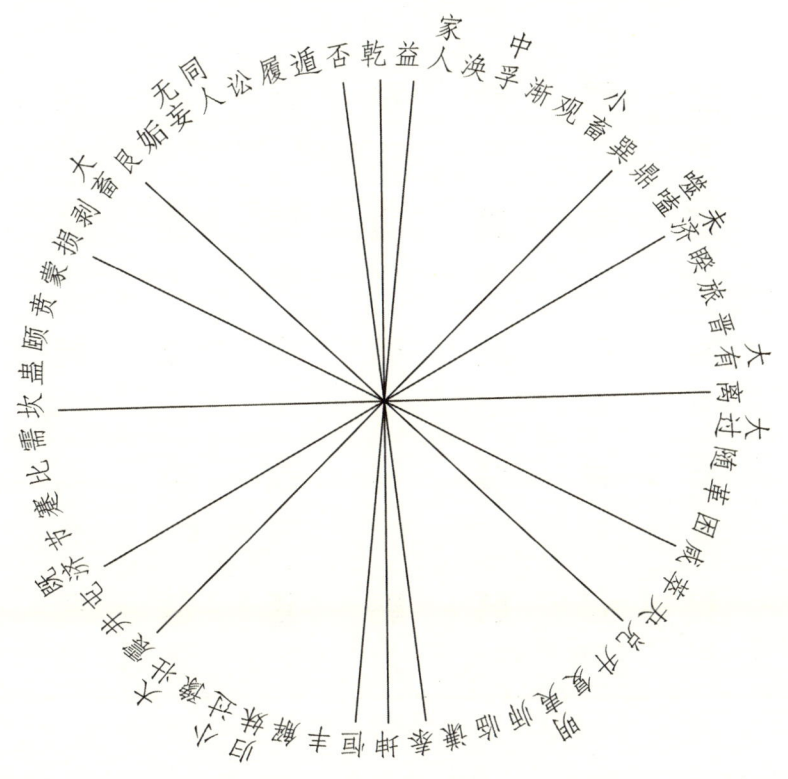

现在，参照此图，再让我们看一下后人据京氏《易》说而作的京房卦变八宫卦次图（其八宫之顺序改依《元包》顺序）：

	太阴第一	太阳第二	少阴第三	少阳第四	仲阴第五	仲阳第六	孟阴第七	孟阳第八
本宫	坤	乾	兑	艮	离	坎	巽	震
一世	复	姤	困	贲	旅	节	小畜	豫
二世	临	遁	萃	大畜	鼎	屯	家人	解
三世	泰	否	咸	损	未济	既济	益	恒
四世	大壮	观	蹇	睽	蒙	革	无妄	升
五世	夬	剥	谦	履	涣	丰	噬嗑	井
游魂	需	晋	小过	中孚	讼	明夷	颐	大过
归魂	比	大有	归妹	渐	同人	师	蛊	随

该图显示，《周易》六十四卦分为八组（八宫），每组以一纯卦领首，《坤》《乾》《兑》《艮》《离》《坎》《巽》《震》各主一宫，称为"本宫"卦。下接七卦，由初爻变起，自下而上以次受变。其初爻变，称"一世"

卦，初、二爻皆变，为"二世"卦，以次类推，至自下而上五爻皆变，称"五世"卦。变至上爻不变，第六卦从五爻返至第四爻，变回本宫卦爻，此谓之"游魂"卦。第七卦则内卦三爻皆变回本宫卦爻，谓之"归魂"卦。

京氏这种特殊的卦变方式和卦次排列，人们过去只知用于占筮，至于为何这样排列，却始终是个谜。

细研该图，我们发现：此图的"本宫"卦横向自左而右依《坤》《乾》《兑》《艮》《离》《坎》《巽》《震》读去，其相邻的两卦正是前面"帛书六十四卦圆图"中对角相连的第一组卦。若再从"三世"卦自左而右读去，则其相邻两卦（《泰》与《否》；《咸》与《损》；《未济》与《既济》；《益》与《恒》）正是其"帛书六十四卦圆图"中对角相连的第二组卦。若用同样方式，横向读"一世"卦，其《复》《姤》《困》《贲》《旅》《节》《小畜》《豫》八卦，在帛本卦序中亦有一种特殊的联系。如《复》卦在帛本中是第三十九卦，而与其相邻的《姤》卦则是第八卦。《复》《姤》两卦的帛本卦序相差三十一卦。《豫》卦在帛本中是第二十七卦，而《小畜》则是第五十八卦，《豫》卦与《小畜》卦在帛本中亦相差三十一卦。同样，《节》卦与《旅》卦，《贲》卦与《困》卦其帛本卦序都是相差三十一卦。

若进一步考察"五世"卦和"归魂"卦，人们会看到：作为"五世"卦的《夬》《剥》《谦》《履》《涣》《丰》《噬嗑》《井》八卦和"归魂"卦的《比》《大有》《归妹》《渐》《同人》《师》《蛊》《随》八卦，其相邻两卦间在帛本卦序中亦相差三十一卦。如"五世"卦的《夬》卦，其帛本卦序是第四十二卦，而《剥》卦则为第十一卦，"归魂"卦的《比》卦，其帛本卦序为第十九卦，相邻的《大有》卦则是第五十卦，其余各卦皆同。

作为"二世"卦的《临》《遁》《萃》《大畜》《鼎》《屯》《家人》《解》八卦，"四世"卦的《大壮》《观》《蹇》《睽》《蒙》《革》《无妄》《升》八卦以及"游魂"卦的《需》《晋》《小过》《中孚》《讼》《明夷》《颐》《大过》八卦来说，其相邻的两卦间在帛本卦序中，皆差三十三卦。如"二世"卦的《临》卦在帛本中是第三十六卦，《遁》卦则是第三卦，其余"四世"卦与"游魂"卦皆同。

据上所考，我们由"本宫"八卦起，至"归魂"八卦止，按照其相邻两卦在帛本卦序上的差数，可列成下图：

此图显示，由"本宫"八卦起，至"归魂"八卦止，其相邻两卦间在帛本卦序上的差数，有一定的对称关系。

京房八宫卦次，两千年来对人们一直是大谜。马王堆帛书《易经》的出土，终于帮助我们揭开了这个谜底：原来京氏八宫横向的八组卦（由"本宫"八个卦至"归魂"八个卦），都是由四对互"变"的卦组成，而这些互"变"的卦，在帛本卦序中有着完全相同的卦序差数——这就揭示了京房八宫的特殊卦变方式和卦次排列，乃是在帛本《六十四卦》卦次排列的基础上演变而出，从而证明了帛本《六十四卦》在汉初并不是一种上有所承而下无所传的孤本。

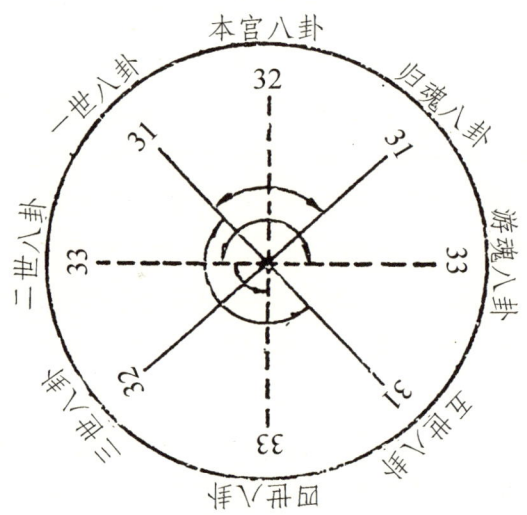

我们估计，春秋乃至百家争鸣的战国时代，可能有几种不同系统的《周易》本子在社会上流传，这些本子由八卦排列到六十四卦顺序都有不同。其占筮的方法，可能也不相同。今本只是其中之一。如前所述，《序卦》的写成，正说明当时传授今本《易经》的经学大师们，为宣扬与提高今本《周易》的地位，以区别于社会上别种编次的《周易》传本，因而作成《序卦》。目的是为今本《周易》的编次张目制造理论依据，以扩大其声望。

至秦，《周易》未焚，故各种本子传之不绝。后来，今本《周易》被田何传入西汉，成为主要流传的本子，但帛书《六十四卦》的出土，说明汉初仍有其他本子流传。估计至汉武帝独尊儒术之后，今本《周易》凭借孔子作"十翼"的传说，变成了正统，并被尊为"六经之首"。其他不合于"圣人"之传的本子，则因文人相轻被借用政治势力封杀打压而淘汰。至京房时，已是只能见于"隐士之说"了——恐怕这就是帛本《六十四卦》及其他《易》本后来失传的根本原因。

三

于豪亮先生曾经指出：帛本《系辞》"同今本《系辞》有相当出入，没有今本《系辞》上篇的第八章（即"大衍之数五十"章）"（《帛书〈周易〉》）。

我们认为这一点不可忽视：《系辞》中专讲筮法的这部分是很重要的，帛本《系辞》为什么偏偏不讲呢？

笔者管见：这说明帛本可能不用今本《系辞》的筮法。

我们这种看法的依据是：（一）张政烺先生在《帛书'六十四卦'跋》中，曾再次肯定了甲骨文中的奇字是筮数，六个数目字一组是重卦，而金文所见三个数目字一组是单卦。张先生在此揭示了卦象源于数，这个意义是重大的。此正与《系辞》"极其数，遂定天下之象"的说法相符。如果张先生此说能够成立（因为此说似乎尚有可商之处。如扶风齐家村西周遗址采集到的一〇八号卜骨，乃由"五一八六八五五六八一一一一"等数字组成，另有"六九八一八六九一一一六五"的数字。若依张先生之说，这些数字应是何卦，似需进一步研究），据今本《系辞》记载的筮法，只能出筮数"七""八""九""六"，而断不会生出"一""五"等筮数来。如果"一""五"等数字可被确认为筮数，则其筮法肯定是一种（或者几种）全然不同于"大衍之数五十"章里的筮法。（二）由《左传》《国语》记载的筮例考之，有的卦例若依今本《系辞》的筮法，总是讲不通。如《左传·襄公九年》："遇《艮》之八，史曰：'是谓《艮》之《随》。'"《国语·晋语》："得贞《屯》悔《豫》，皆八也。""得《泰》之八，曰：'是谓天地配，亨，小往大来。"这三条筮数"八"的卦例，前人曾绞尽脑汁做过种种解释，但总是难得其解。这已显示，今本《系辞》中"大衍之数五十"章的筮法，并不是春秋时代人们用以占筮的唯一古法，恐怕当时还有别的方法。

因此，帛本《系辞》无"大衍之数五十"章，不会是偶然的遗漏，而是说明了帛本《六十四卦》在占筮的时候，可能使用的是另一种筮法。

于豪亮先生还指出："帛本《系辞》还包含了今本《说卦》的前三节。"（《帛书〈周易〉》）这一点，也很重要。

因为在"十翼"各篇成文先后的问题上，传统看法多以为《彖》《象》较早，《说卦》《杂卦》较晚。如前所述，依理《说卦》应该较早。然而，正如张岱年先生所指出的那样，今本《说卦》篇开首却说：

> 昔者圣人之作《易》也，幽赞于神明而生蓍，参天两地而倚数，观变于阴阳而立卦，发挥于刚柔而生爻，和顺于道德，而理于义，穷理尽性以至于命。

> 昔者圣人之作《易》也，将以顺性命之理，是以立天之道曰阴与阳，立地之道曰柔与刚，立人之道曰仁与义。

通读这段文字，像"仁与义"这样的复合词，显然带有战国时代的痕迹，似在孟子之后。由此而观之，《说卦》写成较早的推断便很难成立了。

然而，帛书《系辞》的出土，或许可以帮助我们解决这个疑点。既然帛本《系辞》包含了今本《说卦》的前三节，这就证明了今本《说卦》的这一部分，可能是后人移到《说卦》中来。

因为帛《易》的全部材料尚未面世，以上只是本人读了部分材料后的一点粗浅认识，不妥之处，请予批评、指教。并希望就帛《易》揭示的问题，展开进一步的讨论。

帛《易》源流辨析

　　1973年马王堆汉墓出土的帛书《周易》六十四卦经文及其另外的传文《二三子》《系辞》《衷》《要》《缪和》及《昭力》诸篇，经过20余年的整理校勘，近年始陆续发表出来。因为这是一批未经后人任何改动的汉初隶写今文资料，特别是它的经文六十四卦卦爻辞基本完整，这为研究《周易》古经本旨及汉代经学史上的今、古文学，提供了极为可贵的资料。

　　我们认为，假如帛书经文与传文为同时抄成的话，则其抄写的年代基本可界定在汉高祖至吕后执政的二十余年间。首先，这批帛书出土于马王堆三号汉墓。据考，马王堆三号汉墓下葬年代为汉文帝十二年，即公元前168年。故帛《易》的抄写年代不会晚于文帝十二年。其次，今本《师》卦上六爻："大君有命，开国承家，小人勿用。"其"开国承家"帛本作"启国承家"，而《上海博物馆藏战国楚竹书（三）》之《周易》经文（以下简称"竹书"）作"启邦丞豥"。今、帛本作"开国""启国"而竹书作"启邦"，由《象》称"'大君有命'，以正功也。'小人勿用'，必乱邦也"，可证《象》作者所见《易》本作"邦"而不作"国"。帛本改"邦"为"国"，疑为避汉高祖刘邦之名讳也。据此，帛《易》的抄写年代应在汉高祖时或其后。第三，今本《系辞》"易有太极"，帛本作"易有大恒"。帛本《系辞》之"易有大恒"，是不避文帝刘恒之名讳。故帛《易》当抄写于文帝之前。

　　而今本《系辞》及《彖》《象》等今本《易传》其他主要篇章，似当基本修订完备于汉武帝立五经博士时或稍后。因由帛本《系辞》与今本《系辞》对比而考之，知今本《系辞》较之帛本在文字上作了一些补充与修订。但若仔细考察这些修订文字，很显然是在帛本原文的基础上作出的，此外，从上述避讳的角度也可得出这样的结论。今本改"大恒"为

"太极"、改"启国"为"开国"以避文、景二帝之名讳，显然其抄写时间应在文、景之后也。再结合帛本《系辞》之"易有大恒"与上海博物馆藏战国楚竹书《恒先》篇中"恒先"之义考之，当以帛本作"大恒"为确，"太极"当由"大恒"而来。所以，我们认定，今本"十翼"之文，是在帛《易》基础上修订完备而成，其时间大致在文、景之后的武帝时期，即武帝立五经博士时或之后。笔者这样设想：因为武帝设了《易》学博士，博士所用之《易》本经传，即是代表官方的正本。因此，武帝时对田何所传之今文本经传，必须在文字上作统一的修正与增订。此一工作疑在敕丞相公孙弘广开献书之路，建藏书之策，置写书之官时期。《汉书·楚元王传》载刘歆《移书让太常博士》说："当此之时，一人不能独尽其经，或为《雅》，或为《颂》，相合而成。""博士集而读之，故诏书称曰：'礼坏乐崩，书缺简脱，朕甚闵焉。'"恐怕就是在"博士集而读之"时，对传文作了统一的删削、补充与修饰。这就是今本《系辞》何以与帛本有异的原因。

正如前文所述，马王堆帛本《易》的最最可贵处，是它尘埋两千余年，原封不动地保留了汉初隶写今文《易》之原貌。而我们经过考辨认定，此隶字《易》本，正是汉初田何所传之今文《易》本。

首先，以时间考之，如前所述，帛本写定于汉初，而田何为汉初唯一传《易》之人。《汉书·艺文志》说："及秦燔书，而《易》为筮卜之事，传者不绝。汉兴，田何传之。"特别是《汉书·儒林传》称："汉兴，言《易》自淄川田生。""要言《易》者本之田何。"所以，依《汉书·儒林传》的说法，田何为汉初传《易》第一人。《汉书·儒林传》中还有一条重要线索："汉兴，田何以齐田徙杜陵，号杜田生，授东武王同子中、洛阳周王孙、丁宽、齐服生，皆著《易传》数篇。"据颜师古注："高祖用娄敬之言徙关东大族，故何以旧齐田氏见徙也。初徙时未为杜陵，盖史家本其地追言之也。"依此条颜注，我们可知，此所谓"汉兴"，乃指田何是于高祖时徙杜陵的，故"汉兴，田何传之"之"汉兴"，自然亦是指田何授王同、周王孙、丁宽、服生四人，也应在高祖之时。

其次，以学术归属考之，依据传统说法，今本"十翼"诸篇为孔子所传授，而帛书经文卦名多依"十翼"传文训读，说明帛书经文属孔子所传。而田何正是汉初孔门《易》学的传人。

依据传统说法，《彖》《象》《系辞》《说卦》《文言》等解说《周易》古经的传文系孔子所作，故《史记·孔子世家》曰："孔子晚而喜《易》，序《彖》《系》《象》《说卦》《文言》。"同时，《史记》与《汉书》都列出了一份由孔子传《易》直至西汉田何的师承关系传授名单，由此可知，田何《易》确实师承于孔子，而这也正是田何《易》在武帝时能立为《易经》博士的根本原因。因此，考察帛《易》经文及传文与孔子的关系，是确定它是否为田何传本的重要依据：首先，帛《易》传文各篇大量记载了孔子及其弟子的研《易》言论。由此可知，帛书《易传》是孔子及其弟子《易》学思想的反映。其次，帛《易》经传文中的卦名，多依《序卦》《说卦》《系辞》等传文训释，说明帛书传文、帛书经文皆当为孔门所传之《易》。如：今本"睽"卦，竹书作"楑"，"楑"字很明显与今本"睽"同。而帛本此卦作"乖"，帛本卦名作"乖"，显然是得之《序卦》："家道穷必乖，故受之以睽。睽者，乖也。"可证帛本卦名作"乖"，是以《序卦》的训释为据。再如今本"履"卦，帛本作"礼"，此亦得之《序卦》："物畜然后有礼，故受之以履。"由此知，今本乾卦帛本作"键"，今本坤卦帛本作"川"，亦皆得之《说卦》"乾，健也""坤，顺也"。过去读《象》"天行健，君子以自强不息""地势坤，君子以厚德载物"，总不解先儒何以"天行健"对应"地势坤"，见到帛本后方知，此"天行健"者，乃"天行键"也。因"键""健"互假，故而"天行健"即"天行键"，而"天行键"亦即"天行乾"也。《象》文是以"天行乾"对应"地势坤"。以此可知，《象》文当经今文经师整理。今本离卦帛本作"羅"，亦本之《系辞》："作结绳而为网罟，以佃以渔，盖取诸离。"由帛本卦名多以《序卦》《说卦》《系辞》等传文之释为据考之，帛本对原古文本中的古字古义，已经本着"诂者，古也，古今异言，通之使人知也"的精神作了训诂解读，因而留下了田何当时传《易》时"传通其义""以今文读之"的明显印记。故帛本当为汉初田何所传之今文本无疑也。同时，亦知《汉书·儒林传》称丁宽"作《易说》三万言，训诂举大谊而已，今《小章句》是也"。颜师古注："故谓经之旨趣也。它皆类此。"今观夫帛本卦名及传文中对经义的简约解说，方信此说不谬也！

以上说明了帛《易》是汉初田何所传之今文《易》本。但前面已说，田何曾授《易》给王同、周王孙、丁宽、服生等四人。由于有今本和帛本卦序的差别，故田何所授四家之《易》当有不同。那么，帛本这种有着与今本全然不同卦序的《易》本，它属于这四家中的哪一家呢？

我们认为，帛本《易》当属周王孙《周易》"古义"，号《周氏传》者的可能性较大，但也不排除其他的各家。按《汉书·儒林传》：

> 丁宽字子襄……读《易》精敏，材过项生，遂事何。学成，何谢宽。宽东归，何谓门人曰："《易》以东矣。"宽至洛阳，复从周王孙受古义，号《周氏传》。

《汉书·儒林传》中此段文字记录了一件过去从未引起学人注意的重要传《易》史事：当时，丁宽与服生、周王孙等一起师从田何学《易》，且极得田何赏识，但丁宽学成后，却又至洛阳从周王孙"受古义，号《周氏传》"。由此我们可知，当时田何传《易》，除有今本卦序的"今义"外，尚有传于周王孙的"古义"。估计为了避免"后世之士疑丘"，故"古义"只秘传给个别弟子，并不公开传授。周王孙传丁宽，丁宽传田王孙，田王孙传孟喜，《汉书·儒林传》称孟喜得"《易》家候阴阳灾变书"由田王孙"独授"，此说恐非"诈言"，因为丁宽"古义"还曾传至高相："其学亦亡章句，专说阴阳灾异，自言出于丁将军。"高相与孟喜所得，皆为"阴阳灾变""阴阳灾异"之书。如果孟喜之说确为"诈言"，高相《易》学所出又为"自言"，皆不可靠的话，何以会如此之巧："自言"者本于丁宽，"专说阴阳灾异""诈言"者本于丁宽唯一的"同郡"弟子田王孙，则"得《易》家候阴阳灾变书"，所传皆为谈"阴阳灾变""阴阳灾异"的相同内容。其所"诈言""自言"所得之传何以会如此一致？此其一。其二，《汉书·艺文志》与《汉书·儒林传》皆称"汉兴，田何传之"；"要言《易》者，本之田何"，京氏《易》得之焦延寿，《汉书·儒林传》也承认焦延寿"尝从孟喜问《易》"，然而在论及京氏《易》来源时，《汉书·儒林传》却又称"延寿独得隐士之说"。西汉《易》本由田何一人传之，田何传到此时亦无非四传，何以又出"隐士之说"？即使真有"隐士之说"，此说亦只能得之田何！以此可见，班固或依梁丘贺一面之词而定孟喜《易》得之田王孙为"诈言",又云高相《易》得之丁宽为"自言",且对当时已流传很广影响颇大的京氏《易》,又出来一个"独得隐士之说"而"托之"孟氏的说辞,若仔细核对并思索这些记载,我们不难发现:班固是在有意回避着什么事情。据前所述,《周易》"古义"自田何传授后,其师承关系应为:

田何——周王孙——丁宽——田王孙——孟喜——焦延寿——京氏

但班固为何竭力用"诈言""自言"或"党",谓"党焦延寿独得隐士之说,托之孟氏,不相与同",以使高相与京房的"阴阳灾变""阴阳灾异"之书,与丁宽、田王孙及孟喜这些田何弟子及再传弟子们脱离干系呢?

考之帛书《易传》诸篇内容,我们更为清楚明白地看到了帛本《易》与孔子及孔子诸弟子的关系:《二三子》《衷》《要》《缪和》及《昭力》诸篇中保存了很多与今本《彖》《象》《文言》《说卦》《序卦》等文字基本相同的内容。更有在帛本《系辞》基础上,由帛本传文其他各篇的文字补充、修订而成的今本《系辞》。同时,各篇记录了大量孔子向子贡等诸弟子传《易》讲《易》的内容。尤为重要的是,《要》篇记录了孔子对占筮的态度及其《易》学研究方法论,它对后人治《易》产生了极其重大的影响:

《易》,我后亓祝卜矣!我观亓德义耳也。幽赞而达乎数,明数而达乎德,又[仁]者而义行之耳。赞而不达于数,则亓为之巫;数而不达于德,则亓为之史。史巫之筮,向之而未也,好之而非也。后世之士疑丘者,或以《易》乎?吾求亓德而已,吾与史巫同涂而殊归者也。君子德行焉求福,故祭祀而寡也;仁义焉求吉,故卜筮而希也。祝巫卜筮亓后乎!

赖于《要》篇如上内容的出土,才使我们明白了秦时尚定位为"卜筮之书"的《周易》,何以到了汉代,因学者们大量推崇和引用《彖》《象》《系辞》《文言》《说卦》等传文内容,致使占筮的功能显著下降,而将《易》重新定位为"洁静精微"之书,使《易》成为"众经之首""大道之原",这样就为人们指出了一条"德行焉求福""仁义焉求吉"的研《易》

新路。由于"德行""仁义"的修养,故"积善之家必有余庆",从而淡化了人们对祝巫卜筮的研《易》需求,以截断"后世之士疑丘"的思想线索。恐怕这就是班固在《汉书》中总是竭力回避田何弟子及其再传弟子们与高相、京房《易》有传承关系的根本原因。因为直至班固时代,传《易》者们恐怕都知道并仍习惯于遵循着这一条"为长者讳"的原则。班氏之做法,亦当如此!

尽管孔子及其弟子及再传弟子们为使《周易》"祝巫卜筮亓后乎",从而做了大量工作,但到了汉代,武帝立《易》学博士,恐怕绝不仅仅是为了听《易》学博士给自己讲解经文大道,主要还是在遇到大事时,由博士以《易》筮之而知其吉凶,如《汉书·儒林传》记载梁丘贺"以筮有应,繇是近幸,为太中大夫,给事中,至少府"即其证也。可知田何当初传《易》时,不但究"阴阳灾异"的"古义"中当有祝巫卜筮的内容,且其所授"今义"中亦有占筮的内容,故梁丘贺虽"疏通证明"孟喜从其师田王孙处"得《易》家候阴阳灾变书"为"诈言",但他本人却精于筮,此即其证。重要的是,依据本人考证,与今本全然不同的这种特殊的帛本卦序,与京氏《易》的八宫卦序有关系:京氏《易》八宫横向的八组卦(由本宫横向八个卦至"归魂"横向八个卦)都是由四对互"变"的卦组成,而这些互"变"的卦,在帛本卦序中有着完全相同的卦序差数!这就揭示了京氏八宫的特殊卦变方式和卦次排列,乃是在帛本卦次排列的基础上演变发明而出,从而证明帛本在汉初并不是一种上无所承、下无所传的孤本①。这种卦序排列方式是为了便于占筮而设,京氏八宫卦次排列就是在帛本卦次排列的基础上变化发明而出。正是据此理由,我们基本上认定马王堆帛本《易》可能为周王孙"古义"的传抄本。当然,也不能完全排除是另外三家传本的可能性。如为其他三家,亦当是田何当初为讲筮法而特定的一种经文本子,为避免"后世之士疑丘",故对这一本子不做公开传授,只秘传给个别弟子,而公开传授的只是今本卦序的传本。

当我们读帛本《易传》诸篇时,我们发现一些极其重要的研《易》内容,如《二三子》中"必尊天而敬众,理顺五行……甘露时雨聚降,飘风

---

① 详见拙著《周易概论》之"帛《易》初探"。

苦雨不至"，"故《易》又天道焉，而不可以日月生辰尽称也，故为之以阴阳，又地道焉，不可以水火金土木尽称也，故律之以柔刚"等，这类孔子谈天道阴阳和理顺五行的话语，于今本传文中皆见不到了。再如《二三子》中出现讲解卦爻辞经文的"其占曰"亦皆被删去——而正是这一点，证实了我们如前所说，田何《易》中当有以经文解占的内容。《衷》篇体现"卦气"思想的"岁之义，始于东北，成于西南"等，此皆被删。今本《系辞》删去《衷》篇"赞以德而占以义者也"一句，而仅取"是故履，德之基也；谦，德之柄也"云云；删去《衷》篇"是故占曰"之句，仅保留"履，和而至；谦，尊而光"云云；删去《衷》篇"无德而占，则《易》亦不当"，而仅保留"原始要终，以为质也，六爻相杂，唯其时物也"；删去《要》篇"子贡曰：'夫子亦信亓筮乎'"及"子曰：'吾百占而七十当，唯周梁山之占也，亦必从亓多者而已矣'"；删去《缪和》篇有关梦兆的"物未梦颇而先知之者""亓始梦颇而亟见之者也"等话语。总之，孔子这些谈阴阳五行、占筮梦颇的内容，在"十翼"中已经皆不可见。

尤应引起我们注意与重视的是，《缪和》等篇中所引向孔子问《易》之人计有：《缪和》篇中的缪和、吴孟（又称"吴子"，可见当时是一个有影响的人）、吕昌、庄旦、张射等及《昭力》篇中的昭力，还有孔子特别提及的周梁山。由这些人所探究的《易》学问题来看，我们认为其水平还是相当高的，但所有这些人在《史记》《汉书》等所列自孔子至田何的传《易》者名单中皆不见之。所列汉代各家《易》中亦皆不见其名。更像子贡这样孔子重量级大弟子，在帛本《要》篇以大量篇幅记录了他与孔子多次讨论《易》中的重要问题但《汉书·艺文志》所载"凡《易》十三家，二百九十四篇"中，却无子贡的一席之地，仅于"杂占十八家"中记有"《子赣杂子候岁》二十六卷"。然而"凡《易》十三家"中却有"《古杂》八十篇、《杂灾异》三十五篇"。为什么《古杂》《杂灾异》可入《易经》之列，位居《艺文志》之首，而作为孔子重要弟子的子贡，其《子赣杂子候岁》却被放入地位大大下降了的"杂占"类呢？此显然是当时一派得势而另一派失势的结果。

依据以上帛《易》资料的考证，我们认为：由于师祖孔子对祝卜史巫"向之而未也，好之而非也"的否定态度，故当初田何传《易》，古义只传个别弟子，因而可证"古义"在田何时已入另类单独传授。当汉武帝独尊儒术而立《易》博士时，田何所传王同"今义"的一派得立。估计他们凭借官学的权势，在整理《周易》传文资料时将一些古义的内容全部删去，将田何之前传古义的人从传《易》者名单中删去。过去每每不明白，依《史记·仲尼弟子列传》与《汉书·儒林传》所记之传《易》名单，从孔子到田何只有六传，而时间跨度长达三百五十年左右，可见此传《易》名单肯定多有缺失。再者，帛书传文诸篇所列孔子与之论《易》之人，《史记》《汉书》及其他汉人典籍所记《易》学资料中皆不见之。而《史记》《汉书》所列孔子传《易》之人于帛本诸篇传文中亦皆不见其名，如孔子传《易》的第一位弟子商瞿，竟在帛本传文所记与孔子问《易》诸人中从不见之，令人奇怪。可证凡当时得势一派不感兴趣的《易》学资料，只能在民间流传，其不属于自己直接师承的传《易》人物，亦不列入史书的传《易》者名单。今观其所不立的子贡，当时尚有著作传世，孔子的另一位重要弟子子夏亦同，后世多引其著《子夏易传》，此书被唐人收入《周易集解》后，对后世治《易》者产生了极大的影响。然而其所列孔子传授的第一位大弟子商瞿等人，后人皆不见其有何《易》著行世，岂不怪哉！我们知道，太史公曾学《易》于武帝时第一位《易》学博士杨何，故《史记》中所列由孔子至田何的传《易》名单，应该是太史公得之其师杨何所提供的名单。因为对比《汉书·儒林传》与《史记·儒林列传》所记田何传《易》史事，我们不难从中发现问题：《汉书·儒林传》言及田何"授东武王同子中、洛阳周王孙、丁宽、齐服生，皆著《易传》数篇。同授淄川杨何，字叔元，元光中征为太中大夫"。而《史记·儒林列传》则仅言"汉兴，田何传东武人王同子仲，子仲传淄川人杨何，何以《易》元光元年征官至中大夫"。很清楚，《汉书·儒林传》不仅言田何传《易》于其师王同，更言还传及杨何师叔周王孙、丁宽、服生，且未专言杨何因何征官，征官时间亦仅及"元光中"。而《史记·儒林列传》仅仅言田何传《易》于王同，王同传杨何，除杨何之老师、师祖外，则其余人皆不提及，并特别言明杨何以《易》而"征官"，其当官时间亦极清楚精确。

《史记》《汉书》中的这两段短短的文字，虽然同样是记录汉兴田何传《易》之事，但《史记》中特别突出炫耀杨何的用意是极为明显的。更为明显的是,《汉书·儒林传》谈及西汉《易》学所本时,曰:"要言《易》者本之田何。"而《史记·儒林列传》竟称:"要言《易》者本于杨何之家。"《史记》于此竟将杨何置于其师祖田何之上,而捧成汉《易》之本,此足证《史记》所云诸资料当为杨何或杨何一派提供也。

据此,我们亦弄明白了《汉书》为何以"诈言""自言""托之"诸词,力求摆脱田何诸弟子与"阴阳灾变书"的关系。我们推断,当时今义派得势后,古义派只能流落民间,此种变迁,司马迁犹知之,故他于《史记·日者列传》中记录了司马季主与诸弟子"辩天地之道,日月之运,阴阳吉凶之本""今夫卜者必法天地,象四时,顺于仁义"等,司马季主所云此旨,我们于帛《易》传文中多见之,故司马迁引用贾谊的话:"吾闻古之圣人,不居朝廷,必在卜医之中。"看来,在贾谊时代,《易》一派已进入官场,另一派则融入民间了。

"卦气"溯源

"卦气"说是象数易学中一个极为重要的学说,深入探讨此一学说,可加深对易学、易学哲学乃至整个中华文化精妙底蕴及慧见的理解,意义非常重大,此本文之所由作也。

一、西汉"卦气"考

施、孟、梁丘三家居西汉古《易》十三家之首。《汉书·艺文志》:"《易经》十二篇,施、孟、梁丘三家。"颜师古注:"上下经及十翼,故十二篇。"又云:"章句施、孟、梁丘氏各二篇。""汉兴,田何传之,讫于宣、元,有施、孟、梁丘、京氏列于学官。"可见施、孟、梁丘三家之《易》在西汉的重要地位和影响。

所谓"施、孟、梁丘"系指施雠、孟喜、梁丘贺三家,他们同为田王孙弟子。而田王孙师承丁宽,丁宽乃田何的得意门生。施、孟、梁丘三家,宣、元时皆立于学官。考施雠在甘露三年(前51)曾于石渠阁"与五经诸儒杂论同异"(《汉书·儒林传》),可见施氏在当时学界已有着显赫的地位。故施氏《易》的完成,必当在此之前。按京氏生于公元前77年,当石渠阁会议时,他已经26岁,据理而推,此时应已受《易》于焦延寿。而焦氏自称学于孟喜,故孟氏《易》的完成,亦必在此之前。由梁丘贺、施雠在宣帝时皆立为博士思之,估计三家《易》的完成,当在宣帝即位之初或稍前,约公元前70年左右。

在施、孟、梁丘三家中,以梁丘贺当时最为得宠。《汉书·儒林传》称:"贺筮有应,繇是近幸,为太中大夫,给事中,至少府,为人小心周密,上信重之。"但那时在学界声望最高、影响最大的却是孟喜。据《汉书·儒林传》载,"博士缺,众人荐喜"即其证。但因"上闻喜改师法,遂不用喜"。此所云孟喜"改师法"究竟是怎么一回事呢?据《汉书·儒林传》:"喜好自称誉,得易家候阴阳灾变书,诈言田生且死时枕喜膝,独传喜,诸儒以此耀之。同门梁丘贺疏通证明之,曰:'田生绝于施雠手中,时喜归东海,安得此事?'"由于"上信重之"的"同门梁丘贺疏通证明之",于是,孟喜"改师法"遂成千古定案,至今两千余年从来无人怀疑。

孟喜所得"易家候阴阳灾变书",先儒多认定即"卦气"说。"卦气"说①首见于《孟氏章句》。孟氏之书唐时尚存,《新唐书·艺文志》:"孟喜章句十卷。"故唐人僧一行尚能见之。据《新唐书·历志》一行解释"卦议"曰:"十二月卦出于孟氏章句,其说《易》本于气,而后以人事明之。""据孟氏冬至初中孚用事……消息一变,十有二变而岁复初,其坎、震、离、兑二十四气次主一爻,其初则二分二至也。"考《汉书·京房传》,京房"事梁人焦延寿……其说长于灾变,分六十四卦,更直日用事,以风、雨、寒、温为候,各有占验,房用之尤精"。孟康注此曰:"分卦值日之法,一爻主一日,六十四卦分为三百六十日,余四卦震、离、兑、坎为方伯监司之官。所以用震、离、兑、坎者,是二至二分用事之日,又是四时各专主之气。各卦主时,其占法各以其日观其善恶也。"由这段对于京房所传"卦气"的介绍及孟康注文看,焦、京之学确为师承孟喜而来。但《汉书·儒林传》则认定京房"党焦延寿独得隐士之说,托之孟氏,不相与同"。就连孟喜的弟子翟牧、白生也出来呼应此说,当京房以为延寿《易》即孟喜《易》时,他们表示"不肯",皆曰"非也"。就这样,京房所传焦氏之学,变成焦氏得于"隐士之说",而孟氏由田王孙处所得"易家候阴阳灾变书",亦被《汉书·儒林传》结论为孟喜之"诈言"。

事实果真如此吗?为了弄清这段易学千古疑案,我们须先考察"卦气"说是否属于田何系统,并由此入手,再溯"卦气"之源。

(一)据《汉书·儒林传》介绍,沛人高相治《易》与费直同时,"其

---

① 本文所言成熟的"卦气"说,详见《新唐书·历志》及清惠栋《易汉学·孟长卿易上下》。

学亦亡章句,专说阴阳灾异,自言出于丁将军"。丁将军即丁宽,据《汉书·儒林传》记载,丁宽为田何得意门生,除师事田何外,又跟田何的另一弟子周王孙受《周易》古义:"宽至洛阳,复从周王孙受古义,号周氏传","景帝时,宽为梁孝王将军拒吴楚,号丁将军,作《易说》三万言,训诂举大谊而已,今小章句是也。"按,吴、楚反于公元前153年,作《易说》当在此时前后,而高氏所传"专说阴阳灾异"之书,因"其学亡章句",显然不属"训诂举大谊"的《易说》的内容。可见"阴阳灾异"说丁宽时已有传授,显然此说属于田何系统。田王孙为丁宽弟子,因此,田王孙得其师说而授孟喜,当是极为合情入理之事。

(二)如果因《汉书·儒林传》称其为"自言"而使人们仍然心存疑问的话,考《汉书·儒林传》:"汉兴,田何以齐田徙杜陵,号杜田生,授东武王同子中、雒阳周王孙、丁宽、齐服生,皆著《易传》数篇。同授淄川杨何,字叔元,元光中征为太中大夫。"按元光之年系指公元前134—前128年,杨何之学虽然今已难窥其貌,但据《史记·司马迁传》介绍,太史公司马谈曾学《易》于杨何,司马谈在"论六家要旨"中有一段表达其易学观点的话:"夫阴阳、四时、八位、十二度、二十四节各有教令,曰顺之者昌,逆之者亡……夫春生夏长,秋收冬藏,此天道之大经也,弗顺则无以为天下纪纲,故曰:'四时之大顺,不可失也。'"张晏注:"八位,八卦也;十二度,十二次也;二十四节,就中气也;各有禁忌,谓日月也。"此说显然与"卦气"说相一致,亦与《礼记·月令》的精神相一致。因而可推知杨何《易》中有"卦气"说的内容。按太史公仕于建元、元封年间,即公元前140—前110年之间,故其从杨何学《易》,当在公元前134年到前128年,杨何"征为太中大夫"时。

(三)西汉有一个重要易学家魏相,因为此人未被列入《儒林传》中,故后人研究汉代易学源流时,他往往不被人注意。据《汉书·魏相传》:"魏相,字弱翁,济阴定陶人也,徙平陵,少学《易》。"因魏相迁河南太守时正值丞相车千秋死,而车千秋殁于公元前76年,可知此时已任太守,后又于宣帝即位时征"为大司农,迁御史大夫"。宣帝即位于公元前73年,故其任大司农与御史大夫当在此之后。魏相在其上表言事中,表达了其易学观:"又数表采《易阴阳》及《明堂月令》奏之。……臣闻《易》

曰：'天地以顺动，故日月不过，四时不忒；圣王以顺动，故刑罚清而民服。'天地变化，必繇阴阳，阴阳之分，以日为纪。日冬夏至，则八风之序立，万物之性成，各有常职，不得相干。东方之神太昊，乘震执规司春；南方之神炎帝，乘离执衡司夏；西方之神少昊，乘兑执矩司秋；北方之神颛顼，乘坎执权司冬；中央之神黄帝，乘坤艮执绳司下土。兹五帝所司，各有时也。东方之卦不可以治西方，南方之卦不可以治北方；春兴兑治则饥，秋兴震治则华，冬兴离治则泄，夏兴坎治则雹……奉顺阴阳，则日月光明，风雨时节，寒暑调和。"由以上所引看，魏相以震司春、离司夏、兑司秋、坎司冬的易学观，显然与"卦气"说完全一致。

按魏相死于神爵三年，即公元前59年，他先后任郡卒史、茂陵令、河南太守，被霍光逮捕下狱后又复为太守，并逐步升至大司农、御史大夫。如以其寿60岁计，则魏相约当生于公元前120年左右。《汉志》既称其"少学《易》"，则魏相学《易》当在公元前105—前110年左右。由此可以断定：魏氏所学之《易》，显然早于孟喜。《汉书·魏相传》既称其学"有师法"，可知在孟喜之前，"卦气"之说早已有人传授。这是一件不容置疑的历史事实！《史记·儒林传》称汉代"要言《易》者，本于杨何之家"。估计魏相之学为杨何弟子传授。

（四）《汉书·五行志》："孝武时，夏侯始昌通五经，善推《五行传》，以传族子夏侯胜，下及许商，皆以教所贤弟子，其传与刘向同……于《易》，震在东方，为春为木也；兑在西方，为秋为金也；离在南方，为夏为火也；坎在北方，为冬为水也。春与秋，日夜分，寒暑平，是以金木之气易以相变，故貌伤则至秋阴常雨，言伤则至春阳常旱也。"很显然，夏侯始昌的这段文字，说明西汉初年已经有了"卦气"说。夏侯始昌为西汉大经学家，据《汉书·夏侯始昌传》："夏侯始昌，鲁人也，通五经，以《齐诗》《尚书》教授，自董仲舒、韩婴死后，武帝得始昌，甚重之，始昌明于阴阳……"《汉书·夏侯胜传》："胜少孤，好学，从始昌受《尚书》及《洪范五行传》，说灾异。"可知如上"卦气"文字，属夏侯父子"明于阴阳""说灾异"的内容。据《汉书·夏侯始昌传》："始昌明于阴阳，先言柏梁台灾日，至期日果灾。"按《汉书·武帝纪》载，柏梁台灾发生在太初元年，即公元前104年，显然当时他已极得武帝重视，故疑其受学起码当在公元前130—前140年左右，显然早于孟喜久矣。

由以上四考可知，"卦气"说在孟喜之前早已有传，此说非孟喜之"诈言"，实由田何系统师承先儒古说而来。正如前述，指责孟喜"得易家候阴阳灾变书"为"诈言"的唯一旁证人是"同门梁丘贺"，证言为"田生绝于施雠手中，时喜归东海，安得此事"。然而令人奇怪的是，恰恰是作为第一证人的施雠却并未出来说话，施雠不仅在孟喜这件事上没有出来说话，考《汉书·儒林传》："及梁丘贺为少府，事多，乃遣子临分将门人张禹等从雠问，雠自匿不肯见，贺固请，不得已乃授临等。"不但如此，更"谦让，常称学废，不教授"。由以上寥寥数语，我们不难悟到，"好自称誉"的孟喜在用《易》自保方面，确实不如他的另一位同学施雠。孟喜可能因其才学过人而声望又高，因此遭到权贵同学的嫉妒，遂借用权力给了他个"改师法"的罪名，并因此而不得为博士，依据中国文人之间相轻相残的传统恶习而思之，这也是毫不足怪的。

那么，京房时，孟喜的弟子翟牧、白生为什么也不肯承认焦延寿所传之《易》为孟氏学呢？我们知道，汉《易》虽本于田何，但老师在具体传授弟子时往往侧重点各有不同。考丁宽师从田何，并且是田何的得意弟子，但他又"至洛阳，复从周王孙受古义"，可知他所学的内容，没有他的另一位同学周王孙的《周易》"古义"，故再至洛阳，"复从"而学之，以满足自己的求知欲。《汉书·儒林传》中介绍丁宽时，有这样一段话："作《易说》三万言，训诂举大谊而已，今小章句是也。宽授同郡砀田王孙，王孙授施雠、孟喜、梁丘贺，繇是《易》有施、孟、梁丘之学。"据此，可考定孟氏《易》的内容应是"章句施、孟、梁丘氏各二篇"与丁宽的"《易说》三万言，训诂举大谊而已"及《汉志》所载"《易经》十二篇，施、孟、梁丘三家"中有关孟氏《易》的内容，故翟牧、白生从孟喜所学，无非如上内容，其中即便有"卦气"说的内容，亦无非是一般知识，用以解经而已，肯定不包含"易家候阴阳灾变书"的阴阳灾变内容，此书孟喜只传给了焦延寿，兼之孟喜为此而蒙上"改师法"的恶名，故翟牧、白生与之划清界限，不承认焦氏所学的内容为孟氏《易》，这也就毫不足怪了。

《汉书·艺文志》所载《孟氏京房》十一篇、《灾异孟氏京房》六十六篇等，这些才是焦氏由孟喜处所得的"易家候阴阳灾变书"的内容。

二、《子夏易传》与《易传》中的"卦气"说

"卦气"说不但汉初已有，追寻先秦时代，先儒认定早在《子夏易传》①中已有"卦气"之说。朱震《汉上易传丛说》："鲋，子夏作虾蟆，此五月卦也。"张惠言在《易义别录》中同意朱震的说法："朱子发云：井为五月之卦，'蝼蝈鸣，故曰虾蟆'。"朱震《汉上易传》于井卦九五注曰："井，五月卦，阴气自下而上。"惠栋《周易述》于井卦九二疏曰："鲋，虾蟆，子夏义，井，五月卦，故有虾蟆。"据此，刘玉建同志也认为"有可能在子夏时已有过六日七分法及以卦配候学说"②。我完全同意这一看法，因为朱震《汉上易传》释复卦"七日来复"时引："子夏曰：极六位而反于坤之复，其数七日，其物阳也。"这显然是以"十二消息卦"解说"七日来复"之旨，亦只有用"十二消息卦"才能作如是之解，从而体现出《象》于此曰"天行也"之旨，这是《子夏易传》中应有"卦气"说的一条确证。另一条证据是：《象》释益卦曰："风雷益，君子以见善则迁，有过则改。"孔颖达《周易正义》说："《子夏传》云：'雷以动之，风以散之，万物皆益。'孟喜亦与此同。其意言必须雷动于前，风散于后，然后万物皆益。如二月启蛰之后，风以长物，八月收声之后，风以残物。风之为益，其在雷后，故曰'风雷益'也。"这段文字乃孔颖达引《子夏传》与孟氏《易》解益卦。"如二月启蛰之后，风以长物，八月收声之后，风以残物"云云，当为孔氏当时所见子夏与孟《易》中释此之旨。所谓"二月启蛰之后"，当指"卦气"中二月"惊蛰"之后；"风以长物"，指正月初候"东风解冻"后，即有二月之"桃始华"，三月之"桐始华""萍始生"等等，故"风以长物"也。所谓"八月收声之后"，指八月卦候"雷

---

① 本文所言《子夏易传》指唐陆德明《经典释文》、李鼎祚《周易集解》等相关典籍所引者，而非指传世伪书，如四库本《子夏易传》之类。而子夏，笔者认为即春秋末期孔子弟子卜商。

② 刘玉建：《两汉象数易学研究》上册，广西教育出版社1996年版，第150页。

乃收声"之后。所谓"风以残物",乃指九月"草木黄落""蛰虫咸俯"等等,所谓"风之为益,其在雷后",乃指其在二月春分"雷乃发声"之后。凡此种种,皆以"卦气"之七十二候释其说。由此亦可知子夏与孟喜当时用"卦气"解《易》之一斑。另外,《孔子家语·执辔》① 中有关子夏的一段资料,过去未引起先儒注意,但却不可忽视地反映出子夏与"卦气"的关系:"八主风,风为虫,故虫八月而生,其余各从其类矣。鸟鱼生阴而属于阳,故皆卵生。鱼游于水,鸟游于云,故立冬则燕雀入海化为蛤。蚕食而不饮,蝉饮而不食,蜉游不饮不食,万物之所不同。"所谓"八主风,风为虫,故虫八月而生",先儒之解多不确,其实此指"卦气"中秋分之"次候"为"蛰虫培户"。因依"卦气"说,巽为八月之卦而巽为风,观为八月之卦而位居卦候"蛰虫培户",故"八主风,风为虫,虫八月而生"。所谓"故立冬则燕雀入海化为蛤",此更为明确地道出子夏与"卦气"的关系,因为依七十二候,"雀入大水为蛤"在兑秋"寒露"节,而"立冬"当为"雉入水化为蜃"。由于两节气时间距之较近,故后人遂有"雀雉化"之说,估计《孔子家语》作者引用时将"雉入水化为蜃"与"雀入海化为蛤"相混而误,故曰"立冬则燕雀入海化为蛤"。文中子夏又说:"羽虫三百有六十,而凤为之长;毛虫三百有六十,而麟为之长;甲虫三百有六十,而龟为之长;鳞虫三百有六十,而龙为之长;果虫三百有六十,而人为之长。此乾坤之美也。殊形异类之数,王者动必以道动,静必以道静,必顺理以奉天地之性……"此句子夏反复强调"三百有六十"之数,方可展现"乾坤之美",此显系"卦气"中以乾坤两卦生"十二消息"卦,而当"三百有六十"之说。而"王者动必以道动,静必以道静,必顺理以奉天地之性"亦与《彖·豫卦》"天地以顺动,故日月不过,而四时不忒;圣人以顺动,则刑罚清而民服"的精神完全一致。由此观之,《孔子家语》中的这段记载,恐非后人杜撰,因后人很难杜撰出如此高深严密的妙文。

行笔至此,我们就不能不想到"十翼"与"卦气"的关系了。

我们先读《彖》释泰卦:"则是天地交而万物通也。"其释否卦:"则

---

① 《孔子家语》一书虽出自后儒所撰,但其多数内容实当出自先儒之手。篇幅所限,兹不赘述。

是天地不交而万物不通也。"释蛊卦："先甲三日，后甲三日，终则有始，天行也。"释贲卦："观乎天文，以察时变；观乎人文，以化成天下。"释剥卦："君子尚消息盈虚，天行也。"释丰卦："日中则昃，月盈则食，天地盈虚，与时消息。"释节卦："天地节而四时成，节以制度，不伤财，不害民。"

  以上《彖》中的语句，显然带有"卦气"说的痕迹。而更为显明的是，《彖》中有一些明显有季节色彩的话语，若按之"卦气"，皆与其说一一相符。如《彖》释离卦："离，丽也，日月丽乎天，百谷草木丽乎土，重明以丽乎正，乃化成天下。""卦气"以离主夏，故"百谷草木丽乎土，重明以丽乎正"。《大象》释解卦："雷雨作，解，君子以赦过宥罪。"《彖》释解卦："天地解而雷雨作，雷雨作而百果草木皆甲坼。"按"卦气"中解卦居"春分"，在"雨水"之后，相邻大壮卦，其候"雷乃发声"，故"雷雨作而百果草木皆甲坼"。《彖》释益卦："天施地生，其益无方。"依"卦气"，益卦居正月"立春"之节，正"东风解冻""蛰虫始振"后，"鱼上冰"之际，故"天施地生"也。如上所举《大象》释解卦："雷雨作，解，君子以赦过宥罪"，而《礼记·月令》于此月则曰："仲春之月……始雨水……命有司省囹圄，去桎梏，毋肆掠，止狱讼……"

  过去人们总是不理解《大象》释旅卦何以会说出"君子以明慎用刑，而不留狱"。如今始知，原来依"卦气"说，旅卦居"立夏"四月节，其卦候曰"蝼蝈鸣"，按《礼记·月令》于此月曰："孟夏之月……蝼蝈鸣……是月也，断薄刑，决小罪，出轻系……"故《象》曰"明慎用刑，而不留狱"也。若依"卦气"中六十卦配候一一对比各卦《大象》与《礼记·月令》，这种内容相同的例子极多，下面《今帛本卦序先天方图及卦气说的再探索》多有阐述，此处就不再例举了。

  《左传》记载昭公二年晋韩宣子使鲁时，见《易象》与《鲁春秋》而叹"周礼尽在鲁矣，吾今乃知周公之德与周之所以王也"。过去人们总是不理解何以观《易象》而知"周礼尽在鲁矣"，并难晓何以由此而知"周公之德""周之所以王"。方今才悟到当年《易象》的内容，当与今本《大象》之内容相去不远！《文言》中有一段话很重要："夫大人者，与天地合其德，与日月合其明，与四时合其序，与鬼神合其吉凶。先天而天弗违，后天而奉天时。天且弗违，而况于人乎，况于鬼神乎！"文中"大人"与天地合德，与日月合明，与四时合序，与鬼神合其吉凶的"奉天时"思想亦与《礼记·月令》所记载的天子于不同节气行不同之事的精神相一致。结合《彖》释节卦"天地节而四时成，节以制度，不伤财，不害民"，可知《文言》《彖》与《大象》作者一样，皆参考过当年《易象》的内容。《礼记·月令》及《吕氏春秋》之内容，亦当皆参考过当年《易象》的内容而成。在此特别应该提到《大象》中释复卦的一段话："雷在地中，复。先王以至日闭关，商旅不行、后不省方。"文中有"至日"，每到"至日"即"闭关"而"商旅不行"。按照"卦气"说，复卦在"冬至"。西汉时，每逢"冬至""夏至"，官吏休息不办公，据说其习相沿已经很久了。《汉书·薛宣传》："及日至休吏……日至，吏以令休，所繇来久。"既称"所繇来久"，可知秦汉之前已有此习俗。《大象》释复既称"至日闭关"，可证作《大象》之际，已有复卦当"至日"之说无疑，此可作为作《大象》之际已有"卦气"说的一条确证。第二条证据在《说卦》中，《说卦》称：

> 帝出乎震，齐乎巽，相见乎离，致役乎坤，战乎乾，劳乎坎，成言乎艮。万物出乎震，震东方也。齐乎巽，巽东南也。齐也者，言万物之絜齐也。离也者，明也。万物皆相见，南方之卦也。圣人南面而听天下，向明而治，盖取诸此也。坤也者，地也，万物皆致养焉，故曰致役乎坤。兑，正秋也，万物之所说也，故曰说言乎兑。战乎乾，乾，西北之卦也，言阴阳相薄也。坎者，水也，正北方之卦也，劳卦也，万物之所归也，故曰劳乎坎。艮，东北之卦也，万物之所成终，而所成始也，故曰成言乎艮。

依京房"卦气"说，震卦"春分"正是《说卦》万物之"出"的时节，巽卦"立夏"正是万物出"齐"的时节，离卦"夏至"是万物成长而"相见"（此"见"读为现），坤卦"立秋"是万物长成而"致役"于养，兑卦"秋分"是万物丰收而"悦"，乾卦"立冬"是阴阳二气相薄而战，坎卦"冬至"是万物归藏而劳，艮卦"立春"是旧的一年"成终"和新的一年"成始"。故《说卦》此章，实际上乃是记录了古人"卦气"之说。其中尤为明确无误的一句话是，"兑，正秋也，万物之所说也"，这就极其清楚地道出了早在《说卦》成篇时，已有以兑主秋之说，这成为《说卦》作者应用"卦气"说的另一条确证。

若细读《系辞》，我们将会发现其作者更是精于"卦气"说。除由"是故刚柔相摩，八卦相荡，鼓之以雷霆，润之以风雨，日月运行，一寒一暑"以及"是故法象莫大乎天地，变通莫大乎四时，县象著明莫大乎日月"等文字中，可以看出受"卦气"说的明显影响外，《系辞》又称：

> 乾之策二百一十有六，坤之策百四十有四，凡三百有六十，当期之日。

这种以乾坤两卦之爻主一岁的说法，以及"子曰：乾坤其易之门邪？乾，阳物也，坤，阴物也。阴阳合德，而刚柔有体，以体天地之撰，以通神明之德"，亦与"卦气"说的乾坤生十二辟卦说相一致。然而最为重要的证据则是《系辞》作者在其上下两篇中以"子曰"的形式共计诠解了《周易》十六卦中的十八条爻辞。从上下两篇对十八条爻辞的解说看，上篇由释中孚卦九二爻开始，下篇由释咸卦九四爻开始。按之"卦气"七十二候，则《系辞》上篇所释中孚卦当为"冬至"初候第一卦，而《系辞》下篇所释咸卦则为"夏至"初候第一卦，《系辞》作者这种以"卦气"中冬夏二至之首卦，各领其上下篇所解各卦之首的排列方式，绝不会是偶然的巧合！因为《系辞》作者在解释咸卦这段爻辞时，已经非常明确地讲到了寒暑问题，《系辞》作者清楚明白地告诉我们："寒往则暑来，暑往则寒来，寒暑相推而岁成焉！"因为《系辞》作者先解说了位居上篇"冬至"第一卦的中孚，自然是"寒往"了，而咸卦本身位居"夏至"，当然是"暑来"，故而《系辞》作者释此爻时，先说"寒往"，而后说"暑来"，其义正在于斯！"往者屈也，来者信也"，此说"十二月消息"往来屈伸之变，此由"寒暑相推而岁成焉"可知。"尺蠖之屈""龙蛇之蛰"云云，与冬至初候之"蚯蚓结"相近，亦在说明应随节气变化而屈伸蛰存。这说明《系辞》作者确曾参考过"卦气"卦序。

综上所考，可知"十翼"与《子夏易传》作者的确曾受"卦气"说影响无疑。

据说"卦气"中七十二候之说起源很早，《新唐书·历志》僧一行之

"卦候议"说：

> 七十二候，源于周公《时训》，《月令》虽颇有增益，然先后之次则同。

按《时训》其书是否为周公所作，虽难下定论，但《吕氏春秋·十二纪》中已有七十二候说，故先秦时已有此说无疑。由庄子称"《易》以道阴阳"及《晋书·束皙传》"太康二年，汲郡人不凖盗发魏襄王墓，或言安釐王冢，得竹书数十车……其《易经》二篇与《周易》上下经同，《易繇阴阳卦》二篇与《周易》略同，繇辞则异……"可知古有《易繇阴阳卦》之书，"与《周易》略同"。汉人的"卦气"说，或即源于此类书。此类书在"十翼"作者所处的时代，人们还可见到，恐怕这就是《彖》《象》《系辞》《文言》《说卦》等篇受"卦气"思想影响的原因。依据传统之说，"十翼"为孔子所作并传，其传承关系可一直推至汉人田何。入汉，由夏侯始昌"明于阴阳""说灾异"、高相治《易》"专说阴阳灾异，自言出于丁将军"及魏相上表言事引《易阴阳》、孟喜得"易家候阴阳灾变书"等等思之，此类书汉时仍有传授，因其"与《周易》略同"，因而应属"汉兴，田何传之"的内容。因此，"卦气"说绝非首出孟喜之手，在先秦时代当早已有之，其起源应该很古。

三、更早的后天八卦与"卦气"说资料

按《殷墟文字缀合》261：

> 辛亥卜，丙，贞帝于北方曰伏，风曰㝵，苯辛亥卜，贞帝于南方曰微……贞帝于东方曰析，风曰协，苯……贞帝于西方曰彝，风……

此片是武丁时代的禘（帝）祭卜辞，重要的是四方风名完整。再考《战后京津新获甲骨集》520：

> 东方曰析，风曰协。南方曰因，风曰微。西方曰㝵，风曰彝。[北方曰]伏，风曰㝵。

此处四方之名同《殷墟文字缀合》261相比，只是南、西二方的方、风之名互倒。按《殷墟文字缀合》与《战后京津新获甲骨集》中的这两段甲骨资料非常重要！它揭示了一个前人所没有注意到的史实，即此四方之名，正与后天八卦方位中的四正卦相同！

我们看，所谓"东方曰析"，古"析""震"同义。《释名·释天》："震，战也。所击辄破，若攻战也，又曰辟历。辟，析也，所历皆破析也。"在后天八卦方位中，震卦主东方。所谓"南方曰微"，《广雅·释诂》："微，离也。"在后天八卦方位中，离为南方之卦。所谓"西方曰夷"，古"夷""兑"同义。《尔雅·释言》："夷，悦也。"在后天八卦方位中，兑卦主西方。所谓"北方曰伏"，坎卦为隐伏，此见之《说卦》。在后天八卦方位中，坎卦主北方。由后天八卦方位与武丁时代四方风名相同思之，后天八卦方位应起码源于商代。

同样重要的史料还见于《尚书·尧典》：

> 分命羲仲，宅嵎夷，曰旸谷。寅宾日出，平秩东作，日中星鸟，以殷仲春，厥民析，鸟兽孳尾。申命羲叔，宅南交，曰明都，平秩南讹，敬致。日永星火，以正仲夏，厥民因，鸟兽希革。分命和仲，宅西，曰昧谷，寅饯纳日，平秩西成，宵中星虚，以殷仲秋，厥民夷，鸟兽毛毨。申命和叔，宅朔方，曰幽都，平在朔易，日短星昴，以正仲冬，厥民隩，鸟兽氄毛。

按"隩""藏"同义，《说卦》称坎为隐伏，亦有"藏"义，而"夷""彝"同音相通，故我们将《尚书·尧典》中的这段文字与前引《殷墟文字缀合》《战后京津新获甲骨集》中的风名相对照："平秩东作……以殷仲春，厥民析"，而"贞帝于东方曰析，风曰协"，据前所考，"析"与"震"同义，故"厥民析"即"厥民震"。同样，"平秩南讹……以正仲夏，厥民因"，而"南方曰因，风曰微"，据前考，"微"即"离"，故"厥民因"即"厥民离"。同样，"平秩西成……以殷仲秋"之"厥民夷"即"厥民兑"，而"以正仲冬"的"厥民隩"即"厥民坎"。通读《尚书·尧典》中的这段文字，如果将文中的"析""因""夷""隩"换成四正卦之"震""离""兑""坎"，则一篇"卦气"说文字跃然纸上！

我们再看《山海经·大荒东经》：

> 大荒之中，有山名曰鞠陵于天，东极、离瞀，日月所出。名曰折丹——东方曰折，来风曰俊，处东极以出入风。

而《山海经·大荒南经》："南方曰因，夸风曰乎民，处南极以出入风。"《山海经·大荒西经》："有人名曰石夷，来风曰韦。"因《山海经》保存的不全，仅三方风名。按"折""析"古同，《说文》："析，破木也，一曰折也。"

由以上之考，我们可知四正卦与"卦气"说其源久矣！

四、结语

我们早已知道，《易经》作为中国最古老的一部典籍，确有其独特的学术理路与"观象系辞"的特殊阐述方式。通过如上探索，我们亦知《易传》与《子夏易传》同样有其独特的学术理路与"观象系辞"的阐述方式，当我们探讨如上"十翼"之文及《子夏易传》等篇章与"卦气"说的关系时，我们不难发现：它们所阐发的义理都是生发于象数之本的。如前面例举的《系辞》中"寒往则暑来，暑往则寒来，寒暑相推而岁成焉"及《大象》释解卦"雷雨作，君子以赦过宥罪"、释旅卦"君子以明慎用刑，而不留狱"云云，它们绝不是随意谈"寒暑"与"赦过"的问题，而是严格依据"卦气"中节气排列的先后而谈，都有明确的时间顺序界定，绝不是妙笔生花，自行发挥。故"十翼"及《子夏易传》中那些高深义理，都不是游离于象数之外的泛泛空谈，而是严格按照义理根于象数、象数义理合一的模式阐发出来的。

由此而追溯春秋时代的《易象》一书，我们终于理解了：必定是古人经过"仰观""俯察"，对天地万物随节气变化而生、旺、墓、绝的发展规律有了明确认识之后，以其八卦及六十四卦之象数建构出一个"与天地合其德，与日月合其明，与四时合其序，与鬼神合其吉凶"的象数义理合一模式，并由此派生出一套法天地而施政教的王者之"礼"，这种"礼"绝不仅仅是我们所狭隘理解的日常生活中人人应该遵循的规范，它更是一种人文之政道与治道！我们由此也理解了《月令》被置入《礼记》之中的深刻理由，乃在于由法天地而循四时之序引申出人文之政道与治道。因此，先贤才会有"周礼尽在鲁矣，吾今乃知周公之德与周之所以王也"之叹。

故《彖》《象》《文言》《系辞》《说卦》等篇中所表达的经天地、理人伦的精妙义理，无非是古代《易象》学说在学理上的升华与延续。它们的出辞吐语，皆本之于象数，是象数含蕴着义理，义理脱胎于象数！假若我们把象数看作是一棵常青不老之树，那么，义理则是这棵树上结出的丰硕之果。由此观之，两汉先秦的易学，乃至两汉先秦的哲学，都需要在如上认知的基础上重新反思、重新审视乃至重新总结。

今帛本卦序、先天方图及"卦气"说的再探索

被《乾凿度》置于今本上下篇相互对应的重要位置上，作为构成今本卦序重要内容的泰与否、咸与恒、损与益、既济与未济八个卦（此乃八个六爻互应之卦）及乾与坤、坎与离、震与巽、艮与兑八个卦（此乃八个六爻互不应之卦），皆在帛本卦序中相差三十二卦，此恐非偶然而成。重要的是，它（指"卦气"说）又以十二辟卦当十二月之消息，而此十二消息卦皆以"复""变"方式在今本卦序中占有特殊位置：乾、坤两卦居今本卦序第一、第二卦，泰、否两卦则居第十一、第十二卦，剥、复两卦居第二十三、第二十四卦，遁、大壮两卦居第三十三、第三十四卦，夬、姤两卦居第四十三、第四十四卦。

只有临、观两卦被排在第十九卦与第二十卦，为何如此排列，其中或另有深意，其余相应各辟卦则皆以十卦之差数排入今本卦序。笔者以为：十二辟卦在今本卦序中的这种排列，绝不会是偶然巧合，而是体现排列者在某种指导思想下的有意安排。由此而观之，今本卦序的确与"卦气"说有关，甚至"卦气"说在前，今本卦序在后。

现就今帛本卦序与先天方图及"卦气"说的关系作如下之探讨。

伏羲六十四卦方位图

坤八	剥	比	观		豫	晋	萃	否
谦	艮七	蹇	渐		小过	旅	咸	遁
师	蒙	坎六	涣		解	未济	困	讼
升	蛊	井	巽五		恒	鼎	大过	姤
复	颐	屯	益		震四	噬嗑	随	无妄
明夷	贲	既济	家人		丰	离三	革	同人
临	损	节	中孚		归妹	睽	兑二	履
泰	大畜	需	小畜		大壮	大有	夬	乾一

一

我们若考之被称作"先天图"的"伏羲六十四卦方位图"（以下简称"方图"），定会发现：六十四卦方图中竖向的八组卦，其每组卦的八个卦体与帛书《易经》每组卦的八个卦体完全相同。如"方图"乾为首，竖向的八个卦体是：乾、履、同人、无妄、姤、讼、遁、否。它们的排列方式是：先由上卦乾依次同兑、离、震、巽、坎、艮、坤结合而成如上八个卦体。而帛本六十四卦的排列次序，也是依一种固定格式得出：其上卦排列次序是键（乾）、根（艮）、赣（坎）、辰（震）、川（坤）、夺（兑）、罗（离）、筭（巽），先由上卦键（乾）依次同下卦的八个卦体组合，成为键（乾）、妇（否）、掾（遁）、礼（履）、讼、同人、无孟（无妄）、狗（姤）。而后上卦根（艮）再提到前面，先同根（艮）组合，再依次同其余七卦组合，这样组成艮（艮）、泰蓄（大畜）、剥、损、蒙、繁（贲）、颐、箇（蛊）八卦。按之如上帛本乾、艮两组十六卦的内容，与"方图"中竖向乾、艮两组卦的内容完全相同。而帛本川（坤）、赣（坎）、辰（震）、罗（离）、筭（巽）六组共四十八卦的内容，亦与"方图"中竖向六组共四十八卦的内容相同！这绝不会是偶然的巧合，而更使人惊奇的是：位于中分六十四卦方图两条对角线上的十六卦（每条对角线八卦），它们正是前面我们所指出的八个六爻互应之卦，与八个六爻互不应之卦。如前所述，它们相互对应的两卦，在帛本卦序中亦皆相差三十二卦，亦即其差数为中分六十四卦之数。如在"方图"乾坤两卦形成的这条对角线上，乾卦在帛本卦序中为第一卦，坤卦即为第三十三卦，同样，艮卦为第九卦，兑卦即为第四十一卦，坎卦为第十七卦，离卦即为第四十九卦，震卦为第二十五卦，巽卦即为第五十七卦，而在泰与否形成的另一条对角线上亦同，此点笔者于拙文《关于〈图〉〈书〉及今本与帛本卦序之探索》中已有详述，兹不赘言。

　　有趣的是：在"方图"泰否对角线上互相对应的八个卦体，否、泰皆居乾坤两组卦的第二卦，也就是说，乾居帛本第一卦，否即居第二卦，坤居帛本第三十三卦，泰即居第三十四卦，而损与咸皆居帛本艮兑两组卦的第四卦，如艮居帛本第九卦，损即为第十二卦，兑居帛本第四十一卦，咸即为第四十四卦，同样既济与未济皆居帛本坎、离两组卦的第六卦，恒与益居帛本震、巽两组卦的第八卦。很显然，在这条对角线上，其相互对应的每对卦，随着它们排列的顺序由外向内移动，它们在帛本每组卦中的位置呈二——四——六——八之递增。

　　"方图"六十四卦与帛本《易经》六十四卦排列之间的这些妙合，无可辩驳地揭示了先天"方图"与帛书《易经》确实同出一源。而由对此"方图"的考察可知："河图""洛书"及"先天图"等，汉初乃至战国甚至更早可能即已有之。因此，作为今人，我们理应责无旁贷的依据这些先儒无法见到的新史料，对"河图""洛书""先天图"等，重新作一番确下功夫的考察、研究与整理。

二

帛书《易》本的出土，证明了汉初仍有不同学派的《易》本在社会上流传。今本之《易》，出自田何系统，田何曾传《子夏易传》，因此《子夏易传》之六十四卦顺序，即是今本六十四卦顺序。在《孔子家语·执辔》上有一条很重要的资料，然而并没有引起后代易学家的重视：

> 子夏问于孔子曰："商闻易之生人及万物鸟兽昆虫，各有奇偶，气分不同，而凡人莫知其情，唯达德者能原其本焉。天一，地二，人三。三三如九，九九八十一。一主日，日数十，故人十月而生……八九七十二，偶以从奇，奇主辰，辰为月……鸟鱼生阴而属于阳，故皆卵生。鱼游于水，鸟游于云，故立冬则燕雀入海化为蛤。"

从这段文字中，可以看出子夏与《周易》"爻辰""卦气"说的关系。如"奇主辰，辰为月"，显然有"爻辰"说的痕迹，而"故立冬则燕雀入海化为蛤"，则毫无疑问地道出了子夏精于"卦气"说。因为依"卦气"说，在兑秋"寒露"节"雀入大水为蛤"。所谓"大水"即海，《礼记·月令》释"爵入大水为蛤"，孔疏曰："大水，海也者。按《国语》云'雀入于海为蛤'，故知'大水'是海也。""燕雀入海化为蛤"子夏曰"立冬"，在十月。而依"卦气"说，当在季秋九月，因为依"卦气"说，立冬当为"雉入水化为蜃"。由于两节气在时间上相距较近，于是后人遂有"雀雉化"之说。估计《孔子家语》作者在引用时误将"雉入水化为蜃"与"雀入海化为蛤"相混而成此误。

《孔子家语》记载子夏引用"卦气"中"雀入海化为蛤"，说明子夏熟知"卦气"，因而《子夏易传》中当有"卦气"之说。

朱震在《汉上易传丛说》于《井》卦注："鲋，子夏作虾蟆，此五月卦也。"张惠言《易义别录》中亦说："朱子发（朱震）云：井为五月之卦，蝼蝈鸣，故曰虾蟆。"今由以上之考看来，朱震、张惠言之说应该是有依据的，因为由《子夏易传》解"鲋"为"虾蟆"看，他是以此解来呼应"卦气"中四月立夏初候的"蝼蝈鸣"之象。

子夏既知"卦气"说，估计他也会在《子夏易传》中以"卦气"说解释今本六十四卦之排列，惜乎皆已失传。但我们若对今本上下篇卦序的排列作一番研究，确可窥到其与"卦气"说关系的一些痕迹。

由"卦气"中自中孚卦始，至颐卦而止的六十卦顺序看，只有两卦与今本卦序相同：屯卦与咸卦。在今本与"卦气"卦序中，屯卦皆居第三卦，咸卦皆居第三十一卦。对于屯蒙两卦为何居乾坤两卦之后，《易纬·乾凿度》从"卦气"说的角度做了如下解释："乾贞于十一月子，左行阳时六，坤贞于六月未，右行阴时六以奉顺成其岁。岁终次从于屯蒙，屯蒙主岁，屯为阳，贞于十二月丑，其爻左行以间时而治六辰，蒙为阴，贞于正月寅，其爻右行亦间时而治六辰。"

故"卦气"以屯主"小寒"而蒙主"立春"，需讼两卦皆于春主"惊蛰"与"清明"，另有师、比、小畜三卦在今本卦序中居第七、八、九卦，而在"卦气"卦序中则居第二十五、二十六与二十七卦。师、比、小畜三卦在今本卦序与"卦气"卦序中虽然排列卦序有所不同，却是只有这三卦皆先后顺序相同而排列于今本卦序与"卦气"卦序中，亦显露出今本卦序与"卦气"的关系，理应引起我们的注意与重视。

乾坤两卦之后为何继之以屯？彖曰："刚柔始交而难生。"至于为何"难生"，先儒曾有多种解释，但若以"卦气"说解之，则是"小寒"之际，"一阳微动，生物甚难"。故《序卦》作者明确指出："屯者，物之始生也。"此"物之始生"，先儒亦有种种解释，但终难合情入理的说通为何屯卦是"物之始生"。但若以"卦气"说解，屯居十一月乃一阳动生之际，一阳初生而发动，故曰"物之始生"。同样，《序卦》解蒙卦为"物之穉也"亦是因蒙居立春"蛰虫始振"之际，万物孚甲而未舒，故以"穉"释之也。

我们细研"卦气"自中孚至颐卦的六十卦卦序，十二辟卦之卦序如下：

乾居第二十七卦，坤居第五十七卦。
泰居第十二卦，否居第四十二卦。

复居第二卦，剥居第五十二卦。

大壮居第十七卦，遁居第三十七卦。

夬居第二十二卦，姤居第三十二卦。

临居第七卦，观居第四十七卦。

显然在"卦气"卦序中，其互为旁通的乾与坤、泰与否、复与姤、夬与剥、大壮与观、临与遁皆相差三十卦，而居于今本卦序相邻的二卦，除乾与坤、泰与否相差三十卦外，其余剥与复相差五十卦，临与观相差四十卦，大壮与遁差二十卦，姤与夬差十卦。

由以上可知，作为上篇第二十三、二十四卦的剥、复两卦，正与下篇第四十三、四十四卦的夬、姤两卦互为旁通之卦，据此，由居第三十三、第三十四卦的遁与大壮来看，则临卦与观卦应居上篇第三卦、第四卦或第十三卦、第十四卦，但因第十三卦与第十四卦是同人与大有，乃一阴五阳之卦，并非二阴四阳之卦，故由临观二五互易而成的屯、蒙二卦取代了临观所应在第三、第四两卦的位置，至于为何如此排列，估计是今本卦序作者在排列卦序时，因屯居"卦气"的"冬至"一阳复始之际，最能体现今本卦序作者的有天地然后万物始生之旨，故仍依"卦气"说做了保留。不可忽视的是，今本上篇第五卦与第六卦的需、讼两卦，正与下篇第三十五、第三十六卦（实为下篇第五卦与第六卦）的晋与明夷二卦互为旁通之卦，而作为上篇之终的颐、大过及坎、离四卦，呼应于下篇之终的中孚、小过及既济、未济四卦。它们皆两两互为旁通之卦，今本卦序作者用上篇颐、大过两卦与下篇中孚与小过两卦对应，使上下篇两两呼应，这种安排，也非偶然巧合，可能既是从卦象变化的角度做出的巧妙安排，又是受到"卦气"说中颐卦为六十卦之始，而中孚卦为其终的影响。

上面已经讲到《序卦》作者将本来应该安排在上篇第三卦与第四卦的临、观两卦，却安排在上篇第十九卦与第二十卦，从而与下篇的第三卦与第四卦遁、大壮两卦互应，而作为下篇第十九与第二十卦的革卦与鼎卦，却又与上篇的第四卦与第三卦的蒙卦与屯卦互为旁通之卦，这种排列也不会是随意之笔！

再观上篇之各卦卦象，作为上篇相邻的临、观、噬嗑、贲、剥、复、无妄、大畜八卦，实由一阳卦（剥、复）、二阳卦（临、观）、三阳卦（噬嗑与贲）、四阳卦（无妄、大畜）组成，而在下篇与之对应的有夬、姤、萃、升、困、井、革、鼎八卦，实由一阴卦（夬、姤）、二阴卦（革、鼎）、三阴卦（困、井）、四阴卦（萃、升）组成。

今本卦序的作者将乾坤两卦列为第一卦与第二卦，将泰否列为第十一卦与第十二卦。而泰否之前为五阳一阴的小畜卦与履卦。其后亦为五阳一阴的同人卦与大有卦，小畜与履卦之前为五阴一阳的师卦与比卦，同人卦与大有卦之后也是五阴一阳的谦卦与豫卦。

这些安排笔者以为也绝不会是偶然之巧合，而应该是在"卦气"说之十二辟卦基础上，依据每卦卦象的阴阳爻画、依《乾凿度》中所透露出的原则而重新做出的巧妙排列。故今本卦序与"卦气"说确有联系，这种联系已在构成"卦气"说重要内容的十二辟卦在今本卦序的有序排列中透露出来。且如上所分析，今本六十四卦的排列，是围绕十二辟卦，而对每卦阴阳爻画之多寡重新做了巧妙有序的排列。师、比、小畜三卦在今本与"卦气"卦序中皆依次相邻，而屯、咸两卦在今本与"卦气"卦序中又皆相同，特别是由《象》对屯、蒙诸卦卦义的解释，使我们联想到了《象》《彖》《系辞》《说卦》诸传对每卦卦义的解释，从这些解释中，我们可否发现其与"卦气"说的关系呢？

三

除了我们过去所指出的《象》于复卦称"至日闭关"，《说卦》称兑为"正秋也"等等例证外，若将《系辞》《彖》《大象》对卦义的解释，对比《礼记·月令》中的诸多内容，我们会对《易》传与"卦气"的关系，特别是《大象》与"卦气"说的关系，产生新的理解。

现将"卦气"七十二候排列顺序不依"卦气"而依《礼记·月令》之顺序列表如下：

节气\六十卦配候	初候 / 始卦	次候 / 中卦	末候 / 终卦
立春 正月节 《坎》六四	东风解冻 / 侯《小过》	蛰虫始振 / 大夫《蒙》	鱼上冰 / 卿《益》
雨水 正月中 《坎》九五	獭祭鱼 / 公《渐》	鸿雁来 / 辟《泰》	草木萌动 / 侯《需》
《礼记·月令》	孟春之月……东风解冻，蛰虫始振，鱼上冰，獭祭鱼，鸿雁来……命相布德和令，行庆施惠，下及兆民，庆赐遂行，毋有不当。乃命太史守典奉法，司天日月星辰之行，宿离不贷……是月也，天气下降，地气上腾；天地和同，草木萌动……天子亲载耒耜，措之于参保介之御间，帅三公九卿诸侯大夫，躬耕帝藉，天子三推，三公五推，卿诸侯九推。		
《象》	蒙：君子以果行育德。 渐：君子以居贤德善俗。 益：君子以见善则迁，有过则改。		
《系辞》	包牺氏没，神农氏作，斫木为耜，揉木为耒，耒耨之利以教天下，盖取诸益。		
惊蛰 二月节 《坎》上六	桃始华 / 侯《需》	仓庚鸣 / 大夫《随》	鹰化为鸠 / 卿《晋》
春分 二月中 《震》初九	玄鸟至 / 公《解》	雷乃发声 / 辟《大壮》	始电 / 侯《豫》

节气 \ 六十卦配候	初候 / 始卦	次候 / 中卦	末候 / 终卦
《礼记·月令》	仲春之月……始雨水，桃始华，仓庚鸣，鹰化为鸠……命有司，省囹圄，去桎梏，毋肆掠，止狱讼。是月也，玄鸟至……是月也，日夜分，雷乃发声，始电，蛰虫咸动……		
《象》	解：雷雨作，解，君子以赦过宥罪。		
《彖》	解：天地解而雷雨作，雷雨作而百果草木皆甲坼。		
清明 三月节 《震》六二	桐始华	田鼠化为鴽	虹始见
	侯《豫》	大夫《讼》	卿《蛊》
谷雨 三月中 《震》六三	萍始生	鸣鸠拂其羽	戴胜降于桑
	公《革》	辟《夬》	侯《旅》
《礼记·月令》	季春之月……桐始华，田鼠化为鴽，虹始见，萍始生……是月也，生气方盛，阳气发泄，句者毕出，萌者尽达。不可以内。天子布德行惠，命有司发仓廪，赐贫穷，振乏绝，开府库，出币帛，周天下，勉诸侯，聘名士，礼贤者。		
《象》	蛊：君子以振民育德 革：君子以治历明时		
立夏 四月节 《震》九四	蝼蝈鸣	蚯蚓出	王瓜生
	侯《旅》	大夫《师》	卿《比》

节气	六十卦配候	初候	次候	末候
		始卦	中卦	终卦
小满 四月中 《震》六五		苦菜秀	靡草死	小暑至
		公《小畜》	辟《乾》	侯《大有》
《礼记·月令》		孟夏之月……蝼蝈鸣，蚯蚓出，王瓜生，苦菜秀……是月也，为天子劳农劝民毋或失时……断薄刑，决小罪，出轻系……		
《象》		师：君子以容民畜众。 旅：君子以明慎用刑，而不留狱。		
芒种 五月节 《震》上六		螳螂生	鵙始鸣	反舌无声
		侯《大有》	大夫《家人》	卿《井》
夏至 五月中 《离》初九		鹿角解	蜩始鸣	半夏生
		公《咸》	辟《姤》	侯《鼎》
《礼记·月令》		仲夏之月……小暑至，螳螂生，鵙始鸣，反舌无声……是月也……君子斋戒，处必掩身，毋躁，止声色，毋或进，薄滋味……定心气。		
《象》		大有：君子以遏恶扬善，顺天休命		

节气 \ 六十卦配候	初候 / 始卦	次候 / 中卦	末候 / 终卦
小暑 六月节 《离》六二	温风至 / 侯《鼎》	蟋蟀居壁 / 大夫《丰》	鹰乃学习 / 卿《涣》
大暑 六月中 《离》九三	腐草为萤 / 公《履》	土润溽暑 / 辟《遁》	大雨时行 / 侯《恒》
《礼记·月令》	季夏之月……温风始至，蟋蟀居壁，鹰乃学习，腐草为萤……是月也……不可以兴土功，不可以合诸侯，不可以起兵动众，毋举大事以摇养气……		
《象》	鼎：君子以正位凝命。		
立秋 七月节 《离》九四	凉风至 / 侯《恒》	白露降 / 大夫《节》	寒蝉鸣 / 卿《同人》
处暑 七月中 《离》六五	鹰乃祭鸟 / 公《损》	天地始肃 / 辟《否》	农乃登谷 / 侯《巽》
《礼记·月令》	孟秋之月……凉风至，白露降、寒蝉鸣，鹰乃祭鸟，用始行戮……是月也，命有司修法制，缮囹圄，具桎梏，禁止奸，慎罪邪，务搏执，命理瞻伤、察创、视折、审断决狱，讼必端平……		
《象》	节：君子以制数度，议德行。 恒：君子以立不易方。 同人：君子以类族辨物。 损：君子以惩忿窒欲。		

节气＼六十卦配候	初候	次候	末候
	始卦	中卦	终卦
白露 八月节《离》上九	鸿雁来	玄鸟归	群鸟养羞
	侯《巽》	大夫《萃》	卿《大畜》
秋分 八月中《兑》初九	雷始收声	蛰虫坯户	水始涸
	公《贲》	辟《观》	侯《归妹》
《礼记·月令》	仲秋之月……鸿雁来，玄鸟归，群鸟养羞……乃命有司申严百刑，斩杀必当，毋或枉桡，枉桡不当，反受其殃。		
《象》	巽：君子以申命行事。 贲：君子以明庶政，无敢折狱。 观：先王以省方观民设教。		
寒露 九月节《兑》九二	鸿雁来宾	雀入大水为蛤	菊有黄华
	侯《归妹》	大夫《无妄》	卿《明夷》
霜降 九月中《兑》六三	豺乃祭兽	草木黄落	蛰虫咸俯
	公《困》	辟《剥》	侯《艮》
《礼记·月令》	季秋之月……鸿雁来宾，爵入大水为蛤，鞠有黄华，豺乃祭兽……农事备收，举五谷之要，藏帝藉之收于神仓，是月也，霜始降则百工休……民力不堪，其皆入室……乃趣狱刑，毋留有罪，收禄秩之不当，供养之不宜者。		

节气 \ 六十卦配候	初候 始卦	次候 中卦	末候 终卦
《象》	明夷：君子以莅众，用晦而明。 剥：君子以厚下安宅。		
立冬 十月节 《兑》九四	水始冰 侯《艮》	地始冻 大夫《既济》	雉入水为蜃 卿《噬嗑》
小雪 十月中 《兑》九五	虹藏不见 公《大过》	天气上腾 地气下降 辟《坤》	闭塞成冬 侯《未济》
《礼记·月令》	孟冬之月……水始冰，地始冻，雉入大水为蜃，虹藏不见……戒门闾，修键闭，慎管籥，固封疆，备边境，完要塞，谨关梁，塞徯径……		
《象》	既济：君子以思患而豫防之。		
大雪 十一月节 《兑》上六	鹖鸟不鸣 侯《未济》	虎始交 大夫《蹇》	荔挺出 卿《颐》
冬至 十一月中 《坎》初六	蚯蚓结 公《中孚》	麋角解 辟《复》	水泉动 侯《屯》
《礼记·月令》	仲冬之月……鹖旦不鸣，虎始交……是月也，审门闾，谨房室，必重闭……君子斋戒，处必掩身。身欲宁，去声色，禁耆欲，安刑性。事欲静，以待阴阳之所定。		

节气 六十卦配候	初候 始卦	次候 中卦	末候 终卦
《象》	未济：君子以慎辨物居方。 蹇：君子以反身修德。 颐：君子以慎言语，节饮食。		
小寒 十二月节 《坎》九二	雁北嚮 侯《屯》	鹊始巢 《谦》	野雉始雊 卿《睽》
大寒 十二月中 《坎》六三	鸡始乳 公《升》	鸷鸟厉疾 辟《临》	水泽腹坚 侯《小过》
《礼记·月令》	季冬之月……雁北乡，鹊始巢，雉雏鸡乳……天子乃与公卿大夫共饬国典，论时令，以待来岁之宜。		
《象》	屯：君子以经纶。 升：君子以顺德，积小以高大。		

我们将《礼记·月令》记载天子不同节气所行之事，对比表中依"卦气"之相同节气排列的有关各卦《大象》，它们在文字内容上是何其一致！结合《左传》记载昭公二年晋韩宣子使鲁时，见《易象》与《鲁春秋》而叹曰："周礼尽在鲁矣。吾今乃知周公之德与周之所以王也。"观《易象》而知"周礼尽在鲁矣"，并明"周公之德""周之所以王"，可知当年《易象》的内容，当与今本《大象》之内容相去不远。《礼记·月令》及《吕氏春秋》之有关内容，当参考当年《易象》而成。带着这样的认识，我们再读《象》释《离》卦曰：

> 离，丽也，日月丽乎天，百谷草木丽乎土，重明以丽乎正，乃化成天下。

释《解》卦曰：

> 天地交而雷雨作，雷雨作，而百果草木皆甲坼，解之时大矣哉！

释《益》卦曰：

> 天施地生，其益无方，凡益之道，与时偕行。

这种明显带有季节性的文字，不能不使我们想到《象》作者乃是依据"卦气"说而解释这些卦的，特别是贲卦"观乎天文，以察时变，观乎人文，以化成天下"，更道出了《象》传作者对卦象的解释，其宗旨与《大象》是完全一致的，亦与《礼记·月令》及《吕氏春秋》等书的宗旨完全一致。

借此稍作补充的是，按《诗·国风·匏有苦叶》："士如归妻，迨冰未泮。"郑笺："冰未散，正月中以前也。"依"卦气"说，渐卦为正月卦，而卦辞称"女归吉"，此说正与《诗》说相同，亦可作"卦气"说古已有之的一条补证。

综上所述，我们以为：

（一）被朱熹列于《本义》卷首的先天六十四卦方阵图与帛书《易经》同出一源。

（二）今本卦序作者参考帛《易》卦序，"卦气"卦序及当时流传的其它卦序，在"有天地，然后万物生焉，盈天地之间者唯万物"及"有天地然后有万物，有万物然后有男女，有男女，然后有夫妇"的思想指导下，以"二二相耦，非复即变"的方式对《周易》六十四卦重新做了排列，这种排列精于卦象变化且多具哲理，又受"卦气"十二辟卦影响甚深，故汉人本之十二辟卦的"卦变"说，其由来也久矣！具体变化之法，恐《子夏易传》中有之，惜乎已经失传，至使今本六十四卦卦象排列之确旨，两千余年来，如入漆室之中，先儒虽多有探讨，然而始终无法得出圆满确切之解释。

（三）"十翼"之文曾受到"卦气"说影响，对比《礼记·月令》，尤以大《象》最为明显。可知"十翼"成文之前,"卦气"说早已有之。但《彖》《系辞》《文言》《说卦》等表述的是今本卦序,《象》所表述的是何种卦序,由其行文用语中很难找出结实的佐证,但依理推之,似应是"卦气"卦序,今本《象传》卦序,恐怕是被后人依今本卦序重新做了排列。

今、古文易学流变述略
——兼论《子夏易传》真伪

《周易》未遭秦焚,入汉后由淄川人田何传之,武帝时,立五经博士,杨何被立为《易经》博士,至宣帝、元帝年间,田何所传之《易》"有施、孟、梁丘、京氏列于学官"。而民间此时又出了费直与高相"两家之说"。费直《易》为古文,无师承,其学"亡章句,徒以《彖》《象》《系辞》十篇文言解说上下经"。田何所传之今文《易经》,终两汉皆居官学地位。但任何事物都是盛极必衰,一门学问亦如此。据《汉书·艺文志》:

> 古之学者耕且养,三年而通一艺,存其大体,玩经文而已,是故用日少而畜德多。三十而五经立也。后世经传既已乖离,博学者又不思多闻阙疑之义,而务碎义逃难,便辞巧说,破坏形体;说五字之文,至于二三万言,后进弥以驰逐,故幼童守一艺,白首而后能言。安其所习,毁所不见,终以自蔽。此学者之大患也。

据桓谭《新论》说,当时的秦近君能说《尧典》,篇目"尧典"二字说至十余万言,解说"曰若稽古"四字用三万言。此时对《尚书》的研究已达如此繁琐的程度。

受此风气影响,易学也有如此情况。据《史记·儒林列传》记,《易》自孔子经六传至汉代田何,又经两传传至杨何,杨何被汉武帝立为《易经》博士。而到了宣帝、元帝年间,能通一经的人不但可以免去徭赋,还可以做官,像鲁人周霸、莒人衡胡等都以治《易》而做了官。于是,人们把治《易》当作晋身之阶,在传习中不断加入自己的标新立异之见,如《汉书·儒林传》中已讲到蜀人赵宾"持论巧慧,《易》家不能难,皆曰'非古法也'",故《汉书·儒林传》曰:

> 自武帝立五经博士,开弟子员,设科射策,劝以官禄,讫于元

始，百有余年，传业者浸盛，支叶蕃滋，一经说至百余万言，大师众至千余人，盖禄利之路然也。

总的来看，汉初之人还是重视经义的，《易经》卦爻辞的本义皆有师承而未失传，像丁宽作《易说》只有三万言，仅"训诂举大谊"而已，尚保持着"存其大体，玩经文而已"的淳淳之风。但到了东汉末，五世家传孟喜《易》学，被清人誉为西汉古《易》正宗的虞翻，由《周易集解》所引其注《易》之文看，于互体之外又出四爻、五爻连互之法，已极为繁琐。他的注《易》之文我们今天虽已难窥其全貌，但绝非"三万言"矣！

被《汉书·艺文志》排在首位，对两汉治《易》诸儒产生过很大影响的施、孟、梁丘三家所传之《易》，据《经典释文·序录》记，施雠与梁丘贺所传之《易》亡于永嘉之乱。《隋书·经籍志》亦曰："梁丘、施氏、高氏亡于西晋。"孟喜《易》虽然当时影响较大，散播较广，东汉末年又有虞翻五世家传孟氏《易》，但南北朝时已残缺不全，至唐失散更多，入宋已全部亡佚。故《易》虽未遭秦火之焚，且入汉后居于官学地位，并有师承相传，但其传本及其经义今日已不可得见。我们今日所见之传本乃是王弼本，是得之于并无师承传授的费直古文本。故先儒称《易经》为"绝学"，其旨即本于斯。而"扫象不谈"的王弼《易》之所以能兴起，与今文《易》发展至后来以繁琐的象数说《易》有极大关系。

所以，我们今天所能见到的汉人今文《易》义，只是从《说文》《经典释文》《周易集解》及其他古籍中辑出来的部分经文片断，完整的田何今文《易》义，已不可见矣！然而马王堆帛书经传与上海博物馆藏战国楚竹书的出土，使我们有幸得以见到汉初今文《易》与战国古文《易》原貌。虽然这些竹帛《易》的出土，为我们研究探求汉初今文《易》与战国古文《易》提供了丰富的《周易》经传资料，但是我们若仅以帛书经传的这部分内容，与已残缺不全的楚竹书部分卦爻辞内容，作为研究两汉今文《易》与先秦古文《易》的依据，其内容显然还是远远不够的。遗憾的是，在至今出土的所有先秦至汉人的《周易》经传资料中，皆是只有经传之文而从无一本释经注传之作，此类著作的缺乏，对我们系统而完整地研究曾支配两汉《易》研究的今文《易》义，造成了极大困难。

"亡章句"而无师承的费氏古文《易》，在后代古文派大师们为争立学官的不懈努力下，到东汉光武帝时，势力已可与今文《易》相抗衡而至于争立古文《易》博士之职，可见此时的费直古文《易》，恐怕在陈元、郑众、马融、郑玄、荀爽、王肃以至王弼等数代人的钻研下，已慢慢形成一个完整的解说体系。但古时文字一字多义，这些并无老师系统传授，仅凭个人对经文字义的理解而训解诂释的经义，其解是否符合《易》之本旨呢？兼之当时为争名利，今、古文两派势同水火，难免有古文派对今文派的解说，出于派系门户偏见，往往另出新说，因而无论对《易》学知识的介绍，还是对经传文字的训释，都有着很大的不同。下面，我们仅据今日所见之古代典籍与出土简帛《易》资料所示西汉今文经义，与今本所传经义作一简略对比，于是，很多问题就显现出来了。

首先看八卦何人所造，何人重为六十四卦的问题，这是《易》学研究上的一个重大问题。《周易正义·卷首》其"第二论重卦之人"云：

> 故孔安国、马融、王肃、姚信等并云：伏牺得《河图》而作《易》。是则伏牺虽得《河图》，复须仰观俯察，以相参正，然后画卦。
> 郑玄之徒以为神农重卦，孙盛以为夏禹重卦，史迁等以为文王重卦。

按"史迁等以为文王重卦"者，见之《史记·日者列传》"自伏羲作八卦，周文王演三百八十四爻，而天下治"及《汉书·司马迁传》记太史公曰"余闻之先人曰：'伏羲至纯厚，作《易》八卦。'"此所谓"先人"者，当为前代传今文《易》之经学大师也。因为依《史记·儒林传》载，自鲁人商瞿受《易》于孔子而六传至齐人田何，八传至淄川人杨何，司马迁之父司马谈曾受《易》于杨何，故司马迁父子此说必得之杨何而为今文之说无疑也。此说在汉人中影响甚大。按扬雄《法言·问神卷》："《易》始八卦而文王六十四，其益可知也。"《法言·问明卷》中亦说文王重《易》六爻为六十四。更应引起我们注意的是《论衡》中有关伏羲作八卦，文王重为六十四卦的记载。《论衡·对作篇》："《易》言'伏羲作八卦'，前是未有八卦，伏羲造之，故曰'作'也，'文王图八，自演为六十四'，故曰'衍'。"其引文之"《易》言'伏羲作八卦'"，显然是王充在引用当时传《易》的成说，故特予说明："伏羲造之，故曰'作'也。"下文说文王自演为六十四卦，又特予说明"故曰'衍'"，同上文之引也。王充所引应是当时人们援今文《易》说经之明证。而《汉书·艺文志》："文王以诸侯顺命而行道，天人之占可得而效，于是重《易》六爻，作上下篇。"可证当时不仅西汉末年好古文的扬雄仍用此今文义释《易》，东汉初人王充、班固等人亦袭此今文《易》之说也。

至魏晋，王弼扫象，今文《易》衰落。入唐，据孔颖达在《周易正义·卷首》中说，当时有关"重卦之人"已有四说："王辅嗣等以为伏羲重卦，郑玄之徒以为神农重卦，孙盛以为夏禹重卦，史迁等以为文王重卦。"今文《易》有关重卦之人，已仅为其四说之一了。且此说亦并非因有著名今文经学家说《易》而得立，乃是因司马迁在《史记》中有此说，方得以排在四说之尾也。

我以为《周易正义·卷首》除"论重卦之人"外，其"论《易》之三名""论三代《易》名""论卦辞爻辞谁作""论分上下篇""论夫子《十翼》""论传《易》之人""论谁加'经'字"等，皆是在今文《易》义至唐衰落后，孔颖达针对当时解《易》出现的各种混乱说法，依仗自己"奉敕撰定"的特殊身份，对这些问题做出的判断与辨析。

古文《易》因无师承和对经义的固定传授，故虽同研古文《易》，但其对经义的解释往往皆依据个人的理解而各自说之，如上面孔颖达所引重卦四说中郑玄以为是神农重卦，而王弼则以为是伏羲重卦。有关何人重卦，二人之说已自不同，而有关卦爻辞的诂释，差异就更在所难免。古文与古文的传人之间尚有如此不同，古文与今文的解释，差异就更大了。

对后人影响最大，也是今天我们所能见到较早的完整《易经》传本，乃是王弼本。史料皆称王弼所传源之于费直古文本，然而今由出土之马王堆帛书本考之，余疑其说未必可信。

我们知道，马王堆汉初帛书本尊崇孔子并由隶书写成，是属汉初今文《易》传本，其八卦卦名皆与今本不同，其六十四卦卦名及其卦爻之辞亦多有不同者。如今本"乾"卦，帛本作"键"，今本"坤"卦，帛本作"川"。而由《说卦》称"乾，健也，坤，顺也"，知帛书"乾"作"键"，实即《说卦》之"健"，古"健""键"互假也。帛书"坤"字作"川"，实即"顺"字。帛书《缪和》篇曰："川者，顺也"是其证。《衷》篇亦曰："子曰'《易》又名曰川，雌道也，故曰'牝马之贞'，童兽也，川之类也。"其"川"字显然读作"顺"也。依此我们可知，若依古文，《象》释《乾》卦"天行健，君子以自强不息"，应作"天行乾，君子以自强不息"。可证《象》文经今文经师讲解时，已改"乾"字为今文经之"健"字。同样，《象》释《坤》卦："地势坤，君子以厚德载物。"其"地势坤"之"坤"字是用的古文，若依今文，此文应是"地势顺，君子以厚德载物"。过去笔者读《象》文至此，每每不解：以古人行文之严密，何以会以"天行健"之"健"字对应"地势坤"之名词"坤"字？由于帛书《易》的出土，我们终于得知：此段《象》文，若依今文，应为"天行健"对"地势顺"，若依古文，则是"天行乾"对"地势坤"，后人抄书时，已不知此《乾》《坤》二《象》今古文之渊蕴，遂《象》文释《乾》卦书以今文，而释《坤》卦则书以古文，致使后人读之总感《象》文语句不工。此点前文已述，之所以在此再作赘述者，乃是因为今读《周易正义》，知王弼此句注所据者，疑亦是今文本，非古文也！按《周易正义》释《象》"地势坤"引王弼注曰："地形不顺，其势顺。"显然，王弼当时所见本应是作"地势顺"，故而王弼才以"地形不顺"而"势顺"释之。由此而考之，王弼当年所见本，起码《象》中此段文字非古文本也。王弼未对《象》释《乾》卦的文字作注释，但对《彖》释《乾》卦之"大哉乾元，万物资始，乃统天"作了注释，其曰："天也者，形之名也，健也者，用形者也。夫形也者，物之累也，有天之形而能永保无亏，为物之首，统之者岂非至健哉！"

我们通读此段《彖》文，由"大哉乾元"始，至"乾道变化，各正性命"止，《彖》文中绝无一字言及"健"者，而王弼之注，却一开始即言明："天也者，形之名也，健也者，用形者也。"又云："有天之形而能永保无亏，为物之首，统之者岂非至健哉！"显然王弼当时所见本之此段文字，亦是今文，应是"大哉健元，万物资始"。王弼乃是据今文本而注其文如上也。

以此而考之，魏晋时，今文《易》本仍有传授，王弼并在注《易》时做了重要参考。故后人盲从先儒之说，以为王弼之《易》乃依古文本，今以帛书汉初今文本与王弼注文考对之，我们发现此千古之说恐亦不确矣。

故今后要转变传统观念，对王弼《易》注下大功夫做一番探流涉源的考订工作，相信此一工作对挖掘汉人今文《易》遗义，将有极大帮助。

汉人今文《易》义赖汉唐人《说文解字》《经典释文》《周易集解》等书的流传，至今保留了一些遗义。今举后人多指其书为伪书、争论较大的《子夏易传》一书为例，先列举其训诂举大义的注经文风与保留下来的经文字义，并考证一下此书是否为伪书。

《子夏易传》一书，刘向《七略》中已载，其对《易》义的解释，如解《屯》卦六二之"乘马班如"曰："乘，音绳，班如，相牵不进貌。"释《比》卦卦义："地得水而柔，水得地而流，故曰《比》。"释《小畜》卦之"挛"作"戀"并释其义曰"思也"。释《小畜》卦上九爻辞"月幾望"之"幾望"作"近望"。释《履》卦九四爻辞"履虎尾，愬愬，终吉"之"愬愬"曰："恐惧貌。"其说与孟喜《易》"愬愬"作"虩虩"亦解为"恐惧"同。释《泰》卦六四爻"翩翩，不富以其邻，不戒以孚"之"翩翩"曰"轻举貌"。《谦》卦之"谦"，《子夏易传》作"嗛"，并释之曰："嗛，谦也。"释《豫》卦九四爻之"朋盍簪"之"盍簪"曰："同疾也。"《贲》卦六五爻之"束帛戋戋"，其今本"戋"字，《子夏易传》作"残"，并释"束帛"曰："五匹为束，三玄二纁，象阴阳。"释《复》卦上六爻之"迷复，凶，有灾眚"曰："伤害曰灾，妖祥曰眚。"释《颐》卦六二爻"颠颐，拂经于丘颐，征凶"，其"拂经"之"拂"作"弗"，并云："辅弼也。"《离》卦六五爻"出涕沱若，戚嗟若，吉"，其"戚"，《子夏易传》作"慽"，并释之曰："咨憇也。"释《遁》卦上九爻之"肥遁"曰："肥，饶裕。"释《明夷》卦六二爻之"夷于左股"之"夷"，《子夏易传》作"睇"，并云："旁视曰睇。"释《睽》卦六三爻之"见舆曳，其牛掣"之"掣"曰："一角仰也。"释《困》卦九四爻之"来徐徐"曰："内不定之意。"释《井》卦九二爻之"井谷射鲋"之"鲋"曰："谓蝦蟇。"释六四爻之"井甃，无咎"之"甃"曰："修治也。"释《丰》卦九三爻之"丰其沛"之"沛"曰："小也。"释"日中见昧"之"昧"曰："昧，星之小者。"等等。其解皆简略明白，确有汉初解《易》者"训诂举大谊"之风，唐时两汉魏晋抄本还在，且《经典释文》所引三十余家《易》著，当时应皆知是真本无疑，故以陆德明之人品学问及识见，是绝不可能引伪书的，此其一；其二，若以今本与近年出土之上海博物馆楚竹书《周易》及马王堆帛书《易经》及其他古籍对比而考察《子夏易传》之文字，更可知其确为学有渊源的先秦古《易》传本无疑也。

按《小畜》卦九五爻"有孚挛如，富以其邻"，帛本此爻作"有复縊如，富以亓邻"。其"有孚挛如"之"挛"，《子夏易传》作"戀"。按帛本作"縊"当为"挛"字之省，汉隶此类字多互通。考《隶释·仙人唐公房碑》洪适注曰："挛字即戀字。"其《夏丞碑》洪适曰："挛即蠻字。"《李翊碑》洪适曰："挛即戀字。"皆其证也。故《子夏易传》中今本"挛"字作"戀"，正如同帛本作"縊"一样，皆汉隶此类文字相互通假之证也。

《泰》卦上六爻："城复于隍，勿用师，自邑告命，贞吝。"今本之"隍"，《释文》："音皇，城堑也，子夏作'堭'，姚作'湟'。"帛本此爻作"湟"，正与姚说同，亦皆汉人此类隶字互通之证。

今本《谦》卦之"谦"，帛本作"嗛"，《子夏易传》亦作"嗛"，与帛本正同，故此书若是伪书，则后人作伪，何以能予知汉初帛本亦作"嗛"字耶？且今本《谦》卦六四爻"无不利，㧑谦"，帛本作"无不利，䛟嗛"，竹书作"亡不利，貨䇾"。按《汉上易传》释此爻曰："子夏曰'㧑谦，化谦也，言上下化其谦也。'"《汉上易传》此处引子夏曰"㧑谦"者，实为"䛟嗛"，因"谦"字子夏作"嗛"也。"㧑"字竹书作"貨"，正合子夏作"化"，因"货"之古文作"䝿"，故子夏作"化"，竹书作"貨"，今本作"㧑"，帛本作"䛟"，义皆相同，此竹书战国古本与《子夏易传》相同之又一重要证据也！

《颐》卦六四爻："颠颐吉。虎视眈眈，其欲逐逐，无咎。"今本之"其欲逐逐"，帛本作"亓容笛笛"，竹书作"丌猷攸攸"。今本之"逐逐"，帛本作"笛笛"，竹书作"攸攸"。而《子夏易传》此字亦作"攸攸"，正与竹书同。按"笛"字古文作"篴"，故"笛""逐"实以音义相同而互假。《释名·释乐器》："篴，涤也。其声涤涤然也。"故《汉书·叙传》："六世眈眈，其欲浟浟。"颜师古注："眈眈，威视之貌也。浟浟，欲利之貌也。'浟'音涤。今《易》'浟'字作'逐'。"由颜注可知，今本"逐"字，古本作"浟"，今由竹书作"攸攸"，可证《汉书·叙传》所引及颜师古之注极是。而由《子夏易传》亦作"攸攸"考之，可证《子夏易传》确是先秦时代真古本也，后世卑陋之儒因其所见之偏，总以疑古自诩，悲夫！

《坎》卦上六爻："系于徽纆，寘于丛棘，三岁不得，凶。"今本"寘于丛棘"之"寘"，《子夏易传》作"湜"。按《履》卦卦辞："履虎尾，不咥人，亨。"其"不咥人"之"咥"，帛本作"真"。本人在拙著《今帛竹书〈周易〉综考》①中辨此文曰：

> "不人咥"之"咥"，帛本作"真"。考《广雅·释言》："真，是此也。"王念孙曰："诸书无训''真'为'此'者。各本真字皆书作真……当是'直此是也'之讹。'直'为是正之是，'此'为如是之是。《说文》：'是，直也。'是其证矣。或曰，当作'直是正也'。"《说文》释"直"："直，正见也。正，是也。"按王氏断"真"乃"直"字之讹，非是。由帛本此处卦辞作"不真人"及六三爻辞作"真人凶"考之，则"真"与"直"古可互用。"不真人"实读作"不直人"，"直"与"咥"以音同、音近而相假耳，故《广雅·释言》作"真"，并"各本真字皆书作真"，可见"真"非"直"字之讹。考坎卦上六爻之"寘于叢棘"，《释文》释"寘"字曰："刘作示，言众议于九棘之下也，《子夏传》作湜，姚作寔，寔，置也，张作置。"此处"《子夏传》作湜，姚作寔，寔，置也"，正《说文》"是，直也"之证；而其曰"张作置"，亦"寘""置"互通之证。

由以上所考，知汉隶"寘"字与"示""是""直""置"诸字皆可互假。故《子夏易传》在此作"湜"如同"姚作寔"一样，乃是与"是"互假，此其抄本乃真古本之又一证也。

《明夷》卦六二爻："明夷，夷于左股，用拯马壮，吉。"今本"用拯马壮"帛本作"用撜馬牡"。今本"拯"字帛本作"撜"，《子夏易传》作"抍"。按《子夏易传》之"抍"即帛本之"撜"。古"登""升"二字互通②。《隶释·博陵太守孔彪碑》洪适注："抍即拯字。"亦其证也。

《夬》卦九四爻："臀无肤，其行次且。牵羊悔亡，闻言不信。""牵羊"之"牵"字，《子夏易传》作"挈"。"挈"字在此疑假为"遣"。按

---

① 刘大钧：《今帛竹书〈周易〉综考》，上海古籍出版社2005年8月版。
② 同上。

《庄子·徐无鬼》："君将黜耆欲，掔好恶，则耳目病矣!"《释文》："掔"崔云'引去也'。"杨树达《积微居读书记·庄子拾遗·徐无鬼》："崔释'引去'者是也。'掔'盖假为'遣'。"此字竹书本作"虺"，有"亡""丧"之义，与"引去"义近。以此知子夏《易》确得古义之传也。

《困》卦九四爻："来徐徐，困于金车，吝，有终。"今本"来徐徐"，帛本作"来徐"，《子夏易传》之"徐徐"作"荼荼"，《释文》并云："荼，音图，内不定之意。"王肃本作"余余"。

按《周礼·考工记·弓人》："宽缓以荼。"郑注："荼，古文舒。"郑玄以"荼"字为古文，作"舒"字为今文。考《左传·哀公十四年》："齐陈恒执其君寘于舒州。"而《史记·齐世家》作"庚辰田常执简公于徐州"。《集解》："《春秋》作舒州，贾逵曰：陈氏邑也。《索隐》：徐音舒，其字从人，左氏作舒，舒，陈氏邑。《说文》作郐。"由《史记》，"舒"引作"徐"，知"徐""荼"亦可互假。故此字今本作"徐"，《子夏易传》作"荼"，王肃作"余"，《说文》作郐，诸字古皆以从"余"而可互假也。

《丰》卦九三爻："丰其沛，日中见沫。折其右肱，无咎。"今本"丰其沛"，帛书作"丰其荣"，竹书作"丰丌芾"，而《子夏易传》亦作"芾"，此竹书古《易》与《子夏易传》相同又一例也。由《子夏易传》与战国时代古文本用字多有相同而考之，可证《子夏易传》确为先秦古本无疑也。

《既济》卦六四爻："繻有衣袽，终日戒。""繻有衣袽"之"繻"，《释文》："子夏作襦，王廙同，薛云'古文作繻'。""由"薛云'古文作繻'"，知今本作"繻"确为古文本。而由"子夏作襦"，亦可知此字古文本作"繻"，而传至秦汉，经由隶书抄写的子夏今文本作"襦"也。"衣袽"之"袽"，《子夏易传》作"茹"，而帛本此字亦作"茹"。由《子夏易传》与汉初帛书今文《易》所用之字多相同考之，再次可证《子夏易传》确为真本无疑也。

那么，后人为何总是怀疑《子夏易传》的真伪呢？主要有两条原因：

一、《汉书·艺文志》所载十三家中无《子夏易传》，刘向《七略》中虽有《子夏易传》，但人们多以此书不行已久，今所存者多失真本。又，荀勖《中经薄》云"《子夏传》四卷，或云丁宽所作"，是先儒已疑非子夏之作矣。之所以定为"或云丁宽所作"者，恐亦因《艺文志》未录也。

二、《子夏易传》之编次乃遵费直、郑玄、王弼所合《彖》《象》《文言》于爻下而传之，显然非《周易》古经之编次。

按《子夏易传》见于《隋书·经籍志》者只两卷，而《释文·序录》所记亦止三卷。至宋《中兴书目》则益为十卷，后又增至十一卷，显系后世抄书者擅自增加内容、变乱编次所至。而后人总是怀疑何以此书《汉书·艺文志》未录，我认为此疑才是问题的真正症结之所在：由于帛书经传的出土，我们方知，帛书《缪和》等篇中记录了当时很多的研《易》之人，如《缪和》篇中的缪和、吴孟、吕昌、庄旦、张射等，《昭力》篇中的昭力及《要》篇中孔子特别言及自己所不及的周梁山等。由这些人与孔子探讨的《易》学内容观之，其水平是相当高的。但所有这些人在《史记》所记自孔子至田何的传《易》者名单中皆不见之，所列各家《易》中亦不见其著作。更像子贡这样的孔子重量级大弟子，在帛本《要》篇有大量文字记录了他与孔子讨论《易》中的重要问题。但《汉书·艺文志》所录"凡《易》十三家"中竟无子贡的一席之地，仅于地位大大下降的"杂占十八家"中记有"《子贡杂子候岁》二十六卷"。但在排于首位的"凡《易》十三家"中，却列有"《古杂》八十篇""《杂灾异》三十五篇"，为什么《古杂》《杂灾异》可以入于"凡《易》十三家"中，位于《艺文志》之首，而作为孔子极重要弟子的子贡，其著作《子贡杂子候岁》却仅录入地位大大下降了的"杂占"类呢？笔者以为：依据中国文人相轻之恶习，此显然是一派得势而另一派失势的结果。是故《子夏易传》之未能录入《汉书·艺文志》，亦以此也！

读帛书《缪和》篇

帛书《易》的出土,使我们看到了汉初今文本的原貌①,而最可贵者,乃是帛书《易传》各篇中多有对经文的解释,虽不系统完整,但亦可使我们窥见不少汉初今文《易》义。今试举《缪和》篇中数条较为完整可观的卦例,并将其与《彖》《象》《文言》及《周易正义》《经典释文》《周易集解》等所引先秦及汉魏诸家之解作一对比,以期为我们重新认识汉《易》,特别是今文《易》与古文《易》,提供一些重要启发与借鉴。

帛书《缪和》:

> 缪和问于先生曰:请问《易·涣》之九二曰"涣贲亓阶,每亡",此辞吾甚疑焉,请问之所谓?

今本此爻作:"涣奔其机,悔亡。"孔子在对缪和所提问题的回答中,就《涣》卦卦义及其爻辞皆做出了明确的回答:

> 子曰:涣者,散也。贲阶,几也,时也。古之君子时福至则进取,时亡则以让,夫时至而能既焉,散走亓时,唯恐失之。故当亓时而弗能用也,至于亓失之也,唯欲为人用,岂可得也才(哉)?将何无每(悔)之又?受者昌,贲福而弗能蔽者穷,逆福者死。故亓在《诗》也曰:"女弄,不敝衣常;士弄,不敝车轮。"无千岁之国,无百岁之家,无十岁之能。夫福之于人也,既焉,不可得而贲也。故曰:贲福又央。圣人知福之难得而贲也,是以又矣。故《易》曰"涣贲亓阶,每(悔)亡",则□言于能贲亓时,悔之亡也。

---

① 我们之所以定这些帛书隶字写本为汉初今文《易》传本,详见拙著《今帛竹书〈周易〉综考》之《帛易源流蠡测》篇,此不赘述。

我们看，在此段有关《涣》卦及其爻辞之义的解说中，"涣者，散也"，与《序卦》之说相同。按《序卦》："兑者，说也。说而后散之，故受之以涣。涣者，离也。"故《释文》释《涣》卦曰："散也。"可证《释文》依《序卦》而尚知《涣》卦之古义。而其解爻辞"贲阶，几也，时也"之旨，已于《释文》《集解》诸书中皆不可见，其就此旨而展开的高论："古之君子时福至则进取，时亡则以让，夫时至而能既焉，散走亓时，唯恐失之。故当亓时而弗能用也，至于亓失之也，唯欲为人用，岂可得也才（哉）？将何无每（悔）之又？"等等，则更不见其义之传矣。所谓"贲阶，几也，时也"之"几"，今本《系辞》中有解："夫《易》，圣人之所以极深而研几也。唯深也，故能通天下之志，唯几也，故能成天下之务。"以此而知"贲阶"之旨在"成天下之务"。今本《文言》又曰："知至至之，可与几也；知终终之，可与存义也。"故唯能"知至"而"至之"，才会"时福至则进取，时亡则以让。夫时至而能既焉"。帛书此"至也"之"至"旨如此，而此"时也"之"时"亦与今本《象》释《损》卦"损刚益柔有时，损益盈虚，与时偕行"，释《蒙》卦"蒙亨，以亨行时中也"其旨相合。故帛书释此爻"进取"与"以让"，皆须"与时偕行"。而由"至于亓失之也，唯欲为人用，岂可得也才（哉）？将何无每（悔）之又"可知，爻辞之所以曰"悔亡"者，其要在未失其"几也，时也"。如若"失之"，则"将何无每（悔）之又？"正是鉴于对"几也，时也"有着如此深刻的理解，故而才会说出深具哲理的"无千岁之国，无百岁之家，无十岁之能"的名言。而所有这些《易》文奥旨，若非帛本出土，今人何以知之？《象》释《涣》卦："涣奔其机，得愿也。"由帛书之解得知此爻之所以"悔亡"者，其要在于未失"几也，时也"，从而达到了"时福至则进取"的目的，故《象》文以"得愿"释之。因今文《易》义的失传，后人已多不解《象》文何以于此曰"得愿"。而虞翻以"动而得位"释"得愿"，恐已失汉初今文《易》之旨矣！

帛书《缪和》篇又曰：

缪和问于先生曰：凡生于天下者，无愚知贤不宵，莫不愿利达显荣。今《周易》曰："困，亨，贞大人吉，无咎；又言〔不〕信。"敢问大人何吉于此乎？子曰：此圣人之所重言也，曰又言不信。凡天之道壹阴壹阳，壹短壹长，壹晦壹明。夫人道九之。是故汤［囚于桀］王，文王絇于条里，［秦缪公困］于殽，齐桓公辱于长勺，戉王勾践困于［会稽］，晋文君困［于］骊氏。

古至今，柏王之君未尝困而能□□［者，未之有］也。夫困之为达也，亦猷……

因下文缺字太多，兹不引之。

《困》卦卦辞今本作："困，亨，贞大人吉，无咎；有言不信。"今本"有言不信"，帛本作"又言不信"。《集解》引荀爽曰："阴从二升上六，成兑，兑为'有言'。"显然荀氏解"有"为有无之"有"。而帛书引"子曰：此圣人之所重言也，曰又言不信"。由"重言"疑帛书解"又言"之"又"，当为重又之"又"。由《象》释"有言不信"作"尚□乃穷也"思之，似乎此二解皆通，但依笔者陋见，以作重又之"又"似更妥。帛书接着由处《困》卦而能"亨，贞大人吉，无咎"而思及"天道"，云"凡天之道壹阴壹阳，壹短壹长，壹晦壹明，夫人道九之"。由此段文字之"凡天之道壹阴壹阳"，知《系辞》所谓"一阴一阳之谓道"者，乃专指天道也。所谓"壹短壹长，壹晦壹明"者，皆指天道冬之夜长昼短，夏之昼长夜短，及月之盈亏，日之昼夜也。考《春秋繁露·天道无二》第五十一："天之常道，相反之物也，不得两起，故谓之一。一而不二者，天之行也。阴与阳，相反之物也，故或出或入，或右或左。""天之道，有一出一入，一休一伏，其一度也，然而不同意。"又说："天无常于物而有一于时，时之所宜，而一为之，故开一塞一，起一废一，至毕时而止，终有复始于一。""天之道也，故常一而不灭。"其《暖燠常多》第五十二又说："天之道，出阳为暖以生之，出阴为清以成之。"等等。此皆帛书所云今文天道大义在西汉仍有所传之明证。而下文孔子举"汤囚于桀王""文王拘于羑里"等历史人物如何先处困境而后又"困之为达"的故事，以释《困》卦因何而有"亨，贞大人吉，无咎"之辞，疑此段今文之义汉初人皆知。按《春秋繁露·暖燠常多第》五十二："桀，天下之残贼也；汤，天下之盛德也。""故汤有旱之名，皆适遭之变，非禹汤之过。"尤其此文结尾曰："勿以适遭之变，疑平生之长，则所守不失，则正道益明。"此论与帛书所举例旨之义正同。而《集解》释《困》卦卦辞"困，亨"，引郑玄曰："坎为月，互体离，离为日，兑为暗昧，日所入也。今上弇日月之明，犹君子处乱代，为小人所不容，故谓之困也，君子虽困，居险能脱，是以通而无咎也。"郑氏此解，恐亦是取今文《易》旨，故其注与帛书之释义正同也，后因今文《易》失传，人们已不知郑玄此注之所本矣。

《缪和》又记缪和问《丰》卦：

> 今《易·丰》之九四曰"丰亓剖，日中见斗，遇亓夷主，吉"，何胃也？子曰：丰者，大也。剖者，小也。此言小大之不惑也。盖君之为尌立赏庆也，若膻埶然。大能［驭］细，故上能使下，君能令臣。是以动则又功，静则又名。列埶必莫，赏禄甚厚。能弄傅君而国不损散者，盖无又矣。日中见斗，夫日者，君也；久者，臣也。日中而久见，君将失亓光矣。日中必顷，几失君之德矣。遇者，见也。见夷主者，亓始梦兆而亟见之者也，亓秦翏、荆庄、晋文、齐桓是也。故《易》曰"丰亓剖，日中见斗；遇亓夷主，吉"，此之胃也。

此爻今本作"丰亓蔀，日中见斗，遇亓夷主，吉"。帛书引孔子曰："丰者，大也。剖者，小也。此言小大之不惑也。"按《释文》释"丰"字曰："《彖》及《序卦》皆云'大'也。案丰是腆厚光大之义。郑云：丰之言腆，充满意也。"以此知唐人据《彖》《序卦》而尚知"丰"宗之确义。而"腆厚光大"及郑玄所云"丰之言腆，充满意也"，恐皆郑玄注《丰》卦时，所取今文《易》义也。而《子夏易传》《丰》卦九三爻"丰其沛"之"沛"字作"芾"，亦曰"小"也。《释文》释"蔀"，字曰："马云'蔀，小也'。"以此知马融虽号称传古文《易》，但亦时取今文义注经。帛书由"丰亓剖，日中见斗"而生发出"此言小大之不惑也""上能使下，君能令臣。是以动则又功，静则又名"的大道理，而帛书言孔子释"日中见斗"曰："夫日者，君也；久者，臣也。日中而久见，君将失亓光矣。"所谓"久"字当是"斗"之音近相假字，汉隶中此等音近相假之字很多。帛书所云"日中而久（斗）见，君将失亓光矣"，此解正合《象》文"丰其蔀，位不当也；日中见斗，幽不明也"。帛书释"遇亓夷主，吉"曰：

"遇者，见也。见夷主者，亓始梦兆而亟见之者也。"由"梦兆"而"亟见"，得真遇"夷主"，此行当然为吉，故《象》释此曰"遇其夷主，吉行也"。此段爻文之义，由于西汉今文《易》的失传，后人已不知其确义，故《集解》引虞翻曰："震为主，四行之正成明夷，则三体震为夷主，故'遇其夷主，吉'也。"可知至东汉末，虞翻已不知此段爻辞"亓始梦兆而亟见"之确义。而王弼注及《释文》对此段爻辞及《象》文皆无注释，疑此辞之义，至唐已失传。

帛书《缪和》篇又载：

> 吕昌问先生曰：《易·屯》之九五曰："屯亓膏，小贞吉，大贞凶。"将何胃也？夫《易》，上耵之治也。古君子处尊思卑，处贵思贱，处富思贫，处乐思劳。君子能思此四者，是以长又亓利而名与天地俱。今《易》曰"屯亓膏"，此言自闰者也。夫处上位厚自利而不自血下，小之犹可，大之必凶。且夫君国又人而厚金，致正以自封也，而不顾亓人，此余也。夫能见亓将□□□，未失君人之道也。亓小之吉，不亦宜乎？物未梦颁而先知之者，耵人之志也，三代所以治亓国也。故《易》曰："屯亓膏，小贞吉，大贞凶。"此之胃也。

此段文字记录孔子借释《屯》卦九五爻而阐发的一段深具哲理的言论："夫《易》，上耵之治也。古君子处尊思卑，处贵思贱，处富思贫，处乐思劳。君子能思此四者，是以长又亓利而名与天地俱。""夫《易》，上耵之治也"，正是孔子对《易》的这种定位，才使《易》于汉武帝独尊儒术后，由秦时的"卜筮之书"而上升为"五经之首""大道之源"。接着他于此爻又阐发了古之君子如何以"处尊思卑，处贵思贱，处富思贫，处乐思劳"的四"处"四"思"，从而使自己得到"长又亓利"且其名可"与天地俱"的处世保盛之术。因此，"屯亓膏"之要旨在于"此言自闰者也"。孔子借注此爻而提出了极具人生哲理的"自润"之说，惜乎此说随着西汉今文《易》义的失没而后人不得其传矣！若得传之，此言定将成为后人代代传颂的处世名言。"夫处上位厚自利而不自血下，小之犹可，大之必凶"，此等对身处上位厚自利而不知恤下的批评，在《象》文中亦得到体现："屯其膏，施未光也。"在王弼对此爻的注文中亦有所存："处屯难之时，居尊位之上，不能恢弘博施，无物不与，拯济微滞，亨于群小，而系应在二，屯难其膏，非能光其施者也。固志同好，不容他间，小贞之吉，大贞之凶。"对比帛书此爻之解与王弼注文，王弼此注恐亦得西汉今文之传也。

应引起我们注意与重视的是，前文孔子解《丰》卦九四爻"遇其夷主"曰："遇者，见也。见夷主者，亓始梦兆而亟见之者也。"而释《屯》卦此爻"屯亓膏，小贞吉，大贞凶"，又曰"物未梦颊而先知之者，耵人之志也，三代所以治亓国也。故《易》曰：'屯亓膏，小贞吉，大贞凶。'此之胃也"。《丰》卦所"遇其夷主"者，乃"亓始梦兆而亟见之者也"；而《屯》卦"屯亓膏，小贞吉，大贞凶"者，乃"物未梦颊而先知之者"。可证孔子在解《易》时，是很重视梦兆的。由《丰》《屯》二卦所言看，一种是凭梦兆而应验吉凶，即"亓始梦兆而亟见之者也"，如《丰》卦九四之例，这当然很好，故爻辞曰"吉"，《象》文称为"吉行"。还有一种是未经梦兆启示而已先知事物吉凶的，这是一种更高的《易》学修养境界，唯得"圣人之志"者方能进入斯境。

孔子以此精神境界解《易》，充分体现了帛书《要》篇所谓："《易》之为书也，一类不足以亟之，变以备亓情者也。""不问于古法，不可顺于辞令，不可求以至善。"古人把梦兆看作是启示事物吉凶祸福的重要方式之一，疑此亦属"古法"之一。《礼记·文王世子》记有周武王梦见天帝为其增寿的记载："文王谓武王曰：'汝何梦矣？'武王对曰'梦帝与我九龄'。"故孔子非常重视梦兆。《论语·述而》："甚矣，吾衰也，久矣，吾不复梦见周公。"《礼记·檀弓上》记孔子将死，曰："予畴昔之夜，梦坐奠于两楹之间……予殆将死也。"此皆其证。

帛书《易传》诸篇中有关谈占筮梦兆、阴阳五行及风雨灾变的内容，当属周王孙所得《周易》古义的内容，这些汉初尚传的内容于今本《十翼》之文中皆已不可见矣！疑杨何在武帝时代，利用其博士的身份，对社会上流传的各种《易传》版本，按今义的内容进行统一删削与整理，然而由《淮南子》及《史记》等书中所引《易》文多有不见于今本《十翼》之文者思之，《十翼》内容的最后确定，似应在西汉武帝之际或稍后。

今本《蒙》卦卦辞之"初筮告，再三渎，渎则不告，利贞"，《缪和》

篇则引作：

"初筮吉"者，闻亓始而知亓冬，见亓本而知亓［末，故］曰"初筮吉"。"再参读，读即不吉"者，反复问之而"读"，"读"弗敬，故曰"不吉"。弗知而好学，身之赖也，故曰"利［贞］"。君子于仁义之道也，虽弗身能，剀能已才（哉）？日夜不休，冬身不卷，日日载载必成而后止，故《易》曰："蒙，亨，非我求童蒙，童蒙求我；初筮吉，再参读，读即不吉，利贞。"此之胃也。

今本"初筮告"之"告"字，帛本作"吉"，且《缪和》篇通篇皆以"吉"字释之。《释文》《集解》皆未言"告"字先儒有作"吉"字者。且刘向以中古文《易经》校施、孟、梁丘经文，亦仅发现时有脱去"无咎""悔亡"者，未发现《蒙》卦此"告"字作"吉"字者。故今本此"告"字，帛本作"吉"字，这是否是帛本抄书者的失误呢？笔者曾以为是帛本抄书者误抄"告"字为"吉"字，因为按照一般求筮人的心态，初筮若"吉"的话，那是绝无必要再三筮之而至于"渎"。但后来仔细考之：如是抄书失误，何以此段文字前后共有六处"告"字皆误抄作"吉"字呢？且由文字的内容观之："闻亓始而知亓终，见亓本而知亓［末］。"既已闻始知终，见本知末，此处不应再用"告"字，而理应作"吉"字，此其一；其二，考《彖》释"初筮告"曰"以刚中也"，又曰"蒙以养正，圣功也"。而《彖》释《师》卦之"刚中"曰："刚中而应，行险而顺，以此毒天下，而民从之，'吉'又何'咎'矣！"《彖》释《颐》卦之"养正"曰："养正则吉也。"可知《彖》皆以"吉"释"刚中"，释"养正"，故此辞作"初筮吉"正合《彖》文"以刚中也""蒙以养正，圣功也"之旨。且由此而思之，爻辞之所以曰"初筮吉，再三渎，渎则不吉"者，意在告诉占者：初筮已"吉"，如果吉了还要更吉，以至再、三而占，此即为"渎"，"渎"后其占就"不吉"了。

由于今文《易》义的失传，帛本释《蒙》卦卦辞"弗知而好学，身之赖也，故曰'利［贞］'。君子于仁义之道也，虽弗身能，剀能已才（哉）？日夜不休，冬（终）身不卷，日日载载必成而后止"，因为后人已不知此辞所含对"仁义之道"的阐发与追求，而《彖》《象》作者正因为深通帛本此旨，《象》文才会讲"蒙以养正，圣功也"，《象》文才会云"君子以果行育德"。今见后人于此辞之注，皆是望文生义、附会发挥之辞。若非帛本出土，我们何以能知《蒙》卦此辞之真旨也！

故清儒曾叹，《易》学之研究，两千余年来如在漆室之中。由于有师承传授的今文《易》失传，故《易》已成为"绝学"，后人之研究多是在漆室中摸索其门径而已。近年来随着帛书与竹书《易》的出土面世，人们终于找到了一条开启漆室之门的路径，为照亮漆室引来一线光明，当然，正如前文所言，我们仅凭目前的出土资料，绝不足以完成对汉人今文《易》义的解读与研究，我们对汉人《易》学及《易》学史的研究，目前基本上还须以传统资料为主。

帛书《缪和》篇又释《中孚》卦九二爻辞：

> 吴孟问先［生曰］：《易》中《复》之九二亓辝曰："鸣顫在阴，亓子和之；我又好㓁，吾与壐赢之。"何胃［也？子］曰：夫《易》，卲君之所尊也，吾庸与焉乎？吴子曰：亚又然，愿先生式略之以为毋忘，以匡弟子所［疑］。子曰："［鸣］顫在阴"，［君］者所独擅也，道之所见也，故曰"在阴"。君者，人之父母也；人者，君之子也。君发号出令，以死力应之，故曰"其子和之"。"我又好㓁，吾与壐赢之"者，夫爵禄在君，在人君，不□□□□□［明君之］□亓人也，訢焉而欲利之；忠臣之事亓君也　驪然而欲明之，驪訢交週，此卲王之所以君天下也。故《易》曰："鸣顫阴，亓子和之；我有好㓁，吾與壐赢之。"亓此之胃乎？

今读帛书《缪和》篇对此爻的解释，知"鸣鹤在阴"其"在阴"之旨，从义理的角度看，乃是"［君］者所独擅也，道之所见也"，而"其子和之"之"亓子"喻指"人者，君之子"。"其子"之"和"，乃指"君发号出令"，臣民"以死力应之"的忠义之举。而虞翻从象数的角度做出解释："震为'鸣'，讼离为'鹤'，坎为阴夜，'鹤知夜半'，故'鸣鹤在阴'"，并云"二动成坤体益，五艮为'子'，震巽'同声'者'相应'，故'其子和之'"。由此我们看到两种不同的解释立场和解释方法。今按之帛书所解诸卦爻之义，尤其对此文"鸣鹤在阴，亓子和之"的疏释，知

《要》篇所引孔子之"后世之士疑丘者，或以《易》乎？吾求亓德而已""《易》，我后亓祝卜矣！我观亓德义耳也"，绝非虚言也。正因《象》传作者深知此段文字乃是指"君发号出令"臣民"以死力应之"之旨，故《象》曰："'其子和之'，中心愿也。"《正义》曰："'中心愿'者，诚信之人，愿与同类相应，得诚信而应之，是'中心愿'也。"显然《正义》注此爻文时，尚知西汉今文《易》此旨也，故以"诚信之人，愿与同类相应，得诚信而应之"以阐发帛书"君发号出令，以死力应之"之本旨。王弼注此爻曰："处内而居重阴之下，而履不失中，不徇于外，任其真者也。立诚笃至，虽在暗昧，物亦应焉，故曰'鸣鹤在阴，其子和之'也。不私权利，唯德是与，诚之至也，故曰'我有好爵'，与物散之。"由王弼注文之"处内而居重阴之下，而履不失中，不徇于外，任其真者"，可证王弼确知帛书"〔君〕者所独擅也，道之所见也"之旨，此处如不指"君"，何以出"履不失中""任其真者"之语？此"立诚笃至""任其真者"，正是呼应帛本"君发号出令"，臣民"以死力应之"者也。

而王注之"不私权利，唯德是与，诚之至也"亦是对帛本"〔明君之〕□亓人也，訴焉而欲利之；忠臣之事亓君也，驪然而欲明之，驪訴交逈，此卽王之所以君天下也"的疏释与发挥。

今本此爻之辞"吾与尔靡之"之"靡"，《释文》："靡，本又作縻，同亡池反，散也。干同。徐又武寄反，又亡彼反。韩诗云：共也。孟同，埤苍作䌕，云散也。陆作𦃎，京作劘。"此"靡"字张惠言辑作"靡"，而孙堂、黄奭辑作"縻"。今由干宝《易》此字作"靡"，音"亡池反"，训作"散也"，其义与京房作"劘"，陆绩作"𦃎"，韩婴、孟喜释作"共也"不同，可证此字之音义，先儒训释已生歧异，而帛本此字作"羸"，按"羸"字古与"纍"字互通，《大壮》卦九三爻之"羝羊触藩，羸其角"之"羸"字，《释文》："羸，郑、虞作纍。"《井》卦卦辞中"羸其瓶，凶"之"羸"字，帛本作"纍"，皆其证。考《大壮》卦九三爻之"羝羊触藩，羸其角"及《诗·周南·樛木》："南有樛木，葛藟纍之。"郑玄笺此曰："纍，缠绕也。"今由"纍"字有缠绕义思之，帛本此字作"羸"，应义同韩婴、孟喜释作"共也"。干宝释作"散"恐已失西汉今文《易》之旨矣。

《缪和》又记庄旦之问：

庄旦〔问〕于先生曰：敢问于古今之世，闻学谈说之士君子，所以皆牧焉，劳亓四枳之力，渴亓腹心而索者，类非安乐而为之也。以但之私心论之，此大者求尊严显贵之名，细者欲富厚安乐之实，是以皆□□必勉轻奋亓所敺毅，幸于天下者，殆此之为也。今《易·谦》之初六亓辤曰："嗛嗛〔君子〕用涉大川，吉。"将何以此论也？子曰：夫务尊显者，亓心又不足者也。君子不然，昒焉不□□，耻也不自尊，□〔也不〕高世。嗛之初六，嗛之明夷也，耻人不敢又立也，以又知为无知也，以又能为无能也，以又见为无见也。幢焉无敢謹也，以使亓下，所以治人请，牧群臣之伪也。□君子者，天□□□然以不□□于天下，故奢多广大，旅乐之乡不敢渝亓身焉，是以而下驩然归之而弗猒也。"用涉大川，吉"者，夫《明夷》离下而川上，川者，顺也。君子之所以折亓身者，明察所以□□□□□，是以能既致天下之人而又之。且夫川者，下之为也。故曰："用涉大川，吉。"子曰：能下人若此，亓吉也，不亦宜乎？舜取天下也，当此卦也。子曰：苾明复知守以愚，〔博〕闻强识守以践，尊〔禄〕贵官守以卑。若此，故能君人。非舜，亓孰能当之。

《缪和》篇中庄旦此问以及孔子之答，包含了大量西汉今文《易》的信息。首先，此段是论《谦》卦初六爻辞之义，而庄旦曰"敢问于古今之世，闻学谈说之士君子，所以皆牧焉……"由"所以皆牧焉"一语，可知庄旦必知《象传》释《谦》卦初六爻辞："'谦谦君子'，卑以自牧也。"而帛书于此之"耻也不自尊，□〔也不〕高世"亦皆"卑以自牧"之旨也。而"劳亓四枳之力，渴亓腹心而索者，类非安乐而为之也"，帛本此"索"字，在本篇前文释《蒙》卦之文字中亦有之："思索不察，进很无节"。由帛书两处文字中"索"字之用考之，此字是以形近而与"素""索"二字通。"素"字古与"索"字以形近而互假。《左传·昭公十二年》："是能读《三坟》《五典》《八索》《九丘》。"《释文》："索本或作素。"而由下文"以但之私心论之，此大者求尊严显贵之名，细者欲富厚安乐〔之〕实"及前文之"思素不察"而思之，此字恐西汉人"索""素"二字之异体。而"耻人不敢又立也，以又知为无知也，以又能为无能也，以又见为无见也。㠯㚆无取謹也……"此段文字进一步说明圣人谦而不敢有位，待人接物以有智谓无智，以有能谓无能，以有见谓无见，虽动而不敢有盈满之心态，以此而"以使亓下，所以治人请，牧群臣之伪也"。至此，我们方知《象》文之所以称"谦谦君子，卑以自牧也"，乃是指圣人处世以谦卑"自牧"，并以此"使亓下"，从而达到治人情，而"牧群臣之伪"。通读帛书此段文字再结合前文之"闻学谈说之士君子，所以皆牧焉……"此"牧"字应从王弼解作"养也"。而由"所以治人请，牧群臣之伪也"，其"伪"字，应读作"为"字，谓以治人情而养群臣之为，此正圣人以谦治天下之旨也，故下文"故奢多广大，胅乐之乡不敢渝亓身焉"，奢侈、游乐之举"不敢渝亓身"并以此而"所以治人请"，从而达到"下驪然归之而弗猒也"，此即所谓"牧群臣之伪也"。

而由此段中的"嗛之初六，嗛之明夷也"一句，我们可以知道，西汉人除用"九""六"显示卦中之爻辞外，亦用春秋人以爻变标识卦中爻辞的方式，故曰"《谦》之明夷"。今由楚竹书《周易》、帛书《周易》皆有"九""六"爻题之称，而帛书《缪和》仍称《谦》之初六为谦之明夷来看，《左传》中皆用爻变之称，并不表明春秋时就一定没有"九""六"之称。

"用涉大川，吉"者，夫《明夷》离下而川上，川者，顺也。……

此段帛书文字非常重要，正是凭借这段文字，我们得知西汉今文《易》"川"字之正读。我们凭"离下而川上"之"离下"，知"川上"之"川"于此应读作传世今本之"坤"字，亦即帛本"川"字。而由下文"川者，顺也"，知《缪和》篇作者已熟知《说卦》"乾，健也，坤，顺也"之旨。因古文之"乾""坤"今文作"键""川"，今以古今文之"乾坤""键川"对比而再细思之，知后世之古文经师因为无师传，已不明此旨，在抄写《象传》《乾》卦时，仍依今文经作"天行健（键），君子以自强不息"；而抄《坤》卦时，却将今文"地势顺（川）"之今文"顺"字（亦即"川"字），改作古文"坤"字。致使后人在读《象》文时，将此"健"字（实即帛书之"键"卦,古"健""键"互假)读为刚健之"健",因而出现以"天行健"之动词"健"而与"地势坤"之名词"坤"互对的文字,使后人不明《象》文作者何以会行出如此不工不对之文。

由"舜取天下也,当此卦也。子曰:芯明复知守以愚,[博]闻强识守以践,尊[禄]贵官守以卑。若此,故能君人。非舜,亓孰能当之"来看,帛本对舜是极为推崇的,帛本此段文字是对前文"夫《易》,上卲之治也。古君子处尊思卑,处贵思贱,处富思贫,处乐思劳,君子能思此四者,是以长又亓利而名与天地俱"的呼应与发挥。由此段文字之"非舜,亓孰能当之"思之,重点突出舜,可知对舜的推崇赞扬恐怕是西汉今文《易》的一个重要特点。如《淮南子·缪称训》亦云:"故舜不降席而天下治。"淮南王刘安聘明《易》者九人写成《淮南道训》两篇,号九师法。而《淮南子》一书多引《易》言,其说多与帛本《易》同,以此而考之,九师说应属西汉今文《易》之古义一派也。估计这些学者因受到今义一派的压制,因而投向淮南王以阐发其学。

《缪和》篇又载:

张射问先生曰:自古至今,天下皆贵盛盈。今《周易》曰:"嗛,亨,君子又冬。"敢问君子何亨于此乎?子曰:所问是也。夫先君作埶列爵立之尊,明厚赏之名,此先君之所以劝亓力也,宜矣。彼亓贵之也,此非卲君之所贵也。夫卲君卑礼屈貌以舒鄒孙,以下亓人,能至天下之人而又之。[非卲君,亓]孰能以此冬?子曰:天之道,稟高神明而好下,故万勿归命焉;地之道精博以尚而安卑,故万勿得生焉,卲君之道尊严复知而弗以骄人,嗛然比德而好后,故[天下归心焉]。《易》曰:"潇亨,君子又冬。"子曰:嗛者,潇然不足也。亨者,嘉好之会也。夫君人者以德下亓人,人以死力报之。亓亨也,不亦宜乎?子曰:天道毁盈而益嗛,地道销[盈而]流嗛,[鬼神害盈而福嗛,人道]亞盈而好潇。潇者,一物而四益者也;盈者,一物而四损者也。故卲君以为丰苴,是以盛盈。使祭服忽,屋成加菩,宫成圽隅。潇之为道也,君子贵之。故曰:"潇亨,君[子又冬]。"盛盈[而能嗛]下,非君子亓孰当之?

此段文字是张射提问有关《谦》卦卦辞"谦亨，君子有终"之大义。夫子于此借释《谦》卦，再次提出爵禄对臣子的作用，认为先君作势列爵位之尊，明厚卹赏爱之名，皆以此而"劝亓力也"。此旨正与前释《中孚》之"夫𮉮禄在君，在人君""䜣焉而欲利之"相同，夫施以爵禄，待以谦卑，此皆圣王"牧群臣"之道也。

而文中讲"夫卹君卑礼屈貌以郤孙"，此"郤"字应为"舍"字之借。正如《文言》传释《乾》卦九二爻之"'见龙在田'，时舍也"之"舍"，我们在见到帛书本后，方悟此"舍"字应是"舒"字之借也。帛本此文之"郤孙"应是"释逊"。按古文以"释"为"舍"，《仪礼·大射》："获而未释获。"郑注："但言获，未释筭。古文'释'为'舍'。"故"郤"字在此应读"舍"字，并与"释"字通也，乃是言古之圣君卑体屈貌以释《谦》逊之旨也。圣人之所以取"谦"取"逊"取"卑"，其目的皆在"能至天下之人而又之"，故前文释《谦》之初六亦云"是以能既致天下之人而又之"。

夫子在此篇中以天道崇高神明而好下，故万物归命，地道精博以尚安卑，故万物得生，以释圣君牧民之道，此即《象》传所谓"君子以自强不息"，"君子以厚德载物"也，亦《彖》释《谦》卦之所谓"天道下济而光明，地道卑而上行"也。而"卹君之道，尊严复知而弗以骄人，嗛然比德而好后"，亦《象》释《谦》卦"君子以哀多益寡，称物平施"之旨也。

而"亨者，嘉好之会也"，此言与《文言》释"亨"者几乎完全相同。但"夫君人者以德下亓人，人以死力报之，亓亨也"，此"亨"之旨都不见于今本"十翼"之文，古"亨"之此旨，在帛本中除与前文释《中孚》卦之"君发号出令，以死力应之"呼应外，今传"十翼"之文及汉唐人说《易》诸本，已皆不见此旨矣。

帛本"天道毁盈而益嗛，地道销［盈而］流嗛，［鬼神害盈而福嗛，人道］亞盈而好溓"此文与《彖》释《谦》卦之"天道亏盈而益谦，地道变盈而流谦，鬼神害盈而福谦，人道恶盈而好谦"之文字几乎完全相同，可证《彖》传此时已被学者广泛引用。并由此而总结出："溓者，一物而四益者也。"此"一谦四益"之旨广为世人所知，至今被引为名言，而帛本之"盈者，一物而四损者也"，此"一盈四损"之旨却并未被后世之人引为警句名言而称颂，此恐皆因人们皆易盈而难谦，故引谦以警醒律己也。

文中所谓"是以盛盈，使祭服忽"之"忽"字，在此当读"物"字，"服忽"即是"服物"。此即《礼记·祭义》之"以具服物，以修宫室"之"服物"，孔颖达疏释此句曰："以备具衣服及祭物。"此释正合帛书"使祭服忽"之旨。我们知道，"勿""忽"二字古可互用，而"勿""物"二字又可互假，故"忽""物"以有"勿"而亦可互相假借，故帛书此处之"服忽"，正是《礼记·祭义》之"服物"也。

"屋成加昔，宫成仞隅"之"加昔"，此"昔"字，恐是"藉"字之借。《后汉书·光武帝纪第一下》："是岁，初起明堂、灵台、辟雍、及北郊兆域。"李贤注引汉胡广曰："古清庙盖以茅，今盖以瓦，下藉茅，存古制也。"此恐即"屋成加藉"之旨。而"宫成朷隅"之"朷"恐为"仞"字之借。《文选·司马长卿上林赋》："实陂池而勿禁，虚宫馆而勿仞。"郭璞注："仞，满也。"此"仞隅"，恐即《后汉书·宦者列传·张让传》之"又造万金堂于西园，引司农金钱缯帛仞积其中"之"仞"也。李贤注："仞，满也。"是故帛书此段盛盈使祭服物，屋成加藉，宫成仞隅之旨，皆在示"是以盛盈"，并与下文"盛盈〔而能嗛〕下，非君子亓孰当之"之旨相呼应也。

李羊问先生曰：《易·归妹》之上六曰："女承匡无实，士刲羊无血，无攸利。"将以辟，是何明也？子曰：此言君臣上下之求者也。女者，下也。士者，上也。承者，□〔也，匡〕者，□之名也，刲者，上求于下也，羊者，众也，血者，恤也，攸者，所也。夫贤君之为列孰竝立也，与实俱。群臣荣亓列，乐亓实。夫人尽忠于上，亓于小人也，必谈博知亓又无，而□□□□，是以□□□行，莫不劝乐以承上求，故可长君也。贪乳之君不然，君臣虚立，皆又外志，君无赏罚以劝之。亓于小人也，赋敛无根，耆欲无猒，征求无时，财尽而人力屈，不朕上求，众又万□而上弗恤，此所以亡亓国以及亓身也。夫明君之畜亓臣也，不虚忠臣之事，亓君也又实，上下迵实，此所以长有令名于天下也。夫忠言情爱而实弗修，此鬼神之所疑也，而兄人乎？将何所利？古《易》曰：女承筐无实，士刲羊无血，无攸利。此之胃也。

此段文字记录了孔子释讲《归妹》卦上六爻辞之旨，如同孔子讲《中孚》卦一样，此卦之"羊"孔子释之谓"众也"，其"血"，释之为"恤也"，而其"女"为"下也"；"士"为"上也"，而刲羊之"刲"，释之为"上求于下也"，此等解说，皆体现了汉初今文易学的特点，如丁宽作《易说》三万言，"训诂举大谊而已"。像此文之释"士"、释"女""血""刲"等，皆以一、二字或几个字而"举大谊"，孔子借释此爻之"女承筐无实"之"实"，将其升华为人伦道德中的诚实之实，因而强调："夫贤君之为列孰䢃立也，与实俱。群臣荣亓列，乐亓实。""夫明君之畜亓臣也，不虚忠臣之事，亓君也又实，上下迵实，此所以长有令名于天下也。夫忠言情爱而实弗修，此鬼神之所疑也，而兄人乎？将何所利？"释其"无实"而致"刲羊无血"："贪乳之君不然，君臣虚立，皆又外志，君无赏罚以劝之。亓于小人也，赋敛无根，耆欲无猒，征求无时，财尽而人力屈，不朕上求，众又万□而上弗恤，此所以亡亓国以及亓身也。"

故孔子最后总结此卦曰：

夫无实而承之，无血而卦之，不亦不知乎？且夫求无又者，此凶之所产也，善乎胃无所利也。

文中"无血而卦之"之"卦"，应是"刲"字之误，当是抄书者误将"刲"字抄作"卦"字。孔子于此段文字中，阐发了求于无有者"此凶之所产也"的观点，充分体现了其爱民恤民的"仁"的精神。孔子接着借以阐发《归妹》卦上六爻义：

君人者又大德于[臣]而不求亓报，则□□要晋宋之君是也；臣人者又大德于[人而不求亓报]，□□□□□□□□□□□王子比干五子[胥]□□子隼是也。君人者又大德于臣而不求亓报，□道也；臣者[又大德于人]而不求亓报，列道也。是故卲君求报于人，士饶壮而不能□□□□□□□□□□矣。

此段文字因缺字太多，其完整之义已难窥全貌，但于此文阐发了一个重要的观点，那就是在上文"亓君也又实，上下迵实"的基础上，提出了

"君人者又大德于臣而不求亓报，□道也；臣者［又大德于人］而不求亓报，列道也"。孔子在此借释《归妹》卦上六爻辞，对国君不仅提出了待臣下要以诚实之心待之，更要求其要有一种施恩不图报的境界："君人者又大德于臣而不求亓报"。帛书所记孔子对国君的这些要求，在今本"十翼"之文中皆已不复得见。显然，后世儒生为了自身的名利，将这些可能会惹帝王不悦的话都悄悄删去了。由此而考之，今本《论语》及"十翼"等文中所引"子曰"，恐怕多已不是孔子原话，特别是汉武帝独尊儒术之后，孔子的很多言语在博士们"集而读之"时，皆已经过慎重的删削或修改，从而变成当时大一统帝王愿听的话，也就是适合当时儒生们以孔子作敲门砖，以博取功名所需要的话语了。

《缪和》篇对《复》卦六二爻"休复，吉"、《讼》卦六三爻"食旧德，贞厉，终吉，［或从王］事，无成"及《恒》卦初六爻"夐恒，贞凶，［无攸利］"皆一一作了讲解，惜乎因残缺之字太多，已难窥其旨。但幸其讲《恒》卦九三爻及九五爻之文字残缺虽然较多，其大旨可得见之：

> 子曰：《恒》之九三曰："不恒亓德，或承之羞，贞［蔺］。"子曰："不恒亓德，言亓德行之无恒也。德行无道，则亲疏无；亲疏无，［则］必将□□□□□□蔺，故曰不恒亓德，或［承之羞，贞蔺］。"

孔子于此将"不恒亓德"释之为"德行之无恒也""德行无道"，可见在孔子那里，"德行无恒"与"德行无道"是一个概念，而"德行无道，则亲疏无"，此"无道"则"亲疏无"的思想，正与今本《系辞》所云"易则易知，简则易从，易知则有亲，易从则有功，有亲则可久，有功则可大，可久则贤人之德，可大则贤人之业"的思想是一脉相承的。《象》释此爻曰："不恒其德，无所容也。"今读帛书方知，《象》文何以于此言"无所容也"。"无所容"即帛本释此爻之"不恒亓德，言亓德行之无恒也，德行无道，则亲疏无"。由于帛书本的出土，我们方由帛本释此之"亲疏无"中，知《象》文何以于此曰"无所容也"。《正义》孔疏释此段《象》语曰："谓不恒之人，所往之处，皆不纳之，故'无所容'也。"所谓"所往之处，皆不纳之"，此即"德行无道，则亲疏无"。王弼注"不恒其德"曰："德行无恒，自相违错"，此与帛书释"不恒亓德"曰"言亓德行之无恒也"是完全一致也。对比帛本与《象》文之旨,特别是王弼注文与孔疏之义,可证魏晋直至隋唐,今文易旨尚有传也。

孔子又释《恒》卦九五爻"恒亓德,贞,妇人吉,夫子凶",曰:

> 妇德一,人之为□,可以又它,又它矣,凶□产焉,故曰"恒其德,贞,妇人吉"。□男德不□□安者之又弱德,必立而好比于人,贤不宵人得亓宜,则吉;自恒也,则凶。故曰"恒亓德,贞,妇人吉,夫子凶"。

由于此段释文中,关键处多有缺字,因而为释此爻之义带来困难,我们可与《象》文对比以窥其义。《象》文释此爻曰:"妇人贞吉,从一而终也,夫子制义,从妇凶也。"帛书曰:"妇德一。"显然《象》文之"妇人贞吉,从一而终也",即帛文之"妇德一",帛本下文之"人之为□"当为"人之为夫",此由下文之"可以有(又)它"可证之。而"□男德不□□安者之又弱德,必立而好比于人,贤不宵人得亓宜,则吉;自恒也,则凶",《象》文"从妇凶也"其"从妇"之旨,即帛书之"必立而好比于人",好比附于人,此即"从"也。王弼注此文曰:"居得尊位,为恒之主,不能'制义',而系应在二,用心专贞,从唱而已,妇人之吉,夫子之凶也。"此"夫子之凶"恐即帛文之"□男德不□□安者之又弱德,必立而好比于人",但帛书"贤不宵人得亓宜,则吉",此段文字真旨之所在,未明。

《缪和》篇又释《坤》卦六二爻"直方,大,不习,无不利"曰:

> 子曰:川之六二曰"直方,大,不习,无不利"。直方者,知之胃也,不习者,□□□□[之胃也]。不利者,无过之胃也。夫赢德以与人,过则失人和矣,非人之所习也,则近害矣,故曰"直方,大,不习,无不利"。

孔子释此爻之义时,释"直方"谓"知之胃也",释"不习"之文字残缺,释"不利"谓"无过之胃也"。唯独未释"大"之旨,然帛书于《二三子》中曾释"大"。《二三子》中释《坤》卦六二爻之"直方,大,不习,无不利"一段,文字残缺严重,而独释"大"者保存完好,其曰:"大者,言亓直。"《二三子》说大者乃是"言亓直",恐怕此即孔子释此爻之义时，释"直方"，释"不习"，释"不利"而独不释"大"之原因也。此爻所释"不利"谓"无过之胃也"。原文应是"无不利"，恐抄书者遗一"无"字，应是释"无不利"谓"无过之胃也"。因帛书《二三子》释此爻时，虽解释文字残缺严重，但"无不"二字独存，可证其文是以"无不利"释之，非以"不利"释之。帛文释此爻之"直方"谓"知之胃也"，而《衷》篇释"直方，大，不习，吉"，引孔子之释："子曰，生文武也，虽强学，是弗能及之矣。"其解为"虽强学"，显然亦是以"知"释之，此正与"直方者，知之胃也"相合。而"言其性文武，虽强学而弗能及之"，此旨即《文言》所释之"直其正也，方其义也。君子敬以直内，义以方外，敬义立而德不孤"。"'直方大，不习无不利。'则不疑其所行也。"其"不疑其所行也"即帛本"［无］不利者，无过之胃也"，因其所行"无过"，自然"不疑其所行"。

历来之研《易》者多有以史释《易》或以《易》释史者，《缪和》篇所载上面几段文字，多引史实以证之，而下面的文字，更是此种以史释《易》或以《易》释史研究方法的最早记录：

> 汤出軵守东北，又火。曰：彼何火也？又司对曰：鱼者也。汤遂至［之曰］：子之祝可？曰：古者［蛛］蝥作罔，令之人缘序，左者右者，尚者下者衞突乎土者，皆来吾网。汤曰：不可，我教子祝之。曰：古者蛛蝥作网，今之缘序。左者使左，右者使右，尚者使尚，下者使下，□□□□□□□□。诸矦闻之曰：汤之德及禽兽鱼鳖矣。故共皮敞以进者卅又余国。易卦亓义曰："显比；王用三殴，失前禽，邑不戒，吉。"此之胃也。

"汤出軵守东北"之"軵"字，当是"巡"字之借。汤问渔者之祝为何内容，渔者之答"左者右者，尚者下者衞突乎土者，皆来吾网"。其"衞突乎土者"之"衞"字，今本《周易》《师》卦"长子帅师"之"帅"字，帛书《易经》本作"衞"，竹书本作"衜"字，《玉篇》行部第一百二十释"衞"字曰："循也，导也，今或为率。"《玉篇》走部第一百二十七释"達"字曰："道也，引也，今为帅。"《缪和》篇此处"衞突乎土者"之"衞"，当以形近而为"衝"字之借，与帛书《师》卦六五爻"长子衞师"之"衞"

字义有不同。此段文字记录了汤之仁德念及禽兽鱼鳖的故事，并以此故事释《比》卦九五爻："显比，王用三驱，失前禽，邑人不戒，吉。"帛本此段爻辞之"邑人不戒"抄作"邑不戒"，当是抄书者抄写时于此遗一"人"字，考之帛书《易经》《比》卦此爻作"邑人不戒"，帛书《昭力》引比卦此爻作"邑人不戒，吉"，皆是其证。

　　西人举兵侵魏野而□□□□□□□□□而遂出见诸大夫。过段干木之间而式，亓仆李义曰：义闻之诸侯先财而后财（身），今吾君先身而后财，何也？文矦曰：段干木富乎德，我富于财；段干木富[乎义，我富于地。财不如德，地不如义。德而不吾]为者也，义而不吾取者也，彼择取而不我与者也，我求而弗得者也。若何我过而弗式也？西人闻之曰：我将伐无道也，今也文矦尊贤□□□□□兵□□□□□□□□□何何而要之局，而冣之狱狱，吾君敬女而西人告不足。易卦亓义曰："又覆（孚）惠心，勿问无吉；又复（孚）惠我德"也。

　　此段故事记录文王对贤者示敬，"过段干木之间而式"。此"式"即《荀子·大略》中所谓"禹见耕者耦，立而式"之"式"也。并讲出了一段之所以要"式"的道理："段干木富乎德，我富于财，段干木富[乎义，我富于地，财不如德，地不如义。德而不吾]为者也。"阐发了其"先身而后财""我求而弗得者也"的道理，以此故事阐释《益》卦九五爻辞："有孚惠心，勿问元吉，有孚惠我德。"帛书本作："又覆惠心，勿问无吉，又复惠我德也。"今由此故事之内容考之，帛书之"覆"字，显系今本"孚"字同音相借之字，可证今本释"孚"字作诚言符合经文原义，帛书之"勿问无吉"之"无"字，应是抄书人将"元"字误抄作"无"字，因为此爻之文字若作"勿问无吉"，那是绝对不符合此故事之内容的。再，帛书本《易经》《益》卦之"覆"字作"復"，其爻辞亦作"勿问元吉"，而非"勿问无吉"也。

　　吴王夫差攻，当夏，太子辰归冰八管。君问左右冰□□□□□□□，注冰江中上流，与士饮亓下流，江水未加清，而士人大说，斯垒为三遂，而出毄荆人，大败之，袭亓郢，居亓君室，徙亓祭器。察之，则从八管之冰始也。[易卦亓义曰："鸣嗛（谦），利用行] 师征国。"

此段文字，记录了夫差盛夏与士兵共享八管之冰的故事。此段文字有残缺，但其大意应为夫差将八管之冰注入江水而与士兵共饮下流之水，"江水未加清，而士人大说"，从而士气大为高涨，"而出毂荆人，大败之"。究其原因，"则从八管之冰始也"。帛本以此故事而释《谦》卦上六爻辞"鸣谦，利用行师，征邑国"。以此而知帛书对此辞之解，与今本之解是基本相同的。帛书此段爻辞文字残缺严重，只存"师征国"。帛本此爻辞"利用行师，征邑国"存"师征国"，可知抄书者于此辞抄写时遗一"邑"字，因帛书《易经》之《谦》卦上六爻辞亦作"利用行师，征邑国"也。

越王勾贱即已克吴，环周而欲均荆方城之外。荆王闻之，恐而欲予之。左史倚相曰：天下吴为强，以伐戋吴，亓锐者必尽，其余不足[用]也。是知晋之不能□□□□，齐之不能隃驺鲁而与我争于吴也，是恐而羊观我也。君曰：若何则可？左史倚相曰：请为长轂五百乘以往分于吴地。君曰：若。遂为长轂五[百]乘以往分[于吴地]。曰：吴人[有]□□而不服者，请为君服之。日旦，越王曰：天下吴为强，吾既戋吴，亓余不足以辱大国之人，请辞。又曰：人力所不至，周车所不达，请为君服之。王胃大夫重[曰：荆]不很兵，[可击否]？重曰：不可！天下吴为强，吾既戋吴，吾锐者既尽，亓余不足用也，而吴众又未可趄也。请与之分吴地。遂为之封于南巢至于北蕲，南北七百里，命之曰倚[相之]封。易卦[亓义曰："睽]枛，鬼苽负涂，载鬼一车，先张之枛，后说之壶。"此之胃也。

此段文字记录了"越王勾贱即已克吴"，然而在"天下吴为强，以伐（越）戋（践）吴，亓锐者既尽"的形势下，如何保其胜而退兵的故事。

"齐之不能隃驺鲁而与我争于吴也，是恐而羊观我也"，其"羊"字应为"详"字之借。按《汉书·韦贤传》："洋洋仲尼。"颜师古注："洋音祥，又音羊。"而《周易集解》引《履》卦上九爻辞之"视履考祥，其旋元吉"，其"祥"字引作"详"。帛书《履》卦上九爻辞此字引作"翔"，

"翌"即"翔"也，可知古"羊""祥""详""翔"诸字皆以有"羊"音近而可互通也。

"王胃大夫重［曰：荆］不很兵"之"很"字应为"退"字之借。本篇前文释《蒙》卦之辞中又有"思索不察，进很无节"，其"进很无节"之"很"字显亦读作"退"字。今本《明夷》《大畜》《大壮》《大有》《噬嗑》诸卦爻辞中之"艰"字，帛本皆作"根"，今本《艮》卦卦辞"艮其背，不获其身，行其庭，不见其人"之"艮"字，帛书本亦作"根"，"艮""根"，二字以同音从艮相借，而"艰""根"二字则依从"艮"而可互借，故"不很兵"之"很"字在此读为"退"字，二字亦皆以从"艮"而互借也。

帛文此故事所引《睽》卦上九爻辞作："'［睽］枛，鬼豕负涂，载鬼一车，先张之枛，后说之壶。'此之胃也。"其爻辞之"鬼豕负涂"与今本此爻作"见豕负涂"及帛书六十四卦经文作"见豨负涂"及上海博物馆竹书本作"见豕偾奎"皆不同，或《缪和》篇作者所见之本与今、帛、竹书之本不同？或抄书者错讹而将"见豕负涂"之"见"字误抄为"鬼"字？今以今、帛、竹书三种抄本皆作"见"字及《缪和》篇前文所引卦爻之辞抄写多有错误思之，此段爻辞应为抄书者误将"见"字抄作"鬼"字。此爻之"先张之枛，后说之壶"，今传《正义》本作"先张之弧，后说之弧"，而《集解》本作"先张之弧，后说之壶"，显然"枛""弧"通假，故《集解》本与帛本正同。

王弼释"先张之弧，后说之弧"曰："'先张之弧'，将攻害也，'后说之弧'，睽怪通也。"孔疏："故'先张之弧'，将攻害也。物极则反，'睽'极则通，故'后说之弧'，不复攻也。"虞翻释"先张之弧，后说之壶"曰："坎为'弧'，离为矢，张弓之象也，故'先张之弧'，四动震为'后'，'说'犹置也，兑为口，离为大腹，坤为器，大腹有口，坎酒在中，壶之象也，之应历险以与兑，故'后说之壶'矣！"若依《缪和》所引此故事之内容考之：越王勾践听取谋臣建议，"请与之分吴地。遂为之封于南巢至于北蕲，南北七百里"。以此义思之，此段爻辞似应以帛本与《集解》本作"后说之壶"，其于义更确。

荆庄王欲伐陈，使沈尹树往观之。沈尹树反，至令曰：亓城郭修，亓仓实，亓士好学，亓妇人组疾。君曰：如是，则陈不可伐也。城郭修，则亓守固也；仓廪实，则人食足也；亓士好学，必死上也；亓妇组〔疾〕，人财足也。如是，陈不可伐也。沈尹树曰：彼若若君之言，则可也。彼与君上言之异。城郭修，〔则〕人力渴矣；仓廪实，则□之人也；亓士好学，则又外志也；亓妇组疾，则士禄不足食也。故曰陈可伐也。遂举兵伐陈，有之。易卦亓义曰："入于左腹，获明夷之心，于出门廷。"

此段故事以沈尹树对"城郭修，亓仓实，亓士好学，亓妇组疾"的深刻而独特的见解，使庄王采纳其建议，确定"陈可伐也，遂举兵伐陈，有之"。帛本以此故事而释《明夷》卦六四爻"入于左腹，获明夷之心，于出门廷"。此故事中的文字，多浅显易懂，唯"亓妇人组疾"一句使人生疑，何为"组疾"？所谓"组疾"，依笔者所考，"组疾"之解有二：一、"组疾"之"疾"，恐"织""绩"之音近相借字，"组疾"即"组织""组绩"也。古人将织布称"组织"，而"绩"，乃把麻搓捻成线。《吕氏春秋·开春论第一·爱类》："女有当年而不绩者，则天下或受其寒矣。"高诱注"不绩"曰："诗云不绩其麻布也。"《汉书·食货志上》："妇人同巷，相从夜绩。"皆其证。二、按《汉书·郊祀志》曾记诸儒之议："古者封禅为蒲车，恶伤山之土石草木；扫地而祠，席用苴稭，言其易遵也。""苴稭"二字在《史记·封禅书》中引作"菹稭"，应劭注《汉书》此句曰："稭，藁本也，去皮以为席。"颜师古曰："茅藉也，苴字本作菹，假借用。"古"苴"与"组"字可以互假。按《吕氏春秋·似顺论第五·分职》："今民衣弊不补，履决不组。"高诱注"组"字曰："《新序》作苴。"《隶释·高颐碑》："阒断苞组。"洪适亦释"组"为"苴"，皆其证。"稭"字又与"秸"通用：《尚书·禹贡》"三百里纳秸服"、《释文》"秸本或作稭"是其证。如前所考，"苴"字通"组"字，而"疾"字恐以音近而可与"秸"字互通，帛文此"组疾"恐即《汉书》所引"席用苴稭"之"苴稭"或"苴秸"也。由应劭注《汉书》此句曰"稭，藁本也，去皮以为席"及颜注"茅藉也，苴字本作菹，假借用"，故"组疾"者，应是一种用藁本稭或苴草织成的席子，由《汉书》称"言其易遵也"，恐怕此种"苴稭"之席为人们所熟悉而普遍应用，依据中国农业社会男耕女织的分工，此制席的工作自然由妇女完成，故帛书称"亓妇人组疾"。不过若依笔者愚见，此二解还当以第一解为胜。

赵间子欲伐卫，使史黑［往睹之，期以］卅日，六十日焉反。间子大怒，以为又外志也。史黑曰：吾君殆乎大过矣。卫使遽柏玉相，子路为浦，孔子客焉，史子突焉，子赣出入于朝而莫之留也。此五人也，一治天下者也，而皆在卫□□□□□也□□□□又是也者，况举兵而伐之乎？《易》卦亓义曰："观国之光，利用宾于王。"《易》曰"童童往来"，仁不达也；"不克征"，义不达也；"亓行塞"，道不达也；"不明晦"，明不达也。□□□□，［仁达矣］；□□□□义达矣；"自邑告命"，道达矣；"观国之光"，明达矣。

上一故事，讲的是陈国可伐的故事，而此一故事，则是讲的卫国为何不可伐："卫使遽柏玉相，子路为浦，孔子客焉，史子突焉，子赣出入于朝而莫之留也。"帛文之"子路为浦"之"浦"字，应是"辅"字之借。故帛书以此故事释《观》卦六四爻辞"观国之光，利用宾于王"。由此之故事内容考之，方知《象》释此爻何以曰"观国之光，尚宾也"。同时，帛书又引《咸》卦九四爻辞"童童往来"曰"仁不达也"。《象》释此爻曰："'贞吉，悔亡'，未感害也，'憧憧往来'未光大也。"今按之帛书此爻之文，方知《象》文"未光大也"之确旨在"仁不达也"。又引《复》卦上六爻辞"迷复，凶，有灾眚，用行师，终有大败，以其国君凶，至于十年不克征"之"不克征"曰："义不达也。"《象》释此辞曰："'迷复'之凶，反君道也。""反君道"者，自然"义不达也"。又引《鼎》卦九三爻"鼎耳革，其行塞，雉膏不食，方雨亏悔，终吉"之"亓行塞"曰："道不达也。"《象》释此爻辞曰："'鼎耳革'失其义也。"夫"失其义"者，自然"道不达也"。再引《明夷》卦上六爻辞"不明晦，初登于天，后入于地"之"不明晦"（帛书作"不明每"）曰："明不达也。"《象》文释此爻曰："'初登于天'，照四国也。'后入于地'，失则也。"疑《象》文释此文之内容，或如《缪和》篇中这些解释卦爻辞的历史故事一样，亦依据一些历史故事而释之，故文中方有"照四国也""失则也"等辞。

因"明不达也"下文有阙文，其义已难见，但结尾又引《泰》卦上六爻辞"城复于隍，勿用师，自邑告命，贞吝"之"自邑告命"曰："道达矣。"《象》释此爻曰："城复于隍，其命乱也。"其解与帛书之"道达也"显然不合，但因帛书此处前文多阙，故其义已难窥矣。最后复以"观国之光"之辞而曰"明达矣"，其义与《象》文合，当为复述前文之故事，以"尚宾"而为"明达矣"。

《缪和》篇用以《易》阐史或以史证《易》的方式，向我们透露出很多汉初今文《易》义，这些可贵的资料对于我们正确解读《彖》《象》《文言》等《易传》之文，提供了先儒从未得见的依据和旁证。同时，证明直至魏晋时的王弼，虽号称"扫象不谈"，但其所扫者，乃东汉人繁琐的象数《易》内容，而他解经所真正取用者，多有西汉初"训诂举大谊"的解《易》内容，而孔颖达之疏语中亦有此影响，因而为我们提供了西汉今文《易》至魏晋隋唐仍有传的证据，可知史料称孟喜《易》唐时已残缺，而亡佚于宋的说法，是可信的。同时，此篇说《易》文字还为我们厘清以史说《易》的学术理路，此乃源于孔子，先秦早已有之，非后儒所发明也。

附录一

《周易》六十四卦原文全译

目　录

《周易》上经

乾（一）/293

坤（二）/294

屯（三）/295

蒙（四）/296

需（五）/297

讼（六）/297

师（七）/298

比（八）/299

小畜（九）/300

履（十）/300

泰（十一）/301

否（十二）/302

同人（十三）/303

大有（十四）/304

谦（十五）/304

豫（十六）/305

随（十七）/306

蛊（十八）/307

临（十九）/308

观（二十）/308

噬嗑（二十一）/309

贲（二十二）/310

剥（二十三）/311

复（二十四）/311

无妄（二十五）/312

大畜（二十六）/313

颐（二十七）/314

大过（二十八）/315

坎（二十九）/316

离（三十）/316

《周易》下经

咸（三十一）/318　　　井（四十八）/332

恒（三十二）/319　　　革（四十九）/333

遯（三十三）/319　　　鼎（五十）/333

大壮（三十四）/320　　震（五十一）/334

晋（三十五）/321　　　艮（五十二）/335

明夷（三十六）/322　　渐（五十三）/336

家人（三十七）/323　　归妹（五十四）/336

睽（三十八）/323　　　丰（五十五）/337

蹇（三十九）/324　　　旅（五十六）/338

解（四十）/325　　　　巽（五十七）/339

损（四十一）/326　　　兑（五十八）/340

益（四十二）/327　　　涣（五十九）/340

夬（四十三）/327　　　节（六十）/341

姤（四十四）/328　　　中孚（六十一）/342

萃（四十五）/329　　　小过（六十二）/343

升（四十六）/330　　　既济（六十三）/344

困（四十七）/331　　　未济（六十四）/344

《周易》上　经

乾（一）

☰乾：元亨，利贞。

初九　潜龙，勿用。

九二　见龙在田，利见大人。

九三　君子终日乾乾，夕惕若厉，无咎。

九四　或跃在渊，无咎。

九五　飞龙在天，利见大人。

上九　亢龙，有悔。

用九　见群龙，无首吉。

乾①：开始便通达宜于占问。②

初九③：潜伏之龙，不可妄动。

---

① 乾：卦名。帛书《易经》（以下简称帛《易》）作"键"，"键"即开户之钥匙，以乾作"键"，正符合《系辞》之旨。《周易》古经每一卦有六爻，凡阳爻以"—"表示，阴爻以"- -"表示。《乾》卦纯由阳爻组成，在此象天，象开启。古今《易》本《乾》卦卦画☰旁多注以"乾下乾上"四字，指内外经卦皆乾，《坤》卦卦画☷旁则注以"坤下坤上"四字，其余卦亦同。按古时卦画即为文字，故断不会在卦画旁加此等注脚，此等注脚当为后世经师所加。又考南宋石经本亦无此四字，故本书悉删去此等注脚。

② 即经文"元亨，利贞"。元，始。亨，顺利通达。利，适合、适宜。贞，一正固；一占问，在此为占问。

③ 初九：每一卦第一爻皆称"初"。《周易》六十四卦凡阳爻称"九"，阴爻称"六"。一卦六爻自下而上凡阳爻为"初九""九二""九三""九四""九五""上九"，阴爻为"初六""六二""六三""六四""六五""上六"。

九二：龙现于田野，宜见大人。

九三：君子整日勤奋，夜晚戒惧若有危厉，无灾。

九四：（龙）在渊中惑于跃（而未跃），无灾。

九五：飞龙上天，宜见大人。

上九：龙飞过高有悔。

用九：呈现群龙，（群龙）无首领吉。

坤（二）

☷坤：元亨，利牝马之贞。君子有攸往，先迷后得主，利。西南得朋，东北丧朋。安贞，吉。

初六　履霜坚冰至。

六二　直、方、大，不习，无不利。

六三　含章可贞。或从王事，无成，有终。

六四　括囊，无咎，无誉。

六五　黄裳元吉。

上六　龙战于野，其血玄黄。

用六　利永贞。

坤①：始即亨通。（此占）利于乘雌马，君子有所往，先迷途，后找到主人，宜西南得到朋友，往东北则丧失朋友。安守正道吉。

初六：踏霜，（当知）坚冰不久将至。

六二：直行横行皆一望无际，不熟悉也没有不利的。

六三：含有美德可守正道。随从大王做事，无成就，（但）有好的结局。

六四：束扎口袋，无灾，但也无荣誉。

---

① 坤：卦名，☷为坤卦卦画，由纯阴爻组成。古《易》中"坤"作"𝕔"字，帛《易》作"川"，坤有柔顺之义，象地。

六五：穿黄色下服开始即吉。

上六：龙战于田野，其血（染土后）青黄混杂。

用六：宜永远守正。

屯（三）

☳☵ 屯（zhūn）：元亨，利贞。勿用有攸往，利建侯。

初九　磐桓，利居贞，利建侯。

六二　屯如邅（zhān）如，乘马班如，匪寇婚媾。女子贞不字，十年乃字。

六三　即鹿无虞，惟入于林中，君子几不如舍，往吝。

六四　乘马班如，求婚媾，往吉，无不利。

九五　屯其膏。小，贞吉；大，贞凶。

上六　乘马班如，泣血涟如。

屯①：始即亨通，宜于占问，不要有所往，宜于封建诸侯。

初九：徘徊难进，宜居而守正，宜封建诸侯。

六二：作难而团团转，乘马旋转不进，（来人）并非盗寇，是求婚者，（但）女子贞静自守，不嫁人，十年后才许嫁。

六三：追鹿而无虞人（作向导），（结果）迷入林中，君子企望（得到鹿），不如舍弃②，再往前就行动困难。

六四：乘马盘桓不进，（为的）求婚，前往吉无不利。

九五：囤积油汁，（囤积的）少，占问则吉；大量囤积，占问则凶。

上六：乘马盘旋不进，泪泣不断。

---

① 屯（zhūn）：卦名。屯本义指草木初生，也有释为春、禾、椿者。在此象征盈塞、聚集。

② 经文作"君子几，不如舍"。"几"在此应读"冀"，企望。舍，舍弃。

蒙（四）

☷☶ 蒙：亨，匪我求童蒙，童蒙求我。初筮告，再三渎，渎则不告。利贞。

初六　发蒙，利用刑人，用说桎梏，以往吝。
九二　包蒙吉。纳妇吉，子克家。
六三　勿用取女，见金夫，不有躬，无攸利。
六四　困蒙吝。
六五　童蒙吉。
上九　击蒙，不利为寇，利御寇。

蒙：亨通顺利。并非我求童蒙，而是童蒙求我。初次占筮则告诉（吉凶），再三（占筮）是渎慢，渎慢则不告诉（吉凶）。（此占）宜于守正。

初六：启发蒙昧者，宜用刑人（以示警戒），脱去（刑人）桎梏，（虽）已可往，（但）行动困难①。

九二：取其蒙昧吉②。娶媳妇吉，儿子成家。

六三：勿娶此女子。（她）见了有金钱的男人即失身。（这婚事）没有好处。

六四：困于蒙昧，必有悔吝。

六五：孩童的蒙昧，吉。

上九：惩治蒙昧（若方法）不适宜，则使其变为盗寇，（若）适宜，则可防御盗寇。

---

① 经文作"以往吝"。以，帛《易》作"已"。吝，难行之状，古"吝""遴"通用，在此应作"遴"。

② 经文作"包蒙吉"，取其蒙昧则吉。包：先儒多解为包容、包含。古"包"字亦有取义。由下文"纳妇吉"看，"包"字在此应解作"取"，于义更胜。

需（五）

☱ 需：有孚，光亨，贞吉，利涉大川。
初九　需于郊，利用恒，无咎。
九二　需于沙，小有言，终吉。
九三　需于泥，致寇至。
六四　需于血，出自穴。
九五　需于酒食，贞吉。
上六　入于穴，有不速之客三人来，敬之，终吉。

需：有诚信①而光明亨通，占问则吉，宜于涉大河。
初九：停留在旷野中，宜于守恒，无灾害。
九二：停留于沙滩中，少有口舌是非②，最终得吉。
九三：停留于泥泞中，以致招至盗寇。
六四：停留在沟洫中，离开自己的住所。
九五：停留在酒食中，占之则吉。
上六：进入住所，有三个不速之客来，（如果）以礼敬之，最终得吉。

讼（六）

☰ 讼：有孚，窒惕。中吉。终凶。利见大人。不利涉大川。
初六　不永所事，小有言，终吉。
九二　不克讼，归而逋（bū），其邑人三百户无眚（shěng）。
六三　食旧德，贞厉，终吉。或从王事，无成。

---

① 经文作"有孚"。孚，诚信。
② 经文作"需于沙，小有言"。小，帛书《易》作"少"，古"小""少"通。言，责难、呵谴。

九四　不克讼，复即命，渝，安贞吉。

九五　讼，元吉。

上九　或锡（cì）之鞶（pán）带，终朝三褫（chǐ）之。

讼：有诚信，后悔害怕。（讼事）中间有吉，（但）最终还是凶。适合见大人，不宜涉越大河。

初六：不永久陷入讼事，小有口舌，最终得吉。

九二：没有打赢官司，返回后要逃避。其邑人三百户无灾害。

六三：享用旧有恩德，占之（虽有）危厉，最终得吉。迷惑地跟从君王做事，无所成功。

九四：没有打赢官司，返回就认命，改变初衷，安于守正则吉。

九五：争讼开始得吉。

上九：迷惑地（在争讼中）被赐以鞶带①，一日之内又三次被剥夺。

师（七）

䷆师：贞，丈人吉，无咎。

初六　师出以律，否臧凶。

九二　在师中，吉，无咎，王三锡命。

六三　师或舆尸，凶。

六四　师左次，无咎。

六五　田有禽，利执，言，无咎。长子帅师，弟子舆尸，贞凶。

上六　大君有命，开国承家，小人勿用。

师：占问率师之人②，吉，无灾。

初六：出兵当依乐律（进退），不然，虽善，亦有凶。

九二：在军队的中心（掌握指挥），吉，无灾。王三次赐命（嘉奖）。

---

① 经文作"或锡之鞶带"。"锡""赐"，古二字通。鞶带，古时依官品颁赐的腰带。
② 经文作"贞丈人"。贞，占问。丈人，德高望重之人，此处"丈人"指主帅。

六三：出兵疑惑，（以致战败）载尸而归，凶。

六四：军队驻扎于左方，则无灾害。

六五：田中有禽兽，宜捕捉之，无灾害。长子率师作战，次子以车载尸，占问凶。

上六：大君赐命。（封诸侯），开创千乘之国；（授大夫），世袭百乘之家。小人不要重用。

比（八）

䷇比：吉，原筮，元永贞，无咎。不宁方来，后夫凶。

初六　有孚比之，无咎。有孚盈缶，终来有它吉。

六二　比之自内，贞吉。

六三　比之匪人。

六四　外比之，贞吉。

九五　显比，王用三驱，失前禽。邑人不诫，吉。

上六　比之无首，凶。

比：吉。再次占筮①，开始即应永远守正，无灾咎。不安宁事并行而至，后来人有凶。

初六：有诚信而得亲辅，无咎。有诚信（像酒之）满缶，最终虽有意外，（仍然）吉。

六二：亲辅来自内部，占问则吉。

六三：所要亲辅的并非应当亲辅之人。

六四：向外亲辅，占问则吉。

九五：显明之亲辅，王用三驱②之礼狩猎，失去最前面的禽兽，邑人不害怕，吉祥。

上六：亲辅而无首领，凶。

---

① 经文作"原筮"。原，再一次。

② 三驱，天子狩猎，三面驱兽，网开一面。

小畜（九）

☰ 小畜：亨，密云不雨，自我西郊。

初九　复自道，何其咎？吉。

九二　牵复，吉。

九三　舆说辐，夫妻反目。

六四　有孚，血去惕出，无咎。

九五　有孚挛（luán）如，富以其邻。

上九　既雨既处，尚德载，妇贞厉。月几望，君子征凶。

小畜：亨通，阴云密布而无雨，（来）自我西郊。

初九：自己返回①，会有什么灾？吉。

九二：被领回来，吉。

九三：车身与车轴脱离，夫妻怒目而视。

六四：有诚信，摈弃忧虑，排除惊惧，无灾。

九五：以诚信系恋，与邻居同富。

上九：天已雨，雨已止，（返车）尚可运载。妇女占之危厉。在月既望之日②，君子出征则凶。

履（十）

☰ 履虎尾，不咥（dié）人，亨。

初九　素履，往无咎。

九二　履道坦坦，幽人贞吉。

---

① 经文作"复自道"。复，返。自道，自导，自我引导。
② 经文作"月几望"。古历每月十六日为"既望"。几，既。几望，即既望。

六三　眇（miǎo）能视，跛能履，履虎尾，咥人凶，武人为于大君。

九四　履虎尾，愬愬（sù），终吉。

九五　夬（guài）履，贞厉。

上九　视履考祥，其旋元吉。

踩着老虎尾巴①，（老虎）不咬人，（此占）亨通。

初九：穿素鞋去，无灾。

九二：道路平坦，囚人占之则吉。

六三：偏盲而视，脚跛而行，踩了老虎尾巴，（老虎）咬人，凶。（此占主）武人为大君报效。

九四：踩老虎尾巴，恐惧而最终得吉。

九五：决然而行，占之将有危厉。

上九：审视履行，考察福祸吉凶，只有返回始可得吉②。

泰（十一）

☷☰ 泰：小往大来，吉，亨。

初九　拔茅茹以其汇，贞吉。

九二　包荒，用冯河，不遐遗，朋亡，得尚于中行。

九三　无平不陂（pō），无往不复，艰贞，无咎。勿恤其孚，于食有福。

六四　翩翩（piān），不富以其邻，不戒以孚。

六五　帝乙归妹以祉，元吉。

上六　城复于隍（huáng），勿用师。自邑告命，贞吝。

泰：小往大来，吉顺亨通。

初九：拔茅草牵连其类，（预示）出征吉利。

---

① 经文作"履虎尾"。履，帛《易》作"礼"，有践踏、履行之意。
② 经文作"其旋元吉"。旋，一指周旋，无亏；一指返回。考帛《易》作"䠆"。由帛《易》作"䠆"，知作返回无疑。

九二：行取大川，足涉长河，不因偏远而有遗弃忘却①。道中而行受到赏赐。

九三：没有只平不坡，没有只往而不返的。在艰难中守正则可以无咎。不要忧虑返归，（此占）将有口福之吉。

六四：来往翩翩②，不与邻人同富，（也）不以诚信相告诫。

六五：帝乙嫁女于人，以此得福③，开始即吉。

上六：城墙倒塌于城壕中，勿出师用兵，要在自己邑中祷告天命，占之将有悔吝。

否（十二）

䷋否（pǐ，又音 fǔ）之匪人，不利君子贞。大往小来。

初六　拔茅茹以其汇，贞吉，亨。

六二　包承，小人吉，大人否，亨。

六三　包羞。

九四　有命，无咎，畴离祉。

九五　休否，大人吉。其亡其亡，系于苞桑。

上九　倾否，先否后喜。

隔闭阻塞的不是（那些应该阻隔的）人④。不利君子占，（此占）小往大来。

初六：拔茅草，牵连其类，占之则吉，亨通顺利。

六二：取其承色顺意，小人吉，大人不顺。

六三：取其进献之物。

---

① 经文作"朋亡"，即不忘。帛书《易经》作"弗亡"。
② 经文亦作"翩翩"，飞鸟之貌，有此以喻人轻浮的样子。
③ 经文作"帝乙归妹以祉"。帝乙，一说为纣王之父，一说为成汤。归妹，即少女出嫁。归，女子嫁人。祉，福。
④ 经文作"否之匪人"。否，帛《易》作"妇"。有阻隔闭塞之义。此卦卦名与卦辞相连。

九四：（君）有赐命而无咎，众人依附同得福禄①。

九五：闭塞已经休止，大人吉利。将危亡，将危亡！系赖植桑（而未亡）。

上九：闭塞已经倾覆。先闭塞，后喜悦。

同人（十三）

☰☲ 同人于野，亨。利涉大川，利君子贞。

初九　同人于门，无咎。

六二　同人于宗，吝。

九三　伏戎于莽，升其高陵，三岁不兴。

九四　乘其墉，弗克攻，吉。

九五　同人，先号咷（táo）而后笑，大师克相遇。

上九　同人于郊，无悔。

与人和同亲辅（之情）达于郊野②，亨通。宜于涉越大河，宜君子守正。

初九：与人和同亲辅（之情）达于门外，无灾。

六二：只与宗族内和同亲辅，则难行。

九三：伏兵于草莽，（再）登上高陵（观察形势），三年不能兴兵。

九四：占据城墙，不再进攻。吉。

九五：与人和同亲辅，先号哭而后笑，大军克敌会师。

上九：与人和同亲辅之情达于邑郊，无悔。

---

① 经文作"畴离祉"。畴，众。离，附。祉，福。
② 经文作"同人于野"。野，旷野，古代邑外谓郊，郊外谓野。

大有（十四）

☰☲ 大有：元亨。

初九　无交害，匪咎，艰则无咎。

九二　大车以载，有攸往，无咎。

九三　公用亨于天子，小人弗克。

九四　匪其彭，无咎。

六五　厥孚交如，威如，吉。

上九　自天佑之，吉，无不利。

大有①：始即通达。

初九：未涉及利害，没有灾难根源则无灾②。

九二：大车载物，有所往，无灾。

九三：公侯向天子朝献贡品③，小人做不到。

九四：不以盛大骄人④，无灾。

六五：其诚信之交，且有威严⑤，吉。

上九：有上天保佑，吉，无不利。

谦（十五）

☷☶ 谦：亨，君子有终。

---

①　大有："有"字本义是手持月以耕植。月，指耒耜之类，故古谓丰年曰"有"，大丰年曰"大有"。此为丰盛、众多、富有的意思。

②　经文作"匪咎，艰则无咎"。匪，非。艰，即根源。帛《易》作"根"。

③　经文作"公用亨于天子"。亨，通享，指朝献。古亨字除作亨通外，享献之享、烹饪之烹，皆作亨字。帛《易》作"芳"，乃音近与享字通假。

④　经文作"匪其彭"。匪，非。彭，盛大。

⑤　经文作"厥孚交如，威如"。厥，其。孚，诚信。威，威严、畏敬。

初六　谦谦君子，用涉大川，吉。

六二　鸣谦，贞吉。

九三　劳谦，君子有终，吉。

六四　无不利，㧑（huī）谦。

六五　不富以其邻，利用侵伐，无不利。

上六　鸣谦，利用行师，征邑国。

谦：亨通，君子有好的结局。

初六：谦之又谦的君子，用以涉越大河，吉。

六二：有名而谦，占问吉利。

九三：有功而谦，君子有好的结局，吉。

六四：无不顺利，发挥其谦①。

六五：不与邻居同富，宜用讨伐（惩治），无不利。

上六：有名望而又谦虚，（这样才）宜于出兵，讨伐邑国。

豫（十六）

☷☳豫：利建侯、行师。

初六　鸣豫，凶。

六二　介于石，不终日，贞吉。

六三　盱（xū）豫，悔；迟，有悔。

九四　由豫，大有得，勿疑，朋盍簪。

六五　贞疾，恒不死。

上六　冥豫，成有渝，无咎。

豫②：宜于封建侯国及行师作战。

初六：以佚乐闻名，凶。

---

① 经文作"㧑谦"。㧑（huī），举，发挥。
② 豫：卦名，本义为象之大。引申为娱乐、怠厌。帛《易》作"余"。

六二：坚贞如磐石，不待终日，占问得吉。

六三：仰视（媚颜）为乐①，将有悔，迟疑不决，亦有悔。

九四：以娱乐而富有，不必疑虑，朋友聚合如簪②。

六五：占问疾病，（此病）长久不死。

上六：日暮娱乐，（事虽）成而有变，无灾。

随（十七）

䷐随：元亨，利贞，无咎。

初九　官有渝，贞吉，出门交有功。

六二　系小子，失丈夫。

六三　系丈夫，失小子。随有求，得，利居贞。

九四　随有获，贞凶。有孚在道，以明，何咎？

九五　孚于嘉，吉。

上六　拘系之，乃从维之，王用亨于西山。

随：始即亨通宜于占问，无灾。

初九：馆舍有变③，占之则吉，出门交遇，而有功。

六二：捆绑小孩，失掉了成人。

六三：捆绑成人，失掉了小孩。随从别人，因求而有所得，宜于居家守正。

九四：从别人而有所获，占之则凶。存诚信而守正道，且有盟誓④，有何灾害？

九五：诚信于善美，吉。

---

① 经文作"盱豫"。盱（xū）：张目，指得势喜悦之貌。

② 经文作"勿疑，朋盍簪"。勿，不。朋，朋友。盍（hé），合。簪，古代用来绾头发的针形首饰。此引申为连合，聚会。

③ 经文作"官有渝"。"官"，通"馆"。

④ 经文作"以明"。明，即盟。

上六：先遭囚禁。后又获释，（为此）大王祭享于西山。

蛊（十八）

☷☴蛊（gǔ）：元亨，利涉大川。先甲三日，后甲三日。
初六　干父之蛊，有子，考无咎。厉，终吉。
九二　干母之蛊，不可贞。
九三　干父之蛊，小有悔，无大咎。
六四　裕父之蛊，往见吝。
六五　干父之蛊，用誉。
上九　不事王侯，高尚其事。

蛊①：始即亨通顺利，宜于涉越大河，（当以）甲前三日，甲后三日（为宜）②。

初六：匡正父亲过失，有这样儿子，父亲没有灾祸。虽有危厉，最终得吉。

九二：匡正母亲过失，不可固执守正。

九三：匡正父亲过失，虽多少有些后悔，（但却）无大灾。

六四：宽容父亲过失，前往仍出现羞辱。

六五：以荣誉匡正父亲过失。

上九：不为王侯做事，高尚自守其事。

---

① 蛊：卦名。"蛊"字本义为器皿中食物腐败生虫。"蛊"字在此有"惑""乱"之义，引申为过失。帛《易》作"箇"。

② 经文作"先甲三日，后甲三日"。古代用甲、乙、丙、丁、戊、己、庚、辛、壬、癸十天干循环记日，甲前三日为辛日、壬日、癸日，而乙日、丙日、丁日为甲后三日。亦有说"先甲三日"指"辛"日，"后甲三日"指"丁"日者。

临（十九）

☷☱ 临：元亨，利贞。至于八月，有凶。

初九　咸临，贞吉。

九二　咸临，吉，无不利。

六三　甘临，无攸利。既忧之，无咎。

六四　至临，无咎。

六五　知临，大君之宜，吉。

上六　敦临，吉，无咎。

临①：始即亨通宜于守正，到八月有凶事。

初九：以感化而临民②，占之则吉。

九二：以感化而临民，吉无不利。

六三：甜言蜜语临民是没有利的，已知此而忧之，可无灾害。

六四：下临民情，无灾。

六五：以睿智而临民，（并懂得）大君之所需，吉。

上六：以敦厚临民，吉利，无灾害。

观（二十）

☴☷ 观：盥（guàn）而不荐，有孚颙（yóng）若。

初六　童观，小人无咎，君子吝。

六二　窥观，利女贞。

六三　观我生，进退。

---

① 临：卦名。本义为从高视下。引申为进、治等。此取治义，指统治者临民相洽。帛《易》作"林"。

② 经文作"咸临"。咸，即感。

六四　观国之光，利用宾于王。

九五　观我生，君子无咎。

上九　观其生，君子无咎。

观：（祭祀前）洗手自洁，而不奉献酒食以祭①。（心存）诚信，外貌崇敬②。

初六：幼稚地观察（问题），小人无灾，（而）君子则难以成事。

六二：从门缝中窥视，（还）宜女子守正。

六三：观察审视自己的庶民以定施政之进退。

六四：观察审视一国风俗民情③，宜用宾主之礼朝见国王。

九五：观察审视自己的庶民，君子无灾。

上九：观察审视他国庶民，君子无灾。

噬嗑（二十一）

☲☳噬嗑（shì hé）：亨，利用狱。

初九　屦（jù）校灭趾，无咎。

六二　噬肤灭鼻，无咎。

六三　噬腊肉，遇毒，小吝，无咎。

九四　噬乾胏（zǐ），得金矢，利艰贞，吉。

六五　噬乾肉，得黄金，贞厉，无咎。

上九　何校灭耳，凶。

噬嗑④：亨通，宜于处理刑狱之事。

---

① 经文作"盥而不荐"。盥（guàn），古代祭典临祭前洗手谓之盥。荐，奉献酒食以祭。

② 经文作"有孚颙若"。孚，诚信。颙（yóng）若，崇敬仰慕之貌。

③ 经文作"观国之光"。国之光，即一国风俗民情。

④ 噬嗑（shì hé）：卦名，有咬合之意。以齿咬物之"噬"，合口为"嗑"，"噬嗑"即以齿咬物合口咀嚼，以象征刑罚。

初九：刑具遮没了脚趾①，无灾。

六二：吃肉掩没鼻子②，无灾。

六三：吃肉干中毒，小有不适，无灾。

九四：吃带骨肉干，遇到铜箭头。艰难中守正则吉。

六五：吃肉干得到黄铜，占之有危厉，无灾。

上九：载着遮灭耳朵的木枷③。凶。

贲（二十二）

☲☷贲（bì，亦音 bēn）：亨，小利有攸往。

初九　贲其趾，舍车而徒。

六二　贲其须。

九三　贲如，濡如，永贞吉。

六四　贲如皤（pó）如，白马翰如，匪寇婚媾。

六五　贲于丘园，束帛戋（jiān）戋，吝，终吉。

上九　白贲，无咎。

贲④：亨通，小利于所往。

初九：饰其脚趾，弃车徒步而行。

六二：饰其面毛胡须。

九三：修饰润色，长久守正则可得吉。

六四：修饰如此素白，白马奔驰如飞，（他们）不是强盗，是来求婚的。

六五：修饰家园，虽然只有很少的束帛，显得吝啬，但最终得吉。

---

① 经文作"屦校灭趾"。校，古代木制刑具的通称，加于颈称"枷"，加于手称"梏"，加于足称"桎"。灭，遮没。

② 经文作"噬肤灭鼻"。噬，吃。肤，肉，一般指柔软、肥美之肉，古代将此肉放在鼎中作为祭品叫"肤鼎"。

③ 经文作"何校灭耳"。何，即荷，载。校，此指刑具中的枷。

④ 贲：有修饰、文饰之义。帛《易》作"蘩"。

上九：用白色装饰，无灾。

剥（二十三）

☷☶ 剥：不利有攸往。
初六　剥床以足，蔑贞，凶。
六二　剥床以辨，蔑贞，凶。
六三　剥之，无咎。
六四　剥床以肤，凶。
六五　贯鱼以宫人宠，无不利。
上九　硕果不食，君子得舆，小人剥庐。

剥：不宜有所往。
初六：剥蚀床先及床脚，灭正道①，凶。
六二：剥蚀床干，灭正道，凶。
六三：剥蚀而无灾。
六四：剥蚀床危及肌肤，凶。
六五：（受宠宫人）鱼贯而入②，无所不利。
上九：有硕大之果而不吃，君子可得到车舆，小人则剥蚀屋舍。

复（二十四）

☷☳ 复：亨，出入无疾，朋来无咎，反复其道，七日来复，利有攸往。
初九　不远复，无祗（zhī）悔，元吉。
六二　休复，吉。

---

① 经文作"蔑贞"。蔑：一说灭，一说无。
② 经文作"贯鱼以宫人宠"。贯鱼，即以绳穿鱼，此指相次而入。宫人，宫中嫔妾。

六三　频复，厉，无咎。

六四　中行独复。

六五　敦复，无悔。

上六　迷得，凶，有灾眚，用行师，终有大败，以其国君凶，至于十年不克征。

复：亨通，出入无疾病，朋友来无灾。返复其道，（需经）七日往者复来①，（故）利有所往。

初九：不远就返回，没有造成大的悔恨②。（故）开始即吉。

六二：休止（失误）而复返正道，吉利。

六三：频繁地复返，有危厉，无咎。

六四：由道路正中独自返回。

六五：敦促而复返，无悔恨。

上六：迷途后复返，凶。有灾害，用以行师作战，最终将有大败，危及国君凶，以至于十年不能出兵征战。

无妄（二十五）

无妄：元亨，利贞。其匪正有眚，不利有攸往。

初九　无妄，往吉。

六二　不耕获，不菑畲（zī yú），则利有攸往。

---

①　经文作"七日来复"。此句古今有多种解释，主要有：一、阳气终于《剥》，至阳气来《复》，需经七日。二、以五月《姤》卦一阴生，至十一月《复》卦，一阳生，凡经七月，历七次变化。三、以《坎》《震》《离》《兑》四正卦，每卦六爻，每爻主一节气。其余六十卦，共三百六十爻，分主一年三百六十五又四分之一日，因而一卦主六日七分。即：$365\frac{1}{4}日 \times \frac{1}{60} = 6\frac{7}{80}日$。此近七日，即"七日"之源。四、以十月末，纯《坤》用事，《坤》卦将尽，则《复》阳来，隔《坤》一卦六爻为六日，《复》来成《震》，一阳爻生共为七日。以上四说，似第一说为胜。

②　经文作"无祗悔"。祗（zhī），大，多。帛《易》"祗"作"提"。"提"为"禔"字之借。

六三　无妄之灾，或系之牛，行人之得，邑人之灾。

九四　可贞，无咎。

九五　无妄之疾，勿药有喜。

上九　无妄行有眚，无攸利。

无妄①：始即亨通宜于守正。不守正道则有灾异，不宜有所往。

初九：无所冀望而往，则吉。

六二：不耕耘而有收获，不开荒而有熟田，则利有所往。

六三：意想不到的灾，有人系牛于此，行人顺手牵走，邑人（因失牛）遭灾。

九四：（事情）可占问而无灾。

九五：意想不到的病，不服药而愈。

上九：无所冀望而行则有灾，没有什么利。

大畜（二十六）

☰ 大畜：利贞。不家食，吉。利涉大川。

初九　有厉，利已。

九二　舆说輹。

九三　良马逐，利艰贞，日闲舆卫，利有攸往。

六四　童牛之牿（gù），元吉。

六五　豮（fén）豕之牙，吉。

上九　何天之衢，亨。

大畜②：宜守正，不求食于家吉，利于涉越大河。

初九：有危厉，宜停止。

---

① 无妄：先儒释"妄"为虚妄。又有释"妄"为望、乱者，帛《易》作"无孟"，"孟"有勉意，"无孟"为"无勉"。由此而考之，释"无妄"作"无望"为妥。亦有意想不到之义。

② 大畜：卦名。畜有畜养、积聚之义。大畜即大的蓄积。

九二：车身与车轴脱离。

九三：良马驰逐，宜艰难中守正，每日练习用车马防卫，宜有所往。

六四：童牛角上置牿（以防牴人）①，开始即吉。

六五：猪仔拴于木桩②，吉。

上九：肩荷天道，亨通。

颐（二十七）

☷颐：贞吉。观颐，自求口实。

初九　舍尔灵龟，观我朵颐，凶。

六二　颠颐，拂经，于丘颐，征凶。

六三　拂颐，贞凶，十年勿用，无攸利。

六四　颠颐，吉。虎视眈眈，其欲逐逐，无咎。

六五　拂经，居贞，吉。不可涉大川。

上九　由颐，厉吉，利涉大川。

颐：占吉，观看两腮（长相），（知其）能自谋生路③。

初九：舍弃你的灵龟，观看我隆起的两腮，凶。

六二：两腮颠动，（又）拂击胫与背及腮，（这预示）出征则凶。

六三：拂击腮，占凶，十年无所用。没有什么利。

---

① 经文作"童牛之牿"。童牛，小牛。牿（gù），牛角上横木。古人驯牛在牛角上系的横木，使其无法顶人。帛《易》作"鞠"，九家《易》作"告"。鞠、告、牿、梏皆以同音通假。

② 经文作"豮豕之牙"。豮（fén），小猪仔。"牙"为拴猪仔的木桩。另一解"豮"为阉割小猪，此句之义为阉割小牡猪的生殖器。则牙齿虽存而不再伤人。但由经文六四爻"童牛之牿"之义考之，似以前说为妥。

③ 经文作"观颐，自求口实"。笔者疑此卦恐记录周人相面之卦。观颐，观察别人两腮。口实，口中有食物。

六四：颠动两腮，吉。（双眼）虎视威猛有神，面容敦实厚道①，无灾。

六五：击胫，居而守正，吉，不可涉越大河。

上九：由其腮看，危而能吉，宜涉越大河。

大过（二十八）

☱☴ 大过：栋桡（náo），利有攸往，亨。

初六　藉用白茅，无咎。

九二　枯杨生稊（tí），老夫得其女妻，无不利。

九三　栋桡，凶。

九四　栋隆，吉。有它，吝。

九五　枯杨生华，老妇得其士夫，无咎，无誉。

上六　过涉灭顶，凶，无咎。

大过：栋梁弯曲，宜有所往，亨通。

初六：用白色茅草铺地（行祭）无灾害。

九二：枯萎杨树发新枝，老夫得个小娇妻，没有什么不利。

九三：栋梁弯曲，凶。

九四：栋梁隆起，吉，（却）有意外悔吝。

九五：枯萎杨树开新花，老妇又得小丈夫，无害，亦无誉。

上六：涉水过河，水没头顶。（但是）无灾害。

---

① 经文作"虎视眈眈，其欲逐逐"。欲，帛《易》作"容"，由初九爻"观我朵颐"，六二爻"颠颐"，六三爻"拂颐"，上九爻"由颐"考之，皆言面容腮部，故以帛本作"容"为是。"逐逐"，古人解作"敦实"，指人面容长得敦实厚道。

坎（二十九）

☵ 习坎：有孚维心，亨，行有尚。

初六　习坎，入于坎窞（dàn），凶。

九二　坎有险，求小得。

六三　来之坎，坎险且枕。入于坎窞。勿用。

六四　樽（zūn）酒簋（guǐ），贰用缶，纳约自牖（yǒu），终无咎。

九五　坎不盈，祇既平，无咎。

上六　系用徽纆（mò），寘（zhì）于丛棘，三岁不得，凶。

重重坎险①，有诚信维系于心，亨通，行必有赏。

初六：重重坎险，入于坎险穴中，凶。

九二：坎中有险，所求仅有小得。

六三：来去皆坎，坎险且深，入于坎险穴中。（此爻占者）不可用。

六四：（祭时）樽中酒并簋（中黍稷）又副之以缶，自窗口纳勺（酌酒）②，终无灾。

九五：坎陷未满盈，能安则险自平复，无咎灾。

上六：用黑色绳索捆缚，置于监狱，（此人）被囚三年。有凶。

离（三十）

☲ 离：利贞，亨。畜牝牛，吉。

---

① 经文作"习坎"。坎，卦名，有陷、险之义。因卦体内外二经卦皆坎，故"习坎"。习，重复。"习坎"，即重坎。有重险陷之义。帛《易》作"习赣"，古"坎""赣"二字相通。

② 经文作"樽酒簋，贰用缶，纳约自牖"。簋，古代盛黍稷的竹器。贰，副。约，酌酒之勺。牖，窗户。

初九　履错然，敬之，无咎。

六二　黄离，元吉。

九三　日昃（zè）之离，不鼓缶而歌，则大耋（dié）之嗟，凶。

九四　突如其来如，焚如，死如，弃如。

六五　出涕沱若，戚嗟若，吉。

上九　王用出征，有嘉折首，获匪其丑，无咎。

离①，宜于守正，亨通。畜养母牛，吉。

初九：行礼开始即应崇敬②，无灾。

六二：黄色罗网（捕捉禽兽）开始即吉。

九三：日斜张网（捉禽兽），不敲击瓦盆而唱歌，老人发出叹息，凶。

九四：被逐的不孝子返回，（人们将他）焚烧、治死、抛弃③。

六五：泪如雨下，忧戚叹息，吉。

上九：王用兵出征，有令嘉奖折服首恶者。执获的（俘虏）不是一般随从者，（所以）无灾。

----

① 离，卦名。帛《易》作"罗"。古"离""罗"二字通。"离"古文作"蒾"，像手执网捕鸟。"罗"古文作"䍖"，像鸟入网状，故离有网义，引申为捕捉、分离。离又通"丽"，有附著、经历、光明等义。

② 经文作"履错然，敬之"，帛《易》作"礼昔然，敬之"。帛《易》"履"作"礼"，"错"作"昔"。古"错""昔"二字互假。"昔"字作始解，依帛《易》此爻指行礼开始即应崇敬。

③ 经文作"突如其来如，焚如、死如、弃如"。"突"，古文作"宊"，古人逐出不孝子为"宊"。来，返回家。焚，死，弃，是家人施于不孝之子的刑罚。亦有解"突"为烟囱者，然由九三爻"大耋之嗟"思之，似解"突"为不孝为胜。

《周易》下 经

咸（三十一）

☱☶咸：亨，利贞。取女，吉。
初六　咸其拇（mǔ）。
六二　咸其腓（féi），凶。居吉。
九三　咸其股，执其随，往吝。
九四　贞吉，悔亡。憧憧往来，朋从尔思。
九五　咸其脢（méi），无悔。
上六　咸其辅颊（jiá）舌。

咸：亨通，宜守正，娶女吉。
初六：脚大指有感应。
六二：腿肚子有感应，凶。居而不动吉。
九三：大腿有感应，操执身体随应，前往则困难。
九四：占问吉，悔事消亡，来往心意不定，朋友们顺从你的想法。
九五：脊背有感应，无悔。
上六：牙床、面颊、舌头皆有感应。①

---

① 经文作"咸其辅颊舌"。辅，牙床。颊，面颊。

恒（三十二）

☳☴恒：亨，无咎，利贞，利有攸往。
初六　浚恒，贞凶，无攸利。
九二　悔亡。
九三　不恒其德，或承之羞，贞吝。
九四　田无禽。
六五　恒其德，贞妇人，吉；夫子，凶。
上六　振恒，凶。

恒：亨通，无灾，宜守正，利有所往。
初六：恒久而求，占问则凶①，没有什么利。
九二：悔事消亡。
九三：不能恒守其德，或蒙受羞辱。占问则有灾。
九四：田中无禽兽。
六五：恒守其德，占妇人吉，（占）男人凶。
上六：恒久而求，凶。

遯（三十三）

☰☶遯：亨，小利贞。
初六　遯尾，厉，勿用有攸往。
六二　执之用黄牛之革，莫之胜说。
九三　系遯，有疾，厉；畜臣妾，吉。

---

① 经文作"浚恒，贞凶"。帛《易》之"浚恒"与上六爻"振恒"皆作"多复"。复，古人解作"求"。此正与《象征》"'浚恒'之凶，始求深也"相符，由此而考之，"浚""振""复"皆以音近通假，故皆作"求"解。

九四　好遁，君子吉，小人否。

九五　嘉遁，贞吉。

上九　肥遁，无不利。

遁：小有亨通，宜于占问。

初六：小猪尾将有被割之险，不要有所往。

六二：以黄牛之皮捆缚，无法挣脱。

九三：捆绑小猪，有疾病，危险。畜养男女奴隶则吉利。

九四：小猪惹人喜爱，君子吉利，小人不吉利。

九五：小猪受到称赞，占问则吉。

上九：小猪肥美（宜作祭品）没有什么不利。

大壮（三十四）

☰大壮：利贞。

初九　壮于趾，征凶；有孚。

九二　贞吉。

九三　小人用壮，君子用罔，贞厉。羝（dī）羊触藩，羸（léi）其角。

九四　贞吉，悔亡。藩决不羸，壮于大舆之輹。

六五　丧羊于易，无悔。

上六　羝羊触藩，不能退，不能遂，无攸利。艰则吉。

大壮：宜守正。

初九：伤脚趾，出征凶；有诚信。

九二：守正吉。

九三：小人以盛壮骄人，君子用无为处世。占之危厉。公羊牴藩篱，被绳索缠住了角。

九四：守正则吉，悔事消亡。藩篱（被公羊触）裂不再受绳索缠缚，触坏大车之辐。

六五：场中丧失羊①，无悔。

上六：公羊触藩篱（角被挂住）既不能退，也不能进，无所利。（经历）艰难才能得吉。

晋（三十五）

☷☲ 晋：康侯用锡马蕃庶，昼日三接。
初六　晋如，摧如，贞吉。罔孚，裕，无咎。
六二　晋如，愁如，贞吉。受兹介福于其王母。
六三　众允，悔亡。
九四　晋如鼫(shí)鼠，贞厉。
六五　悔亡，失得勿恤，往吉，无不利。
上九　晋其角，维用伐邑，厉吉，无咎，贞吝。

晋：康侯享用（王）赏赐的马很多②，一日内三次接见。
初六：前进受阻，守正吉。（此人）无诚信，宽容处之无咎。
六二：前进忧愁，守正吉。从祖母那里受此大福。
六三：众人信任，悔事消亡。
九四：进如大鼠，占问有危厉。
六五：悔事消亡，誓必有得，勿忧愁，前往则吉，无所不利。
上九：进其锐角，用来讨伐城邑，（虽）危厉而可得吉，无灾，占问将有羞吝。

---

① 经文作"丧羊于易"。易，易字本义，按《说文》为蜥易蝘蜓守宫，甲骨文中"易"字写作 、 ，像双手捧壶向杯中倒酒或水之状，以示易换。卜辞中"易日"即今日，变日。"周易"之"易"也有此义，此爻中易通"场"，即今天农村中的场园。用以晒粮，扬场，即此俗之沿袭。

② 经文作"康侯用锡马蕃庶"。康侯，一说泛指安康的侯爵，一说为周武王的弟弟卫康叔。似以前者为是。

明夷（三十六）

䷣　明夷：利艰贞。

初九　明夷于飞，垂其翼。君子于行，三日不食。有攸往，主人有言。

六二　明夷，夷于左股，用拯，马壮，吉。

九三　明夷，于南狩，得其大首，不可疾，贞。

六四　入于左腹，获明夷之心，于出门庭。

六五　箕子之明夷，利贞。

上六　不明，晦。初登于天，后入于地。

明夷①：宜于艰难中守正。

初九：明夷鸟飞时垂下了左翼②。君子出行，三日吃不到饭，（虽）有所往，受到主人责备。

六二：日食伤了左腿，用强壮的马拯救才吉。

九三：日食到南郊放火烧草狩猎，得到一匹踏雪马，不可急于训正（使用）。

六四：在左腹获明夷（神鸟）之心。并送出门庭③。

六五：箕子在发生日食时④，宜于守正。

上六：（日食时）天空晦暗不明，初升于天空，后入于地中。

---

①　明夷：卦名。夷，通"痍"，为伤。离为日为明。明夷即光明受损。此指日食。

②　今本经文作"明夷于飞，垂其翼"。由"明夷于飞"与"君子于行"对文看，"明夷"显然是一种鸟。古代认为日中有三足鸟，马王堆帛画中就有类似的日上飞鸟，此飞鸟是否与"明夷于飞"有关？又，帛《易》中有"左"字，为"垂其左翼"。由六二爻"夷于左股"、六四爻"入于左腹"考之，当以帛《易》为是，今本可能此处遗字。

③　经文作"入于左腹，获明夷之心，于出门庭"。此爻古人多解，估计也是日食时人们驱灾的一种仪式，认为明夷神鸟进入左腹，这样在左腹处获明夷神鸟的心，又象征性地将此心送至门庭之处。

④　经文作"箕子之明夷"：箕子在发生日食时。箕子，商纣贤臣，一说"箕"作"荄"。

家人（三十七）

☲☴家人：利女贞。

初九　闲有家，悔亡。

六二　无攸遂，在中馈，贞吉。

九三　家人嗃嗃，悔，厉，吉。妇子嘻嘻，终吝。

六四　富家，大吉。

九五　王假有家，勿恤，吉。

上九　有孚威如，终吉。

家人①：宜于女人守正。

初九：家中有备，悔事可消亡。

六二：无所抱负，在家中做饭，占问则吉。

九三：家人受到严厉斥责。悔而危厉，（最终）吉。妇女孩子嘻嘻笑笑，最终导致羞吝。

六四：家庭富裕，大吉利。

九五：王到其家，勿忧愁。有吉。

上九：有诚信而又威严，最终得吉。

睽（三十八）

☲☱睽（kuí）：小事吉。

初九　悔亡。丧马勿逐，自复。见恶人，无咎。

九二　遇主于巷，无咎。

---

① 家人：卦名。此卦乃反映家庭关系的最古文献资料。

六三　见舆曳，其牛掣（chè），其人天且劓（yì）。无初，有终。

九四　睽孤遇元夫，交孚，厉，无咎。

六五　悔亡。厥宗噬肤，往何咎？

上九　睽孤见豕负涂，载鬼一车。先张之弧，后说之弧，匪寇，婚媾。往遇雨则吉。

睽①：小事吉利。

初九：悔事消亡，丧失马不必追寻，自己会返回，见到恶人无害②。

九二：在小巷中遇见主人，没有害。

六三：看见车被牵引，其牛双角竖起，赶车人受到墨刑和劓刑③，起初无利，终有好的结局。

九四：乖异孤独之际，遇到善人，交之以诚信，虽有危厉，无害。

六五：悔事消亡，与其宗人吃肉，前往有何灾害。

上九：乖异孤独之际，见猪满身泥土，又有一车鬼。先张弓欲射，后喜悦置酒相庆④，不是盗寇，是求婚的。前往遇雨则吉利。

蹇（三十九）

䷦ 蹇（jiǎn）：利西南，不利东北。利见大人，贞吉。

初六　往蹇，来誉。

六二　王臣蹇蹇，匪躬之故。

九三　往蹇，来反。

六四　往蹇，来连。

---

① 睽：卦名。原义为目不相视，引申为违背、乖异、隔膜。帛《易》作"乖"。

② 经文作"丧马勿逐，自复。见恶人，无咎"。逐，追。帛《易》作"遂"，古逐、遂通假。恶，帛《易》作"亚"，"亚"当为"恶"字之借。

③ 经文作"其人天且劓"。在罪人额头上刺字曰"天"，周朝叫"墨刑"。劓，割掉罪人的鼻子，称"劓刑"。

④ 经文作"先张之弧，后说之弧"。前"弧"为弓，后"弧"为壶。帛《易》作"壶"。说，悦，喜庆。

九五　大蹇，朋来。

上六　往蹇，来硕吉。利见大人。

蹇：利西南，不利东北。利于见大人。占问则吉。

初六：往遇险阻，来得荣誉。

六二：王的臣子历尽重重艰险，不是为自身的缘故。

九三：往遇险难，（不如）返回来。

六四：往遇险难，来亦险难。

九五：大难中朋友来助。

上六：往遇险难，来则从容，吉。宜于见大人。

解（四十）

䷧解：利西南。无所往，其来复，吉。有攸往，夙吉。

初六　无咎。

九二　田获三狐，得黄矢，贞吉。

六三　负且乘，致寇至，贞吝。

九四　解而拇，朋至斯孚。

六五　君子维有解，吉。有孚于小人。

上六　公用射隼于高墉之上，获之，无不利。

解：宜于西南，无可往之处，（只能）回到原处，吉。（若）有所往，早（行动）吉。

初六：无灾害。

九二：田猎获三只狐狸，（又）得金色箭头，占之吉。

六三：肩负且又乘车，招致盗寇（打劫），占之羞吝。

九四：解开被缚的拇指，朋友至此诚服①。

六五：君子被捆缚又得解脱，吉利。得到小人相信。

---

① 经文作"解而拇，朋至斯孚"。拇，古人指手与脚的大拇指。斯，此。

上六：王公射鹰隼于城墙之上①，获得它，无所不利。

损（四十一）

☶ 损：有孚，元吉，无咎，可贞，利有攸往。曷之用？二簋（guǐ）可用享。

初九　已事遄（chuán）往，无咎；酌损之。

九二　利贞。征凶，弗损益之。

六三　三人行则损一人，一人行则得其友。

六四　损其疾，使遄有喜，无咎。

六五　或益之十朋之龟，弗克违，元吉。

上九　弗损益之，无咎，贞吉，利有攸往。得臣无家。

损：有诚信，开始即吉，无咎害，可以守正。宜有所往，用什么（祭祀鬼神）？二簋食品即可用于享祀②。

初九：治病的事要速往，不会有咎害。（但）要酌情损减。

九二：宜于守正，征讨则凶。不要损减，而要增益。

六三：三人出行（因不能同心）则一人离去，一人独行（则可）得到朋友。

六四：减轻疾病的事要速办（方可）有喜③，无咎害。

六五：或增益价值十朋的宝龟，不可违背（推辞），开始即吉。

上九：不要减损而要增益，无咎害。占问则吉，宜有所往。（将）得贤臣而忘家事。

---

① 经文作"公用射隼于高墉之上"。公，职称，古代分公、侯、伯、子、男五等。隼，鹞鸟，又说为鹞，苍鹰之属。墉，城墙。

② 经文作"曷之用？二簋可用享"。曷，何，又通"遏"，有"止"义。簋，古代盛黍稷的方形器具。享，祭祀鬼神。

③ 经文作"损其疾，使遄有喜"。使，帛《易》作"事"，此正与初爻"已事遄往"对应，故以帛《易》为是。

益（四十二）

☴☳ 益：利有攸往，利涉大川。

初九　利用为大作，元吉，无咎。

六二　或益之十朋之龟，弗克违，永贞吉。王用享于帝，吉。

六三　益之用凶事，无咎。有孚中行，告公用圭。

六四　中行，告公从，利用为依迁国。

九五　有孚惠心，勿问元吉，有孚惠我德。

上九　莫益之，或击之，立心勿恒，凶。

益：宜有所往，宜涉越大河。

初九：宜用于耕种，开始即吉，无灾咎。

六二：增益价值十朋的宝龟，不要推辞，永远守正则吉，王用此享祭上帝，吉。

六三：把增益施用于不幸之事，无灾咎。（当发生不幸时）心存诚信，中道而行执玉圭告急于王公①。

六四：中道而行，告急王公以得到他的认可支持，利用这种支持为依托完成举国迁移。

九五：诚信惠施于心，不必占问开始即吉。有诚信且惠施于我，必有所得。

上九：得不到增益，（反而）受到人攻击，立心无恒常，凶。

夬（四十三）

☱☰ 夬：扬于王庭，孚号，有厉。告自邑，不利即戎，利有攸往。

---

①　经文作"有孚中行，告公用圭"。圭，用玉制成，方正有棱角。古代国家发生凶事时救援的使者带着玉圭前往告急。

初九　壮于前趾，往不胜，为咎。

九二　惕号，莫夜有戎，勿恤。

九三　壮于頄（qiú，又音 kuí），有凶。君子夬夬，独行遇雨若濡，有愠（yùn），无咎。

九四　臀无肤，其行次且（jū）。牵羊悔亡。闻言不信。

九五　苋（xiàn）陆夬夬。中行，无咎。

上六　无号，终有凶。

夬：在王廷上宣扬，竭诚疾呼有危险。告诫自己封邑内的人，不宜立即动武，宜有所往。

初九：脚前趾受伤，前往不胜，而（成为）灾。

九二：惊惧大呼，黑夜有敌情，勿忧愁。

九三：脸面受伤，有凶。君子决然而去①，独行遇雨被淋，虽气愤却无咎害。

九四：臀部无皮，行动困难，牵羊而行则悔事消亡，但听者不信。

九五：山羊健行而去，由道正中行之无灾害。

上六：无呼号，最终有凶。

姤（四十四）

姤（gòu）：女壮，勿用取女。

初六　系于金柅（nǐ），贞吉。有攸往，见凶。羸豕（shǐ），孚，蹢躅（zhí zhú）。

九二　包有鱼，无咎。不利宾。

九三　臀无肤，其行次且，厉，无大咎。

九四　包无鱼，起凶。

九五　以杞包瓜，含章，有陨自天。

---

① 经文作"君子夬夬"。"夬夬"，决然而去之状。又说借为"趹"，为行疾之貌。帛《易》作"缺"。"缺"古人解作"去"，以文观之当以帛《易》为是。

上九　姤其角，吝；无咎。

姤①：（此）女壮健（伤男），勿娶该女为妻。

初六：牵动铜车闸（刹车）②，占问则吉，（如果）有所往，则出现凶。猪被捆挣扎③。

九二：厨房里有鱼，无灾咎，但不宜于（招待）宾客。

九三：臀部无皮，行动困难，有危厉，无大灾。

九四：厨房里无鱼，（惹）起凶事。

九五：以杞柳器盛瓜。含有章美，由天而降。

上九：遇其角（被牴），有悔吝，无灾咎。

萃（四十五）

䷬萃：亨，王假有庙，利见大人，亨，利贞。用大牲吉。利有攸往。

初六　有孚不终，乃乱乃萃。若号，一握为笑。勿恤，往无咎。

六二　引吉，无咎。孚乃利用禴（yuè）。

六三　萃如，嗟如，无攸利。往无咎，小吝。

九四　大吉，无咎。

九五　萃有位，无咎。匪孚，元永贞，悔亡。

上六　赍（zī）咨涕洟（tì），无咎。

萃④：亨通，王至宗庙。（此占）宜于见有权势的人，亨通，宜于守

---

① 姤：卦名。亦有作“遘”者，帛《易》作“狗”，有相遇之义。卦象一阴五阳，一女而遇五男，故名为《姤》。

② 经文作“系于金柅”。系，帛《易》作“击”，有牵引之义。“柅”又作“柅”“抳”“尼”，帛《易》作“梯”。“柅”字古人多解，有说“织绩之器”者，有说“车闸”者，有说“碍止之义”者等。由《象传》称“‘系于金柅’，柔道牵也”及帛《易》作“击”思之，当以解“柅”为车闸是。

③ 经文作“羸豕，孚，蹢躅”。羸豕，以绳捆缚猪。蹢躅，古文作“蹢䠱”。帛《易》作“适属”，挣扎跃动之状。

④ 萃：卦名。帛《易》作“卒”，有聚集之义。又通瘁，有病义。

正。用大的牲畜祭祀吉。利于有所往。

初六：有诚信而不终，（因而）又乱又病。于是号哭，（占遇）"一握"破涕而笑①，勿要忧虑。前往无咎。

六二：迎吉无咎，诚信乃宜夏祭（求福）②。

六三：聚集叹息，没有什么利，前往无咎，稍有羞难。

九四：大吉，无咎。

九五：聚而有其往，无咎害，（虽）不诚（但是）开始即恒守正道，悔事可消亡。

上六：财钱丢失，急得泪涕满面，无咎害。

升（四十六）

䷭升：元亨。用见大人，勿恤。南征吉。

初六　允升，大吉。

九二　孚乃利用禴，无咎。

九三　升虚邑。

六四　王用亨于岐山，吉，无咎。

六五　贞吉，升阶。

上六　冥升，利于不息之贞。

升：始即亨通。宜见有权势的人，不要忧虑，向南出征吉。

初六：进而登高大吉③。

九二：有诚信因而宜于夏祭（求福）。无咎害。

九三：登上高丘城邑。

---

① 经文作"一握为笑"。"一握"是古人演算的术语，指在此不吉情况下，占卦时得"一握"，乃吉卦之数，于是破涕为笑。帛《易》"握"作"屋"。

② 经文作"孚乃利用禴"。禴，帛《易》作"濯"，又本作"躍（跃）""爚"。因"濯""躍""禴""爚"古皆通。殷代的春祭与周代夏祭都称"禴"。

③ 经文作"允升，大吉"。允，古本作"㽙"，并释"允"为进。

六四：大王祭祀于岐山，吉，无咎害。

六五：守正则吉，登阶而上。

上六：冥中之登，宜于不停的循守正道。

困（四十七）

䷮困：亨，贞，大人吉，无咎。有言不信。

初六　臀困于株木，入于幽谷，三岁不觌。

九二　困于酒食，朱绂（fú）方来，利用享祀。征凶，无咎。

六三　困于石，据于蒺藜。入于其宫，不见其妻，凶。

九四　来徐徐，困于金车，吝，有终。

九五　劓刖（yì yuè），困于赤绂。乃徐有说，利用祭祀。

上六　困于葛藟（lěi），于臲卼（niè wù），曰动悔，有悔，征吉。

困：亨通，占问大人则吉，无灾咎。有言相劝而人皆不信。

初六：困坐树干，入于幽暗的山谷，三年不能见面。

九二：吃醉了酒，红色祭服刚刚送来①。宜用于祭祀。出征有凶（但是）无咎害。

六三：乱石挡道；蒺藜据于其上，入于宫室而看不到妻子。凶。

九四：缓缓安行而来，困窘于金车（遇险），虽有吝难，却有好的结果。

九五：割鼻断足，困窘因赤绂而起，于是徐徐脱下，用于祭祀。

上六：困于草莽，慌惑不安②，思谋动则悔，（虽然）有悔，出征则吉。

---

①　经文作"困于酒食，朱绂方来"。"困于酒食"指醉酒。"朱绂"，一曰宗庙祭服；一曰君子之服。古时天子"朱绂"，诸侯"赤绂"。

②　经文作"困于葛藟，于臲卼"。葛藟，葛藤缠绕之草。臲卼：慌惑不安之貌。

井（四十八）

☷井：改邑不改井，无丧无得。往来井井，汔至，亦未繘（jú）井，羸其瓶，凶。

初六　井泥不食，旧井无禽。

九二　井谷射鲋（fù），瓮（wèng）敝漏。

九三　井渫（xiè）不食，为我心恻。可用汲，王明，并受其福。

六四　井甃（zhòu），无咎。

九五　井洌，寒泉食。

上六　井收勿幕，有孚元吉。

井：村邑变迁井不会变动。（对于井来说）无得无失。（人们）来来往往从井中取水①，井干涸了，也不挖井，（取水的）瓶毁坏了，凶。

初六：井中只有污泥，不能食用，这旧井连飞鸟也不来。

九二：井底射鱼，（致使取水）食罐破漏②。

九三：井已修好却不食用，使我心悲切。可用此井汲水，大王英明，（人人）都受其福泽。

六四：修治井，无咎害。

九五：井水清洌，冰凉的井水可食用。

上六：井水收取上来，不必加盖。（井）修复了，始而得吉③。

---

① 经文作"往来井井"。第一个"井"字作动词用，即从井中取水。

② 经文作"井谷射鲋，瓮敝漏"。古有射鱼之俗。谷，底。鲋，小鱼。瓮，古代汲水的罐子。帛《易》作"井渎射付唯敝句"。所谓"敝句"即"敝笱"，曲竹捕鱼之器，帛《易》此爻与今本之文稍有不同，但大义一致。

③ 经文作"有孚元吉"。此"孚"即恢复。帛《易》作"复"。

革（四十九）

☲☱革：巳日乃孚。元亨，利贞，悔亡。

初九　巩用黄牛之革。

六二　巳日乃革之，征吉，无咎。

九三　征凶，贞厉。革言三就，有孚。

九四　悔亡。有孚，改命吉。

九五　大人虎变。未占，有孚。

上六　君子豹变。小人革面，征凶。居，贞吉。

革：到巳日才有诚心①，开始即亨通宜于守正，悔事消亡。

初九：用黄牛皮牢固地捆缚。

六二：到巳日才能施行革命大计，出征吉，无灾。

九三：出征凶，占问有危厉，（革命）言论须经三次（商定）才决定下来。要有诚心。

九四：悔事消亡，有诚，改天命（立新朝）吉。

九五：（革命时）大人像老虎一样威猛，不必占即知有诚。

上六：（革命使）君子像豹子般迅疾，小人也改变了昔日面貌。出征有凶，居而不动，占之则吉。

鼎（五十）

☲☴鼎：元吉，亨。

初六　鼎颠趾，利出否，得妾以其子，无咎。

九二　鼎有实，我仇有疾，不我能即，吉。

---

①　经文作"巳日乃孚"。"巳"即"己"，乃天干中的第六干，因"己日"在天干十日中已过半，盛极而衰，正是革命变革的时刻。

九三　鼎耳革，其行塞，雉膏不食，方雨亏悔，终吉。

九四　鼎折足，覆公𫠆（sù），其形渥（wò），凶。

六五　鼎黄耳，金铉，利贞。

上九　鼎玉铉，大吉，无不利。

鼎：开始即吉，亨通顺利。

初六：鼎足颠倒，宜斥逐其妇①。得妾及子，无灾。

九二：鼎中有食，我妻有病，不能接近我，吉利。

九三：去掉鼎耳，移动困难，美味的雉膏不能吃，天方洒了点雨，阴云又散去，终将得吉。

九四：鼎折断了足，八珍菜粥倾倒出来，沾濡了四周，凶。

六五：鼎有黄耳，金铉，利于守正。

上九：鼎有玉铉，大吉，无不利。

震（五十一）

☳☳ 震：亨，震来虩（xì）虩，笑言哑哑，震惊百里，不丧匕鬯（chàng）。

初九　震来虩虩，后笑言哑哑，吉。

六二　震来厉，亿丧贝。跻于九陵，勿逐，七日得。

六三　震苏苏，震行，无眚。

九四　震遂泥。

六五　震往来厉，亿无丧，有事。

上六　震索索，视矍矍（jué），征凶。震不于其躬，于其邻，无咎。婚媾有言。

震：亨通，雷电袭来令人哆嗦。（主祭者）却谈笑自如。雷声惊动百

---

① 经文作"利出否"。所谓"利出否"即利逐其妇，"出妇"正与"得妾"对文。帛《易》之"否"卦作"妇"，可证古"妇""否"二字互通。"出"，斥逐。

里，（主祭人）没有失落匙中的香酒①。

初九：雷电袭来令人哆嗦。过后却谈笑自如，吉利。

六二：雷电来势凶猛。怕是要丧失财帛，登上九陵高山，勿追索（失去钱财），七天后自会复得。

六三：雷电令人苏苏发抖，雷电中行走无灾。

九四：雷电坠入泥中。

六五：雷电来往凶猛，恐怕无大的损失，（预示）将要发生事情。

上六：雷电令人恐惧不安，（电光）使人不敢正视②，出征有凶。战雷不击其身，而击邻人。无灾（但）在婚姻上有闲言。

艮（五十二）

☶艮（gèn）：艮其背，不获其身，行其庭，不见其人。无咎。

初六　艮其趾，无咎，利永贞。

六二　艮其腓，不拯其随，其心不快。

九三　艮其限，列其夤（yín），厉熏心。

六四　艮其身，无咎。

六五　艮其辅，言有序，悔亡。

上九　敦艮，吉。

艮③：止其背，身体就不能动。在庭院中行走，却见不到人，无灾。

初六：脚趾止而不动，无灾。宜永远守正。

六二：小腿肚子止而不动，无法抬腿，心里不痛快。

九三：腰止而不能动，脊肉撕裂④，危厉中心急如焚。

---

① 经文作"震惊百里，不丧匕鬯"。"鬯"（chàng），一种用黑黍酒和郁金香草合成的香酒，专供宗庙祭祀之用。"匕鬯"即指盛在棘匙中的香酒。"匕鬯"帛《易》作"钛箭"。"箭"与"鬺"通。"鬺"即"鬻"，乃肉汁，指匙中的肉汁，与今本之义稍有不同。

② 经文作"震索索，视矍矍"。索索，恐惧不安。矍矍（jué），不敢正眼看。

③ 艮：卦名，帛《易》作"根"，有止之义。

④ 经文作"列其夤"。夤（yín），有作"膍""肾""朋""胰"等，指夹脊肉。

六四：止其身（不妄动）无灾。

六五：面额不动，说话井井有序，无后悔之事。

上九：敦厚知止，则有吉。

渐（五十三）

☶☴渐：女归，吉，利贞。

初六　鸿渐于干，小子厉，有言，无咎。

六二　鸿渐于磐，饮食衎衎，吉。

九三　鸿渐于陆，夫征不复，妇孕不育，凶。利御寇。

六四　鸿渐于木，或得其桷，无咎。

九五　鸿渐于陵，妇三岁不孕，终莫之胜，吉。

上九　鸿渐于陆，其羽可用为仪，吉。

渐①：女子出嫁，吉，利于守正。

初六：鸿雁进息于河岸，小子有危厉，遭人指责。无灾。

六二：鸿雁进息于磐石，饮食喜乐。吉。

九三：鸿雁进息于高地，丈夫出征不返回，妇女怀孕不生育，凶。利于防御盗寇。

六四：鸿雁进息于树木，有的在方木椽上歇息，无灾。

九五：鸿雁进息于丘陵，妇人三年不怀孕，最终不能得成。吉。

上九：鸿雁栖息于高地，它的羽毛可用于装饰。吉。

归妹（五十四）

☳☱归妹：征凶，无攸利。

---

① 渐：卦名，有进之义。《咸》卦为娶女之占，《渐》是嫁女之卦。

初九　归妹以娣（dì），跛能履，征吉。

九二　眇能视，利幽人之贞。

六三　归妹以须，反归以娣。

九四　归妹愆期，迟归有时。

六五　帝乙归妹，其君之袂不如其娣之袂良。月几望，吉。

上六　女承筐，无实。士刲（kuī）羊，无血。无攸利。

归妹：出征凶，无所利。

初九：少女出嫁，妹妹从嫁，跛脚能走。出征则吉。

九二：偏盲能看，宜于囚人之占。

六三：少女出嫁，姐姐从嫁，回娘家时，变成妹妹从嫁。

九四：少女出嫁延期，迟嫁因有所待。

六五：帝乙嫁女，其君夫人的衣饰不如随嫁妹妹衣饰好看。在既望日则吉。

上六：少女盛奁具的筐里没有东西，新郎刺羊也没能放出血来。无所利。

丰（五十五）

䷶丰：亨，王假之，勿忧，宜日中。

初九　遇其配主，虽旬无咎，往有尚。

六二　丰其蔀（bù），日中见斗。往得疑疾，有孚发若。吉。

九三　丰其沛，日中见沬（mò）。折其右肱，无咎。

九四　丰其蔀，日中见斗。遇其夷主，吉。

六五　来章，有庆誉，吉。

上六　丰其屋，蔀其家，窥其户，阒（qù）其无人，三岁不觌（dí），凶。

丰：举行祭祀，大王亲至，勿忧虑。宜在中午进行。

初九：遇到肥族首领①，只有十天内无灾，前往有奖赏②。

六二：（光明）大片被遮住，中午出现星斗。往得疑病，有诚可去其病。吉利。

九三：（天）越来越暗，中午出现昏黑，（黑暗中）折断了右臂，（但）无灾。

九四：（光明）大片被遮住，中午出现星斗。遇见了西戎族首领，吉利。

六五：重现光明，人们欢庆赞美。吉利。

上六：宽大的屋子，阴影遮蔽了家，窥视其门户，空无人迹，三年什么也见不到，凶。

旅（五十六）

䷷旅：小亨，旅，贞吉。

初六　旅琐琐，斯其所取灾。

六二　旅即次，怀其资，得童仆贞。

九三　旅焚其次，丧其童仆贞，厉。

九四　旅于处，得其资斧，我心不快。

六五　射雉，一矢亡，终以誉命。

上九　鸟焚其巢，旅人先笑后号咷，丧牛于易，凶。

旅：小事亨通，旅途中守正则吉。

初六：旅途中猥琐卑贱，此其所以取灾。

六二：住进旅馆，怀中有钱财。得到童仆的忠贞（侍候）。

---

① 经文作"遇其配主"。按"配"帛《易》作"肥"，九四爻有"夷主"，"配主"正与"夷主"对文。"肥"春秋时属白狄族一支，分布在今山西、河北一带，亦少数民族首领之称。

② 经文作"虽旬无咎，往有尚"。"虽"，帛《易》作"唯"，即只有一"旬"。十日为旬。"尚"，赏。

九三：旅途中旅馆被烧。丧失忠贞的奴仆，十分危险。

九四：旅途受阻，得到斋斧，我心中十分不快。

六五：射野鸡，丢了一只箭。最终得到荣誉而受爵命。

上九：鸟巢被焚，旅人先笑后哭号，丧牛于场，凶。

巽（五十七）

☴巽：小亨，利有攸往，利见大人。

初六　进退，利武人之贞。

九二　巽在床下，用史巫纷若，吉，无咎。

九三　频巽，吝。

六四　悔亡，田获三品。

九五　贞吉，悔亡，无不利，无初有终。先庚三日，后庚三日，吉。

上九　巽在床下，丧其资斧，贞凶。

巽①：小事亨通，利有所往，宜见大人。

初六：进退不决，宜武人守正。

九二：（筮者）在床下占算，祝史、巫觋纷纷为之祈福驱邪，吉，无灾。

九三：频繁地占算则有难。

六四：悔事消亡，田猎获兽三品。

九五：宁正则吉，悔事消亡，没有不利的。虽无（甲日以明）初，但有（癸日以成）终，先庚三日（丁日），后庚三日（癸日）吉。

上九：在床下占算，丧失了斋斧，占之有凶。

---

① 巽：卦名，其义众说不一，依传统注解，一说号令、命令，一说，入、顺等。帛书《易经》"巽"作"筭"，可知"巽"通"筭"，为筮卦之用，故《彖传》称："重巽以申命。"《象传》称："巽，君子以申命行事。"通过算以申天命的意思，故应依帛《易》解"巽"作"算"为是。

兑（五十八）

☱兑：亨，利贞。
初九　和兑，吉。
九二　孚兑，吉。悔亡。
六三　来兑，凶。
九四　商兑未宁，介疾有喜。
九五　孚于剥，有厉。
上六　引兑。

兑①：亨通，宜守正。
初九：和颜悦色吉。
九二：心悦诚服，吉，悔事消亡。
六三：来求悦，凶。
九四：商量的喜悦，（事情）尚未定下。虽有癣疥之疾，但有喜②。
九五：诚信剥离之道，有危厉。
上六：引导而喜悦。

涣（五十九）

☴涣：亨，王假有庙，利涉大川，利贞。
初六　用拯，马壮，吉。
九二　涣奔其机，悔亡。
六三　涣其躬，无悔。

---

① 兑：帛《易》作"夺"。"兑""夺"音近通假。兑，说。训说为悦，有喜悦之义。
② 经文作"介疾有喜"。介疾，小疾，帛《易》作"疥疾"，即癣疥之疾，与"小疾"义近。

六四　涣其群，元吉。涣有丘，匪夷所思。
九五　涣汗其大号，涣王居，无咎。
上九　涣其血去，逖（tì）出，无咎。

涣①：亨通。大王至庙中（祭祀），宜于涉越大河，宜于守正。

初六：取用壮马，吉。

九二：水散而奔于台阶，悔事消亡。

六三：水散流至自身无悔。

六四：水散于众人，始则吉。（因）水散流而有高地，并非平常所想的那样。

九五：水如汗（出而不返），将大声发布号令②，水冲至王居之处，无灾咎。

上九：水的冲击散去，使忧虑恐惧散失。无灾。

节（六十）

䷻节：亨，苦节不可贞。

初九　不出户庭，无咎。
九二　不出门庭，凶。
六三　不节若，由嗟若，无咎。
六四　安节，亨。

---

① 涣：卦名。《杂卦》《序卦》《系辞》皆解为"离"。但由整个卦爻辞观之，"涣"似为古代祭祀大典中的某种仪式，疑有呼唤之义，是否即今之司仪。故爻辞中有"涣其群""涣其躬""涣王居""涣有丘"等。特别由"涣汗其大号"看其义更明，而《象传》亦称"涣奔其机，得愿也"，"'涣其躬'，志在外也。""'涣其血'，远害也"等等。然其确义难详，今暂仍从传统解"涣"为水流散也。因先儒多以"披离解散"为解，但此解稍感牵强。

② 经文作"涣汗其大号"，帛《易》作"涣其肝大号"。由九二爻"涣奔其机"，六三爻"涣其躬"，六四爻"涣其群"及上九爻"涣其血去"考之，当以帛书为是，应为"涣其汗大号"，当释为号令如汗出而不返。汗，出汗。号，号令，水如汗出不可收，大声发布号令。

九五　甘节，吉，往有尚。

上六　苦节，贞凶，悔亡。

节：亨通。（蓍草）节枯朽，不可用以占筮①。

初九：不出屋门内院，无灾。

九二：不出大门庭院，凶。

六三：不节俭，必然带来忧愁叹息。无灾。

六四：安于节俭，亨通。

九五：以节俭为美，吉，前往有赏赐。

上六：（蓍草）节枯朽，占之凶，（然而）悔事消亡。

中孚（六十一）

☱☴中孚：豚鱼吉。利涉大川。利贞。

初九　虞吉，有它不燕。

九二　鸣鹤在阴，其子和之。我有好爵，吾与尔靡(mí)之。

六三　得敌，或鼓，或罢，或泣，或歌。

六四　月几望，马匹亡，无咎。

九五　有孚挛如，无咎。

上九　翰音登于天，贞凶。

中孚：用豚鱼（祭祀）吉。宜涉越大河，宜守正。

初九：安则吉，有意外则不安。

九二：鹤鸣于树荫，小鹤应声而和，我有美酒，我愿与你共享②。

---

① 经文作"苦节不可贞"。此爻古人多解作"过于苦的节省不可为正道"，然于义不通。"苦"，帛《易》作"枯"，知"苦""枯"通。周人结草折竹以卜。"苦节"乃是指竹枚或蓍草的节枯朽了，困而不可用以占筮，故曰"不可贞"。

② 经文作"我有好爵，吾与尔靡之"。爵，饮酒之器，在此指酒。尔，你。靡，又作"縻""纆""劘"。帛书《易经》作"赢"，"赢""縻""劘""靡"同在"歌"部，或可相通。其义为大索。引申为系恋，共享。

六三：打败了敌人，（士兵）有击鼓的，有凯旋班师的，有哭泣的，有唱歌的。

六四：在既望之日，马匹丧失，但却无咎。

九五：有诚信系恋，无灾。

上九：鸡（成为祭品）而升天，占问凶。

小过（六十二）

䷽小过：亨，利贞。可小事，不可大事。飞鸟遗之音，不宜上，宜下。大吉。

初六　飞鸟以凶。

六二　过其祖，遇其妣，不及其君，遇其臣，无咎。

九三　弗过防之，从或戕之，凶。

九四　无咎，弗过遇之。往厉，必戒。勿用，永贞。

六五　密云不雨，自我西郊，公弋取彼在穴。

上六　弗遇过之，飞鸟离之，凶，是谓灾眚。

小过：亨通，宜守正，可以做小事，不可以做大事。飞鸟过后遗音犹在，不宜上，宜于下，大吉。

初六：飞鸟带来了凶。

六二：越过祖父，与祖母相见，不到君王那里，与臣仆相见，无害。

九三：没有过失更应防范，放纵就会被杀，凶。

九四：无灾，没有过失却遇（过失），前往危险必定要警戒，不要妄动，要永远守正道。

六五：阴云密布而无雨，自我西郊而来。公（用带绳之箭）射鸟，在穴中得到了（鸟）。

上六：没有相遇而有过失，飞鸟被罗网捕捉①，凶，这就叫灾祸。

---

① 经文作"弗遇过之，飞鸟离之"。没有相遇而有过失，飞鸟被网捕捉。离，帛《易》作"罗"。"离""罗"通，乃捕鸟之网。

既济（六十三）

☲☵既济：亨，小利贞。初吉，终乱。

初九　曳其轮，濡其尾，无咎。

六二　妇丧其茀（fú），勿逐，七日得。

九三　高宗伐鬼方，三年克之，小人勿用。

六四　繻（rú）有衣袽（rú），终日戒。

九五　东邻杀牛，不如西邻之禴祭，实受其福。

上六　濡其首，厉。

既济：小有亨通，宜于守正。初则吉利，而终有乱。

初九：（渡水时）拖拉车轮，沾湿了车尾，无灾。

六二：妇人丢失了头上的首饰，不要追寻，七天自可复得。

九三：殷高宗讨伐鬼方，三年方取胜，不可用小人。

六四：（船漏水）濡湿，有破衣（塞漏船），终日戒备。

九五：东邻杀牛（举行重大祭祀），不如西邻进行简单的祭祀①，实受上天赐福。

上六：弄湿了头，有危厉。

未济（六十四）

☲☵未济：亨。小狐汔济，濡其尾，无攸利。

初六　濡其尾，吝。

---

① 经文作"东邻杀牛，不如西邻之禴祭"。东邻，东边的邻居，前人多解作"殷人"。西邻，西边的邻居，前人又解作"周人"。禴，帛《易》作"濯"，殷人春祭，周人夏祭，皆称为"禴"，这种祭祀比较简单。

九二　曳其轮，贞吉。

六三　未济，征凶。利涉大川。

九四　贞吉，悔亡。震用伐鬼方，三年有赏于大国。

六五　贞吉，无悔。君子之光。有孚，吉。

上九　有孚，于饮酒，无咎。濡其首，有孚，失是。

未济：亨通顺利，小狐快要渡过河时，沾湿尾巴，没有什么利。

初六：沾湿了尾巴，将有吝羞。

九二：拖拉车轮，占问则吉。

六三：未能得助，出征则凶，利于涉越大河。

九四：占问吉，悔事消亡，用兵讨伐鬼方，经过三年，得到大国的奖赏。

六五：占问吉，无后悔之事。君子的光辉在于有诚信，吉。

上九：在诚信于饮酒，无灾；（若醉后）弄湿头，虽有诚而失正。

附录二

主要参考书目

齐鲁版后记

齐鲁版再版后记

巴蜀版前言

《易学要籍丛书》总序

主要参考书目

书名	作者	版本
周易注	魏·王弼 晋·韩康伯合注	阮刻《十三经注疏》本
周易正义	唐·孔颖达撰	阮刻《十三经注疏》本
经典释文（卷一、二）	唐·陆德明撰	通志堂经解本
周易集解	唐·李鼎祚撰	敦怡堂重刻木渎周氏本
周易举正	唐·郭京撰	津逮秘书汲古阁本（第二集）
易童子问	宋·欧阳修撰	欧阳文忠公全集（光绪本）
易说	宋·张载撰	张子全书商务国学基本丛书本
易传	宋·程颐撰	江南书局本
汉上易传	宋·朱震撰	通志堂经解（同治本）
古易音训	宋·吕祖谦撰	金华丛书本
诚斋易传	宋·杨万里撰	武英殿聚珍本
周易本义	宋·朱熹撰	金陵书局本
周易辑闻	宋·赵汝楳撰	通志堂经解（同治本）
困学纪闻（卷一《易》）	宋·王应麟撰 清·翁元圻注	上海文瑞楼本
大易辑说	元·王申子撰	通志堂原刻重印本
易学象数论	清·黄宗羲撰	广雅书局本
周易折中	清·李光地撰	康熙五十四年刊本
周易通论	清·李光地撰	李文贞公全集本
易图明辨	清·胡渭撰	图书集成本
周易述义	清·傅恒撰	乾隆二十年刊本

卦气解	清·庄存与撰	木犀轩丛书本
易汉学	清·惠栋撰	经训堂丛书影乾隆本
周易虞氏义	清·张惠言撰	张皋文全集本
虞氏消息	清·张惠言撰	张皋文全集本
周易郑氏注	清·张惠言撰	张皋文全集本
周易荀氏九家义	清·张惠言撰	张皋文全集本
易纬略义	清·张惠言撰	张皋文全集本
易义别录	清·张惠言撰	张皋文全集本
河图洛书考	清·王崧撰	乐山堂说纬附刊本
易通释	清·焦循撰	焦氏丛书本
易话	清·焦循撰	焦氏丛书本
周易卦象集证	清·方申撰	方氏易学五书本
周易爻辰申郑义	清·何秋涛撰	清经解续编南菁书院本
周易互体征	清·俞樾撰	清经解续编本
经学通论（《易经》部分）	清·皮锡瑞撰	中华书局本
玉函山房辑佚书(经编易类)	清·马国翰辑	光绪九年娜嬛馆补校本
费氏古易订文（十二卷本）	清·王树枏撰	光绪辛卯年刊本
易之哲学	贾丰臻撰	商务国学丛书本
周易古筮考（十卷本）	尚秉和撰	民国十五年（1926）刻本
周易尚氏学	尚秉和撰	中华书局本
清代易学参考资料	丁山撰	广州油印本
周易探源	李镜池撰	中华书局本
周易大传今注	高亨撰	齐鲁书社本

齐鲁版后记

《周易》作为一部古代筮书，虽未摆脱神学体系，但其内容却有着丰富的辩证法观点和朴素的唯物主义思想。历代研《易》者颇不乏人，特别是新中国成立以来，有很多学者著文从理论上做过分析探讨，并取得了可喜的成果。在前人研究的基础上，本书向读者介绍一点历代《周易》研究概况、前人研究《周易》的传统方法，及本人对这些问题的浅见。

这本小册子，原为教学而写，是针对初学者读汉、宋《易》注，往往被其中象数术语所阻这一实际困难而发的。而象数学又是前人治《易》的重要内容，故本书对汉、宋易学中的象数之说，如易象、卦变、蓍法、占法、卦气、爻辰、纳甲、互体、'图''书'、先天八卦方位等，进行了粗浅的探讨和简要的介绍。当然，还有些内容没有谈到。同时，卦变也不是按传统方法介绍的，且极简略。而其中有些问题，历代研《易》者多有争议。本人虽阐述己见，然因才疏学浅，加之手头资料有限，所见甚偏，疏漏、谬误之处一定不少。切望学界前辈及广大读者多予批评指教，以便今后修改、订正。

拙稿草成之际，尚未见到关于马王堆帛书《易经》的系统材料，故本书未曾涉及这方面的内容。

书稿撰写过程，得到了辛冠洁先生的热情指导和鼓励，张岱年先生并为之制序，在此谨致以衷心的感谢。

李苦禅先生以耄耋之年亲为本书题名，稿成，未及付梓，先生竟溘然辞世，抚稿思昔，实有愧于先生之厚爱焉！

刘大钧
1984 年 8 月于山东大学运乾书斋

齐鲁版再版后记

承蒙广大读者错爱，拙著得以再版。

根据读者的意见，借再版机会，补入了《疑难卦爻辞辨析》（上下经）一文。它是本着以训诂为主，亦应兼顾取象的宗旨，在前人训释的基础上，参考帛书《易经》（依据《文物》1984年第三期文本），试对一些疑难卦爻辞进行的辨析。同时，本书初版时，笔者尚未见到马王堆帛书《易经》的材料，是以未涉及这方面的内容。这次再版，补入了《帛〈易〉初探》一文，以阐述对帛本《易》的一管之见。

帛书《易经》作为西汉初年的本子，向我们展示了很多极为重要的资料，从而改变了笔者对今本某些卦爻辞的理解。因此，本书初版所附六十四卦某些卦爻辞的断句，与《疑难卦爻辞辨析》中不尽相同，当以后者为是。

刘大钧

1987年4月1日于运乾书斋

巴蜀版前言

随着本世纪二三十年代疑古风起,人们对《周易》古经作者、成书年代及《周易》十篇传文是否为孔子所作等问题,皆提出了疑问。在此影响下,40年代又有人完全将易象推开,纯以训诂解释《周易》古经。此后,随着西方现代自然科学的传入,形成《周易》与现代自然科学相交叉的研究,同时,也出现了从哲学、史学、伦理学、宗教学等视角切入而研究《周易》的论著,因而极大地拓展了《周易》研究的视野。但总起来看,本世纪初至40年代,《周易》经传的研究,还是以传统易学的研究方法,即象数义理合一的方法为主,如徐昂于虞氏易学、京氏易学的研究等,尚秉和先生于焦氏易学的研究,皆堪称一代大家。进入50年代,由于极左思潮的影响,特别是后来10年"文化大革命"的破坏,形成对传统易学研究方法的全盘否定。由40年代末至70年代末,30年的时间,国内竟未出版一本以象解易的著作,而仅有一两本纯以训诂讲《周易》的书行世,以至于当代青年人竟不知《周易》古经由两汉至明清,代代相传的传统研究方法究竟是何面目了。

1979年底,鄙人调至山东大学哲学系,为开设《周易》课之需,作为讲义,1982年撰写了这本《周易概论》。在向学生讲授《周易》古经时,我们总不能割断历史的咽喉,于是对历代易学的研究状况,作了简要的评介,并在"谈易象"中论证了《周易》古经乃"观象系辞"而来,因而历代通过象数阐释《周易》经文的研究方法绝不可弃。随后,《周易概论》于1986年初在齐鲁书社正式出版,本书遂成为新中国成立后第一部正面肯定并简要介绍象数易学研究方法的著作。尔后,于1988年鄙人创办并主编了《周易研究》学刊,该刊作为大陆唯一的易学专刊,海内外发行量达到两万余份,因此,该刊对中断达三十余年的传统易学研究的接续、恢复与弘扬亦起到了巨大的推动作用。经过十余年的学术倡导与人才培养，今天，对传统易学原典的研究已蔚然成风，有关易学这一专门之学各个方面的研究，皆已步入正轨并全面展开。然而，在十六七年前，当人们刚刚迎来改革开放的春天，身上尚有10年"文化大革命"的余寒时，当时的研《易》者，多在《周易》经传思想剖析及为数不多的几个著名哲学家、思想家的易著理论探讨上贴标签、兜圈子，真正有关易学这门专门之学的研究，真正对于作为易学之根的象数易学作出探索与介绍的文字，可谓鲜矣！鄙人的这部拙著，在当时的环境条件下，对传统易学的恢复与弘扬，算是尽到了一点绵薄之力。故当本书于1986年5月在齐鲁书社初版发行后，承蒙广大读者爱护，1988年元月，该社又出了拙著之再版本。旋于1988年6月本书第三次印刷，但至今仍有很多读者购买不到本书。

　　巴蜀书社施维同志遂专程来济南，与我联系希望出本书之巴蜀版，以应《易》中"西南得朋"之旨。我闻之欣然：因巴蜀地区自古即有传《易》之美誉！今借来北京大学哲学系讲课之机，在京对原书文字作了个别的补充与订正，并依巴蜀书社施维同志的意见，将六十四卦卦爻辞及其译文附上，同时，对某些疑难卦爻辞依《经典释文》与《四书五经音韵》作了注音，以方便读者，于是，本书遂有巴蜀版行世焉！

刘大钧

1998年3月15日于北京

《易学要籍丛书》总序

巴蜀书社施维先生倡议，将山东大学易学与中国古代哲学研究中心专职与兼职研究人员近年所出较受读者欢迎的易学著作及新著，按时间顺序辑在一起，名之曰《易学要籍丛书》，此丛书首辑有六种，计有：（1）过去在齐鲁书社和巴蜀书社出版之《象数易学研究》各辑中精选出的《象数精解》。此书辑有近人有关象数易学研究的精见，其中如顾伯叙老先生著，中国佛教学会会长吴立民先生以蝇头小楷恭录的《〈序卦〉研究》，乃是自明朝来知德后，对《序卦》研究最有个人创见、最见功底的一篇力作，本人对原作重新作了校点整理，以示钦敬之情。此书孔德成、严灵峰、张岱年、任继愈、季羡林、饶宗颐、欧阳中石诸名家皆为之题辞。（2）本人拙著《周易概论》（附《易经全译》）。《周易概论》一书自1986年首次在齐鲁书社出版后，曾连续再版三次，于1999年又在巴蜀书社出了巴蜀版，现又再版收入丛书，今借序文于此向巴蜀书社诸同仁顺致谢意。（3）张文智等同志校点整理的《周易集解》，其价值非常重要。《四库全书总目》易类评价《周易集解》一书曰："今人得以考见画卦之本旨者，唯赖此书之存耳，是真可贵之宝笈也。"可知此书为学易者所必备。（4）李尚信、施维同志所辑《周易图释精典》一书，为今人研究前人的"图""书"之学及各种图籍，提供了极大方便，当是一本受到读者欢迎的书。学人常将易学分为汉、宋两大家，可见宋易的影响。宋易除对"图""书"研究外，多数人视宋易为义理派，这是一个误解。不错，宋代的理学家皆为易学家，但这些易学家亦皆为象数派，此点今人邱汉生老先生早有发现，鄙人于此亦有所述，循此认识而研究宋人易学，进而研究《周易图释精典》一书，必定会有新的识见。（5）牛占珩先生的《周易与古代经济》为今人研究易学开启了新的视角。儒家尽管历来吹捧《周易》，但《周易》卦爻辞称"富家大吉",《系辞》称"何以守位曰仁""何以聚人曰财""理财正辞禁民为非曰义"等等,其思想与重义轻利轻商的儒家还是有距离的。牛占珩先生由此入手,对《周易》中的经济思想及《周易》与古代名著中有关经济问题的资料作了详尽的研究,为今人研究《周易》与企业管理、《周易》与金融调控等,提供了新的研究视野。因此,该书应引起人们的注意。(6) 袁庭栋先生的《周易初阶》功力扎实,是一本下了很大功夫的专著,亦应在此予以称道。

由于成都市天塑文化传播策划工作室诸同仁的努力,本丛书首辑终于得以顺利出版。当此之际,鄙人与山东大学易学与中国古代哲学研究中心诸同仁都非常高兴,遂应施维先生之嘱,特制短序如上以贺之。

刘大钧
2004 年 2 月 18 日于山大运乾书斋